SEPTIEMBRE	OCTUBRE	NOVIEMBRE

NA... ...AJE

ECUADOR

Vegetación gigante en el bosque subtropical, Ecuador

El bosque inundado en el río Negro, Brasil

Vistas panorámicas del sendero que atraviesa el bosque Cani, Chile

AL NORTE DE CHILE

AL SUR CENTRO DE CHILE

LAS TORRES DE CHILE, AL SUR Y ESTE

RAFTING Y EXCURSIONISMO EN MENDOZA

SIGUIENDO LOS PASOS DE LOS DINOSAURIOS, COSTA CENTRAL

EN PATAGONIA, AL SUR DE ARGENTINA

AVENTURAS SOBRE HIELO, AL NOROESTE DE ARGENTINA

VIAJES DE AVENTURA

AMÉRICA DEL SUR

GRANICA

VIAJES DE AVENTURA

AMÉRICA
DEL SUR

© Ediciones Granica, S.A., 2000 de la edición y de la traducción
Balmes, 351, 1.º 2.ª - 08006 Barcelona
Tel.: 93 211 21 12 - Fax: 93 418 46 53
E-mail: barcelona@granica.com

Lavalle 1634, 3.º
Tel.: 5411 4374 1456
Fax: 5411 4373 0669
1048 Buenos Aires (Argentina)
E-mail: buenosaires@granica.com

Antonio Bellet, 77, 6.º
Providencia
Santiago (Chile)
Tel. - Fax: 56 2 235 0067
E-mail: santiago@granica.com

Bradley, 52 - 1.ᵉʳ piso, esq. Gutenberg
Col. Anzures
México D. F. 11590 (México)
Tel. 52 5 254 4014 - Fax 52 5 254 5997
E-mail: mexico@granica.com

Salto, 1212
11200 Montevideo (Uruguay)
Tel.: 59 82 409 69 48
Fax: 59 82 408 29 77
E-mail: montevideo@granica.com

http://www.granica.com

El contenido de esta publicación se considera correcto en el momento de
la impresión. No obstante, el editor no se responsabiliza de cualquier
error, omisión o cambio en los datos ofrecidos en esta guía,
o de las consecuencias que se pudieran derivar del uso de la misma.
Las valoraciones de los parajes, hoteles, restaurantes y demás, se basan
en la propia experiencia de los autores y, por lo tanto, las descripciones
ofrecidas en esta guía contienen, necesariamente, opiniones subjetivas
que pueden no reflejar la opinión del editor, ni corresponderse
con las experiencias propias del lector en otra ocasión.
Hemos procurado asegurar la exactitud de los datos contenidos en esta
guía, pero las cosas cambian y, por ello, agradecemos que los lectores nos
indiquen las inexactitudes que pudieran encontrar.
Las zonas geográficas descritas en la guía pueden hallarse sometidas a
trastornos políticos, económicos y climáticos; los lectores deberían
consultar con los operadores turísticos, las embajadas y consulados,
las líneas aéreas, etc., acerca de las normas y los consejos actuales
antes de emprender el viaje. El editor y los autores no pueden
aceptar responsabilidad alguna por pérdidas, daños físicos
u otros inconvenientes, sea cual fuere la causa.

Página anterior: *el Machu Picchu en el sendero del Inca, Perú*
Recuadro: *el sendero del Inca por debajo de Sayacmarca, Perú*

ISBN: 84-7577-787-2

Fotocomposición: EPC – Roger de Flor, 112, apto. 201
08013 Barcelona, España
Impreso por Dai Nippon Printing Co. Ltd., Hong Kong

ÍNDICE

INTRODUCCIÓN

Continente de excesos, América del Sur alberga el río más grande del mundo, el cañón más profundo, la cadena montañosa más larga, la mayoría de volcanes, la cascada más alta, uno de los desiertos más secos y la zona más grande de selva virgen. Es diferente en cada punto de la brújula, con su punta más meridional bordeando el Antártico, en un terreno de montañas, enormes acantilados y glaciares, y su parte norte de cálidas selvas tropicales, playas de arena blanca bordeadas de palmeras, inmensos deltas fluviales y misteriosas montañas de cumbres aplanadas ocultando mundos secretos. Entre estos dos extremos se extiende la columna vertebral de los Andes, de picos cubiertos de nieve, salpicados de volcanes activos, ríos torrenciales y lagos en los cráteres. Al este, los áridos desiertos del Atacama, los grandes lagos salados y las mágicas y volcánicas islas Galápagos; al oeste, las vastas estepas, los humedales con su laberinto de ríos y densas junglas. En el seno de esta impresionante diversidad geográfica se desarrolla una enorme y desconocida variedad de flora y fauna. En las zonas más remotas viven pueblos que apenas mantienen contacto con el mundo exterior y se encuentran exquisitas ruinas de civilizaciones perdidas que sugieren riquezas y culturas olvidadas. Los restos antiguos, creados a partir de asombrosas obras de ingeniería, compiten por atraer la atención del visitante con las hermosas ciudades modernas, de población siempre creciente. Cada una de esas zonas ofrece oportunidades para la aventura, para escalar cráteres volcánicos, pasear en bicicleta por caminos junto a los abismos, practicar rafting en aguas bravas, observar las aves o atravesar en canoa junglas infestadas de serpientes. América del Sur es un continente impresionante que entusiasmará enormemente al viajero de aventuras.

DERECHA: *Torres del Paine, cubiertas de nieve, en el sur de Chile.*
ARRIBA: *Montando a caballo en el sendero de Golondrinas, en Ecuador.*

Sobre los autores

JANE EGGINTON

Jane Egginton es autora de guías de viajes e investigadora, y fue ganadora del premio anual de Jóvenes Autores Viajeros del *Observer*. Ha escrito para editores como Reader's Digest y Thomas Cook. Ha viajado mucho por el Reino Unido, Asia, Australia y América, tanto por motivos de trabajo como por simple diversión. América Central y del Sur siguen siendo sus zonas preferidas a causa de sus hermosos y variados paisajes y por las aventuras que ofrecen. Actualmente escribe una guía sobre México.

GUY MARKS

Miembro actual del comité del Gremio Británico de Autores de Libros de Viajes (BGTW), a Guy Marks le empezaron a atraer los viajes a principios de la década de 1980, cuando viajó en coche de Inglaterra a Ciudad de El Cabo. A su regreso continuó con su trabajo habitual. Pero a finales de la década de 1980 lo dejó para pasar unos años como guía y conductor. Trabajó en Perú y Ecuador, donde desarrolló un amplio conocimiento personal y un profundo cariño por América del Sur. Instalado en Suffolk desde 1992, se ha convertido en un conocido autor de libros de viajes y fotógrafo *free lance* para publicaciones nacionales e internacionales y para la industria turística. Ha escrito *This is Egypt* (New Holland, 1998) y *Travel Writing and Photography* (Traveller's Press, 1997) y es tutor de un curso sobre escritura y fotografía de viajes.

SIMON RICHMOND

El primer contacto de Simon Richmond con la aventura fue en la gran montaña rusa de su ciudad natal, Blackpool, Inglaterra. Desde entonces no ha hecho sino buscar la misma descarga de adrenalina. Instalado ahora en Sydney, Australia, ha trabajado como periodista en Londres y Tokyo. Sus artículos se han publicado en numerosos periódicos del Reino Unido, así como en el *Sydney Morning Herald* y *The Australian*. Ahora dedica la mayor parte de su tiempo a viajar y escribir guías para AA, Lonely Planet y Rough Guides.

LEE KAREN STOW

Lee Karen Stow es periodista y fotógrafa de viajes a tiempo completo. Vive en Yorkshire, Inglaterra. Miembro de la BGTW, su trabajo ha aparecido en numerosas publicaciones, entre las que se incluyen *The Times*, *Express on Sunday*, *In Britain*, *Wanderlust* y *Travel Weekly*, entre otras. De espíritu inquieto, Lee aprovecha cualquier oportunidad para viajar, sea buceando, fregando suelos, navegando en un yate o enseñando inglés en escuelas.

STEVE WATKINS

Fotógrafo y escritor, la especialidad de Steve Watkins son los viajes de aventura, los deportes extremos y los temas culturales, sobre todo en sus destinos preferidos, América latina y Australia, donde vivió cuatro años. Sus trabajos han aparecido en numerosas publicaciones, incluidas *Wanderlust*, *Traveller*, *Travellers Handbook*, *No Limits World*, *Global Adventure*, *Mountain Biking UK* y diversas publicaciones de la BBC, y sus fotografías se han expuesto en prestigiosas salas como la galería Barbican de Londres. Recientemente ha terminado de escribir *Adventure Sports Europe* (Queensgate Publishing, primavera del 2000). Se ha instalado recientemente en el sur de Gales.

Cómo utilizar este libro

El libro está dividido en tres secciones distintas:

SECCIÓN 1 — PÁGS. 6–17

Se compone del material introductorio y algunos consejos prácticos generales que le guíen durante sus viajes, incluida una presentación de nuestro equipo de autores, procedentes de todas las profesiones, y de una amplia gama de edades. Lo que todos tienen en común es un marcado espíritu de aventura y una gran experiencia como viajeros.

El mapa de las págs. 10-11 muestra las zonas exploradas, y su código de colores destaca las divisiones regionales. Las 25 aventuras están numeradas como referencia, y el índice le permitirá encontrar las páginas que le puedan interesar.

Las págs. 12-13 y 16-17 ofrecen consejos prácticos para viajeros experimentados y complementan la información que se da más tarde.

El calendario de las págs. 14-15 sirve de orientación sobre la mejor época del año para visitar las zonas recorridas en las aventuras. No obstante, son muchos los factores que pueden influir en su decisión. Para ayudarle, al final de cada capítulo se indican más detalles sobre pautas climáticas y el efecto que tienen sobre las actividades propuestas. Al organizar su viaje debe preguntar siempre al operador turístico sobre las condiciones más probables que encontrará.

SECCIÓN 2 — PÁGS. 18–256

La parte principal del libro contiene 25 aventuras, seleccionadas para que pueda optar entre una amplia gama de actividades en distintos escenarios, algunos conocidos y otros no. En la primera página de cada aventura se ofrece un cuadro informativo que le permite hacerse una idea de lo que puede esperar, además de una clasificación del grado de dificultad relativa de la actividad o del nivel de capacidad exigido.

Viajar solo: cada aventura termina con una página de consejos prácticos para planificarla por su cuenta. Debería utilizar esta información junto con la de las «Páginas azules», al final del libro.

Los precios mencionados en el libro, en US$, fueron los precios aproximados vigentes en el momento de realizar el viaje. Debido a las variaciones en las tasas de inflación y el cambio de divisas, esos precios sólo son orientativos, para dar una idea del coste comparativo.

1 **Nivel de desafío:** apto para cualquiera, se las arreglará.

2 No es demasiado difícil, pero quizá necesite un poco de preparación.

3 Necesitará estar en buena forma y con mucho entusiasmo. Puede necesitar calificaciones.

4 Necesita estar en buena forma física y tener determinación. No es para pusilánimes.*

5 Es para el aventurero totalmente entregado, física y mentalmente desafiante.*

* *A veces, sólo parte del viaje es muy dura y puede haber una opción más fácil.*

★ **Nivel de comodidad:** indica el grado de dureza que cabe esperar; 1 es cómodo y 3 es incómodo. Esta categoría no sólo se refiere al alojamiento, sino también a factores como el clima y otros que pueden afectar al desarrollo de su viaje.

Equipo especializado: consejos sobre el equipo necesario para realizar el viaje, incluyendo artículos especializados: equipo de buceo, ropa y material fotográfico.

SECCIÓN 3 — PÁGS. 257–320

«Páginas azules»: *Contactos* y *A-Z de actividades* empieza con contactos seleccionados para cada una de las 25 aventuras. Aquí encontrará los nombres citados en cada aventura, incluidos los operadores turísticos, con direcciones y teléfonos de utilidad.

La lista *A-Z de Actividades* ofrece una amplia gama de las mejores actividades disponibles en la región, con información general y detalles de contacto de las personas y organizaciones que pueden ayudarle a planificar su viaje. El libro termina con un detallado índice.

9

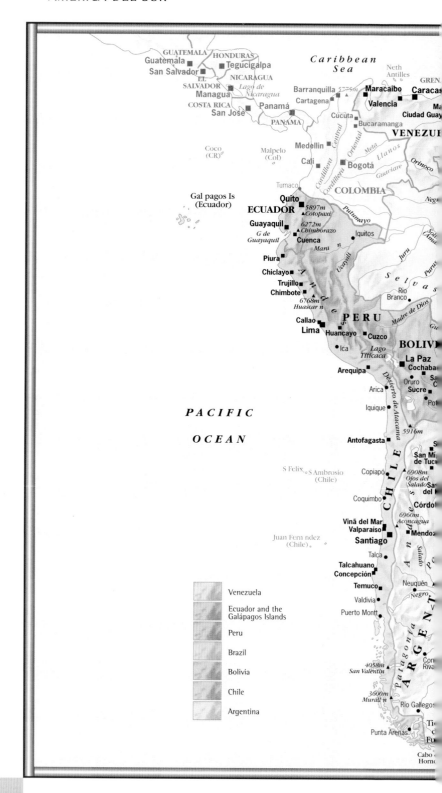

GUATEMALA HONDURAS
Guatemala ■ ■ Tegucigalpa
San Salvador ■ NICARAGUA
EL
SALVADOR ■ Lago de
Managua ■ Nicaragua
COSTA RICA
San José ■ ■ Panamá
PANAMÁ

Caribbean
Sea

Neth
Antilles GREN

Barranquilla 5775m ■ Maracaibo ■ Caracas
Cartagena ■ Valencia ■
Cúcuta ■ Ciudad Guay
Bucaramanga ■
VENEZUE

Coco
(CR)
Malpelo
(Col)
Medellín ■
Cali ■ ■ Bogotá
Cordillera Central
Cordillera Oriental
Meta
Llanos
Orinoco
Guaviare

Tumaco
Gal pagos Is
(Ecuador)
Quito ■ COLOMBIA
ECUADOR 5897m
▲ Cotopaxi
Guayaquil ■ 6272m
G de ▲ Chimborazo
Guayaquil Cuenca ■ Iquitos
Mara n
Putumayo
Negr
Sol
Ama

Piura ■
Chiclayo ■
Trujillo ■
Chimbote ■ 6768m
▲ Huascar n
Ucayali
Juru
Purus
Selvas
Río
Branco

Callao ■ PERU
Lima ■ Huancayo ■ Cuzco
Ica Lago
Titicaca BOLIV
La Paz ■
Cochaba
Arequipa ■ Oruro Sa
Arica Sucre ■ C
Iquique Po

Madre de Dios
Gu

PACIFIC

OCEAN

S Felix S Ambrosio
(Chile)
Antofagasta ■ 5916m
S
San Mi
de Tuc
Copiapó ■ 6908m
▲ Ojos del
Salado Sa
del
Coquimbo ■ Córdo
6960m
Aconcagua
Viña del Mar ■ ▲ Mendoz
Valparaíso ■
Santiago ■
Talca
Desierto de Atacama
CHILE
Andes

Juan Fern ndez
(Chile)

Talcahuano ■
Concepción ■
Temuco ■
Valdivia
Puerto Montt
An
D
E
S
ARGENT
Neuquén
Negro
Salado
P

Venezuela

Ecuador and the
Galápagos Islands

Peru

Brazil

Bolivia

Chile

Argentina

4058m
San Valentín
Patagonia
Con
Riva

3600m
Murall n
Río Gallegos

Punta Arenas ■
Ti
C
Fu
Cabo
Horno

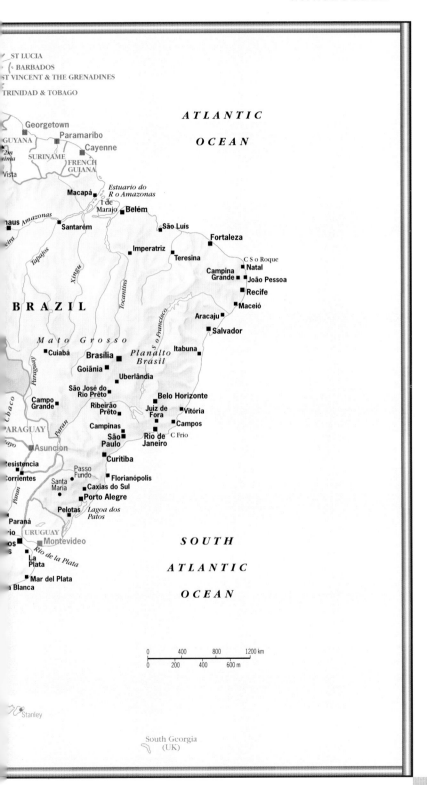

Cuestiones prácticas

PREPARACIÓN

Para sacar el mejor partido posible de su aventura, vale la pena emplear tiempo en planificarla detenidamente. Investigue las zonas en las que está interesado y utilice las «Páginas azules» para dar con un operador turístico adecuado. Decida cuándo viajará y en qué tipo de actividades quiere participar. Asegúrese de que el operador turístico elegido conoce bien la región y puede aconsejarle y ofrecerle disposiciones alternativas en caso de que aparezcan circunstancias imprevistas.

IDIOMA Y COSTUMBRES

Los visitantes no estarán familiarizados con algunos de los idiomas hablados en los países y regiones cubiertos en esta guía. Allí donde haya muchos idiomas locales, o en lugares muy remotos, quizá le resulte difícil comunicarse. No obstante, en la mayoría de zonas se habla español y, en algunos casos, inglés. Generalmente, se aprecia que los visitantes aprendan algunas palabras o frases del idioma local, para lo que puede utilizarse un diccionario. Procure aprender algo de las costumbres y usos locales para reducir el riesgo de ofender a los demás con gestos, lenguaje corporal o vestimenta inapropiada.

IDIOMAS MÁS COMUNES

Argentina:	Español
Bolivia:	Español, aymará, quechua
Brasil:	Portugués, francés, alemán, tupiguaraní, ge, caribe, arawak
Chile:	Español, inglés
Ecuador:	Español, quechua
Perú	Español, quechua, aymará, inglés
Venezuela	Español, inglés, alemán, yanomani, bari

DOCUMENTOS DE VIAJE

Compruebe que dispone de un pasaporte válido, que no esté a punto de caducar. Pregunte a la correspondiente embajada o consulado acerca de cuáles son las exigencias de visado, que pueden variar mucho con rapidez. Si tiene la intención de cruzar fronteras, compruebe que tiene a mano todos los documentos pertinentes. Antes de ir, infórmese sobre la situación política por si hubiera problemas, sobre todo en áreas conflictivas, y procure obtener información local antes de viajar a zonas más remotas.

CONTACTOS:

U.S. State Department
http://travel.state.gov/travel_warnings.html
Advertencias sobre viajes e información consular.

Foreign and Commonwealth Office, UK
http://www.fco.gov.uk
Información para viajeros sobre potenciales riesgos políticos en todo el mundo.

CUESTIONES DE SALUD

Muchos de los países propuestos son zonas en vías de desarrollo, con servicios e instalaciones médicas relativamente básicas. Consulte con su médico o clínica de viaje y procure disponer de mucho tiempo para ponerse todas las vacunas necesarias. Registre las vacunas en un certificado internacional de vacunación y llévelo consigo.

CONTACTOS:

Organización Mundial de la Salud
http://www.who.ch/
Para la más actualizada información sobre cuestiones de salud en todo el mundo.

U. S. Centers for Disease Control
http://www.cdc.gov
La más actualizada información en temas de salud y consejos sobre vacunaciones.

MONEDAS LOCALES

ARGENTINA:	Nuevo Peso, de 100 centavos
BOLIVIA:	Boliviano, de 100 centavos
BRASIL:	Real, de 100 centavos
CHILE:	Peso, de 100 centavos
ECUADOR:	Sucre, de 100 centavos
PERÚ:	Nuevo Sol, de 100 céntimos
VENEZUELA:	Bolívar, de 100 céntimos

MONEDA

La forma más segura de llevar moneda es con cheques de viaje, preferiblemente en US$, aceptados en la mayoría de lugares. El cambio de la moneda local puede fluctuar. Lleve la moneda oculta en un cinturón y evite llevar todos sus objetos de valor y el dinero en el mismo lugar.

Tenga en cuenta que todos los precios indicados en este libro se dan en US$ y son los precios aproximados vigentes en el momento de realizar el viaje. Debido a variaciones en las tasas de inflación y tipo de cambio, esos precios sólo son indicativos.

SEGURO

Antes de viajar, procure siempre hacerse un seguro completo, incluido el médico. Asegúrese de que la persona que le hace el seguro sabe que participará en actividades «peligrosas». La mayoría de seguros no cubren este tipo de actividades, como buceo, escalada, travesía en canoa, etc., y precisamente son estas prácticas deportivas las que tendrá más a su alcance.

EN LA FRONTERA

Las leyes de importación/exportación varían y debe consultar a consulados, funcionarios de fronteras o transportistas para estar seguro de no contravenirlas. Si compra souvenirs, tenga en cuenta que existen estrictas leyes universales contra la importación de artículos para cuya confección se han matado animales, de material pornográfico, de armas ofensivas y drogas. Algunos países exigen documentación adicional para medicamentos recetados y, en otros, se controla estrictamente el alcohol. Procure no correr riesgos y prepare siempre usted su equipaje.

DIFERENCIAS HORARIAS
RELACIONADAS CON LA HORA
DEL MERIDIANO DE GREENWICH (0 horas)

ARGENTINA: (excepto Norte y los Andes	-3 HORAS -4 HORAS)
BOLIVIA: (excepto alrededores de La Paz	-4 HORAS -5 HORAS)
BRASIL: (mitad occidental (centro y los Andes	-3 HORAS -4 HORAS) -5 HORAS)
CHILE: (verano, octubre a marzo	-4 HORAS -3 HORAS)
ECUADOR:	-5 HORAS
ISLAS GALÁPAGOS:	-6 HORAS
PERÚ:	-5 HORAS
VENEZUELA:	-4 HORAS

Cuándo ir

MARZO	ABRIL	MAYO	JUNIO	JULIO	AGOSTO

VENEZUELA

INVASORES DEL MUNDO PERDIDO, SUR DE VENEZUELA

RUEDAS DE FORTUNA ANDINA, NOROESTE DE VENEZUELA

PARAÍSO DE ROCAS DESDE ARRIBA Y DESDE ABAJO, COSTA NORTE

ANIMACIÓN CONTINUA, VENEZUELA

ECUADOR

SENDERISMO POR EL BOSQUE PLUVIAL, NORT

APRENDER NUEVAS HABILIDADES CON LOS ARTESANOS OTAVALEÑOS, AL NORTE DE ECUAD

CRUCERO A LAS ISLAS GALÁPAGOS, OCÉANO PACÍFICO

PERÚ

PASEO POR EL TIEMPO Y EL SENDERO, AL SUR DE PERÚ

LOS SECRETOS DE LAS LÍNEAS DE NAZCA, AL SUROESTE DE PERÚ

TRAVESÍA DEL LAGO TITICACA, AL SURESTE DE PERÚ

ALTIBAJOS DEL CAÑÓN COLCA, AL SUR DE

BRASIL

LA EXPERIENCIA AMAZÓNICA, AL NORTE CENTRO DE BRASIL

LA FUERZA DE LAS CATARATAS DEL IGUAÇU, AL SUROESTE DE BRASIL

RANCHO EN LA GRAN SABANA DE BRASIL, AL OESTE

BOLIVIA

LA CORDILLERA, AL NOROESTE BOLIVIA

ALTIBAJOS BOLIVIANOS, BOLIVIA CENTRAL

CHILE

La ascensión al volcán
Villarrica, Chile

MÁS ALLÁ DEL VALLE DE LA LUNA,

A LA SOMBRA DEL VOLCÁN,

ARGENTINA

Descenso por el río
Mendoza, Argentina

PESCAR, IR EN BICICLETA Y MONTAR A CA

OBSERVACIÓN DE LA FAUNA, COSTA CENTRAL

Planificar la aventura

NACIDO PARA SER SALVAJE

ECUADOR

Vegetación gigante en el bosque subtropical, Ecuador

El bosque inundado en el río Negro, Brasil

Vistas panorámicas del sendero que atraviesa el bosque Cani, Chile

AL NORTE DE CHILE

AL SUR CENTRO DE CHILE

LAS TORRES DE CHILE, AL SUR Y ESTE

RAFTING Y EXCURSIONISMO EN MENDOZA

SIGUIENDO LOS PASOS DE LOS DINOSAURIOS, COSTA CENTRAL

EN PATAGONIA, AL SUR DE ARGENTINA

AVENTURAS SOBRE HIELO, AL NOROESTE DE ARGENTINA

Viaje seguro

Qué hacer antes de ir

Confirme con antelación la salida de todos los vuelos y otros desplazamientos. Verifique la reserva de alojamiento.

Si no dispone de mucho tiempo, prepare sus «aventuras» con antelación, ya que algunos destinos restringen el número de visitas permitidas en un período concreto. Aunque más caro, un itinerario planificado y organizado previamente puede suponer una buena inversión.

❑ Fotocopie todos los documentos importantes y llévelos aparte de los originales. Conserve una copia en el hotel.

❑ No incluya artículos esenciales en la maleta; llévelos en el equipaje de mano.

❑ Procure dar a sus amigos y familiares una idea aproximada de su itinerario y dejarles los teléfonos de contacto.

❑ Investigue meticulosamente acerca de los lugares que desea visitar, para estar seguro de conocer las condiciones que le esperan.

❑ Elija las temporadas adecuadas. En algunos países es mejor evitar la época de elecciones, mientras que las fiestas públicas dificultan el viajar.

❑ Compruebe si necesita visado.

❑ Consulte con un médico sobre vacunas o profilácticos que puedan ser necesarios para la zona que piensa visitar, y obtenga un certificado internacional de salud, donde se registren las vacunas que se haya puesto.

❑ Obtenga un seguro de viaje y compruebe que cubre las actividades que se propone realizar, ya que la mayoría de seguros no incluyen actividades de aventura.

Qué llevar

Una bolsa flexible es mucho mejor que una maleta de marco duro. Asegúrese bien de que dispone de una forma de asegurar el cierre, como un cerrojo o una correa. Incluya menos prendas de ropa y más película fotográfica de la que crea que va a necesitar.

Si no quiere molestarse en lavar la ropa,

EQUIPAJE QUE HARÁ MÁS CÓMODA TODA EXPERIENCIA DE VIAJE

❑ Una linterna y pilas de repuesto.

❑ Un botiquín de primeros auxilios que incluya pastillas rehidratadoras y repelente contra insectos, crema protectora solar efectiva, tratamiento contra la diarrea, antihistamínicos y aspirinas.

❑ Cantimplora de agua.

❑ Bolsa impermeable para objetos valiosos.

❑ Un paraguas.

❑ Pasaporte y fotografías de pasaporte de repuesto.

❑ Unos libros y una radio de onda corta.

❑ Un bastón plegable para los descensos de montaña.

encontrará fácilmente servicios de lavandería baratos en la mayoría de lugares indicados en este libro. Siempre es mejor disponer de película que tener que comprarla en la zona. También es recomendable llevar una pila de repuesto para la cámara fotográfica.

Lleve las prendas de ropa adecuadas. Puede que haga mucho calor en la costa, pero si escala una montaña, hará mucho frío en la cumbre. Los pantalones cortos pueden estar bien en la playa, pero no en una iglesia. El calzado es especialmente importante si va a emprender una serie de aventuras diferentes, como por ejemplo sandalias o zapatillas para saltar de una isla a otra, pero botas para caminar por la montaña. Y sobre todo no olvide llevar consigo el traje de baño.

Dinero

Lleve cheques de viaje en dólares estadounidenses y, aparte, billetes en la misma moneda. No olvide anotar los números de los cheques. La mayoría de las principales tarjetas de crédito son generalmente aceptadas (aunque algunos países prefieren unas a otras), pero no confíe en ello en las zonas más remotas.

QUÉ EVITAR

Aunque debería considerar el tomar pastillas contra la malaria, es mejor evitar que le piquen los mosquitos. Cúbrase toda zona expuesta con un buen repelente contra los mosquitos.

Evite ofender la sensibilidad local, sean cuales sean sus propias opiniones. Los puntos de vista liberales y las discusiones abiertas pueden estar muy bien en su casa, pero discutir sobre religión y política es delicado e incluso ilegal en otros lugares.

Si tiene la intención de bucear o realizar alguna otra actividad dirigida por instructores, no se inscriba automáticamente en la opción más barata, a menos que sea muy experimentado y sepa lo que hace. Un operador acreditado puede que sea más caro, pero podría salvarle la vida.

Evite dar las cosas por sentado. Los lugareños suponen a menudo que conoce usted las condiciones locales, o bien trivializan o exageran los posibles peligros o contratiempos, así que no sea tímido a la hora de preguntar.

Tenga cuidado con lo que come y bebe. El agua puede estar contaminada en cualquier parte, así que beba sólo agua embotellada y evite el hielo en la bebida, aunque haga mucho calor. Coma solamente alimentos cocinados, y recuerde que lavar los alimentos sólo es útil si el agua utilizada es pura.

DROGAS

No se sienta tentado, bajo ninguna circunstancia, por las ofertas de drogas; los traficantes pueden enfrentarse a una pena de muerte. No lleve la bolsa de nadie, por muy aparentemente inocente que sea la petición.

SEGURIDAD PERSONAL

ROBO

Al salir y desplazarse, lleve sólo lo que necesite realmente y deje todo lo que pueda en una caja fuerte en el establecimiento donde se aloje. En países donde abundan los asaltos, siempre está bien llevar un poco de dinero en efectivo para entregar en caso necesario. Lamentablemente, en los países donde el robo callejero es un problema, esperan que lleve usted su identificación; hágase una copia reducida del pasaporte, incluya una foto correcta de pasaporte y guárdelo todo en una cartera de plástico.

MENDIGOS, VENDEDORES Y ESTAFADORES

Por muy difícil que le resulte, no entregue dinero a los mendigos. En ocasiones es una estratagema y pronto se hallará rodeado por una multitud suplicante, de entre la que surge alguien que le arrebata el bolso, la cámara o el dinero. Los vendedores insistentes son una molestia, pero si evita mirarlos a los ojos y sabe decir «No, gracias» a tiempo, serán menos problemáticos. En cuanto a los estafadores, no se deje engañar por los halagos y recele mucho de las gangas.

VIOLENCIA

Como extranjero, probablemente no se verá afectado por los delitos violentos. En las ciudades, pregunte a las gentes locales qué barrios es mejor evitar.

VIAJAR SOLO

Los dos consejos principales a tener en cuenta son decir a otros adónde viaja y llevar el mínimo de equipaje, porque no habrá nadie más que lo pueda vigilar.

MUJERES

Es frecuente que a las mujeres occidentales que viajan solas se las considere «fáciles», aunque sólo sea porque, en algunos países, las mujeres en raras ocasiones se aventuren a salir solas. Ignore, con toda la dignidad posible, las molestas atenciones que pueda encontrar. Vístase teniendo en cuenta las costumbres locales, sobre todo cubriéndose por completo los brazos y las piernas en las iglesias y en las zonas remotas. Tenga en cuenta que, aunque en las grandes ciudades encontrará la mayoría de artículos de aseo, no siempre será así en todas partes.

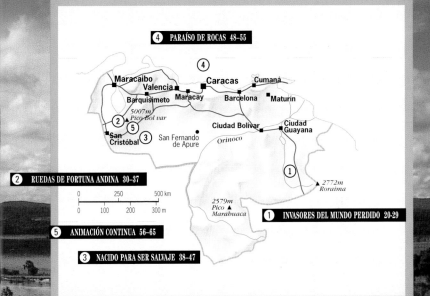

Maracaibo
Valencia
Barquisimeto
Caracas
Maracay
Cumaná
Barcelona
Maturín
5007m
Pico Bolívar
San Cristóbal
San Fernando de Apure
Ciudad Bolívar
Ciudad Guayana
Orinoco
2772m
Roraima
2579m
Pico Marahuaca

0   250   500 km
0   100   200   300 m

VENEZUELA

C uando Cristóbal Colón descubrió Venezuela durante sus
viajes americanos, en 1498, la describió como «un paraíso
en la tierra», y eso que sólo vio las zonas costeras. Si hubiera tenido la oportunidad de explorar más al interior, seguramente nunca se habría marchado ya que se trata de un país de extraordinarios contrastes. En el oeste están los altos picos de nieves
perpetuas de las montañas andinas. En su corazón se hallan las
tierras bajas de Los Llanos, cruzadas de ríos y ricas en fauna y en
pastos. Al este, el largo río Orinoco llega finalmente al océano, a
través de la inmensa región del delta. Más al sur, junto a la profunda jungla amazónica, se extiende un extraño e hipnótico paisaje
formado por inmensas cumbres en forma de mesetas. Y a lo largo
de toda la extensa costa caribeña del norte hay magníficas playas
de arena blanca e idílicas islas que tanto entusiasmaron a Colón.
Aunque el famoso descubridor apenas arañó su superficie, la des-
cripción que hizo de Venezuela fue notablemente adecuada.

*La cascada del Salto del Sapo, en el Parque Nacional de Canaima,
Venezuela.*

VENEZUELA

Invasores del mundo perdido

por Steve Watkins

El sur de Venezuela está dominado por los tepuis, *las misteriosas montañas de cumbres aplanadas que inspiraron a sir Arthur Conan Doyle a escribir* El mundo perdido. *En uno de ellos, Auyán Tepui, es donde se encuentra el salto Angel, la catarata más alta del mundo, que me propuse sobrevolar, recorrer a pie y en embarcación, en una expedición de tres días hasta su base.*

En 1993, la película *Parque Jurásico*, de Steven Spielberg, se convirtió en la más taquillera de la historia de Hollywood. Millones de personas acudieron a ver sus dinosaurios generados por ordenador en un recorrido por «el mundo perdido», un territorio prehistórico que la ciencia moderna había logrado repoblar con clones de sus habitantes originales. El éxito de la cinta se debió a las imágenes mágicas y, sin embargo, aparentemente reales que despertaron la imaginación de las gentes acerca de cómo debió de ser la Tierra hace millones de años.

Seguramente fue una fascinación similar la que, a mediados de la década de 1880, indujo a sir Arthur Conan Doyle a asistir a una conferencia que pronunció en Londres el eminente botánico Everard Im Thurn. Éste se había convertido en el primer explorador que escalaba

 Esta aventura supone efectuar un vuelo tras una corta excursión al salto Sapo, una travesía en barco por los rápidos y una caminata de una hora de duración, algo más exigente, hasta llegar al mirador del salto Angel. No es físicamente exigente, pero requiere un moderado nivel de buena forma física.

★★★ Me inscribí en una excursión turística de nivel económico, que incluía alojamiento con hamacas junto al río. La travesía en barco hasta las cascadas es bastante emocionante, ya que se tienen que superar unos 25 rápidos. ¡También puede mojarse mucho! Se pueden hacer girar más cómodas, a precios mucho más elevados.

 Lo más esencial es un poncho de plástico, que necesitará llevar en el barco si no quiere quedar empapado.

una montaña extraña, de cumbre aplanada, llamada monte Roraima, uno de los muchos picos similares que existen en la región de la Gran Sabana de Venezuela. La narración que hizo Thurn de estas montañas aisladas, casi inaccesibles, llamadas *tepuis*, infundió en Doyle la idea de que en lo alto de ellas podrían haber quedado atrapadas criaturas prehistóricas. En 1912 publicó *El mundo perdido*, una historia de dinosaurios y pterodáctilos que viven aislados en estas islas que se levantan hacia el cielo y que inspirarían la película de Spielberg.

Cuando Simón Bolívar luchaba por la independencia contra las fuerzas españolas con base en Caracas, su principal baluarte fue Angostura, llamada ahora Ciudad Bolívar. En la actualidad se trata de una ciudad muy animada que conserva algunos de sus edificios coloniales más emblemáticos, aunque se encuentran en un lamentable estado, de los tiempos en que fue un gran puerto fluvial y centro de la producción de los bitters Angostura. En la oficina de Turi Express, en el aeropuerto de Ciudad Bolívar, reservé plaza en una excursión organizada de tres días al salto Angel, un viaje que me permitiría explorar el territorio primigenio donde las cascadas parecen caer de los cielos y en cuanto a los dinosaurios..., bueno, nunca se sabe.

UNA VISTA DESDE EL AIRE

En el centro de la ciudad me uní a dos estadounidenses que harían el mismo recorrido, Jaska y Elena, para dar un paseo de última hora a orillas del río Orinoco. A la mañana siguiente tomamos el primer vuelo a Canaima, el pueblo base para quienes visitan las cascadas, en una avioneta de seis plazas y dos motores, cuyo limitado espacio de asiento se vio

VENEZUELA

aún más reducido por nuestro equipaje. El piloto subió alegremente al aparato, puso en marcha el motor e inició la maniobra de despegue con tal rapidez que aquello casi pareció una frenética carrera en taxi. Mientras sobrevolábamos la ciudad contemplamos espléndidas vistas del potente río Orinoco y del puente de Angostura, el único que cruza todo el río. Desviándonos hacia el sur, pasamos sobre una sabana ondulante y desértica, antes de ver los bordes del embalse de Guri, construido en 1963 por la represa del río Caroní. Este embalse constituye el cuarto lago más grande del continente y la enorme central hidroeléctrica de la presa cubre la increíble cifra del 70 por ciento de las necesidades eléctricas del país.

Había, sin embargo, algo que todos esperábamos ver y que detectamos cerca ya de Canaima: la primera montaña de cumbre aplanada que asomaba por entre la nube baja, con sus laderas formadas por característicos y abruptos acantilados a pico, lo que hace que la mayoría de los *tepuis* sean inabordables. Durante la aproximación final al aeródromo, contemplamos impresionados las cascadas de un marrón dorado, manchadas de tanino, que ca-

ROCAS DE TODAS LAS EDADES

Toda la región del Parque Nacional Canaima forma parte de una antigua formación rocosa granítica conocida como la plataforma de Guyana, uno de los más grandes bloques de granito del mundo. Se remonta, al menos, a los tiempos precámbricos y puede que tenga dos mil millones de años. Los enormes farallones graníticos que forman los *tepuis* albergan un nivel excepcionalmente alto de especies vegetales y de animales endémicos en sus cumbres, aunque no figuren los dinosaurios entre ellos (al menos que se hayan descubierto hasta ahora). Auyán Tepui tiene más de 2.500 metros de altura y aproximadamente el 65 por ciento de las plantas de su cumbre son endémicas.

UN AMARGO SALVAVIDAS

Angostura, la ciudad conocida ahora como Ciudad Bolívar, fue el principal centro de producción de los bitters Angostura hasta aproximadamente 1875, cuando las guerras federales cortaron las rutas de abastecimientos y la producción se trasladó a Trinidad. Esta bebida se hace mediante una combinación de la corteza aromática de un árbol local con otros ingredientes, aunque la receta exacta sea un secreto bien guardado. Producidas originalmente como una cura para los problemas estomacales, la angostura se usa ahora para sazonar y quizá se la conozca más por su empleo en la fabricación de la ginebra rosada. Se dice que una antigua receta que mezcla la corteza con miel, salvó la vida en 1800 del famoso naturalista y explorador alemán Alexander von Humboldt, durante su viaje por el río Orinoco.

ían sobre el borde de la laguna de Canaima. Sabíamos que el salto Ángel constituye la atracción más popular del país, pero a pesar de ello nos sorprendía encontrar hordas de turistas en el centro de llegadas.

Descendimos a pie hasta la menos concurrida zona de la laguna, donde confiábamos en que las cosas estarían más tranquilas. Al disponer de un par de horas de tiempo libre antes de que zarpara nuestro barco hacia el salto del Sapo para dar un paseo por la playa. Los niños de la tribu local india de los pemón jugaban al escondite en las poco profundas aguas, mientras que sus madres se sentaban en la arena y lavaban la ropa en cubos. Más allá de la propia central hidroeléctrica del pueblo, encontramos un pequeño sendero que atravesaba por entre espesos matorrales hasta lo alto el salto de Ucaima, la primera de las siete cascadas situadas a lo largo del borde de la laguna, que habíamos visto desde la avioneta. A solas ahora, observamos la atronadora agua de color café amarronado que caía desde el borde del acantilado, y empezamos a percibir la sensación de zona salvaje que habíamos confiado en encontrar.

TRAS LA CASCADA DEL SALTO DEL SAPO

El pueblo de Canaima comparte su nombre con el parque nacional que lo rodea. Con

ARRIBA: *un momento de tranquilidad antes de encontrar los rápidos de Mayaupa, en el río Carrao.*
IZQUIERDA: *en lo alto del salto del Sapito y* (INSERCIÓN) *nuestro dificultoso avance hacia él.*

una extensión de casi tres millones de hectáreas protegidas de la región de la Gran Sabana, este parque es uno de los más grandes del mundo. Aunque el salto Angel es una de sus cascadas más conocidas, hay otras muchas que merecerían los elogios en cualquier otro país. Subimos a una embarcación alargada y motorizada para visitar una de ellas, el **Salto del Sapo**, de más de cien metros de anchura y 20 metros de altura. Las cascadas se hallan situadas en el extremo más alejado de la isla en forma de bota de la laguna (llamada isla de Anatoliy), y son únicas en el parque nacional por el sendero tallado en la roca, que se abre paso por detrás de la cascada y que cruza de un lugar a otro. Este sendero fue abierto por un guía peruano llamado Tomás Bernal,

VENEZUELA

Parque Nacional de Canaima, Gran Sabana.

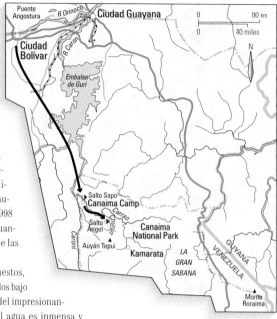

que vivió como ermitaño en una cueva situada junto a las cascadas durante los diez primeros años de su estancia en Canaima. Llegó a ser famoso entre los viajeros por sus visitas organizadas para observar la fauna, aunque a finales de 1998 se ahogó trágicamente cuando su canoa volcó cerca de las cascadas.

Con los bañadores puestos, permanecimos sobrecogidos bajo el fino rocío al principio del impresionante túnel. La potencia del agua es inmensa y mientras avanzábamos cuidadosamente sobre las resbaladizas rocas el aire perturbado se arremolinaba a nuestro alrededor como un viento de tormenta. Fue una experiencia inolvidable. A mitad de camino por el sendero, el agua que se precipita alcanza su potencia máxima y parece absorber todo el aire de la pasarela, dificultando la respiración. Cuando me atreví a extender la mano para colocarla bajo la corriente de agua que se precipitaba, casi me la arrancó de cuajo. Al salir por el otro extremo y mirar hacia atrás, a las cascadas, nos pareció increíble que pudiéramos estar por detrás de éstas. Más tarde tendríamos que regresar por el mismo camino para continuar nuestro viaje hacia el Salto Angel.

Una vez vista la gran catarata desde atrás, subimos por un empinado sendero de tierra para ver el **Salto del Sapito** desde arriba. Las vistas desde estas cascadas son extraordinarias. A lo lejos, se elevaban de la llanura tres *tepuis* más pequeños (Kurún, Kusari y Kuravaina), con sus anchos perfiles arracimados como si se dispusieran a formalizar un acuerdo para formar un *tepui* más grande. Después de visitar brevemente lo alto del salto del Sapo y de regresar por el impresionante túnel, caminamos río arriba durante una hora para llegar junto a la embarcación que nos llevaría a nues-

tro campamento de hamacas, donde pasaríamos la noche. La corriente del río Carao es muy fuerte y el motor de la embarcación luchó incansablemente para mantener nuestro avance. Superar los numerosos rápidos exige una gran habilidad por parte del patrón, pero en los rápidos Mayaupa fue necesario bajarnos del barco y caminar media hora para rodearlos. Avanzamos lentamente, pero el paisaje, cada vez más espectacular, mantenía fija nuestra atención. El retorcido río me hacía perder el sentido de la orientación con sus revueltas y frecuentemente me encontré admirando «nuevos» *tepuis*, hasta que más tarde me di cuenta de que todos formaban parte virtualmente del mismo: **Auyán Tepui**.

TIERRA DE LOS ESPÍRITUS

Auyán Tepui se levanta por encima del bosque que lo rodea como una inmensa fortaleza medieval, con sus macizos bloques erguidos en lo alto como si fueran torretas de vigilancia. Auyán Tepui significa «montaña del infierno» y resulta fácil comprender por qué se le dio este nombre. Los altos acantilados, cortados a pico, y el amenazador perfil de su cumbre, se hallan envueltos en nubes oscuras y los indios pemón tuvieron que verlo como un lugar prohibido. Los indígenas están convencidos de que los malos espíritus, llamados *marawitón*, viven en la cumbre, junto con una divinidad superior llamada *Tramán-chitá*. Si tales seres sobrenaturales viven allá arriba, no tendrán problemas de espacio: la zona de la cumbre de Auyán Tepui es enorme y abarca 700 kilómetros cuadrados.

Elegir una ruta para subir por el río de aguas poco profundas resultó más difícil, pero tuvimos suerte de llegar hasta allí. Normalmente, el agua sólo alcanza caudal suficiente desde junio a noviembre, pero las lluvias insólitamente intensas y prolongadas del invierno, cuando hicimos nuestra visita, permitieron que todavía fuera navegable al acercarse el Año Nuevo. Quizá el aspecto más sorprendente y ligeramente decepcionante de nuestro viaje fue la característica ausencia de fauna en el río. Nuestros guías explicaron la teoría de que el agua manchada de tanino resulta demasiado ácida para muchas criaturas, pero yo no pude dejar de pensar que algo tendría que ver en ello la constante corriente de barcos turísticos motorizados.

Después de tres horas, a punto de caer la noche, nuestro patrón dirigió la embarcación hacia la orilla, en la diminuta isla de La Orquídea. Desgraciadamente, las orquídeas han desaparecido y la isla se ha convertido ahora en un campamento con espacio para 60 hamacas instaladas bajo un cobertizo de lados abiertos. Mientras los guías montaban el equipo para dormir, nos sentamos, charlamos y tomamos unos refrescos sin la desagradable presencia de los mosquitos. Siguió una romántica cena a la luz de las velas para veintidós personas y la velada se prolongó hasta la madrugada. Tumbado en mi hamaca, confié en que mejorara el tiempo pues me di cuenta de que el factor de animación se vería considerablemente reducido si la guía tuviera que explicarnos qué aspecto tenía el salto del Angel, si nos encontrábamos allí con nubes.

EN LOS RÁPIDOS

Cuando el guía nos despertó, a las 6.30 horas los haces dorados de la luz solar penetraban ya por entre las copas de los árboles. Emprendimos la travesía del siguiente tramo del río, que se hizo más duro cuando penetramos por un pequeño afluente, el Chirún y entramos en los cañones del Auyán Tepui. Aunque habíamos iniciado la travesía en dos embarcaciones para distribuir la carga y aligerarlas para abordar los 14 rápidos que nos encontraríamos, la marcha demostró ser difícil para una de ellas, que tuvo problemas con el motor. A pesar de los intentos por repararlo en una diminuta barra rocosa en medio del río, nos vimos obligados a abandonarla y seguir con la embarcación que quedaba durante el resto de

LOS INDIOS PÉMON

El sudeste de Venezuela está poblado por unos 25.000 indios pémon, tres cuartas partes de los cuales viven en el Parque Nacional Canaima. Emigraron a la región en época relativamente reciente (hace unos 200 años), lo que resulta sorprendente dadas las numerosas características naturales que llevan nombres relacionados con los pémon o símbolos de la mitología pémon. «Canaima», por ejemplo, es la palabra pémon para referirse a los malos espíritus que según los pémon habitan los *tepuis* y roban las almas de los hombres. Pero el pueblo tiene una relación muy íntima con el paisaje y adscriben importancia espiritual a las cascadas y *tepuis*.

Tradicionalmente, los pémon practicaron la agricultura de subsistencia, la caza y la pesca, pero recientemente muchos de ellos han encontrado trabajo en el creciente negocio del turismo y la preocupante y naciente industria minera. Toda la zona del parque nacional es rica en oro y reservas de diamantes, y el gobierno está erosionando lentamente las leyes que protegen este patrimonio de la humanidad de la explotación. En 1998, los indios pémon aparecieron en los titulares de prensa de todo el mundo cuando intentaron bloquear los esfuerzos apoyados por el gobierno para construir una línea de alta tensión y varias subestaciones que estaba previsto que cruzaran por el parque.

plástico que venden en el pueblo de Canaima. En uno de los rápidos, particularmente difícil, el patrón revolucionó el motor demasiado pronto y no conseguimos cruzarlo. El retroceso en medio de aquellas aguas turbulentas fue todavía más emocionante que el avance.

El salto Angel

Durante toda la travesía, los impresionantes muros del Auyán Tepui se elevaban sobre nosotros y numerosas cascadas dejaban caer el agua desde la cumbre. Resultaba difícil imaginar de dónde procedía tanta agua pregunté si no serían los lloros de los dinosaurios . Nos vimos obligados a caminar para salvar algunos

ARRIBA: el campamento de hamacas de
La Orquídea.
IZQUIERDA: el Auyán Tepui elevándose sobre
las nubes.
PÁGINA ANTERIOR: el espectacular Salto Angel, la
cascada más alta del
mundo, abriéndose
camino desde la
cumbre de Auyán
Tepui.

la travesía. No obstante, el peso adicional hizo que los rápidos fuesen más complicados de salvar. En cada uno de ellos el agua salpicaba sobre la borda, empapando a los que habían olvidado comprar uno de los baratos impermeables de

rápidos cortos, pero estábamos a bordo cuando el salto Angel apareció ante nuestra vista. Nos encontrábamos ante la catarata más alta del mundo, que caía desde 807 metros de altura por una cara rocosa de un color rojo óxido; y aunque estábamos todavía a buena distancia de su base, ya parecía poderosamente impresionante. Una vez más, tuvimos suerte ya que, al ser diciembre, el caudal de agua de las cascadas solía quedar bastante reducido.

Finalmente, llegamos al campamento base. El tiempo despejado se mantuvo y aunque el sol había desaparecido, la cumbre seguía siendo visible, algo que no todos los grupos logran ver. Como no queríamos desperdiciar ni un momento, iniciamos de inmediato la ruta de una hora, a través de una hermosa selva tropical, para llegar hasta el mirador. Buena parte de la caminata suponía subir a gatas por rocas y raíces al descubierto, antes de que la trocha bordeara un gran canto rodado para salir a un farallón rocoso sin árboles. Muy por encima, tanto que casi era más cómodo tumbarse para

JIMMY ANGEL

Jimmy Angel nació en Missouri en 1889 y a los catorce años ya pilotaba aviones. Más tarde, durante la Primera Guerra Mundial, sirvió ilegalmente en el Cuerpo Aéreo Canadiense y alcanzó fama por sus hazañas aéreas. En 1921 conoció a un buscador de oro en un bar de Panamá. El buscador conocía una montaña en América del Sur cuyos ríos contenían oro y Angel se ofreció a llevarlo allí. Sin mapa ni brújula, consiguieron encontrar la montaña y aterrizaron cerca. Después de haber buscado oro en el río con cierto éxito, Angel se marchó, pero en los años posteriores siguió volando por la zona tratando de localizar de nuevo el río. En 1935 y por casualidad, descubrió la cascada que ahora lleva su nombre y, dos años más tarde, realizó un aterrizaje forzoso en la cumbre de Auyán Tepui. Nunca volvió a encontrar su río de arenas auríferas. Fiel a su vida de aventuras, Jimmy Angel murió después de que su avión se estrellara en Panamá, en 1956.

contemplarlo, el agua iniciaba su largo viaje, aparentemente a cámara lenta, desde lo alto de Auyán Tepui. Casi a mitad de camino el flujo empezaba a descomponerse en un fino rocío que cae como aguanieve, bajo un viento que lo agita, sobre las rocas negras de abajo.

En 1935, el piloto estadounidense Jimmy Angel, explorador y buscador de oro, voló con su avión por este mismo cañón y contempló por primera vez esta extraordinaria cascada de agua. Sus informes se despreciaron, tachándolos de exageraciones, pero cuando Angel volvió a encontrarla, dos años más tarde, tuvo que hacer un aterrizaje forzoso con su plateado avión Flamingo, llamado «Río Caroní» sobre lo alto de la montaña. Él y los demás pasajeros tardaron once días en realizar el peligroso descenso desde la cumbre y llegar al pueblo de Kamarata y, en reconocimiento de su valeroso esfuerzo, a las cascadas se les dio su nombre. Más recientemente, unas pocas personas han escalado la pared de roca a lo largo de la caída, y otras muchas han efectuado lanzamientos en paracaídas desde lo alto. Parece ser que el salto Angel inspira a los aventureros ya locos a volverse un poco más locos.

Nuestro viaje terminaba. Puesto que la otra embarcación no había podido llegar hasta el campamento base, subimos a la que quedaba para realizar la travesía de regreso a La Orquídea, en lugar de pasar la noche en el salto Angel y arriesgarnos a encontrar el día siguiente una corriente desfavorable. Parecía como si nuestro patrón se hubiese visto afectado por la leyenda de Jimmy Angel, pues realizó el descenso muy rápidamente, ladeando la embarcación al tomar las curvas y deslizándose por entre los rápidos de aguas poco profundas. Ya de regreso en el campamento base, me relajé. Atraído por la hamaca que se balanceaba, me pregunté cuál sería la naturaleza primordial de Auyán Tepui. Las escenas de *Parque Jurásico* poblaron mi imaginación y mientras contemplaba la cumbre de Auyán, tuve el convencimiento de que uno de aquellos bloques gigantescos se movía. Quizá Canaima fuese un lugar demasiado explotado como zona «salvaje», pero, seguramente, los *tepuis* nunca llegarán a ser domesticados y es precisamente su misterio y su belleza lo que hacen que esta región sea un mundo perdido muy real.

VIAJAR SOLO

VIAJE POR EL INTERIOR

Es posible viajar a Canaima de forma independiente, pero la única forma factible de explorar la región más allá del pueblo y la laguna y de ir al salto Ángel es participar en un grupo organizado. Línea Turística Aerotuy (LTA) tiene vuelos diarios a Canaima desde Ciudad Bolívar y sólo ofrece billetes para el vuelo cuando dispone de plazas no ocupadas por viajes organizados. Hay muchos pilotos independientes y otras empresas, incluida Rutaca, que también ofrecen asientos sobrantes.

CUÁNDO IR

Las visitas en embarcación hasta la base del salto Ángel funcionan normalmente sólo durante la temporada de las lluvias (de mayo a noviembre), ya que el caudal de los ríos es demasiado bajo durante los demás meses. Las condiciones atmosféricas adversas pueden cambiar esta situación, como sucedió en nuestro caso, así que vale la pena comprobarlo antes de reservar plaza en una visita organizada. No obstante, la mejor época del año para ver el salto Ángel sin nubes es durante la temporada seca, de diciembre a abril. Es una buena época para tomar uno de los numerosos vuelos de la «cascada» ofrecidos por las líneas aéreas que hay en Canaima.

PLANIFICACIÓN

Las visitas organizadas se pueden contratar en las agencias con sede en el aeropuerto de Ciudad Bolívar. Una de ellas, Turi Express, es un agente turístico de trato agradable que utiliza los servicios de compañías consolidadas con sede en Canaima y que ofrece paquetes de tres días con todos los servicios incluidos y una razonable relación calidad-precio. Es posible volar hasta Canaima de modo independiente

y luego reservar plaza en una visita organizada con empresas como Kamaracoto Tours o Bernal Tours (dirigida ahora por la esposa de Tom). Si decide hacerlo por su cuenta, vale la pena negociar, ya que los precios son flexibles. Los paquetes turísticos que se encuentran en Caracas suelen ser mucho más caros que los ofrecidos por Servivensa, la línea aérea nacional, que incluye alojamiento en su cómodo aunque excesivamente caro refugio del campamento de Canaima, con 115 habitaciones.

CUESTIONES DE SALUD

Existe malaria en la región, por lo que es necesario tomar precauciones antes de salir de su país; consulte con su médico para conocer las últimas informaciones al respecto. La fiebre del dengue, causada por el mosquito *Aedes*, también constituye un posible problema, así que es conveniente utilizar un repelente fuerte contra insectos, llevar prendas de ropa largas por las noches y utilizar una buena red mosquitera en el campamento de hamacas de La Orquídea cuando lo utilice; probablemente, es conveniente aplicarse repelentes incluso cuando no parezca necesario utilizar una mosquitera.

QUÉ LLEVAR

- ❏ Sombrero y gafas de sol.
- ❏ Chaqueta impermeable o chubasquero de plástico.
- ❏ Mosquitera.
- ❏ Calzado de excursionista.
- ❏ Linterna.

OTRAS COSAS A HACER

1. Vaya a Cueva Kavac: vuele desde Canaima hasta el pueblo de los indios pémon de Kavac, en el valle Kamarata, y haga una excursión de medio día por el hermoso sistema de cuevas con cascadas interiores. La mayoría de vuelos a Kavac sobrevuelan el salto Ángel. Los viajes de un día se pueden organizar en Canaima.

2. Excursión a Roraima: ascienda a la cumbre del *tepui* del monte Roraima en una excursión de seis a nueve días que le permitirá cruzar la sabana y varios ecosistemas de bosque hasta la vasta zona de la cumbre, cubierta por extrañas formaciones rocosas. Todos los viajes organizados incluyen una noche de camping en la cumbre.

3. La Gran Sabana en jeep: explore las tierras de la sabana, las cascadas, *tepuis* y los pueblos de los indios pémon en la Gran Sabana en una excursión en jeep de tres o cuatro días desde Ciudad Bolívar, una de las rutas más espectaculares del país. Las mejores cascadas son Salto Yuruan y salto Aponguao.

CONSEJOS PARA EL VIAJERO

- ❏ Si elige una visita organizada económica, vale la pena llevar algo de comida suelta para tomar un bocado, ya que en el paquete sólo se incluyen las comidas principales, sin nada intermedio. Al llegar a Canaima, los vegetarianos deben comprobar que el representante de la empresa conozca cuáles son sus necesidades dietéticas, sin confiar en que el agente turístico le haya transmitido la información.
- ❏ Para permanecer seco en la embarcación, necesitará un impermeable de plástico; pero ahorrará dinero si lo compra antes de viajar a Canaima, donde son más caros.
- ❏ En la excursión al salto del Sapo no lleve consigo ningún objeto valioso, ya que todo queda empapado, aunque lo guarde en una bolsa de plástico.

Ruedas de fortuna andina

por Steve Watkins

La ciudad andina de Mérida se halla rodeada de montañas ideales para recorrer alejados caminos en bicicleta. Los trayectos no siempre son fáciles pero las recompensas para quienes persisten resultan extraordinarias. Participé en una excursión de dos días por un hermoso paisaje abrupto que me llevó a descubrir las montañas y pueblos de la cordillera de Mérida.

Mérida es una base perfecta desde donde explorar la región andina de Venezuela. Muchos visitantes viajan en vehículos todoterreno, ya que los coches normales no pueden con el terreno alejado de las carreteras principales, pero como no podía permitirme un alquiler tan caro,

 3 Este trayecto exige un buen nivel de preparación física y experiencia previa en rutas en bicicleta, preferiblemente por lugares alejados. Algunas de las subidas son duras, aunque siempre se puede caminar si la marcha le resulta demasiado difícil.

★★ Una verdadera mezcla de dolor y placer, aunque al final sale ganando este último. La posada de Acequias es sencilla pero cómoda y la comida es buena.

 Lleve un par de pantalones cortos para bicicleta y guantes si los tiene. También es útil el calzado de suela rígida o botas. Necesitará una pequeña mochila en la que llevar comida. Todo el resto del equipo, como casco, bombines y material de repuesto que se le suministra.

opté por los pedales y las dos ruedas. En contra de lo que suele creerse, las bicicletas de montaña no son, por definición, capaces de llegar a cualquier parte. Sin embargo, con un ciclista que cuenta con un moderado grado de experiencia y una naturaleza animosa, la bicicleta puede ser una forma de transporte más útil y gratificante que los grandes *jeeps*.

En respuesta a mi petición de un recorrido desafiante, Tom, el propietario de Bum Bum Tours, con sede en Mérida, sugirió el trayecto de dos días a San José, pero con una desviación. En lugar de ir a Acequias (el punto de partida habitual), mi guía Alberto y yo nos dirigiríamos a Tierra Negra, lugar

ARRIBA: nuestro lugar de descanso nocturno, el pueblo de Acequias, cuya única posada (INSERCIÓN DERECHA) ofrece un agradable respiro al cansado ciclista de montaña y magníficas vistas sobre las montañas.
ᵈERECHA: el fácil inicio del camino, cuesta abajo, desde Tierra Negra a Acequias, no es una indicación de lo que viene después.

FORMACIÓN DE UNA CORDILLERA

Si cree que se necesita mucha energía para ir en bicicleta por los Andes, imagine la mucha que se requirió para crear esta cadena de montañas. La cordillera de los Andes, el sistema montañoso más largo del mundo por encima del nivel del mar, mide casi 8.000 kilómetros de longitud y se extiende por toda la costa occidental del continente, desde el norte de Colombia hasta la punta más meridional de Chile, donde se hunde en el mar.

Los Andes se formaron durante el período Cretáceo, hace de 138 a 65 millones de años, cuando surgieron las montañas Rocosas y los dinosaurios dominaron la tierra. Se crearon cuando la placa tectónica sudamericana chocó violentamente con la placa del Pacífico, que empezó a hundirse por debajo de ésta a lo largo de una línea de falla, un proceso llamado subducción. Estas enormes fuerzas en conflicto levantaron la roca sedimentaria, haciendo que la corteza terrestre se levantara y formara un pliegue. Las montañas son volátiles y durante los últimos 20 millones de años los volcanes y terremotos han hecho que partes de la cadena se elevaran todavía más.

Muchos de los picos alcanzados más de 5.000 metros de altura, como el Bolívar, en Venezuela, o el Aconcagua, en Argentina, que con 6.960 metros se considera el más alto de los Andes y, de hecho, de todo el hemisferio occidental.

muy conocido por los aficionados al parapente y desde allí pedalearíamos hasta Acequias. El brillo malicioso en los ojos de Tom debería haberme servido de advertencia, pero estuve estúpidamente de acuerdo con el plan, convencido de que volverían a cobrar vida unas piernas previamente bien entrenadas, aunque no utilizadas últimamente para pedalear.

Cargamos las bicicletas y el equipo en el *jeep* y emprendimos la marcha desde Mérida, una ciudad que se encuentra encaramada sobre una estrecha plataforma por encima del río Chama. La carretera por la que circulamos tras salir de la ciudad, siguió el curso del río al sur, hasta el pueblo de Las González. La vía asfaltada desde Las González hasta Tierra Negra, la ruta habitual, había quedado cortada por un deslizamiento de tierras, así que nos vimos obligados a seguir por un espectacular y antiguo camino de tierra. Para cruzar el río, traqueteamos sobre la superficie de planchas de madera de un viejo puente de vigas metálicas. Ya al otro lado, Tom se paró para poner la marcha reductora. Eso nos dio la oportunidad de mirar hacia el cielo y observar las montañas de caras empinadas que se elevaban ante nosotros. Sin duda, el todo terreno iba a ser esencial para proseguir la ruta.

En ocasiones, durante el trayecto por el camino empinado, el gradiente se hizo tan fuerte que hasta parecía imposible que un vehículo como ese pudiera subirlo. El camino serpenteó por entre extrañas formaciones rocosas antes de enderezarse un poco cuando un profundo valle se abrió a la izquierda. Ese era nuestro punto de partida y me consolé al pensar que la ruta a Acequias no podría ser mucho más empinada que la que acabábamos de dejar atrás.

ENGRANAJE OPUESTO

Al contemplar el valle desde Tierra Negra, pudimos distinguir una débil línea que se extendía a lo largo de la ladera de la montaña. Ese era el camino que teníamos que seguir y aunque no parecía muy empinado desde donde nos encontrábamos, mi falta de ejercicio reciente me indujo a bajar de la bicicleta y a ponerme el casco y los guantes con la mayor lentitud posible. Cuando ya no pude retrasar más el momento de la partida, volví a observar el brillo en los ojos de Tom, antes de que Alberto y yo iniciáramos el pedaleo bajo un sol de justicia.

Por delante no se veía señal alguna de civilización, sólo las altas montañas y me pregunté si acaso no habría querido hacer algo más de lo que podía resistir. Después de un breve tramo plano, empezamos a descender rápidamente trazando meandros. La suelta superficie arenosa hacía que la marcha fuese divertida. Eso me proporcionó una oportunidad ideal para acostumbrarme a las particularidades de los frenos de la *mountain-bike*, eficientes, pero colocados en sentido opuesto al de la bicicleta estática en la que me había entrenado en casa. Esta disposición de «atrás hacia el frente» resulta especialmente perceptible cuesta abajo y se puso de manifiesto cuando, en un recodo, apreté instintivamente de la palanca izquierda y la rueda delantera patinó sobre la gravilla. Al final del descenso, apenas si había logrado volver a reeducar mis reacciones.

En el mundo de la bicicleta, todo lo que baja tiene que subir y después de pasar ante una casa de campo rodeada de brillante hierba verde y de cruzar una pequeña corriente, iniciamos la ascensión que había observado desde nuestro punto de partida. La distancia es muy engañosa para la mirada y la ascensión demostró ser todo un reto para los pulmones.

Aparte de los tramos iniciales, no fue excepcionalmente empinada, pero sí persistente en su elevación hasta lo alto. El corazón me latía con fuerza, en un intento por transportar oxígeno a las partes del cuerpo que se esforzaban, pero aquello era como una empresa de mensajería de un solo empleado al que se pidiera que entregara las guías telefónicas de todo el país. Cambié las marchas pero no obtuve respuesta; ya no había más marchas. Pareció ayudar un poco el ir de pie sobre los pedales para añadir el peso de mi cuerpo a la causa de llegar a lo alto de la montaña. Mientras forcejeaba, Alberto, mucho más en forma que yo y acostumbrado a este terreno, resistió la tentación de echarse a reír ante mis esfuerzos y en lugar de eso me animó a seguir adelante. Sus palabras de aliento causaron el efecto requerido. Poco a poco, mi cuerpo recuperó un cierto sentido del equilibrio y empecé a reparar en las hermosas montañas que nos rodeaban.

La tarde resultó ser tan desafiante como la mañana y fue con una gran sensación de alivio con la que finalmente vi **Acequias** allá delante. Acequias es la versión moderna de un antiguo pueblo llamado San Antonio Mucuño, conocido localmente como Pueblo Viejo. El municipio original, cuyas ruinas se encuentran a unas dos horas a pie, quedó destruido en dos ocasiones por sendos terremotos durante los siglos XVII y XIX. Acequias está a unos 2.400 metros sobre el nivel del mar, así que pude achacar parte de mis forcejeos del día a los efectos de la altura.

Al entrar por la calle asfaltada que conducía al centro del pueblo, tuve la sensación de que nuestros esfuerzos se merecían un recibimiento de multitudes al estilo Tour de Francia, pero encontramos la plaza casi desierta. Nuestra posada era la única existente en Acequias y éramos los únicos huéspedes. Situada alrededor de un patio rectangular, la casa tenía lo que para mí era fundamental: cocina y camas. Agotado, caí inmediatamente dormido, mientras Alberto ayudaba al propietario a preparar un festín a base de pasta.

REPARACIONES NOCTURNAS

En cuanto se puso el sol, la temperatura descendió en picado y me alegró descubrir que tenía mantas suficientes para la noche. El sueño es capaz de obrar verdaderos milagros y, a pesar de los esfuerzos del día ante-

HABILIDADES PARA SUBIR Y BAJAR

El ciclismo de montaña puede ser más cómodo y divertido utilizando una buena técnica para subir o descender montañas. En las subidas se ahorra energía sentándose en el sillín, en lugar de colocarse de pie en los pedales. Elija una marcha lo bastante baja como para mantener un ritmo constante, en lugar de pedalear duro pero en impulsos cortos. Al descender, es mejor mantener el peso hacia atrás y en los tramos no asfaltados es mejor ponerse de pie sobre los pedales y utilizar las piernas como amortiguadores. No frene demasiado fuerte con el freno delantero y aplique siempre primero el freno trasero. Al recorrer terreno empinado y duro, procure no derrapar con fuerza.

VENEZUELA

rior, a la mañana siguiente me sentí como nuevo, preparado para el «verdadero» *tour* a San José.

Desde la posada se contemplaban magníficas vistas de las montañas, al norte, que destacaban sobre las paredes blancas y los tejados de tejas rojas del pueblo. Un cielo despejado nos prometía otro día soleado

DERECHA: la ascensión a San José.
ABAJO: un grupo de ciclistas de montaña se detiene para tomarse un respiro en el emocionante descenso desde Tierra Negra a Las González.

cuando emprendimos una razonable ascensión desde Acequias. Luego, el camino fue aplanado y empezó a serpentear cruzando el páramo, una meseta abierta en la que crecen pocos árboles, aunque encontramos numerosos frailejones de hojas espinosas (*Espeletia pycnophylla*). Sus hojas tienen una textura como de fieltro que les impide sucumbir al frío de las alturas y desde septiembre hasta

DERECHA: el exigente pero magnífico descenso hacia el fondoso y escasamente poblado valle del río Tostos.

principios de diciembre dan flores que otorgan a las laderas de las montañas un asombroso color amarillo intenso.

Ante la ausencia de sombras, aprecié la fría brisa que soplaba mientras pedaleábamos por caminos estrechos, sobre la cresta de un risco. Al mirar hacia atrás pudimos ver la cumbre nevada y cubierta de hielo del **pico Humboldt**, el segundo más alto de Venezuela, con 4.994 metros, en el distante Parque Nacional Sierra Nevada. En otra pequeña colina nos encontramos a un joven vaquero de Acequias que se dirigía a San José. Nos contó que efectuaba el viaje a San José habitualmente un par de veces a la semana durante todo el año, incluso cuando el camino se encontraba cubierto de nieve, para comprar provisiones o buscar trabajo.

Pronto iniciamos el emocionante descenso hacia el **valle Tostos**, un frondoso valle fluvial. La bajada resultó una verdadera prueba para la fortaleza de mis manos, pues la marcha fue tan cuesta abajo que empezaron a dolerme de tanto apretar los frenos. Sin embargo, no quería pararme pues me estaba divirtiendo. Cualquier recuerdo que pudiera quedarme sobre los esfuerzos del día anterior, quedaron borrados al instante, y cuando me detuve finalmente al fondo, me encontraba feliz de haber realizado el recorrido.

El valle Tostos está casi deshabitado, a excepción de unas pocas familias campesinas que viven en casas sencillas, y es increíblemente hermoso. Las flores silvestres y los árboles altos se alinean en las orillas del río, mientras que el duro camino se extiende suavemente montaña abajo, a lo largo de unos cuantos kilómetros. En varias ocasiones tuvimos que cruzar el río y tanto a Alberto como a mí nos encantó ver hasta qué altura podíamos chapotear el agua al cruzarla.

UNA BESTIA DOMINADA

Fue una pena que se acabara la diversión ante otra ascensión montaña arriba, la última antes de llegar a San José. La cuesta no era tan larga como las anteriores, pero la marcha fue dura y necesitamos descansar un par de veces. Experimentamos una verdadera sensación de logro al llegar a lo alto, pues aunque el final todavía se encontraba a pocas ho-

ras de distancia, ya habíamos dejado atrás los tramos más difíciles.

Tras seguir un sendero estrecho hacia **San José**, cruzamos un borde cubierto de hierba para descender al pueblo. Era la hora de la siesta, así que todas las tiendas de la plaza recientemente remozada estaban cerradas, afortunadamente a excepción de una, que era la más importante. En la sombreada tienda de ultramarinos, nos bebimos algunas botellas de limonada mientras el propietario del restaurante del pueblo regañaba a Alberto por no traerle a todos sus clientes ciclistas. Para compensarle, y puesto que quedaba espacio en nuestros estómagos para una buena comida, tomamos en su restaurante una deliciosa cena a base de trucha fresca.

La carretera desde San José estaba asfaltada y aunque inicialmente trazaba una prolongada y suave cuesta, el firme hacía que el ascenso resultara agradable. La recompensa por el esfuerzo fue sensacional. La última hora de regreso a Tierra Negra transcurrió completamente cuesta abajo, con magníficas vistas sobre las montañas y los valles de los alrededores. Las curvas cerradas añadían un poco de emoción, aunque era importante vigilar el tráfico que viniera de frente. Este era la clase de ciclismo que originalmente me enganchó y por primera vez desde que partimos, me encontré por delante de Alberto.

En este último tramo del viaje ganamos tanto tiempo que llegamos al punto de recogida más de una hora antes de lo previsto. Al imaginar que con la carretera principal cortada Tom habría tenido que seguir el viejo y salvaje camino de tierra y tardaría por tanto un poco más en llegar, decidimos seguir durante otra hora más para descender hasta Las González. La arenosa superficie del camino lo hacía muy complicado a veces, sobre todo en las curvas empinadas e interiores, pero ambos lo recorrimos sin dificultad.

Tras celebrar la magnífica excursión con más limonada (un estupendo descenso es capaz de borrar todos los recuerdos desagradables de cualquier duro ascenso), estuvimos de acuerdo en que las dos ruedas son ciertamente mejores que las cuatro para captar el ambiente de los Andes.

VIAJAR SOLO

CUÁNDO IR

Es posible practicar el ciclismo de montaña por los Andes durante todo el año. Los meses de verano, de diciembre a abril, pueden ser muy calurosos, por lo que quizá sean preferibles los de invierno, aunque lo más probable es que se encuentre con lluvia o incluso nieve en las alturas.

PLANIFICACIÓN

Para trayectos independientes, se pueden alquilar bicicletas de montaña de buena calidad, a precios razonables, en diversas agencias turísticas de Mérida, incluida Bum Bum Tours, NaToura, y Guamanchi Expeditions. Todas ellas proporcionan mapas de los trayectos y también pueden suministrar alforjas para llevar el equipo.

Todas estas empresas organizan trayectos en bicicleta, con guía y alojamiento incluidos, desde un día hasta cinco días, adecuados para todos los niveles de experiencia y habilidad.

CUESTIONES DE SALUD

El ciclismo de montaña exige un nivel razonable de buena forma física. Quienes padezcan del corazón o tengan problemas respiratorios, deberían consultar con su médico.

En los tramos cuesta abajo lleve siempre el casco, ya que la cabeza suele ser lo primero que golpea el suelo en una caída.

Beba mucho líquido, ya que la pérdida de agua es elevada y la deshidratación puede aparecer con mucha rapidez.

Coma regularmente hidratos de carbono, azúcares y sales para mantener altos los niveles de energía. Ese es un factor importante para evitar «la pájara», término ciclista que describe el estado en que los niveles de azúcar caen tanto, que repentinamente ya no se puede seguir pedaleando.

QUÉ LLEVAR

- ❑ Pantalones cortos de ciclista con costuras planas.
- ❑ Gafas de sol.
- ❑ Gorra de béisbol puesta del revés, o solapa para proteger la nuca del sol.
- ❑ Guantes de ciclista.
- ❑ Protector solar de factor alto.
- ❑ Prendas de ropa cálidas para las noches frías de las montañas.
- ❑ Linterna.

CONSEJOS PARA EL VIAJERO

- ❑ Para tramos por caminos lleve sus propios guantes. Recuerde que no se alquilan y ponérselos supone toda una diferencia para su comodidad personal.
- ❑ Si tiene calzado de suelas rígidas o botas, inclúyalas, ya que son ideales para el ciclismo.
- ❑ Utilice un protector solar de factor alto en toda la piel expuesta. La arena y la tierra de color claro reflejan los rayos del sol y sus efectos son particularmente intensos a una altura elevada. Póngase una gorra de béisbol hacia atrás o utilice una solapa de tela para protegerse la nuca del sol. Beba mucha agua durante los recorridos. Consulte con su guía para saber si el agua del río se puede beber.
- ❑ No abandone: ¡cada montaña tiene su cumbre!

TRES TRAYECTOS POR LOS ANDES

En los alrededores de Mérida hay varias rutas para hacer en bicicleta, que se pueden realizar sin guía, y algunas que no necesitan la presencia de un vehículo de apoyo.

1. **Pico El Águila:** 75 kilómetros, en un 80 por ciento de bajada.
   Usted y la bicicleta son conducidos hasta el paso más alto de carretera que hay en Venezuela, el pico del Águila, a 4.100 metros de altura. Se efectúa una pequeña ascensión hasta Pinango, a 4.300 metros de altura y luego se desciende hasta San Rafael de Mucuchíes. El regreso se efectúa vía Tabay con dos grandes ascensiones hasta Mérida.
2. **Jaji:** 35 kilómetros, terreno mixto, todo en carretera.
   Se conduce hasta Jaji y luego en bicicleta hasta La Azulita. En el trayecto se encuentran cascadas, piscinas naturales y bosque húmedo. Hay algunas cuestas, pero no son muy grandes.
3. **El Valle Grande:** 45 kilómetros, con una gran ascensión y un gran descenso.
   Desde Mérida se suben 1.300 metros hasta La Culata, a 2.950 metros de altura. Después de un breve trayecto por un camino, se encuentra un rápido descenso de regreso a Mérida. La mayor parte del tiempo se halla rodeado de un paisaje hermoso.

VENEZUELA

Nacido para ser salvaje

por Steve Watkins

Llamado el salvaje oeste de Venezuela, la vasta región de Los Llanos es más que un santuario de vaqueros. Su extensa red fluvial alimenta al siempre ávido río Orinoco y contiene una asombrosa diversidad de fauna. Participé en un viaje en el que se utilizaron caballos, embarcaciones y grandes ruedas para estar más cerca de la naturaleza.

os Llanos del Orinoco es una increíblemente llana región de ríos, marismas y sabana que constituye una tercera parte de la extensión de Venezuela. Aquí es donde están los grandes ranchos de ganado del país, conocidos como *hatos*, y un puñado de duros y legendarios vaqueros llamados *llaneros*. Pero es la extraordinaria diversidad de la fauna, que se puede observar con facilidad, lo que atrae a un creciente número de viajeros aventureros. Extrañamente, el mejor lugar para organizar un recorrido por Los Llanos es desde la ciudad andina de Mérida. Elegí un viaje de nivel económico y cinco días de duración hasta la región del río Apure, que incluía descenso en rueda por aguas bravas, pesca de pirañas y una estancia de una noche en un campamento de hamacas en la jungla.

Aunque Mérida parezca un lugar extraño desde donde emprender un viaje por Los Llanos, tiene una clara ventaja: el descenso desde las montañas hasta Barinas es sencillamente espectacular. Nuestro grupo estaba compuesto por cinco alemanes (Kristian, Urma, Hans, Roland y Elizabeth), Natalie, la novia francesa de Roland y dos holandeses, Martin y Ravia. Camilo, nuestro alegre guía, era peruano, pero había vivido casi toda la vida en Mérida. Bajo el aire frío del amanecer, subimos al autobús para realizar el recorrido hacia el este, pasando por **San Rafael de Mucuchíes**, donde nos detuvimos brevemente para visitar la iglesia

 Es un trayecto muy sencillo; sólo el descenso en balsa y el montar a caballo exigen un nivel moderado de buena forma.

★★ Realicé un viaje de nivel económico, con alojamiento en campamentos de hamacas. También los hay más caros, con alojamiento en hoteles-rancho.

⚒ Se proporciona todo el equipo especializado necesario para las actividades.

ARRIBA DERECHA: el tranquilo trayecto a caballo desde Finca Cielo.
DERECHA: descenso por las frías y turbulentas aguas del río Canagua.
INSERCIÓN: la iglesia más fotografiada de Venezuela, la capilla de piedra de San Rafael de Mucuchíes.

más fotografiada de Venezuela. Esta peculiar y curiosa capilla de piedra parece datar de la primera época española, aunque en realidad fue construida en 1984 por el arquitecto local Juan Félix Sánchez, que entonces tenía 83 años de edad.

Nos encontrábamos ahora en la fuerte región del páramo y tras una parada en la agradable **laguna Mucubají**, situada en la entrada norte del Parque Nacional Sierra Nevada, iniciamos un descenso capaz de poner los pelos de punta, dirigiéndonos hacia las tierras bajas. No fue un viaje para los pusilánimes. Para el conductor no hubo respiro, con cerradas curvas a izquierda y derecha, donde las consecuencias por un error no serían otras que un breve vuelo hacia el fondo de un profundo valle. Los pasajeros tampoco tuvimos tiempo ni oportunidad para influir sobre nuestro destino. Tardamos cuatro horas en llegar a Barinas y ninguno se quedó dormido.

Un hilo común

Los Llanos ocupa una extensión de unos 300.000 kilómetros y, sin embargo, sólo alberga el diez por ciento de la población del país. El ganado supera en número a sus habitantes. Toda la región se halla drenada por una maraña de afluentess que recuerdan el sistema de raíces de un árbol antiguo y que sólo tiene un destino, el poderoso **río Orinoco**. Este notable río, que recoge el agua del 70 por ciento del territorio venezolano, se las arregla para mantener sus 2.140 kilómetros de longitud dentro de las fronteras nacionales. Uno de sus principales cauces es el **río Apure**, que fluye desde las estribaciones de los Andes, al sur de Barinas, pasando por San Fernando de Apure hasta confluir con el Orinoco. El Apure sería nuestro hilo común a lo largo de nuestro viaje por la región.

Desde Barinas nos dirigimos al sudoeste durante otros 40 minutos, hasta una pequeña gasolinera. Allí, esperándonos, estaba la «Abuela», un destartalado pero carismático camión azul de ganado. Para llegar a la Finca Cielo, la pequeña granja que sería nuestra base para el descenso en rueda por aguas bravas y donde pasaríamos la primera noche, teníamos que recorrer un camino de tierra demasiado duro para nuestro autobús completo, así que todos subimos a bordo de la «Abuela». De pie en la caja, nos agachamos para evitar las ramas bajas al cruzar un pequeño tramo de bosque húmedo y nos empapamos con las vistas del **río Canagua**, afluente del Apure, por el que más tarde descenderíamos en ruedas de tractor. Finca Cielo es una pequeña granja familiar donde la indudable estrella es un mono capuchino de cara blanca (*Cebus capucinus*). Abandonado siendo una cría, el mono ha adoptado a una piara de cerdos como familia sustituta y se le encuentra invariablemente montado sobre los lomos de esos animales, saltando de uno a otro.

Tendríamos que montar en animales mucho más grandes, los caballos de la granja, por los terrenos del rancho hasta el punto de partida para iniciar el descenso en rueda. Fue un suave trayecto de una hora sobre colinas ondulantes. Poco después de alcanzar el río, llegó también nuestra fiel «Abuela» con chaquetas, cascos y ruedas. Camilo se sentó en la suya y nos mostró las sencillas técnicas de remado necesarias para dirigir la rueda río abajo, advirtiéndonos que levantáramos las

---

VAQUEROS LUCHADORES Y CANTORES

Los llaneros jugaron un papel central y curioso en las batallas de Venezuela por la independencia respecto de los españoles. ¡Lucharon en ambos frentes! Famosos por su espíritu duro, por su extraordinaria habilidad como jinetes y por la voluntad de luchar sin recompensa económica, los llaneros se aliaron inicialmente con los realistas españoles. Sólo hacia el final de la guerra cambiaron de bando para apoyar a Simón Bolívar y jugaron un papel crucial en la victoria final de la batalla de Carabobo, en 1821. Ahora se les conoce más por sus cantos. Acompañados por una pequeña guitarra de cuatro cuerdas, llamada *cuatroí* o *guitarraí*, se lanzan a cantar baladas que hablan de una vida de trabajo, amor y bebida intensas, que sigue caracterizando la existencia de los llaneros.

espaldas, tumbándonos planos a través de la rueda, cuando pasáramos por los tramos rocosos.

TRUCOS DE TORTUGA

Bajo la mirada de unos pocos y fascinados niños locales, nos metimos cuidadosamente en el agua y la corriente nos arrastró lenta pero inevitablemente hacia el primer rápido. Al introducir las manos en el agua, pude maniobrar la rueda con facilidad, incluso demasiado fácilmente pues pocos segundos después había girado en redondo y entrado en el rápido de espaldas, aleteando con las piernas y los brazos como una tortuga que intentara enderezarse desesperadamente. Las aguas, frías y turbulentas, me rodearon pero antes de que pudiera dejarme llevar por el pánico ya había salido disparado hacia el otro extremo del rápido y flotaba hacia el resto del grupo para comparar con ellos nuestras técnicas igualmente cómicas de descenso.

El resto de la tarde fue una agradable mezcla de giros a través de los rápidos y de flotar tranquilamente en los tramos en calma, cuando era posible tumbarse y disfrutar de los sonidos terapéuticos del agua y contemplar el bosque húmedo que pasaba. De regreso en Finca Cielo, nos sirvieron una buena comida a base de pollo y pasta y nos bebimos las cervezas que habíamos llevado como garantía de que la novedosa experiencia de dormir en hamacas no nos robaría el sueño.

A primeras horas de la mañana siguiente, abandonamos la finca para emprender el viaje bastante monótono de tres horas por las llanuras, hacia **San Vicente**, un pequeño pueblo a orillas del río Apure. El tramo final de la carretera era un camino duro, levantado sobre una calzada para impedir que se inundara durante la temporada de las lluvias. Aquí empezamos a ver algunos ejemplares de fauna exótica por la que tan famosa es la región. A través de las ventanillas del autobús pudimos ver con facilidad el caimán (*Caiman crocodiilus*), el ibis blanco (*Eudocimus albus*) y hasta un solitario ibis escarlata (*Eudocimus ruber*), lo que despertó nuestro apetito por lo que esperábamos fuesen encuentros más de cerca en los ríos. Una vez en San Vicente, una alargada embarcación de madera con motor

LA DIFÍCIL SITUACIÓN DEL JAGUAR

El felino más grande de América del sur, el jaguar (*Panthera onca*) es ahora un animal muy difícil de ver, tanto que la mejor posibilidad es contemplarlo en los folletos de viajes, donde con frecuencia aparece irónicamente como el símbolo del estado salvaje de la selva latinoamericana. La destrucción humana de su hábitat, su continua caza, que implica perseguirlo con perros especialmente entrenados hasta que está demasiado agotado para resistirse al cazador, han situado a este potente animal a la cabeza de las especies en peligro de extinción. Sólo quedan unos cuantos ejemplares en Los Llanos, por lo que fue especialmente perturbador ver la piel de uno de ellos, muerto recientemente, puesta a secar en un árbol en una casa del río Pagüey. Del jaguar se venden todas las partes, aunque no se da utilidad a ninguna de ellas, y el cazador puede obtener unos 3.000 dólares por cada uno que mata.

fuera borda nos esperaba para llevarnos a la puesta del sol que contemplaríamos por las anchas y amarronadas aguas arriba del Apure.

La refrescante brisa sentida en el bote fue un agradecido alivio ante el opresivo calor de las tierras bajas, pero no tardaron en aparecer más animales. Camilo identificó los frecuentes golpeteos contra el fondo de la embarcación como los sonidos de las pirañas que trataban de saltar fuera del agua. «A veces han llegado a saltar incluso dentro del bote», nos dijo con una gran sonrisa, antes de añadir: «No se asusten y, desde luego, no traten de coger ninguna». Como para terminar de convencernos, nos mostró la cicatriz en forma de media luna de su dedo meñique cuando intentó hacer precisamente eso. Un momento más tarde, como dispuestas a hacer su aparición más profesional, una piraña voló ágilmente cruzando el aire y cayó junto a los pies enfundados en sandalias de un asustado Ravia. Durante un instante, hubo una gran confusión mientras la piraña aleteaba de un lado a otro, en un intento desesperado por regresar al

IZQUIERDA: para en una hamaca se necesita un poco de práctica.
ABAJO INSERCIÓN: Ravia se acerca a un caimán recién nacido. Cuando alcance la edad adulta, tendrá de 1,5 a 2 metros de longitud.
ABAJO: el trayecto a través de los pantanos hasta el campamento en la jungla.

agua y Ravia malinterpretó sus movimientos como premeditados intentos por arrancarle los dedos a mordiscos. Los demás no dejábamos de reír. Transcurrió un buen rato antes de que el pez perdiera su energía lo suficiente como para arriesgar de nuevo sus dedos para arrojarla al río. Sólo entonces nos reveló que el pez en cuestión no era una piraña, sino una especie inofensiva de aspecto bastante similar.

UNA CRÍA CHILLONA

Río arriba observamos la insólita técnica de alimentación del picotijera negro (*Rynchops nigra*). El pico rojo de este gran pájaro blanco y negro tiene la peculiaridad de que la mitad inferior es más alargada que la superior. El propósito de esta disposición quedó claro al observar cómo el ave se deslizaba justo sobre la superficie del agua, en la que sólo introducía la mitad inferior del pico para recoger así el plancton y los peces pequeños. Pero el momento culminante de la tarde fue cuando Camilo detectó un nido de caimanes en la orilla. Mientras nosotros retrocedíamos hacia el fondo de la embarcación, Camilo se adelantó y recogió una de las seis crías diseminadas por entre la orilla cubierta de barro. Fue increíble verla desde tan cerca. Apenas tenía un mes y sus afilados dientes empezaban a formarse; emitía unos diminutos gritos para advertir de su paradero a sus otros hermanos. Un par de minutos más tarde había regresado con ellos y nos apresurábamos a abandonar el lugar, por si acaso mamá decidía regresar temprano.

Después de otra noche tranquila en las hamacas, nos levantamos temprano para iniciar la travesía de tres horas en barca que nos llevaría hasta el **hato El Jaguar**. Nuestra ruta nos hizo pasar brevemente por el río Apure para tomar luego uno de sus afluentes más pequeños, el río Pagüey. Ahora, con las dos orillas tan cerca del bote, aquello resultó ser una fiesta para contemplar la fauna. El ave más peculiar fue el desgarbado hoatzin (*Opisthocomus hoatzin*). Fácilmente identificable por su complicada cabeza y su grito chirriante, el hoatzin vive en grupos de una docena en las ramas bajas de los árboles, cerca del borde del agua. Tiene patas muy fuertes, lo que le viene muy bien porque a menudo está a punto de caer de las ramas en las que se encarama. Tampoco son muy elegantes al volar, ya que parecen bombarderos sobrecargados cuando levantan el vuelo. Durante la travesía vimos iguanas de todos los colores y tamaños, incluidas las gigantes de brillante color verde (*Iguana iguana*), tumbadas en pequeñas playas y una de ellas nadó justo por delante del bote.

Habíamos emprendido el viaje con la esperanza de divisar uno o dos caimanes. Después de ver más de veinte, la gente dejó de gritar y señalar. Fue increíble. Al escuchar el ruido del bote, raras veces se quedaban quietos, aunque ocasionalmente pudimos acercarnos a uno oculto por detrás de los manglares. Estos acorazados descendientes de los dinosaurios pueden alcanzar 1,8 metros de longitud y se caracterizan por su naturaleza agresiva, sobre todo cuando protegen a sus crías. Sabíamos que el ruido del motor les asustaba y que probablemente no podríamos acercarnos mucho, pero cada vez que uno de ellos se introducía en el agua, no podíamos evitar el mirar nerviosos a nuestro alrededor, por si acaso se le ocurría saltar para devorarnos.

REFUGIO DE ANIMALES

Al llegar al sendero que conducía al hato, cambiamos la embarcación por otro viejo camión para emprender el trayecto de 40 minutos que nos llevaría hasta la casa. El rancho, de 25.000 hectáreas, está dirigido por Ramón Moser, un anciano sabio y encantador de Caracas, que no pudo resistirse al hechizo de Los Llanos. El negocio está en pleno funcionamiento, pero Ramón lo ha convertido en realidad en un refugio no oficial para la fauna, al prohibir por completo la caza en sus terrenos.

Después de un delicioso almuerzo en el edificio principal, estrictamente funcional, establecimos el campamento en un módulo auxiliar de hamacas, al aire libre, con vistas maravillosas sobre la sabana. Mientras disfrutábamos de una hora de descanso en nuestras hamacas, los hombres del rancho ensillaron los caballos para iniciar por la tarde el recorrido por la propiedad. Resulta difícil averiguar la naturaleza de un caballo sólo observándolo, pero me gustaron los ojos de mi-

UN GIGANTE

Entre los pantanos y ríos de Los Llanos vive el roedor más grande del mundo, el gigantesco capibara (*Hydrochaeris hydrochaeris*). Son excelentes nadadores, debido en parte a sus patas traseras palmeadas y pueden bucear en busca de plantas acuáticas (su principal alimento). Cuando descansan, a menudo permanecen semisumergidos en el agua. Su carne era muy apreciada por los llaneros, a consecuencia de lo cual estuvieron a punto de extinguirse. También resultan el bocado preferido del caimán.

rada alerta del que me tocó en suerte y demostró ser un excelente animal. A los caballos sudamericanos se les entrena para responder al peso del jinete y sólo se precisa una mano para sostener las riendas. Un simple giro de la muñeca es todo lo que se necesita para dirigirlo, y respondió bien a nuestras instrucciones de ir más rápido o más lento.

El sendero seguía una estrecha calzada entre espeso matorral bajo. Pocos minutos después un destello rojizo entre las altas hierbas verdes hizo que nos detuviésemos. Un solitario aunque no por ello menos espectacular ibis escarlata se alimentaba en las marismas, introduciendo su alargado pico curvado en el agua. Su impresionante cuerpo rojo y sus alas nos dejaron asombrados. Tenía un color tan vivo que me pregunté si acaso un artista no habría pintado por la noche con una capa de pintura uno de la variedad blanca que habíamos visto antes en el río. Un poco más adelante, una bandada de ibis rojos y blancos salió volando de la marisma y levantó el vuelo como un montón de globos de helio soltados durante un festival. Poco después los ojos de Camilo se iluminaron y nos señaló frenéticamente hacia la derecha. En el otro extremo de un pequeño estanque, cuatro o cinco hembras de ciervos de Virginia (*Odocoileus virginianus*) huían hacia los matorrales, tratando de alejarse de nosotros. Sus cuerpos de color marrón rojizo contrastaban nítidamente con el brillo blanco de la parte inferior de sus colas, que actúan como advertencia de peligro para el resto de la manada.

CABALLOS ALADOS

Tuvimos que animar a los caballos para que descendieran por una ladera y cruzaran un estanque profundo y cubierto de barro, pero el fluir de la fauna exótica no cesaba. Los caimanes tomaban el sol en llanos de barro o nos espiaban desde el agua, las araraunas escarlatas (*Ara macao*) volaban sobre nosotros emitiendo sus chillones gritos mientras que las enormes garzas baco (*Tigrisoma lineatum*) se mantenían firmes en su terreno, como artísticas estatuas camufladas. Por una vez, un viaje emprendido para observar la fauna estaba haciendo honor a su nombre. Quedamos impresionados, aunque no pudimos ver a la anaconda (*Eunectes marinus*) tan común en esas tierras. Cuando el sol de un dorado líquido se hizo de un rojo rosado y se hundió en el horizonte, llegó el momento de regresar al rancho. Los caballos saben muy bien cuándo es el momento de regresar a casa y el mío, con mi aprobación explícita, demostró su verdadera naturaleza galopando todo el trayecto. Ya en el módulo de hamacas, se nos unieron algunos de los llaneros del hato que, junto con el polifacético Camilo, nos deleitaron con cantos tradicionales y tocando instrumentos alrededor de una hoguera de campamento.

Por la mañana, los llaneros volvieron al trabajo de acarrear búfalos de agua (*Bubalus bubalis*) para darse un baño. En el hato hay unos 2.500 búfalos de agua, que han demostrado ser un negocio lucrativo, ya que los de dos años se venden en el mercado por 2.000 dólares. Estas grandes criaturas con cuernos, que habitualmente se encuentran en el sudeste asiático y que llegan a pesar una tonelada, han efectuado con éxito su transición al ambiente de Los Llanos. Ramón ha entrenado incluso a algunos para que los visitantes puedan montarlos por los pantanos, una experiencia novedosa que probablemente no se encontrará en ninguna otra parte del continente.

Después de otro recorrido más corto a caballo hasta el otro lado de la propiedad, dispusimos de un par de horas para relajarnos en las hamacas y juguetear con el mono residente, otro capuchino de cara blanca, al que le gustó encaramarse sobre la cabeza de Martin, agarrar su lengua y, ocasionalmente, hasta golpearlo.

FRENÉTICAS DEVORADORAS

Para la cena de nuestra última noche, Ramón nos envió a capturarla por nuestra cuenta. Si se hubiera tratado de gallinas, habría sido fácil, pero nuestro menú iba a consistir en pirañas. Seguramente, aquello sería una batalla para ver quién se comía primero a quién.

Acertada o equivocadamente, tengo catalogadas a las pirañas, junto con los cocodrilos y los hipopótamos, como criaturas peligrosas para la salud humana. No obstante, existen diversas variedades y no todas son demonios devoradoras de hombres. Recordé un programa de televisión en el que presentaron a una famosa por su naturaleza sedienta de sangre, la piraña de vientre rojo (*Serrasalmus nattereri*). Le pregunté a Camilo qué tipo tratábamos de capturar. «Las de vientre rojo», me contestó con una sonrisa. Estas asesinas plateadas, con manchas rojas en sus vientres por lo demás blancos, alcanzan los 30 centímetros de longitud. Sus potentes mandíbulas están llenas de afilados dientes, dispuestos como los de una sierra y utilizados para desgarrar trozos de carne de sus víctimas. La piraña de vientre rojo vive en grandes bandadas y cuando tienen mucha hambre sus esfuerzos combinados han llegado a reducir una vaca a un montón de huesos en apenas 15 minutos. Cuando el sol del verano seca los estanques y se intensifica la competencia por el alimento, sus ataques se hacen más frenéticos y llegan a devorarse entre sí.

Emprendimos la marcha por la tarde, en la caja de otro camión abierto en el que cruzamos la sabana hasta el puente de pesca, donde a los sencillos sedales se les colocan cebos de trozos de pescado fresco. Tras arrojar el sedal al agua, que se movía lentamente, sólo tenía deseos a medias de atrapar una. El puente no tenía barandilla de seguridad, así que todos procuramos retirarnos un poco, por si acaso. Martin fue el primero en tener suerte, y todos nos arremolinamos para verle depositar

VENEZUELA

en el suelo al feo monstruo. Sus grandes ojos adelantados, el lomo jiboso y la mandíbula inferior adelantada hacía honor a su imagen de película de terror. Cuando dejó de moverse, uno de nuestros guías la recogió y le abrió las mandíbulas, para dejar al descubierto los dientes, tan afilados como cuchillas. Capturamos un total de siete pirañas, sin que ninguna hubiese mordido mi anzuelo, aunque tuvimos suficiente para la cena. Pero todavía no era el momento de comerlas.

Pasaríamos la noche final en la selva, sobre una diminuta isla cubierta de bosque. Subimos a una embarcación de fondo plano y emprendimos una corta travesía por el pantano. Bajo la luz del atardecer, tuvimos la suerte de ver una familia de capibaras (*Hydrochaeris hydrochaeris*), el roedor más grande del mundo, que parece un conejillo de Indias al que se han administrado dosis suplementarias de hormonas del crecimiento. Cuan-

do llegamos al lago de la isla ya había oscurecido. Cambiamos el fondo plano del bote por una canoa inestable que convirtió la travesía en una miniaventura. La cosa resultó bastante más interesante cuando nuestras linternas descubrieron los ojos rojos y brillantes de un caimán.

Freímos las pirañas en una hoguera y las servimos con ensalada fresca. La gruesa carne era realmente jugosa. Sentados alrededor del fuego, escuchamos a Ramón hablar apasionadamente de los ocho jaguares que quedaban en la propiedad (*Panthera onca*) y de su sueño de convertir el hato en una reserva oficial de fauna. Al deslizarnos bajo las mosquiteras, en nuestras hamacas y observar al grupo de monos que comían y jugaban en los árboles, por encima de nosotros, no pudimos sino estar de acuerdo con él. Son muchas las regiones del mundo que exigen reconocimiento como importantes centros de fauna, pero Los Llanos, una zona de la que pocos habrán oído hablar, merece hallarse entre los lugares más destacados de esos paraísos de la fauna protegida. Habíamos disfrutado mucho con nuestra aventura y todo lo que contribuya a proteger la región será muy apreciado por las generaciones venideras.

IZQUIERDA: el capibara, un roedor de gran tamaño.
ABAJO: un caimán adulto acecha en silencio entre los jacintos de agua.

VIAJAR SOLO

CUÁNDO IR

En Los Llanos sólo hay dos estaciones, que son muy diferentes. En la temporada húmeda, de mayo a noviembre, las lluvias torrenciales convierten toda la zona en un lago gigantesco y la vida resulta fácil para la fauna. No obstante, la mejor época para viajar es durante la temporada seca, de diciembre a abril. Apenas ha dejado de caer la lluvia, cuando el implacable sol evapora el agua y deja llanos de barro agrietado y seco. Cuando escasea el agua, la fauna se acumula en grandes cantidades en las pocas fuentes que quedan, en un intento, que no siempre tiene éxito, por sobrevivir hasta las próximas lluvias. Las semanas desde finales de noviembre a finales de diciembre son las mejores entre los dos extremos. En la temporada húmeda, la actividad de descenso en rueda por aguas bravas se sustituye por descensos de clase III/IV en balsa por el mismo río.

PLANIFICACIÓN

Mérida es el lugar donde reservar plaza en excursiones organizadas y económicas. La mayoría de operadores turísticos organizan varios viajes por Los Llanos, aunque Bum Bum Tours es la única que ofrece visitas al hato El Jaguar, presentado en este libro. La duración es de cuatro y cinco días. Otras visitas más caras se encuentran también en Mérida, en Arrasari Trek (parte de Bum Bum Tours) y en Caracas y San Fernando de Apure. Varios hatos bien establecidos en la región ofrecen facilidades turísticas, incluidos el hato Piñero y el hato Doña Bárbara, en los que se puede reservar plaza directamente. Normalmente, los precios de los viajes incluyen desplazamiento, comida, alojamiento, excursiones y guías.

Aunque es posible viajar por la región de modo independiente, con su propio vehículo, no resulta muy práctico. En Los Llanos, el verdadero núcleo de la vida está en los ranchos y es virtualmente imposible viajar a solas hasta ellos. Hay una red de carreteras muy limitada que sólo enlaza las ciudades principales y no hay servicios regulares de embarcaciones por los ríos. En cualquier caso, es preferible contar con un guía para localizar y explicar la abundante fauna que existe.

CUESTIONES DE SALUD

Necesitará llevar pastillas contra la malaria (consulte con su médico para averiguar las últimas recomendaciones). Debería utilizarlas junto con repelente contra insectos, ponerse prendas de ropa largas por la noche y una mosquitera para dormir. Tampoco conviene olvidar incluir en el equipaje protector solar de factor alto para proteger la piel que está expuesta al sol y no olvide también llevar un sombrero.

ABAJO: friendo la pesca.

QUÉ LLEVAR

- ❏ Fuerte repelente contra insectos.
- ❏ Sombrero para el sol.
- ❏ Protector solar de factor elevado para los viajes en barca.
- ❏ Linterna.
- ❏ Cerveza y ron (no hay disponible en el hato).
- ❏ Cámara con zoom para primeros planos de animales.

CONSEJOS PARA EL VIAJERO

- ❏ Para obtener las mejores vistas en la carretera desde Mérida a Barinas, siéntese en el lado de la izquierda del autobús.
- ❏ En los tramos a caballo o a pie por los ranchos, procure hacer el menor ruido posible. Intente situarse delante del grupo, ya que muchos de los animales se asustan con facilidad y probablemente ya habrán desaparecido cuando lleguen los miembros rezagados. Si el organizador de la excursión en el hato le pregunta sobre su habilidad para montar, no exagere, ya que tienen caballos capaces de volar. Los que montamos estaban excepcionalmente bien entrenados.
- ❏ Compruebe que el operador turístico cuyos servicios utilice tiene mosquiteras de buena calidad, diseñadas para ajustarse sobre las hamacas. Bum Bum Tours dispone de protecciones nuevas, lo que permitió que dormir en la selva fuera un verdadero placer.
- ❏ Encontrará adecuadas opciones vegetarianas en la alimentación pero, como puede imaginar, en medio de un país ganadero, la carta no ofrece mucha variedad.
- ❏ Finalmente, no fantasee con la idea de jugar con las pirañas, dentro o fuera del agua. Su mordisco es realmente peligroso, incluso cuando aún permanecen atrapadas por el anzuelo y parecen muertas.

VENEZUELA

Paraíso de rocas desde arriba y desde abajo

por Steve Watkins

Frente a la costa norte de Venezuela se halla el archipiélago de Los Roques. Con más de cuarenta islas de playas de arena blanca, aguas azules cristalinas y prístinos arrecifes de coral, es un magnífico destino para la práctica del submarinismo y un lugar divertido al que volar. Después de revisar los numerosos viajes organizados existentes, organicé mi propio itinerario de cinco días a Gran Roque, la isla principal, para bucear un poco, caminar y volar en ultraligero. Y también para tomar un poco el sol.

E n el archipiélago caribeño de Los Roques, todo el mundo parece haber encontrado al fin un pequeño trozo de paraíso, ya sea sobre las aguas azulverdosas, en su superficie, o por debajo de ellas.

El archipiélago está a unos 166 kilómetros al norte de Caracas y se compone de 42 islas (o *cayos*), lo bastante permanentes como para tener nombres y más de 300 que sólo aparecen con la marea baja. Designado como parque nacional en 1972, las 225.153 hectáreas del archipiélago constituyeron la primera y una de las más grandes reservas marinas del Caribe. De todas las islas, sólo Gran Roque tiene una población importante (unas mil personas) y

3 El submarinismo no es una actividad que exija mucho esfuerzo, pero sí un nivel razonable de buena forma física para afrontar las tensiones añadidas que debe soportar el cuerpo bajo el agua. Caminar por las islas es muy fácil y volar en ultraligero es puro placer.

★ Los Roques resulta un destino ideal para aquellos viajeros que busquen una mezcla de aventura con un poco de autoconsentimiento. Gran Roque cuenta con alojamiento para todos los bolsillos, desde hoteles lujosos hasta acampada libre en tiendas de campaña Los paquetes con todo incluido en las posadas recomendadas tienen, en general, una buena relación calidad-precio.

 En la isla se encuentra todo el equipo de submarinismo que se necesite, aunque alquilarlo es un gasto extra. Si dispone de su propio equipo de buceo, es decir, mascarilla, tubo y aletas, vale la pena llevarlo, aunque pueda alquilarlos.

una pista de aterrizaje, mientras que casi todas las demás están deshabitadas y sólo son accesibles en barco. Este aislamiento, el gasto relativo de visitarlas y la imposición de restricciones sobre las actividades, ha contribuido a que las islas permanezcan relativamente intactas.

Era poco después de Año Nuevo y el aeropuerto de Caracas estaba lleno de gente de vacaciones. Después de buscar un poco encontré una pequeña compañía aérea, llamada Vipro, que tenía plazas disponibles para su vuelo de la tarde a Gran Roque. De los once asientos del bimotor, diez estaban situados junto a las ventanillas y a mí me asignaron el otro. Mientras admiraba los remaches del fuselaje, todos los demás utilizaron sus mejores calificativos para describir las islas que sobrevolábamos. En la pista, los mozos de equipaje no mostraron su habitual interés por llevar cualquier bolso o maleta personal con tal de recibir una abultada propina; de hecho, sólo dos de ellos se molestaron en acercársenos. Si los mozos de equipaje eran tan tranquilos, el resto de la población seguirá probablemente los dictados del «vuelva usted mañana». En una infructuosa búsqueda de alojamiento, comencé la peregrinación por las posadas, todas ellas con el cartel de «completo», y las casas de brillantes colores, a lo largo de la polvorienta calle principal. Finalmente, encontré habitación en la posada Terramar, un lugar muy agradable, un par de calles del aeropuerto.

Aunque Los Roques tiene fama de ser el mejor lugar del Caribe para la práctica del

VIDA Y MUERTE DEL CORAL

Los arrecifes de coral son frágiles colonias de organismos vivos capaces de vivir cientos de años. Se componen de diminutos animales, algas rojas y moluscos y sólo se encuentran en aguas tropicales, donde la temperatura se mantiene por encima de los 20 ºC. Los corales más duros, como el coral cerebro, pueden sobrevivir en aguas turbulentas, pero los que tienen forma de abanico y disco necesitan de aguas tranquilas para desarrollarse. Todos ellos dependen de la luz solar para crecer, de modo que sólo se encuentran en las zonas superiores de los océanos. Actualmente ha aumentado el riesgo de extinción de estas especies debido a diversos factores como la contaminación del mar, el aumento de la radiación ultravioleta que penetra la capa de ozono de la Tierra, y las actividades comerciales (incluido el submarinismo y la pesca incontroladas), que dañan el coral, a menudo de forma permanente.

submarinismo, allí sólo hay una empresa de buceo, Sexto Continente. Con tantos turistas como visitan la isla, principalmente italianos, que descubrieron sus grandes atractivos en la década de 1960 y sólo dos embarcaciones para bucear, las plazas en las expediciones de buceo están muy solicitadas. No había espacio disponible para la salida del día siguiente, así que dirigí mi atención al cielo en busca de diversión. Hernando Arnal, el tranquilo propietario del popular bar Rasquatekey, en la plaza principal, es un piloto de ultraligero que ofrece vuelos de 15 y 30 minutos sobre las cercanas islas y arrecifes. Puesto que no había podido disfrutar de la vista aérea a mi llegada, no dudé en reservar plaza para un vuelo a la mañana siguiente. Al caer la noche di un paseo por la playa. Desde el tortuoso muelle de madera los niños locales se lanzaban al agua por puro placer y decenas de pelícanos pardos (*Pelecanus occidentalis*) elevaban el vuelo en espectaculares misiones de buceo-bombardeo en picado para capturar peces.

A VISTA DE PÁJARO

La construcción, el mantenimiento y la formación como piloto de ultraligero han avanzado mucho desde la década de 1970, cuando los pioneros de estos aparatos arriesgaron sus vidas en los armatostes. Cuando vi a Hernando que descendía hábilmente para un suave aterrizaje con otro cliente, me convencí de estar en buenas manos. La sesión informativa me permitió averiguar cómo entrar y salir del estrecho asiento trasero de la cabina y localizar el chaleco salvavidas situado bajo el asiento, nunca utilizado hasta entonces. Una vez puesto el cinturón de seguridad y el casco,

observó a Hernando tirar del regulador para aumentar las revoluciones del motor y luego carreteamos hacia la pista.

Pocos momentos después de acelerar, el ultraligero estaba en el aire y Hernando viró a

CONSEJOS AL VIAJERO

❑ Las tarjetas de crédito se aceptan en pocos establecimientos como Sexto Continente, el servicio de ultraligero de Hernando y unas cuantas posadas modernas, aunque se muestran algo reacios a ello e imponen cargas del 10 al 15 por ciento. Se recomienda utilizar bolívares o dólares estadounidenses, aunque también se aceptan los cheques de viaje en dólares. En la isla no hay bancos.

❑ Las mañanas suelen estar más despejadas para volar en ultraligero.

❑ Puede conseguir alojamiento en una posada y luego comer fuera, en los escasos restaurantes de la zona. La comida que sirven en las posadas suele ser excelente y preparan almuerzos fríos para los buceadores. La gama de productos en el supermercado suele ser limitada, así que es aconsejable que los campistas lleven alimentos consigo. Encontrará una panadería en la carretera interior a Sexto Continente.

la derecha y se dirigió al sur, sobre **Madrizqui**. La vista era impresionante. En la isla, por debajo de nosotros, una hilera de sombrillas de brillante color amarillo parecía como alfileres sobre un mapa del mundo tomado por satélite, mientras que un reluciente yate blanco contrastaba nítidamente con las aguas de color verde jade. Al sur de Madrizqui volamos sobre **isla Pirata**, cuyo nombre refleja la pasada popularidad del archipiélago entre los bribones de la historia marítima que explotaron sus aguas serenas y seguras y su situación estratégica para distribuir el contrabando dirigido a América del sur. El centro de la isla está ocupado por una laguna de un marrón tanino. Desde isla Pirata, Hernando giró al este, hacia cayo Muerto y Saquisaqui y continuó por encima de numerosos bancos de arena sumergidos hasta la **Gran Barrera Arrecifal del Este**. Allí, la gran cantidad de olas del Caribe cargaban y rompían contra los muros de defensa de coral del archipiélago.

De vez en cuando, Hernando trazaba giros en espiral con los que rompía el trance inducido por la sobrecarga paisajística y volvíamos a ser conscientes de nuestra situación: nos encontrábamos a 120 metros de altura, en el aire, sostenidos por un ala de nailon, una carlinga de fibra de vidrio y un motor de dos tiempos para mantenernos allí. Ya de regreso, pasamos por la aislada Nordisqui, en forma de judía, antiguo cayo Noreste, hasta el cayo del Francés, la isla más popular para tomar el sol y realizar las excursiones de buceo. A modo de gran final, Hernando descendió sobre el viejo faro holandés de Gran Roque, pasó sobre los tejados del pueblo y luego ejecutó su maniobra marca de la casa, un giro cerrado para regresar al aeródromo y efectuar un aterrizaje seguro.

UN VISTAZO AL PASADO

Para calmarme, después de la emoción del vuelo, pasé las primeras horas de la tarde explorando las pequeñas colinas, manglares y

playas más aisladas. Con sólo tres kilómetros de longitud y un kilómetro de ancho, toda la isla se puede recorrer fácilmente en un par de horas aproximadamente.

El archipiélago empezó a formarse durante el período Cretácico alto, hace unos 130 millones de años, cuando le elevó la roca ígnea metamorfoseada que hoy constituye las colinas y farallones de Gran Roque. Sobre una de esas colinas se levanta el **faro holandés**, cuyas ruinas había visto desde el aire, conocido ahora por las puestas de sol, invariablemente impresionantes. Los descubrimientos arqueológicos de los campamentos transitorios de pesca de los indios sugieren que las islas no fueron habitadas antes de la llegada de los españoles. Debido a la falta de agua dulce, los invasores encontraron un lugar salvaje en las islas, que se convirtieron en base para los piratas que

operaban en el Caribe. A principios del siglo XIX, grupos holandeses procedentes de las colonias insulares de Bonaire, Curaçao y Aruba empezaron a instalarse en Gran Roque, explotando la cal del coral y los fosfatos de los manglares. En 1910, llegaron los primeros pescadores de la cercana isla Margarita, que constituyen el núcleo de la población actual.

Desde el faro descendí hasta el **acantilado norte**, donde las olas rompen contra las rocas negras y los pelícanos pardos y las fragatas de cola partida (*Fregata magnificens*) se deslizan dejándose llevar por la brisa marina. De regreso a mi posada, pasé por la sede de Sexto Continente para confirmar plaza en la expedición de buceo del día siguiente.

EN LAS PROFUNDIDADES

En el archipiélago hay ocho lugares establecidos para bucear y nuestra expedición nos llevaría al más alejado de Gran Roque, hacia las islas sudoccidentales de **Dos Mosquitos**. Las normas del parque nacional limitan el tamaño de los grupos de buceo a diez clientes, más el instructor o jefe de buceo. Nuestra embarcación estaba llena y al llegar la hora de partida, a las 9.00 horas, cargamos el equipo en la alargada embarcación abierta. Aunque Sexto Continente ofrece cursos para principiantes, las excursiones de buceo de un día se dirigen a los buceadores cualificados, preferiblemente para aquellos que tengan experiencia reciente. La travesía a Dos Mosquitos duró

INSERCIÓN: Hernando Arnal se prepara para volar.
ABAJO: una vista del paraíso: Gran Roque, una perspectiva desde el aire.

VENEZUELA

sólo una hora, pero tuvimos la oportunidad de ver la vasta laguna central del archipiélago, la **ensenada de los Corrales**, que abarca más de 400 kilómetros cuadrados. Esa laguna está llena de bancos de arena apenas sumergidos por entre los que nuestro piloto maniobró con habilidad.

En aguas más tranquilas, cerca de la playa de la isla sur de Dos Mosquitos, Caroline, nuestra jefa de buceo, nos pidió que nos pusiéramos el equipo antes de sumergirnos en aguas más movidas. La primera de las dos zambullidas consistiría en una inmersión por una pared en la que descenderíamos por un corte vertical de roca y coral a unos 20-30 metros por debajo de la superficie del agua. Era uno de los lugares favoritos de Caroline debido a las numerosas cuevas accesibles. Una vez todos en el agua, incluido Peter, mi compañero de buceo, de nacionalidad suiza, Caroline nos hizo la señal de pulgares abajo para descender.

A los 25 metros de profundidad, a nuestra izquierda se extendía el gran azul, la vista ilimitada de océano que se encuentra bajo el agua, mientras que a nuestra derecha se levantaba el gran muro. Introduciéndose en la primera cueva, en forma de media luna, Caroline detectó una anguila (*Gymnothorax funebris*) que asomaba la cabeza por un hueco del arrecife. Estas criaturas, parecidas a las serpientes y de aspecto humilde, dotadas de fuertes mandíbulas y dientes afilados, esperan inmóviles a que pase su presa, normalmente peces. Tras maniobrar alrededor de un par de grandes abanicos de mar de aguas profundas (*Iciligorgia schrammi*), que se ondulaban elegantemente movidos por la corriente, seguí a Caroline hacia lugares más profundos. Nuestras linternas iluminaron esponjas purpúreas de tubo hueco (*Aplysina archeri*) y detectaron una cría de pez ángel, de brillante color azul (*Pomacanthus paru*), difícil de encontrar. Más lejos, junto al muro, acechaba entre algunos otros abanicos el amenazador perfil ahusado de una barracuda (*Sphyraena barracuda*). Estos plateados piratas submarinos son capaces de alcanzar hasta los 1,8 metros de longitud, andan siempre a la búsqueda de comida, habitualmente solos, aunque también pueden verse en mana-

da. Observan todo aquello que se mueve, incluidos los buceadores aunque, afortunadamente, suelen considerar a los humanos como demasiado grandes para incluir en su plato principal.

Con el brillante sol del mediodía titilando desde la superficie, nadamos por entre un banco de ociuros de cola amarilla (*Ocyurus chrysurus*), unos peces azulados de nariz achatada, con una franja amarilla en sus cuerpos. Poco después nos encontramos con una langosta espinosa (*Panulirus argus*) oculta bajo una escarpada formación coralina, que movía sus largas antenas en busca de comida potencial. Caroline intentó atraerla y hacerla salir de su escondite, tocándole las antenas con suavidad. Tras haber caído en la trampa y haberse mostrado momentáneamente un poco más, se dio cuenta rápidamente de su error y se retiró a un lugar todavía más profundo de su guarida. Estas langostas que son de color marrón rojizo y dotadas de varios paneles protectores, son muy apreciadas por los pescadores, y más del 90 por ciento de las capturas de Venezuela proceden de Los Roques. No es nada extraño, pues, que se asustara tanto.

Comprobé mi suministro de aire y descubrí que el tanque se acercaba a los 50 bars, el nivel en el que empieza a ser necesario regresar a la superficie. Después de hacernos mutuas señales con los pulgares hacia arriba, Peter y yo ascendimos al nivel de cinco metros y esperamos unos pocos minutos para permitir que escapara de nuestros cuerpos el nitrógeno sobrante antes de salir a la superficie. Ya de nuevo en la embarcación, todos nos dirigimos hacia la hermosa isla de Dos Mosquitos, para almorzar.

TORTUGAS EN PELIGRO

Aparte de tener una playa magnífica, en Dos Mosquitos se han puesto en marcha proyectos de investigación relacionados con tortugas y dirigidos por la Fundación Científica Los Roques. El principal objetivo del proyecto sobre las tortugas es el de proteger y repoblar las especies en peligro de extinción, incluida la tortuga verde (*Chelonia mydas*), la tortuga laúd (*Dermochelys coriacea*) y la tortuga boba (*Caretta caretta*). En la principal estación de investigación, enormes tanques de agua contienen crías de tortuga a las que se permite crecer antes de ser liberadas de nuevo en el océano. El hecho de vivir en los tanques al principio aumenta significativamente sus posibilidades de supervivencia.

Después de un descanso de dos horas regresamos a la embarcación y efectuamos la corta travesía hasta el segundo lugar de buceo. Iba a ser una inmersión menos profunda y en aguas más abiertas, con corales espectaculares y más peces, según nos prometió Caroline. Aunque encontramos todo eso, la visibilidad no era tan buena. A pesar de todo fue una inmersión divertida y vimos muchos peces loro del color del arco iris (*Scarus lepidus*). Esta especie cambia de color a lo largo de su vida, pero únicamente los machos dominantes adquieren el brillante color verde y azul que la mayoría de la gente identifica rápidamente con la variedad. Con sus bocas como picos, los peces loro mordisquean el coral y juegan así un papel importante en el reciclado de los nutrientes del coral. Quizá los corales más fascinantes que vimos fueron las diversas especies de coral cerebro que, como indica su nombre, se parecen mucho a enormes cerebros humanos. El proceso de crecimiento normal es incompleto en estas especies, lo que causa en ellas pliegues similares a los del cerebro. Después de pasar casi una hora bajo el agua, salimos a la superficie y pronto emprendimos el regreso a San Roque.

UNA FANTASÍA DE CORAL

Por la mañana, las dos embarcaciones pusieron rumbo a la **Gran Barrera Arrecifal del Sur**. Otra larga travesía nos permitió cruzar la laguna central hasta el primer lugar de inmersión, en Boca de Cote, donde se levanta un muro de tres escalones que desciende hasta los 60 metros de profundidad. Nos sumergiríamos hasta el segundo escalón, a unos 20-25 metros. Bajo el agua, las condiciones eran casi perfectas, con muy buena visibilidad y suficiente luz solar como para arrancar toda una plétora de ricos colores. Pero como me había olvidado de mi mascarilla y llevaba otra pres-

tada que me encajaba mal, todo el mundo participó en la inmersión mientras que yo me pasaba la mayor parte del tiempo con los ojos cerrados para evitar que la sal marina me escociera en ellos, aunque conseguí abrirlos lo suficiente como para ver una tortuga verde deslizándose con la elegancia de un maestro de *Tai Chi*. Afortunadamente, no todo el día se perdió. Con otra mascarilla que me prestaron en la otra embarcación, estuve perfectamente dispuesto para la segunda inmersión en Punta Salina, que resultó ser la más impresionante de los dos días.

Desde el principio hasta el final, el muro coralino de Punta Salina fue como una gruta fantástica inspirada por Walt Disney. La gama de corales es asombrosa. Vimos coral sábana (*Agaricia lamarcki*), semejante a unas tartas aplanadas de diversos tamaños, unas sobre otras, coral estrella (*Motastres annularis*), un coral verde en forma de hongo y tres variedades de coral cerebro. A mayor profundidad proliferaban las esponjas tubulares de brillantes colores, incluida la oreja de elefante, de intenso color naranja (*Pseudoceratina crassa*). Pero los peces no estaban dispuestos a permitir que los corales y las esponjas se apropiaran del espectáculo. En cada nicho y grieta aparecían diferentes variedades. Mis favoritos fueron los cabeza azuladas, de colores amarillo y azul (*Thalassoma bifasciatum*), aparentemente satisfechos con observar qué sucedía en el arrecife. Tam-

APRENDER A BUCEAR

Aprender a bucear es relativamente fácil. En el mundo hay varios organismos calificadores reconocidos, como el PADI y el NAUI, que organizan cursos de tres a cinco días para principiantes en aguas abiertas, a precios razonables, para obtener la calificación que permitirá sumergirse hasta los 40 metros de profundidad. Sólo es preciso pasar una revisión médica y saber nadar. El curso incluye enseñanza en el agua y un examen directo de respuesta con varias alternativas. También hay cursos de prueba de un día y cursos más avanzados.

bién hicieron su aparición en esta exuberancia marina la raya águila moteada (*Aetobatus narinari*), el sigiloso bombardero de los océanos, y bancos de deslumbrantes peces cirujano, de color azul (*Acanthurus coeruleus*). Las verdaderas estrellas del espectáculo, sin embargo, fueron dos tortugas verdes. Esta vez conseguí acercarme a una de ellas y nadé hacia arriba, entre los abanicos del muro, casi rozándola. Esto era el mejor submarinismo, la oportunidad de moverse libremente en un mundo diferente al nuestro. Cuando percibimos que nuestros indicadores de oxígeno habían llegado a la zona roja y, de mala gana, nos vimos obligados a ascender a la superficie.

A la mañana siguiente, tumbado en la playa, a la espera de tomar el vuelo de la tarde de regreso a Caracas, contemplé una vez más a los pelícanos que buceaban en busca de peces y a las fragatas que se elevaban hacia lo alto, impulsadas por las corrientes cálidas. Estos pájaros sí que conocían las mejores formas de contemplar el verdadero paraíso de Los Roques, mientras que yo sólo había intentado seguir su ejemplo natural para encontrar mi propio y pequeño rincón de paraíso.

VIAJAR SOLO

CUÁNDO IR

Las condiciones para bucear son excelentes en cualquier época del año, pero quizá sean algo mejores durante los meses de verano (de mayo a octubre). La temperatura del agua oscila entre los 25 a los 30 ºC. La temperatura del aire es razonablemente constante durante todo el año, con una media de 29 ºC, que alcanza sus valores más altos en julio, con 34 ºC. Puede llover entre septiembre y enero, pero raras veces dura ya que los vientos alisios del nordeste suelen alejar las nubes de lluvia.

PLANIFICACIÓN

La mejor forma de visitar Los Roques es con una de las visitas organizadas que se encuentran, principalmente con Línea Turística Aerotuy (LTA). A los buceadores les ofrecen paquetes en tierra, que incluyen alojamiento en posadas de nivel medio a alto en Gran Roque, y paquetes algo más caros a bordo del extraordinario yate *Antares III*. Los precios

IZQUIERDA: el ultraligero puede competir con cualquier atracción moderna de parque, y las vistas son impresionantes. ABAJO: el farallón Norte, lugar para detectar pelícanos pardos y fragatas.

incluyen los vuelos desde Caracas en su gran jet, alojamiento, comida, refrescos y tres inmersiones guiadas al día, tanques y cinturones de pesas. El BCD o instrumento de control de la flotabilidad, el regulador y la entrada al parque nacional no están incluidos, ni tampoco el derecho a bucear en el parque. La estancia mínima para buceadores es de tres días, ya que no es recomendable volar 24 horas antes o después de bucear.

Para los viajeros independientes, hay varias líneas aéreas que enlazan San Roque. Entre ellas se incluyen Vipro, LTA (sólo ofrecen billetes aéreos), Chapi Air y Aeroejecutivos. En temporada alta, es aconsejable asegurar una fecha de regreso al efectuar la reserva, ya que los vuelos suelen ir llenos. Las posadas se pueden reservar directamente, por fax o teléfono, aunque no sería problema encontrar habitación si no es temporada alta, es decir, Navidades, Año Nuevo y Pascua. Está permitida la acampada libre en la oficina de Inparques, cerca del establecimiento de buceo de Sexto Continente.

Bucear con Sexto Continente debe reservarse por lo menos con un día de antelación. Se ofrecen descuentos por varias inmersiones. Hernando suele

volar únicamente por las mañanas y últimas horas de la tarde que son, de todos modos, las mejores horas para volar. Deben hacerse reservas el día anterior en su bar, el Rasquatekey.

CUESTIONES DE SALUD

La mayor amenaza para la salud que puede encontrar en Los Roques es el sol. En muchas de las islas hay muy poca o ninguna sombra y la arena blanca no hace sino aumentar los efectos de la radiación. Es esencial una buena protección solar durante todo el año. No es aconsejable beber el agua del grifo en San Roque. Encontrará sin dificultades agua embotellada, aunque la avalancha de visitantes y unos días particularmente calurosos pueden ocasionar escasez en los suministros (prácticamente se agotó durante mi estancia), que sólo se llevan una vez a la semana. La comida que se sirve en las posadas se prepara con agua filtrada. Hay mosquitos en la isla, por lo que es aconsejable tomar precauciones, aunque la brisa constante facilita la situación. Las moscas de la arena, que sólo aparecen durante los meses de verano, son probablemente más irritantes, pero la brisa marina de la tarde ayuda a mantenerlas a raya.

QUÉ LLEVAR

- ❑ Equipo de buceo y sobre todo máscara, tubo y aletas si las tiene.
- ❑ Su tarjeta de calificación como buceador.
- ❑ Mucho protector solar de factor elevado.
- ❑ Gafas de sol y sombrero.
- ❑ Repelente contra insectos.
- ❑ Un buen libro.

Animación continua

por Steve Watkins

Venezuela occidental se halla dominada por las montañas andinas, un lugar cada vez más conocido entre los senderistas que buscan un desafío a gran escala. Caminar por entre frondoso bosque húmedo y páramo de elevada altura y subir al espectacular pico Bolívar, la cumbre más alta de Venezuela, donde se encuentra el lugar de enterramiento del legendario libertador, constituye los mejores atractivos de esta zona.

Pocas sensaciones pueden compararse a las de un escalador que alcanza la cumbre de una montaña. El nivel de autosuficiencia requerido para llegar hasta allí y la mareante sensación de éxito que se tiene al alcanzar su objetivo pueden hacer que se sienta como si experimentara un cambio completo de vida. No es necesario escalar el Everest para disfrutar de esa sensación de entusiasmo, pero hay indudablemente un valor extra en la experiencia cuando se sabe que se encuentra en el punto más alto de un país. Ese punto, en Venezuela es la cumbre del pico Bolívar, de 5.007 metros de altura, así que me dirigí a la ciudad de **Mérida** para organizar mi excursión de cinco días que me llevaría a intentar alcanzarlo.

Mérida es una ciudad muy atractiva que tiene un clima agradable y una animada vida nocturna generada por una población universitaria de 35.000 estudiantes, pero es más conocida por su teleférico. Se trata del aéreo más largo y más alto del mundo, ya que alcanza los 4.765 metros en 12,5 kilómetros, lo que permite un acceso instantáneo a los picos nevados del Parque Nacional de Sierra Nevada. ¿Por qué sentimos entonces la necesidad de caminar durante tres días para alcanzar una altura a la que podríamos llegar en hora y media en el teleférico? Tom Evenou, el propietario multilingüe de Bum Bum Tours, explicó que nuestras posibilidades de alcanzar la cumbre después de bajar del punto final del teleférico serían prácticamente nulas: la incapacidad del cuerpo para adaptarse con rapidez a las grandes diferencias de altura que suponen un ascenso en teleférico harían difícil subir un simple tramo de escalones, y menos el pico Bolívar. La ascensión lenta, a pie, permitiría a nuestros cuerpos adaptarse con mayor éxito al aire enrarecido y, en cualquier caso, tal como indicó Tom, se trataba de una hermosa excursión. Como recompensa a nuestros esfuerzos por llegar allí, el viaje incluía un descenso en el aéreo.

5 Esta excursión necesita de un nivel muy alto de preparación física (las compañías turísticas de Mérida aconsejan senderos alternativos si creen que la persona no tiene esa buena forma). La mayor parte de la caminata no es abiertamente escarpada, pero algunos tramos hasta el campamento base y la ruta hasta la cumbre resultan difíciles. La altura afecta hasta cierto punto a todo el mundo, lo que hace que todo esfuerzo sea un desafío.

★★ El aspecto primordial debe ser el peso de su mochila, así que la ligereza de la carga debe tener prioridad sobre cualquier factor de comodidad en el sendero Bolívar. La altura dificulta el descanso, pero la comida es jugosa y abundante. Es normal que los clientes lleven su propio equipo y que compartan el transporte comunal de equipaje y alimentos.

 En el precio del paquete turístico ya está incluido todo el equipo especializado, incluso las prendas de ropa cálidas e impermeables y los sacos de dormir, pero vale la pena llevar sus propias prendas si las tiene.

ACTITUD MENTAL POSITIVA

Durante una reunión informativa celebrada la noche antes de nuestra salida, conocí a los otros cinco miembros del grupo excursionista, todos ellos canadienses. Peter, Janet, Travis y Joe disfrutaban de unas breves vacaciones de su trabajo como docentes en Trinidad y Sean se había tomado un respiro en su trabajo como dentista en Canadá. Juan, el guía jefe, sugirió que la ascensión al Bolívar es tanto un desafío mental como físico, por lo que la actitud positiva es muy importante, aunque no sea garantía de éxito. No hay reglas establecidas que determinen cómo afecta la altitud a los individuos, por muy experimentados que sean, pero algo que parece ayudar a todos a contrarrestar sus efectos es el agua. El proceso de deshidratación se acelera cuanto más alto se sube y Tom resaltó la importancia de beber con regularidad, aunque no tuviéramos sed.

El pico Bolívar forma parte de la cordillera Sierra Nevada de Mérida, en el sector norte de la cadena de los Andes. El pico y la amplia zona que lo rodea y que se extiende desde la carretera Santo Domingo-Mérida hasta los bordes de sus estribaciones, en los alrededores de Barinas, se halla protegido como parte del **Parque Nacional de Sierra Nevada**, de 276.446 hectáreas. El parque, creado en 1952 contiene los cinco picos más altos de Venezuela, conocidos colectivamente como las Cinco Cordilleras Blancas. También se encuentran grandes tramos de selva húmeda, zonas de altiplano de aspecto extraordinariamente desolado, conocidas como páramo e innumerables y pintorescos lagos glaciales. Nuestra excursión nos dejaría expuestos a todos esos ambientes.

Cargados con alimentos y equipo, con las mochilas pesadas, subimos al *jeep* y nos dispusimos a emprender la ascensión de una hora hasta la estación de *rangers* situada en La Mucuy, que constituye la entrada al parque nacional y punto de partida de la excursión. Al descender del todoterreno, pude observar la ausencia de charla entre los miembros del grupo, probablemente concentrado cada uno en el esfuerzo que nos esperaba y en el estrecho sendero que subía zigzagueando por la montaña. Hubo momentos en que cortamos por atajos más escarpados que habían sido abiertos a través de densos matorrales, y resultó divertido agacharse y rodear las ramas caídas, las enredaderas que colgaban y los arbustos espinosos.

UN LAGO DEMASIADO LEJOS

Se produjeron pocas paradas en la incesante ascensión y pronto sobrepasamos el cartel indicador de los 2.500 metros de altura, en la Mesa de los Pinos. Al cruzar el lecho salpicado de cantos rodados de la quebrada del Oso, el sendero empezó a ascender de modo más empinado por el lado izquierdo del valle de Coromoto. Unas nubes grises se cernían sobre nuestras cabezas pero, afortunadamente, la llovizna no llegó a cumplir su amenaza de convertirse en chaparrón. A últimas horas de la tarde, la pregunta que hacíamos con más frecuencia a los guías era «¿Cuánto falta?», especialmente a medida que se intensificaba el cansancio que nos agarrotaba las piernas. Finalmente, alcanzamos a una elevación y vimos el campamento de la laguna Coromoto, que saludamos con el mismo alivio que si hubiésemos llegado a nuestro hogar ancestral. Según el cartel curtido por el tiempo, ahora nos hallábamos a 3.000 metros de altura; es decir, habíamos subido tres quintas partes de la altura hasta la cumbre.

Al anochecer, la temperatura descendió en picado y echamos mano de todas las prendas de ropa de que disponíamos para mantener a raya el frío, mientras esperábamos a que estuviera preparado el pollo con curry y la pasta. Por delicioso que estuviese, no teníamos muchos deseos de saborearlo y dimos cuenta rápidamente de él para retirarnos a las tiendas. Todos parecíamos estar soportando bien la altura, pero al día siguiente pondríamos a prueba nuestros cuerpos y mente ya que subiríamos por encima de los 3.200 metros, a partir de donde se nota más este factor. Afortunadamente, sería un día más corto y probablemente llegaríamos al segundo campamento a primeras horas de la tarde. Podría haber sido más corto pero lo cierto es que al mirar hacia arriba desde Coromoto y contemplar el muro que se elevaba en la cabecera del valle, tuvimos la sensación de que no sería nada fácil.

Las apariencias, sin embargo, pueden ser engañosas y el camino se empinó inicialmente de modo cómodo, subiendo por el lado del valle, de modo que sólo ocasionalmente necesitó de un desvío algo más escabroso para sortear grandes cantos rodados que habían caído desde los acantilados de arriba. Los árboles y plantas del bosque abandonaron repentinamente su batalla por vivir en las alturas y se vieron sustituidos por la vegetación dura y rasa del páramo, incluido el singular frailejón (*Espeletia pycnophylla*) con sus hojas puntiagudas y su tacto de fieltro. Nuestra respiración empezaba a ser más forzada y el grupo jadeaba como una manada de caballos resoplantes después de un largo y duro galope; seguimos adelante

VENEZUELA

y la situación mejoró a medida que nuestros cuerpos empezaron a adaptarse a las nuevas condiciones.

EXPLORADORES DEL HIELO

Poco después de cruzar un puente de sencillas tablas de madera para salvar la cara de un acantilado inaccesible, pasamos ante una cascada e iniciamos una ascensión escarpada de farallones más expuestos a la roca gris. Ocasionalmente, resultó fácil continuar a gatas,

ABAJO: el puente de tablas en el sendero desde el campamento de laguna Coromoto (INSERCIÓN).

antes que arriesgarnos a que nuestras pesadas mochilas nos hicieran caer hacia atrás. La recompensa por haber logrado llegar a lo alto de los farallones fue extraordinaria. Más allá de otra cascada, relució bajo el sol del mediodía el gran glaciar, de un blanco brillante, que desciende desde la cumbre del **pico Humboldt**. Llamado originalmente La Corona, los españoles lo bautizaron con el nombre del legendario explorador y naturalista alemán, el barón Alexander von Humboldt, que llegó a Venezuela en 1799 para explorar el río Orinoco. Y, sin embargo, nunca llegó a escalar la montaña, ni visitó siquiera la zona de Mérida.

Al contemplar las aguas de un verde esmeralda de la laguna Verde, nuestro campamento para pasar la noche, todos creímos que habían terminado nuestros esfuerzos. Pero aún teníamos reservada una sorpresa. Para llegar al otro lado del lago y a nuestra zona de acampada, teníamos que cruzar una escarpada ladera, pasando sobre pequeños rebordes y rocas troceadas. No exigía un elevado nivel de habilidad técnica, pero un error podía ocasionar una caída, por lo que convenía mantener la cabeza bien fría. Cada movimiento se ensayaba mentalmente con antelación y ni siquiera recuerdo que respirase con excesiva frecuencia. Para cuando Peter llegó a la travesía transversal, a unos 3.800 metros de altura, empezaba a tener problemas con la altitud. Ya habíamos alcanzado el campamento, nos sentamos y observamos su lento avance a lo largo de la cara de la roca, sin saber que se estaba sintiendo tan mal que a medio camino se detuvo para vomitar. Cuando finalmente llegó al campamento, estaba agotado y levantamos su tienda, para que pudiera calentarse y descansar.

VENEZUELA

EL TELEFÉRICO DE MÉRIDA

La construcción del teleférico de Mérida, el más largo y más alto del mundo, fue una increíble hazaña de la ingeniería francesa, que utilizó 1.300 obreros y 500 mulas. Se inauguró el 10 de octubre de 1958 y lleva pasajeros desde Barinitas (en Mérida) a 1.557 metros de altura, hasta Pico Espejo, a 4.765 metros de altura en apenas una hora. El trayecto se realiza en cuatro fases. En el momento de escribir estas líneas sigue cerrado tras un accidente ocurrido en 1991. No obstante, los trabajos de reparación ya se han terminado, se llevan a cabo las pruebas y posiblemente ya haya reiniciado el servicio. El trayecto le permite pasar sobre el profundo cañón del río Chama, por entre el hermoso bosque pluvial y el salvaje páramo hasta alcanzar los altos picos nevados. Cada estación cuenta con un centro de salud equipado con botellas de oxígeno para atender a quienes sientan los efectos provocados por la altitud.

Por la noche, las dificultades de respiración y las ensoñaciones creadas por el aire enrarecido nos dificultaron el sueño y fue un verdadero alivio el momento en que brotó un amanecer ferozmente rojo y pudimos levantarnos. Peter se sentía bastante mejor y, tras una prolongada discusión, decidió continuar hasta el campamento base de pico Bolívar. Otro grupo del campamento también tenía enfermo a uno de sus miembros y decidieron abandonar su excursión al Humboldt e iniciar el descenso a Mérida. A nosotros nos esperaba la jornada más larga y exigente y lo recogimos todo rápidamente para salir lo antes posible.

Después de un inicio fácil a través de un prado de hierba dorada, sorteamos una cascada y seguimos el pedregoso sendero que zigzaguea empinadamente hasta un espolón. En lo alto, llegamos a otro lago más pequeño, al pie de la cara oeste del pico Humboldt. Junto al lago, un viejo cartel de madera, ligeramente inclinado hacia arriba, parecía señalar la luna.

Pintado sobre él, en descoloridas letras rojas se leía «La Travesía», nuestra ruta hasta el campamento base. Al seguir la línea señalada por el cartel nuestra mirada se detuvo en una escarpada ladera dividida en lo alto por un gran contrafuerte de roca negra. El paisaje era impresionante. Pero pico Bolívar no iba a permitirnos llegar hasta él sin desafíos y nos resignamos a otros 40 minutos de sufrimiento.

UN GRAN PASO

Llenamos las cantimploras con el agua deliciosamente fresca y helada del lago, ajustamos las correas de las mochilas e iniciamos la ascensión por la ladera de la montaña cubierta de cantos rodados. Nuestras botas se esforzaban por afianzarse sobre las rocas sueltas y tuvimos que detenernos con frecuencia para respirar, jadeantes, insuficientes bocanadas de aire. A nuestro alrededor, aparecieron unos pocos bolsones de nieve y la temperatura descendió notablemente. Juan se ganó más simpatías al señalar que no necesitábamos continuar más allá del contrafuerte negro, ya que nuestro sendero se desviaba a la derecha por una repisa ancha y plana. Aún quedaban más ascensiones que hacer, pero tuvimos la sensación de haber dado un gran paso hacia la consecución de nuestro objetivo. La vista desde la repisa era extraordinaria pues abarcaba las aguas de la **laguna Verde** allá fondo, en el valle, el glaciar de Humboldt y los pliegues aparentemente interminables de las montañas y riscos, hacia el noreste. Bajo el cálido sol, nos relajamos y descansamos un momento para comer unos frutos secos.

Al cruzar el collado sembrado de rocas, formado por una hondonada semejante a un arco entre dos picos, el viento alcanzó por breves momentos una fuerza inusitada, penetró por el hueco y azotó nuestros cuerpos. Peter empezaba a sentirse nuevamente mal, pero ahora la forma más rápida de bajar era continuar. A Janet también le estaba resultando dura la ascensión. Sean y yo parecíamos arreglárnoslas de modo razonable, lo mismo que Travis y Joe, que tenían que combatir el problema adicional del vértigo. Las cosas parecían marchar bien, lo suficiente como para que al menos cuatro de nosotros intentáramos llegar a la cumbre.

Por la tarde aparecieron unas amenazantes nubes grises procedentes del valle, que dejaron caer sobre nosotros cuatro gotas de lluvia y nieve. Nuestra ruta cruzó por entre bosques del extraño y prolífico frailejón, del que hay más de 50 variedades en la región del páramo, entre los 3.000 y los 4.500 metros por encima del nivel del mar. Algunos árboles de esta especie pueden llegar a alcanzar hasta dos metros de altura. Sus hojas puntiagudas, con un tacto parecido al fieltro las protegen del frío extremo, y también son muy útiles para los humanos que las emplean para envolver la mantequilla, como alimento y para el rellenado de colchones, dependiendo la variedad.

A pesar del espectacular paisaje había sido una dura jornada y la prolongada ascensión final hasta el campamento base, a 4.600 metros de altura, resultó agotadora para todos nosotros. Peter era el que más sufría. Completamente extenuado, se movía muy lentamente y al llegar al campamento apenas logró beber algo de té antes de caer dormido en su tienda. Joe empezaba a sufrir de dolor de cabeza y después de un día de ascenso por entre rocas, tanto él como Travis no estaban seguros de poner a prueba su temor a las alturas atacando la cumbre. Así pues, parecía que sólo Sean y yo emprenderíamos la ascensión a la mañana siguiente. Cuando el sol se hundió en el horizonte, levanté la mirada sobre una ondulada alfombra de nube anaranjada, allá abajo, en el valle. Me sentía bastante bien y Sean también parecía estar fuerte. Por primera vez, empecé a pensar que alcanzaríamos nuestro objetivo: llegar a la cumbre.

CUATRO ABAJO, DOS ARRIBA

Nos levantamos al amanecer y descubrimos que las mochilas se nos habían congelado por la noche. Mientras tomaba el té, la luz del sol descendió lentamente por la enorme banda rocosa que se elevaba sobre nosotros, haciéndola dorada. Por encima de la cresta, el cielo era de un azul muy intenso y las nubes del valle de allá abajo parecían haber quedado atrapadas. Todo indicaba que se mantenía nuestra buena suerte y que iba a ser un día perfecto para intentar alcanzar la cumbre. Peter, Joe, Janet y Travis decidieron dirigirse a la estación del teleférico, acompañados por «El Burro», uno de los guías. Había sido una excursión gratificante, incluso sin necesidad de alcanzar el objetivo propuesto y se marcharon felices, sabiendo que habían llegado más alto que nunca en su vida.

Juan y David, los dos guías restantes, Sean y yo, recogimos nuestro equipo y concentramos la mente en el esfuerzo sostenido que había que hacer durante las siguientes tres a cinco horas de ascenso muy escarpado. A pesar de los numerosos y serios intentos por escalar el pico Bolívar a principios de la década de 1930, no se conquistó hasta 1935. El 5 de enero, Enrique Bourgoin, un médico de Mérida, acompañado por su guía Domingo Peña, conquistó finalmente el glaciar de hielo y nieve, que por

EL MAREO DE ALTURA: SÍNTOMAS Y REMEDIOS

Subir a alturas superiores a los 3.000 metros causa unos efectos extraños y fácilmente observables en el cuerpo humano. El más evidente de ellos es un aumento en el ritmo de la respiración y de los latidos del corazón. Eso no viene causado por una falta de oxígeno, que permanece constante hasta una altura de 20.000 metros, sino debido a la disminución de la presión del oxígeno dentro de los pulmones. Se trata de un efecto muy común, pero que puede tener consecuencias más desagradables, especialmente si se asciende con rapidez hasta una altura elevada (como se hace al utilizar el teleférico que asciende a Pico Bolívar). Los síntomas del mareo agudo de altura, o mal del páramo, como se le conoce en los Andes, incluyen dolor de cabeza, insomnio (o sensación de sofoco al dormir), vértigo, lentitud en las funciones mentales, respiración acelerada, náuseas y vómitos. El mejor tratamiento para todos ellos es el descanso, beber agua, tomar pastillas contra el mareo y, si fuera necesario, descender a alturas más bajas. En la mayoría de los casos, sin embargo, el cuerpo se aclimata con el tiempo.

aquel entonces era mucho más grande, y llegó hasta la cumbre.

Esperábamos encontrar muy poca nieve o hielo en la ruta, así que emprendimos la marcha con la mochila ligera, llevando sólo la ropa esencial, anoraks, comida, piolets y cascos. Tras ascender una plataforma rocosa situada por encima del campamento, bordeamos la laguna Timoncito e iniciamos el ascenso más escarpado por un barranco. Ahora, la altura hacía que cada movimiento fuera un verdadero desafío y nos deteníamos a cada 20 pasos para absorber más oxígeno. Era una buena excusa, además, para empaparnos de las maravillosas vistas que se contemplaban tanto montaña abajo, como hacia los recortados picos de arriba. Pronto nos encontramos al pie del primero de siete tramos, llamados pendientes en términos de escalada, donde tuvimos que utilizar cuerda para asegurar nuestro progreso, así que nos pusimos los arneses de escalada y los cascos y preparamos los piolets. Juan ascendió por delante con un extremo de la cuerda y se aseguró a una cadena previamente colo-

cada (llamada punto de amarre). Luego le seguimos nosotros. Este sistema de relevos continuó mientras ascendíamos sobre rocas muy expuestas y barrancos de nieve.

Una nevada reciente caída la tarde anterior hizo que las condiciones fueran más duras de lo esperado. A medida que ascendíamos, las nubes empezaron a envolver el pico y el viento aumentó su fuerza, lo que hizo descender aún más la temperatura. Entre una pendiente y otra, nos sosteníamos sobre diminutos rebordes donde no nos quedaba otra opción que abrazarnos para combatir el frío que se calaba hasta los huesos, mientras esperábamos a que que-

EXTREMO IZQUIERDA: el sendero a La Travesía pasó por entre la escasa vegetación salpicada de plantas de frailejón, únicas del páramo y perteneciente a la familia de las margaritas. ARRIBA: David, uno de los guías, se detiene para un breve descanso durante la ascensión final. Una nevada reciente endureció las condiciones más de lo esperado. En la distancia, un pico más pequeño envuelto en una nube. IZQUIERDA: el momento del triunfo. David en la cumbre junto al gran busto de bronce de Simón Bolívar, el héroe de Venezuela.

VENEZUELA

PERFIL DE UN HÉROE: SIMÓN BOLÍVAR

Nadie que visite Venezuela dejará de observar el nombre omnipresente del Libertador Simón Bolívar. Casi cada ciudad y pueblo tiene su plaza Bolívar, con una estatua de bronce del héroe en su centro. Nacido en 1783, este hombre de figura menuda y correosa dirigió la lucha histórica hacia la independencia de la nación respecto de los españoles, a principios del siglo XIX. Después de varios intentos fracasados por expulsar a los gobernantes coloniales, su inspirada liderazgo dio finalmente sus frutos en 1821 cuando la decisiva victoria de Carabobo permitió a Bolívar entrar en Caracas, donde fue declarado presidente. Para realizar su sueño de crear una gran nación independiente llamada Gran Colombia, también dirigió con éxito las luchas de liberación en Colombia, Ecuador y Perú.

dara preparado el siguiente punto de amarre. En una de las pendientes sobre un escarpado barranco nevado fue necesario tallar escalones en la endurecida nieve para que pudiéramos afianzar las botas. Cada vez que golpeaba el hielo con el piolet, una rociada de fragmentos helados me salpicaba la cara. Esto estaba resultando ser una verdadera gran aventura.

Las últimas pendientes estaban compuestas por cortos tramos de roca casi vertical y para salvarlas se requería pensar un poco y acompañar los movimientos con una buena dosis de valor. Después de atravesar una plataforma muy expuesta, llegamos a la base de la escalada final a la cumbre. El corazón me latía con fuerza, tenía la boca reseca y un ligero dolor de cabeza, pero ahora ya estaba seguro de que iba a conseguirlo.

CUMBRE O BUSTO

La plataforma de la cumbre del pico Bolívar, de afilados bordes es muy espectacular. Unas planchas de roca muy aguda y angulosa salen disparadas hacia arriba. Sobre una de ellas pudimos contemplar el famoso y gran bus-

to de bronce de Simón Bolívar, una visión realmente extraña después del paisaje salvaje y natural del camino para llegar hasta allí. La figura fue transportada hasta aquí el 19 de abril de 1951, como un tributo al gran líder: el principal héroe de Venezuela sobre su pico más alto.

Como para recompensar nuestros esfuerzos, las nubes se dispersaron brevemente, el sol calentó nuestros helados miembros y disfrutamos de las maravillosas vistas a lo largo de la plataforma. Para llegar hasta la estatua de Bolívar, Sean y yo respiramos profundamente y gateamos con cuidado sobre las estrechas rocas, tratando de ignorar las fuertes pendientes a cada lado. Al alcanzar a nuestro objetivo, con una tremenda inyección de entusiasmo, hasta la propia estatua de Bolívar pareció sonreírnos, en reconocimiento a nuestro logro.

Alcanzar la cumbre de cualquier montaña produce una gran emoción, pero descender de nuevo es probablemente lo más peligroso. Por mucho que habríamos disfrutado quedándonos más tiempo en lo alto, el limitado tiempo del que disponíamos (habíamos tardado cinco horas en alcanzar la cumbre) y las temperaturas cada vez más frías, nos obligaron a partir antes de lo que hubiésemos querido. La bajada demostró ser toda una epopeya, pues las manos heladas y los cuerpos cansados hicieron que el descender sujetos por las cuerdas fuera un verdadero desafío. Cuando llegamos de nuevo al campamento habían transcurrido diez horas desde que emprendimos la marcha. Estábamos agotados, pero la sensación de logro que experimentábamos era inmensa y tanto Sean como yo tuvimos que esforzarnos mucho para encontrar la energía necesaria para esbozar una gran sonrisa.

Al día siguiente no fue una caminata fácil o corta la que nos permitió salir hacia la estación del teleférico de Loma Redonda, sino el hecho de ver un cóndor deslizándose sobre nosotros (*Vultur gryphus*), lo que contribuyó ciertamente a animarnos. Sólo al llegar a la estación empezamos a apreciar verdaderamente el papel del teleférico en la culminación de la escalada. El nivel de autosuficiencia exigido para coronar las altas montañas quizá sea lo que haga tan instructiva la experiencia, pero un poco de ayuda a la hora de bajar demostró ser igualmente gratificante.

VIAJAR SOLO

CUÁNDO IR

Al pico Bolívar se asciende mejor entre diciembre y mayo, cuando hay poca, o ninguna nieve en la ruta. De junio a noviembre, la montaña está cubierta de nieve y la ascensión, de carácter mucho más técnico, exige experiencia y equipo especializado de escalada.

PLANIFICACIÓN

Está estrictamente prohibido escalar el pico Bolívar por cuenta propia. Aunque forme parte de un grupo experimentado, sigue siendo aconsejable llevar un guía, ya que la ruta no está marcada con claridad en muchos lugares y los mapas disponibles son deficientes.

La mejor forma es realizar la ascensión a los altos picos en un grupo organizado por un operador turístico como Bum Bum Tours, que se ocupan del papeleo administrativo, los suministros de alimentos y proporcionan por lo menos dos guías experimentados

y comunicación por radio, y todo ello a precios muy razonables. Hay también varios operadores con sede en los alrededores de la plaza Las Heroínas, de Mérida, cerca de la estación del teleférico.

Las ascensiones se emprenden con regularidad durante todo el año. Si viaja a solas o en pareja debería poder llegar y salir en un grupo organizado en el término de muy pocos días; si viaja con cuatro o cinco personas, algunos operadores organizan una escalada para grupos reducidos. Si le fuera posible, disponga las cosas con anterioridad, vía Internet o fax.

CUESTIONES DE SALUD

El problema más común suele ser un cierto grado de mareo de altura (véase recuadro de la página 61). Entre las precauciones a tomar, debería proteger la piel expuesta ante un sol muy intenso, sobre todo en los tramos superiores de la escalada.

CÓMO ELEGIR UN OPERADOR

Son muchos los operadores de Mérida que ofrecen una ascensión a la montaña y la gran mayoría proporcionan un servicio excelente y seguro. No obstante, debe hacer las siguientes preguntas, antes de decidirse a utilizar uno de ellos:

1. ¿Mantienen contacto permanente por radio con los guías que están en las montañas?

2. ¿Se utiliza con regularidad el equipo de escalada?

3. ¿Se da una charla sobre temas de seguridad en cuanto al uso de las cuerdas y las técnicas de escalada, antes de partir?

4. ¿Disponen los guías de una lista de equipo de escalada necesario para los grupos de diversos tamaños?

5. ¿Han sido los guías entrenados adecuadamente en sistemas de seguridad y técnicas de escalada?

6. ¿Cuál es la proporción de clientes por cada guía? (Debería haber un guía por cada dos o tres escaladores.)

QUÉ LLEVAR

Para escalar la montaña, lleve tanto equipo especializado como pueda. Si eso no fuera posible, es recomendable llevar los siguientes artículos (algunos están incluidos en el precio de la escalada):

❏ Buenas botas de escalada.
❏ Anorak.
❏ Varias prendas delgadas y cálidas, como sueters de Polartec.
❏ Sombrero cálido y guantes gruesos.
❏ Ropa interior térmica.
❏ Mochila grande.
❏ Gafas de sol.
❏ Protector solar de factor alto.
❏ Cantimplora.
❏ Linterna.

CONSEJOS PARA EL VIAJERO

❏ Quizá no parezca una idea atractiva en el momento de hacerlo, pero definitivamente vale la pena hacer el esfuerzo de levantarse para ver la salida del sol en el campamento base de pico Bolívar. Hará ciertamente mucho frío pero con un poco de suerte se verá gratificado con una vista maravillosa. Pregunte a los guías a qué hora sale el sol.

❏ En el camino de ascenso siempre es aconsejable tener a mano la cantimplora. Así no será necesario quitarse la mochila con frecuencia para beber. De ese modo también beberá más, lo que contribuye a combatir el mal de altura.

❏ Lleve alguna prenda de ropa cálida y póngasela en cada descanso que haga para evitar resfriarse.

❏ Los operadores turísticos de Mérida no aceptan las tarjetas de crédito, o sólo las aceptan a regañadientes (a menudo con recargos del 10 al 15 %). Prefieren cobrar en bolívares o en dólares, aunque aceptarán también cheques de viaje en dólares.

PACIFIC OCEAN

Esmeraldas

⑥

⑦

Quito ■

▲ 5897m
Cotopaxi

Gal pagos
Islands

⑧

Guayaquil ■

● Ambato

*Golfo de
Guayaquil*

▲ 6272m
Chimborazo

Cuenca

0   250   500 km

0   100   200   300 m

ECUADOR

E l Ecuador continental es un país frondoso y tropical, cruzado por el ecuador. Es una asombrosa mezcla de colinas ondulantes, con fértiles valles, picos volcánicos cubiertos de nieve, altiplanos y montañas formadas por bosques pluviales. Pocas horas después de salir en autobús desde Quito, la capital, puede sumergirse en pleno corazón de comunidades indias andinas y visitar sus pintorescos mercados. Al este de Quito, la jungla es accesible en menos de un día y, al oeste, la costa del Pacífico ofrece un ambiente tropical de playas arenosas y pueblos de pescadores. Al oeste del continente están las islas mágicas y volcánicas de las Galápagos, con colonias de crías de una multitud de aves, aguas cristalinas, oportunidades para bucear y hasta para nadar con leones marinos. De hecho, Ecuador tiene tantas cosas que ofrecer al visitante que se ha convertido en uno de los principales destinos de América del Sur, tanto para los recién llegados como para los viajeros experimentados.

*Vista de la cordillera de Villacamba
desde el paso en el sendero
del Inca.*

Senderismo por el bosque pluvial

Por Guy Marks

En los preciosos e inmaculados ecosistemas de los Andes ecuatorianos, recorrí a pie y a caballo los altiplanos del páramo, y descendí a través del bosque pluvial de Cerro Golondrinas hasta los bosques subtropicales a alturas más bajas.

l Ángel es una tranquila ciudad del altiplano, al norte de Ecuador, a unos 32 kilómetros al sur de la frontera colombiana. Es típica de un pequeño pueblo de mercado en América del Sur, construido a base de una rejilla de calles alrededor de una plaza central, y los lunes se celebra aquí el día semanal de mercado. El pueblo, en sí mismo, no es una gran atracción turística, pero es la puerta de entrada al páramo, lo que lo sitúa en el itinerario de los caminantes y de todo aquel que quiera explorar un ambiente salvaje. El páramo, la altiplanicie situada de 3.800 a 4.200 metros de altura sobre el nivel del mar, es un ecosistema único. La palabra se deriva del idioma indio quechua y significa lugar frío y húmedo.

Recorrí el trayecto de 225 kilómetros desde **Quito**, la capital del país, hasta **El Ángel**, en compañía de Piet Sabbe, director de la Fundación Golondrinas, y un grupo de otras seis personas con las que caminaría durante los

 La mayor parte de este trayecto es cuesta abajo, aunque se necesita tener un nivel razonable de buena forma física. Puede ser escarpado, húmedo y resbaladizo y en la temporada húmeda hay sectores de la ruta profundamente embarrados, lo que dificulta mucho el caminar por ellos.

 El alojamiento es muy sencillo en el pueblo de Morán y en el albergue de la reserva. Ambos disponen de alojamiento tipo dormitorio, con sencillos camastros. No hay electricidad y sólo instalaciones muy básicas. Si llueve puede sentirse incómodo, tanto si cabalga como si camina sobre el barro.

 Son esenciales botas de goma, impermeables y saco de dormir. Lleve bolsas de plástico para mantener secas sus pertenencias dentro de la mochila. Recomiendo llevar prismáticos para observar las aves.

cuatro días siguientes. Ellen y Jopie, dos holandesas, acababan de llegar de las junglas de la cuenca del Amazonas, al este de los Andes ecuatorianos. Clare acababa de llegar de Inglaterra y Amanda, otra inglesa, había venido en avión desde Lima, Perú. Tuvimos suerte porque los otros dos miembros del grupo, Camilo y Marjolein, que viven en Quito y tienen una agencia de viajes, disponían de un vehículo lo bastante grande como para llevarnos a todos a El Ángel, aunque de todos modos habría sido fácil llegar hasta allí utilizando el transporte público.

Desde Quito, la ruta hacia el norte pasa por **Otavalo** y luego por Ibarra, una media hora más tarde. Desde aquí sólo hay un par de horas más hacia el norte, por la carretera Panamericana antes de girar al oeste en San Gabriel para recorrer los últimos 120 kilómetros. Hacía frío y ya era bastante tarde cuando llegamos a la Hostería El Ángel, donde nos esperaban, tenían una buena chimenea encendida, sopa caliente, cerdo frito y empanadas de patata. En Quito había hecho las maletas precipitadamente, así que ahora dediqué unos momentos a clasificar las cosas que necesitaba llevar en la mochila y a envolverlas en bolsas de plástico para mantenerlas secas. En esta excursión, el equipaje va por delante de los caminantes, así que uno sólo necesita llevar lo esencial para el día.

CAMINO DE LO SALVAJE

Durante el desayuno, el lechero se encargó de llevarse nuestro equipaje. Los campesinos de **Morán**, el remoto pueblo donde pasaríamos la primera noche, producen una pequeña cantidad de leche, pero no tienen caminos para llevarla al mercado. Cada día sacan la leche de su valle a lomos de caballo y se encuentran con el lechero y su camioneta en el tramo final del camino, en el páramo. Así pues, se había encargado al lechero que llevara el equipaje y se lo entregara a los aldeanos en el punto de encuentro. Si todo salía según lo previsto, los aldeanos llevarían el equipaje a lomos de caballo hasta el pueblo, mucho antes de que nosotros llegásemos a pie.

En El Ángel nos encontramos con Luis, que iba a ser nuestro guía y cocinero, y con Armin, un alemán que llevaba un año viajando ininterrumpidamente y que se unía a nuestro grupo después de haber tomado el tren de Ibarra a San Lorenzo. Subimos a una camioneta y nos dirigimos hacia el páramo. Al principio, la carretera cruzaba por entre un paisaje agrícola de ondulantes pastos verdes, eucaliptos, sembrados de patatas, maíz y verduras y casas de campo con tejados de tejas rojas. Pero toda aquella escena podríamos haberla encontrado en la España rural, a excepción de las casas, construidas de ladrillos de barro y adobe.

A medida que la carretera fue ascendiendo, el aire se hizo más frío y la vegetación cambió gradualmente hasta que, al cabo de una hora, cruzamos una llanura de hierbas apenachadas y plantas altas y extrañas. Habíamos llegado al páramo, repleto de los inconfundibles frailejones (*Espeletia pycnophylla*), por los que es famosa la zona. Estas plantas, que sólo crecen en ese hábitat y que ahora son poco comunes, son un gigante emparentado con la mariposa, aunque tengan poca semejanza con ésta. Destacan por tener un tronco rematado por una corona de hojas largas, peludas, de un verde claro con una tonalidad amarillenta; cuando las hojas viejas mueren no se caen, sino que cuelgan hasta que forman una capa de aislamiento que protege el tallo de la planta. Algunas de las variedades pueden alcanzar seis metros de altura, aunque la mayoría de las que vi tenían de 60 a 90 centímetros y sólo unas pocas alcanzaban 1,8 metros.

La carretera seguía su ascenso y se convirtió en un camino de gravilla al pasar por la **Reserva Ecológica El Ángel**, de 15.715 hectáreas de extensión, que protege los raros frailejones que cubren aproximadamente el 80 por ciento de la zona.

SENDERISMO POR EL PÁRAMO

A las 10.30 horas de la mañana llegamos al final del camino, nos despedimos de la camioneta y empezamos el itinerario a pie a través de esta zona salvaje. Las nubes que se cerraban a nuestro alrededor conjuraban un ambiente místico mientras cruzábamos por entre hierbas húmedas y marjales pantanosos, rodeados por los extraños frailejones. A 4.000 metros de altura el aire era tenue y portaba un frío amargo. Efectivamente, aquello se merecía el nombre de páramo.

Nos tomamos un respiro al borde de una escarpadura. Desde un lugar protegido, por debajo de la plataforma, observamos las nubes, atrapadas por el viento, que se arremolinaban en el cielo y cambiaban a cada momento. Durante unos breves momentos se abrieron para revelar una vista increíblemente espectacular. Por debajo de todos nosotros se extendía un impresionante valle verde, con todos sus precipicios cubiertos de bosque; en la distancia, allí donde se había roturado el bosque, pudimos ver los pocos campos verdes y las pequeñas casas que comprenden Morán, el pueblo hacia el cual nos dirigíamos. Las nubes se cerraron con la misma rapidez con la que se abrieron y nos fue imposible divisar más allá de un par de metros por delante de la escarpadura.

Seguimos caminando y elegimos una ruta

EL TREN DE IBARRA A SAN LORENZO

Hay un tren entre Ibarra, a 2.210 metros de altura, y San Lorenzo, en la costa. El trayecto, que se recorre en un día, es muy popular entre los turistas, que suelen sentarse en el techo para contemplar las mejores vistas, mientras que los lugareños ocupan el interior de los vagones. El paisaje cambia considerablemente mientras se viaja desde las frías montañas, cruzando por frondosa vegetación, hasta la calurosa y húmeda costa. El servicio no es fiable: el tren se estropea con frecuencia y a veces ni siquiera funciona. Si está operativo, merece la pena hacer el viaje.

*Arriba: la cascada que corre a través
del bosque húmedo.
Izquierda: la mística extensión salvaje del
páramo, al borde de la escarpadura,
vista antes de que lo impidan las nubes
(Inserción), mientras nos abríamos
paso entre los notables frailejones.*

que bordeaba la escarpadura hasta enlazar con un sendero en desuso, hecho por el hombre, cubierto de hierba y pequeños matorrales con bayas negras. Resulta difícil ver animales por esa zona, pero observamos numerosas señales de su presencia. Huellas de patas de venado en el blando suelo, hechas por el ciervo de Virginia, de cola blanca (*Odocoileus virginianus*), o el soche, mientras que unas bromelias gigantescas, desprovistas de sus centros, eran los restos del festín que debió de darse la única especie indígena de oso que hay en América del Sur, el oso de anteojos (*Tremarctos ornatus*), que por la noche sale del bosque para alimentarse.

Cuando el camino nos hizo descender lentamente, los frailejones empezaron a escasear. Finalmente, llegamos al borde del páramo y notamos un notable cambio en la vegetación. Por debajo de nosotros se extendía una línea de árboles, el final de las hierbas y el principio del bosque pluvial. Nos introdujimos en él y pronto encontramos una hermosa cascada donde Piet y Luis sacaron de sus mochilas bocadillos de jamón, queso, fruta y *nougat*, y el almuerzo quedó servido.

ECUADOR

A TRAVÉS DEL BOSQUE HASTA MORÁN

El paseo de tres horas desde la cascada bajando a través del bosque hasta Morán lo hicimos por un camino que serpenteaba por entre una red de pequeñas corrientes y densa vegetación. En estas partes altas del bosque, los árboles son nudosos y retorcidos y de sus ramas cuelgan musgos. Cada árbol es como un microecosistema en sí mismo, que alimenta a orquídeas, bromelias y una multitud de otros epifitos. Las nubes envuelven a menudo todo el bosque en niebla y un olor dulzón de hojas otoñales se eleva del suelo.

Morán es un pequeño asentamiento situado a una altura de 3.000 metros, entre campos verdes roturados y ganados al bosque. Las casas de las trece familias que componen la comunidad se extienden sobre los campos cultivados. En el centro encontramos un edificio comunitario, que actúa como aula y sala de reuniones; también existe un albergue para visitantes, un cobertizo de madera con techo de hojalata y suelo de cemento, amueblado con camastros de madera toscamente construidos y colchones de espuma. El pueblo no tiene suministro eléctrico y las velas son la única fuente de luz. En el exterior hay un lavabo con agua corriente, y esas son todas las instalaciones.

Los aldeanos cocinaron para nosotros y nos prepararon el plato local típico, a base de sopa de verduras, arroz, patatas y una masa frita con aspecto de *donut*. Todos estábamos cansados después de una larga jornada de caminar, pero al mismo tiempo aprovechamos la oportunidad para conocernos un poco mejor, mientras charlábamos sobre nuestros diversos viajes.

A CABALLO POR LA CORTADERA

La mañana llegó acompañada de una gran tormenta y de una lluvia torrencial, lo que no sentaba bien para una jornada a caballo. Sacamos todas las prendas impermeables antes de que nuestras mochilas y bolsas quedaran aseguradas a lomos de las caballerías que, una vez más, desaparecieron por delante de nosotros. Después del desayuno seguía lloviendo con fuerza aunque el viento había remitido.

DEFINICIÓN DE ECO-SISTEMAS

Hay tres sistemas característicos en esta zona, determinados por la altitud:

❑ El páramo, compuesto por pastos de altura y humedales a 3.800-4.200 metros.

❑ El bosque de montaña o pluvial, caracterizado por su elevado nivel de humedad condensada, entre los 1.500 y los 3.800 metros.

❑ El bosque premontañoso de las tierras bajas, de tipo subtropical, que se encuentra a altitudes por debajo de los 1.500 metros.

Los aldeanos trajeron nuestras monturas y emprendimos la marcha protegidos con plásticos. Algunos de los arreos de montar eran toscos, pero los caballos eran buenos, estaban muy bien cuidados y resultaban fáciles de montar. Dos miembros del grupo no habían montado nunca a caballo y, sin embargo, no tuvieron ningún problema, a pesar de la incomodidad causada por el tiempo húmedo. Afortunadamente, la lluvia remitió media hora después de que emprendiésemos la marcha.

El estrecho sendero no tardó en abandonar las tierras agrícolas que quedaron atrás y serpenteó a lo largo de la colina, a través del bosque. En plena mañana salimos a una tierra de pastos, salpicada de vacas blancas y negras. Había racimos de lirios altos y blancos, como trompetas, y algún que otro solitario arrayán, un árbol de madera tan dura que estropea las sierras y raras veces se corta. Todo el resto del precioso bosque pluvial había sido talado. Nos encontrábamos en **La Cortadera** y no tardamos en llegar al centro del pueblo donde, a ambos lados de un ancho prado, se levantan unas pocas y sencillas casas de madera con techo de hojalata, pintadas con descoloridos tonos pastel de azul, verde y rosa. La pequeña comunidad de aldeanos, como los de Morán, participa activamente en atender a los pocos turistas que cruzan por sus tierras. Ya nos estaban esperando. Había llegado el momento de tomarse un respiro y nos habían preparado sopa caliente de verdura y patatas, que nos sirvió de tentempié a media mañana. A medida que la sopa nos calentaba, dejó de llover y los cielos se despejaron, revelando una vista distante del volcán Chiles, en la frontera colombiana.

Cabalgamos hasta la hora del almuerzo, momento en el que los guías del pueblo se llevaron los caballos de regreso a Morán. A partir de allí seguiríamos a pie, dirigiéndonos al centro de la **Reserva de Cerro Golondrinas**. El paseo fue bastante duro, ya que resbalábamos sobre el barro al tener que descender las pendientes colina abajo. Ahora, el bosque era más espeso que antes, con bosquecillos de bambú y árboles de helecho, fucsias silvestres en flor, *rheums* (pariente del ruibarbo), lianas que colgaban de los árboles y una sucesión de capas de vegetación verde.

En el centro de la reserva, a unos 2.200 metros de altura, hay una casa de madera encaramada en lo alto de una colina desde donde se contemplan magníficas vistas sobre los bosques. El albergue El Corazón no está permanentemente ocupado, y sólo lo utilizan los visitantes y los que trabajan en el proyecto de la Fundación Cerro Golondrinas. Ese fue nuestro hogar para las dos noches siguientes, y Luis se apresuró a abrir el lugar, sacar todos los utensilios de cocina y encender una buena hoguera en la chimenea. Cuidaba muy bien de

---

EL CEDRO DULCE

El cedro dulce (*Cedrella montana*) es un árbol de madera dura y crecimiento lento que se encuentra en el bosque pluvial. Su madera se utiliza para hacer muebles; a menudo se le llama caoba, aunque no es lo mismo que la más familiar caoba obtenida de las especies *Sweitenia*, que crecen en las tierras bajas del bosque pluvial. El árbol es una especie protegida en Ecuador y se necesita permiso para cortarlo. A pesar de ello, se están talando ilegalmente grandes cantidades en zonas no protegidas y cada día pueden verse burros cargados con esta madera exótica, que cruzan la reserva de Golondrinas desde las zonas limítrofes, que se están desforestando con rapidez.

---

nosotros y hasta nos preparaba palomitas de maíz y café mientras se hacía la cena.

Pasar un día en este albergue constituye una verdadera oportunidad de familiarizarse con el bosque. No existe un plan establecido de actividades, y cada uno tiene libertad para observar las aves, explorar la zona o simplemente sentarse y relajarse en el albergue. Pueden contemplarse una gran variedad de aves, desde el elanio de cola de golondrina (*Elanoides forficatus*), la lechuza colombiana (*Otus columbianus*), hasta el gallito peruano rojo (*Rupicola peruviana*) y varias especies de papamoscas y grallarias (*Grallarina*). También vimos un quetzal (*Pharomachrus mocinno*), que constituye el ave más vistosa del bosque, y unos pocos tucanes de pico azul de las montañas.

Piet y Clare trabajaron un buen rato podando árboles y limpiando el bosque, mientras Ellen y Jopie aprovechaban la oportunidad para descansar y se pasaron la mayor parte del día tumbadas en hamacas, leyendo y contemplando este maravilloso rincón del mundo.

En los bosques

Cuando descendimos un poco más y llegamos a una zona de bosque subtropical y premontañoso, la vegetación cambió gradualmente. Las plantas eran enormes, algunas con hojas gigantescas, de una altura similar a la de un hombre. Los árboles también eran mucho mayores aquí que en las zonas más altas y algunos tenían raíces gruesas, nudosas, que actuaban como contrafuertes y sobresalían cerca de su base. Las enormes lianas que pendían del entoldado superior eran lo bastante gruesas como para colgarse de ellas y todos jugamos a ser Tarzán. En las corrientes y los ríos, nubes de mariposas se alimentaban de las flores y del terreno húmedo. Aleteaban bajo las sombras jaspeadas, lanzando destellos de vibrantes colores para luego desaparecer en un camuflaje perfecto al cerrar las alas.

Cruzamos el río Golondrinas y salimos del bosque a un prado, que nos llevó hasta el albergue Santa Rosa, otro de los centros de la reserva, donde había un invernadero en el que se lleva a cabo uno de los proyectos de reforestación de la fundación. La última hora y media de ca-

ECUADOR

mino nos permitió pasar por una mezcla de bosque secundario, es decir, replantado y crecido después de la deforestación, y de terrenos agrícolas. El camino terminó bruscamente en la aldea de **Las Juntas**, donde volvimos a zambullirnos en la civilización. La aldea es pequeña y remota, pero tiene una carretera asfaltada.

Una camioneta nos esperaba y, tras el obligatorio cuenco de sopa de patatas en una de las casas del pueblo, iniciamos el descenso por la carretera. Nuestro destino final era **Guallupe**, a mil metros de altura, junto a la carretera y la vía del ferrocarril entre Ibarra y San Lo-

renzo. En este lugar es donde la Fundación Cerro Golondrinas tiene su principal albergue para quienes trabajan en los proyectos de conservación. Al contemplar las montañas que rodean Guallupe quedó claro lo importante que es el trabajo de conservación. Todas las colinas se habían talado, no quedaba en pie ni siquiera un solo árbol y ya empezaban a abrirse enormes grietas causadas por la erosión del suelo. Gracias a la fundación, se conserva por lo menos algo de este bosque y durante los próximos años podrá seguir practicándose el senderismo a través de estos fascinantes ecosistemas.

DERECHA: en ruta desde Morán a La Cortadera.
ABAJO: una casa de campo al borde del bosque, en la reserva de Cerro Golondrinas.
EXTREMO DERECHA: vegetación gigantesca en el bosque subtropical.

VIAJAR SOLO

CUÁNDO IR

El mejor momento para visitar la reserva de Cerro Golondrinas es durante la temporada seca, de junio a septiembre. Puede visitarla en cualquier época del año, pero en la temporada húmeda (de octubre a mayo) algunos tramos del sendero suelen cubrirse con mucho barro.

PLANIFICACIÓN

A El Ángel se llega mediante autobuses regulares desde Quito e Ibarra. También existe un servicio de autobús entre El Ángel y Tulcán, la ciudad fronteriza, a seis kilómetros de la frontera con Colombia. Desde Tulcán hay vuelos a Quito (media hora) y a Cali, Colombia. Se puede llegar a Guallupe en el autobús que une Ibarra con San Lorenzo. Pida que le dejen en Guallupe (llamado también La Carolina, a 48 kilómetros de Ibarra) y luego camine diez minutos colina arriba hasta el centro de la fundación, el Hostal El Tolondro.

Eliza Manteca preside la Fundación Golondrinas y dirige un pequeño albergue en Quito, que funciona también como centro de información de viajes organizados. Si viaja en grupo se puede disponer una excursión de cuatro días o el uso de los albergues de Santa Rosa y El Corazón.

Las visitas al bosque, las caminatas y excursiones a caballo se coordinan desde el centro de la fundación, en Guallupe. Las visitas al páramo pueden organizarse desde El Ángel si pregunta en la Hostería El Ángel. La excursión de cuatro días termina en el Hostal El Tolondro, en Guallupe, donde puede alojarse una noche. Si tiene la intención de ir después a Otavalo debería procurar llegar a Guallupe un jueves por la noche, para disponer así de tiempo para viajar a Otavalo el viernes. Los mercados principales de Otavalo se celebran el sábado y es mejor estar allí a primeras horas de la mañana. Si quiere ir a la costa, Guallupe está junto a la carretera y la vía del ferrocarril entre Ibarra y San Lorenzo. Puede ir en autobús para descender a San Lorenzo o retroceder los 48 kilómetros a Ibarra y tomar allí el tren para efectuar el recorrido completo.

COMIDA Y BEBIDA

- Se proporcionan todas las comidas, que están incluidas en el precio de la excursión.

- Un cocinero y un guía acompañan siempre al grupo y se ocupan de todas las comidas en el albergue El Corazón.

- En ruta se prepara agua o té hervido para rellenar las cantimploras o botellas de agua.

- Los aldeanos que se encuentran en el camino proporcionan la cena y el desayuno en Morán, refrescos a media mañana en La Cortadera y almuerzo en Las Juntas. Estas comidas calientes son locales y suelen estar compuestas por sopas de patata, huevos, arroz o pan, yuca (raíz de mandioca), banana verde y mucha fruta, y también con verduras frescas.

TRABAJO VOLUNTARIO

La Fundación Golondrinas tiene en marcha una serie de proyectos agroforestales que incluyen reforestación, educación e investigación científica. Siempre se necesitan voluntarios para la realización de esos proyectos. Se espera de ellos un compromiso de por lo menos tres meses y que contribuya pagando su propia comida y alojamiento. Si le apetecen tres meses de duro trabajo no remunerado por una buena causa, póngase en contacto con la fundación (véase Contactos, páginas 257-292).

Aprender nuevas habilidades con los artesanos otavaleños

Por Guy Marks

Las gentes de Otavalo tienen fama por sus habilidades como artesanos. Durante mi visita a los mercados y pueblos indios, aprendí algo sobre su estilo de vida y la producción local de textiles, tejidos y otras actividades artesanales, que han convertido Otavalo en el centro artesano de Ecuador.

Otavalo se halla situada a 32 kilómetros al norte del ecuador, en la provincia de Imbabura, a 2.530 metros de altura, en medio de un pintoresco paisaje de lagos y montañas, dominado por los magníficos picos volcánicos de Imbabura al este (4.609 metros) y Cotacachi al norte (4.939 metros). Alrededor de la ciudad principal de Otavalo, 128 pueblos indígenas constituyen el cantón de Otavalo. De ellos, 80 están habitados por los otavaleños, los verdaderos indios de Otavalo, mientras que los indios cayambe predominan en los demás pueblos.

Las mujeres indias de Otavalo visten faldas largas, rectas y oscuras, blusas blancas con muy poco bordado o color, chales oscuros y una especie de turbante hecho con una bufanda plegada. La mayoría de ellas se adornan con collares de cuentas doradas y brazaletes rojos. Los hombres llevan pantalones de algodón, ponchos oscuros y sombreros de fieltro y se atan el cabello negro en una sola trenza larga muy característica.

Los indios cayambe, del sur de Otavalo, alrededor del lago de San Pablo, visten prendas de color más vistoso, con bordados más elaborados y brillantes en las blusas y en las faldas

plisadas. Los hombres no llevan sombrero y sus rasgos faciales son ligera pero notablemente diferentes a los de los otavaleños. La tradición dice que los otavaleños fueron los habitantes originales de la zona y que los cayambe son colonizadores incas que llegaron al sur después de una guerra.

A diferencia de muchos de los grupos indígenas de otras zonas de América del sur, los otavaleños se las han ingeniado para mantener su identidad cultural, tomando parte activa en la economía moderna. No obstante, y a pesar de su habilidad para adaptarse a las demandas de los mercados extranjeros, sus pueblos no son ricos y las comunidades sobreviven gracias a fuertes lazos familiares y principios tradicionales. Cada pueblo se especializa en productos concretos, dictados a menudo por la disponibilidad local de las materias primas. Esta variedad de productos artesanos y la rica herencia cultural de los pueblos hace que una visita resulte muy gratificante.

LOS MERCADOS DE OTAVALO

Llegué a Otavalo un viernes por la tarde, en el autobús de Ibarra y me instalé en la Casa Mojanda, un hotel estilo hacienda, situado en las montañas de las afueras de la ciudad. El sábado es el principal día de mercado en Otavalo, aunque cada jueves se celebra también un mercado más pequeño de artesanía. La feria de ganado se inicia antes del amanecer termina hacia las 9.00 horas, así que, en compañía de otros clientes de Casa Mojanda, tomamos un taxi antes de desayunar. Ninguno de los animales estaba atado o encerrado en un corral; en lugar de eso, los propietarios sostenían su

 Esta es una experiencia cultural que no supone ninguna actividad difícil o desafiante.

 Para este itinerario necesita instalarse en Otavalo, donde encontrará una amplia gama de hoteles asequibles para su presupuesto.

 No se necesita ningún equipo especializado, pero yo recomendaría llevar una cámara con un flash externo potente para tomar fotografías dentro de los oscuros talleres.

Pueblos otavalo, provincia de Imbambura.

preciado cerdo o vaca por el extremo de una cuerda, o caminaban entre la gente conduciendo delante de ellos a media docena de ovejas. Campesinos y mujeres con vestidos tradicionales se mezclaban con la gente y se detenían ante los puestos de venta para comprar comida caliente y charlar con los vecinos. Parecía todo muy informal y, sin embargo, se hacían negocios y el ganado abandonaba la zona habiendo cambiado de dueño, era subido a camionetas o conducido por la carretera.

Después del desayuno, de regreso en el hotel, nos dispusimos a recorrer el mercado más famoso de Ecuador, que atrae a un gran número de visitantes nacionales y extranjeros. La sección principal de este mercado de artesanos es la **plaza Poncho**, con puestos de venta permanentes, de cemento, que parecen como gigantescos paraguas hasta que quedan medio ocultos por una multitud de prendas de vestir, mantas, colgaduras para la pared y textiles. La creciente popularidad de los mercados ha tenido como resultado el desbordamiento de la plaza y los puestos de venta se extienden ahora en todas direcciones, hasta la calle principal, las callejas laterales y los largos pasajes. La mayoría de los puestos de venta están dirigidos por artesanos locales, pero el mercado atrae a comerciantes de fuera de la región y hasta de los países vecinos. Es la clase de mercado capaz de absorberle a uno todo el día y, desde luego, por lo menos hasta media tarde, cuando empieza a cerrar. En uno de los extremos de la plaza se hallan los puestos de venta de artículos para el hogar y comida, desde cerámica y plástico hasta harina y verduras frescas. En otras partes hay cacerolas y más cerámica, sombreros, hamacas y camisas de algodón. Los productos de lana constituyen la mejor compra local y se puede deambular durante horas comparando los precios de jerseys tejidos a mano y de vistosas prendas.

PUEBLO DE CARABUELA

Dediqué los dos días siguientes a visitar los pueblos locales y a descubrir dónde y cómo se elaboraban todos estos productos vendidos en el mercado. El primer día, en compañía de otros ocho turistas de diversos países, realizamos una salida organizada por una compañía local llamada Zulaytur. Me sentía un tanto receloso, pues creía que sería una excursión promocional para atraer a los turistas y hacerles gastar su dinero. Nada podría haber estado más lejos de la realidad y resultó ser la visión más genuina y global del estilo de vida y de las tradiciones locales que posiblemente hubiera podido esperar.

Salimos de Otavalo en un viejo microbús conducido por Rodrigo Mora, el propietario de la agencia, acompañados por nuestro guía, Jorge Recalde, un maestro local que habla inglés con fluidez. El primer lugar donde nos detuvimos fue en **Carabuela**, en las afueras de Otavalo. Allí nos invitaron a entrar en las casas de la gente, donde las familias se dedicaban a trabajar, intercalando la producción textil con sus tareas domésticas. Cada una de las fases del proceso se realizaba en una zona concreta del pueblo, desde el lavado del vellón, hasta la culminación de la prenda terminada.

La lana en bruto se compra en el mismo pueblo y en otros mercados del país, como Saquisilí. Se lava y blanquea, y luego se carda trabajosamente a mano, lo que supone tirar de ella a través de un peine de cardado para limpiar y desenmarañar las fibras. Los pequeños rollos de lana cardada se hilan en una gran rueca manejada a mano. Parece una tarea fácil, pero si se aprovecha la oportunidad para probar a usarlo, se descubrirá la fortaleza y habilidad que se necesitan. Luego, el hilo se tiñe, utilizando principalmente pigmentos naturales de nogal, cochinilla e índigo y a continuación se inicia el proceso de punto y tejido.

Las viejas casas del pueblo están hechas de ladrillos de barro y las vigas de madera sostienen los tejados de tejas. Esterillas de juncos cubren los suelos de tierra y el tablazón de las

habitaciones de la planta superior y las ristras de mazorcas de maíz cuelgan de las vigas altas de la buhardilla, el lugar más seco para conservar el grano. En el interior de las habitaciones en penumbras, las familias se sientan, rodeadas por montones de lana, ya sea en forma de vellón en bruto, de husos de hilo o de montones de partes acabadas de jerseys, y trabajan sin parar en cardar el vellón, hilar y tejer a una velocidad increíble. Los productos están destinados a su venta en los puestos del mercado, como parte de grandes pedidos para la exportación presentados por mayoristas de cooperativas.

FABRICACIÓN DE CESTOS Y SOMBREROS

En el pequeño pueblo de **Punyaro** nos presentaron a un anciano de 88 años, que estaba sentado a la sombra, sobre una esterilla de juncos, delante de su casa, dedicado a fabricar

IZQUIERDA: confección de sombreros de fieltro en Ilumán.
ABAJO: el mercado artesano en plaza Poncho.

ECUADOR

cestos tradicionales, como ha hecho durante toda su vida. Utiliza bambú seco de la montaña, que antes debe ser empapado en agua para que adquiera suficiente flexibilidad como para trabajarlo. Con la destreza propia de un hombre de veinte años, separa el bambú en tiras planas y alargadas, sosteniendo un extremo con los labios y utilizando un cuchillo afilado para partir las fibras. En cuestión de pocos minutos había tejido las tiras planas para confeccionar un pequeño cesto rectangular. Es capaz de producir la cantidad de éstos que se quieran para que encajen perfectamente uno dentro del otro, de modo que los conjuntos resultantes son utilizados como medidas por los comerciantes del mercado.

Regresamos a Otavalo para almorzar en un restaurante local. Probé el ceviche, un delicioso cóctel de pescado crudo, langostinos y otros mariscos, preparados en escabeche con una salsa picante hecha a base de lima, cebolla y chiles frescos. Nuestro recorrido continuó con una visita a **Ilumán**, un pueblo de sombrereros en el que se confeccionan casi todos los sombreros de fieltro que se venden en el país.

Una vez más, nadie intentó vendernos nada; simplemente, nos mostraron los talleres

PLAZA PONCHO

El primer mercado artesano de Otavalo se celebró en 1870. En aquella época se decretó que sólo podían venderse alimentos y medicamentos en un domingo, por lo que los sábados se organizaban mercados separados de ganadería y artesanía. La estructura actual de la plaza Poncho se construyó en 1972 a cargo del Instituto Otavaleño de Antropología, financiado por el gobierno holandés. Debido al reciente influjo de puestos de venta y artículos no artesanos procedentes de fuera de la región de Otavalo, hay ahora planes para inaugurar una nueva plaza Poncho una manzana al noroeste del emplazamiento actual, que será declarado como mercado museo, en el que sólo se venderán artículos artesanos locales y tradicionales.

familiares para que viéramos el proceso de confección del sombrero. Una capa tras otra de lana cardada se comprime a mano sobre una bandeja caliente y humedecida sobre carbones encendidos. El vapor así producido encoge las fibras de lana y después de un constante golpeado y de un mayor encogimiento, las fibras forman el fieltro, que luego es configurado en moldes de madera, mientras todavía está húmedo. Finalmente se extiende al sol para que se seque.

El acabado de los sombreros constituye otra habilidad que supone cepillar el fieltro y luego suavizarlo con una plancha caliente sobre un paño húmedo. Los sombreros más sofisticadas exigen muchas horas de duro trabajo. Cada zona del país tiene su propio estilo, pero en Ilumán se confeccionan sombreros de todos los tipos. El día de nuestra visita estaban produciendo sombreros de aspecto tosco, como grandes sombreros mexicanos, y otros exquisitos, negros, con la parte superior plana, como los llevados por toreros y bailarines españoles de flamenco, destinados para su venta en Cuenca, al sur del país.

UNA HABITACIÓN CON UN TELAR

En **San Roque**, un pueblo vecino de Ilumán, la principal actividad es tejer y parece que cada casa tiene una habitación con un telar. El primer taller donde nos detuvimos se dedicaba a la confección de sacos de sisal. Las fibras de sisal se producen a partir de un tipo de planta de ágave que posee alargadas hojas carnosas, como una planta de yuca. Las fibras extraídas se venden en grandes haces y, lo mismo que la lana, se deben cardar e hilar, para formar un hilo con el que se pueda trabajar. Es mucho más tosco y duro que la lana, de modo que en lugar de utilizar peines de cardado manejados a mano, pasan los haces por una serie de grandes lanzuelas como clavos que sobresalen de un bloque fijo de madera. La primera máquina mecanizada que habíamos visto en todo el día fue un tosco motor eléctrico, colocado para hacer funcionar un sencillo mecanismo para hilar las fibras del sisal. En el otro extremo de la habitación había un telar de madera levantado sobre el que se tejía la tela. La producción no estaba mecanizada y

COMPRA DE ARTESANÍA

Los otavaleños no presionan para vender. Ofrecen sus artículos a un precio que les permite una ganancia justa por su trabajo y la mayoría de ellos son baratos y con una excelente relación calidad-precio. Si regatea, es posible que consiga una pequeña rebaja, pero no gran cosa. Los precios en los pueblos son similares a los del mercado, pero los primeros ofrecen el placer añadido de conocer al artesano y ver cómo se produce el artículo. La variedad puede ser más limitada que en los mercados.

cada hilera de hilo se tejía a mano. Aquí, al menos, no era necesario introducir ningún dibujo y la sencilla tela se empleaba simplemente para hacer sacos.

Colina abajo, en el mismo pueblo, los telares manuales se emplean para un uso más complejo. Aquí es donde se hacen las decorativas colgaduras de la pared que había visto en el mercado. Utilizando lana de diversos colores, los tejedores producen toda clase de complicados dibujos, algunos geométricos, otros representaciones estilizadas de animales o escenas rurales. Lo que más me sorprendió fue observar cómo las tejedoras, que trabajaban a partir de una fotografía o de memoria, sabían exactamente dónde colocar los diferentes hilos.

Durante todo el recorrido, Jorge realizó un magnífico trabajo informándonos sobre el estilo de vida y las tradiciones de cada pueblo, y explicándonos las habilidades prácticas que estábamos observando. Al final del día habíamos visto una enorme variedad de artesanía y, sin embargo, aún tuvimos tiempo para pasar por **San Antonio de Ibarra**, a 20 kilómetros al norte de Otavalo. Este pueblo es conocido por las tallas decorativas realizadas a partir de maderas duras. Muchas de las piezas reproducen un tema religioso, mientras que otras son abstracciones y estudios de la forma humana. Visitamos varias galerías en la plaza principal, muchas de las cuales incorporan talleres en los que puede verse el proceso de creación de las tallas a partir de trozos de madera sólida.

UNA VISITA PRIVADA

Aún había cosas que yo deseaba ver en los pueblos indios, de modo que al día siguiente emprendí la marcha con Rodrigo Mora, el propietario de Zulaytur, un verdadero experto en cultura y antropología locales y con un profundo deseo de mantener las tradiciones de los pueblos indios. Considera el turismo como una forma de captar el interés por la producción manual de artículos locales y ve la mecanización como una amenaza para las tradiciones culturales. Su entusiasmo por este tema es abrumador, aunque me resultó difícil seguir el hilo de su torrente de un fluido español.

Al cruzar por el pueblo de **Peguche**, repentinamente, Rodrigo detuvo el microbús con un fuerte chirrido. Había detectado a dos mujeres que enrollaban kilómetros de hilo de algodón en el campo de juego, situado en el centro del pueblo. Rodrigo se quedó extasiado pues estaba convencido de que las máquinas de alta velocidad habían desplazado en este pueblo a todas las habilidades manuales. Una de las mujeres nos mostró el telar que usaba y nos explicó que tejía trenza destinada a Colombia, con la que se hacían las correas cruzadas para las sandalias. Un poco más adelante, en un pueblo llamado **La Compañía**, Rodrigo me llevó a una casa donde una mujer bordaba un dibujo decorativo en un panel de algodón blanco. La labor se utilizaría como parte de una blusa.

Más tarde, me mostró lo que ocurría en los límites de los pueblos, fuera de los talleres. Había mujeres en el río dedicadas a lavar lana y tenderla a secar en las orillas, y campesinos ocupados en arar los cultivos a mano. Plantaban maíz y varios tipos diferentes de fríjoles en el mismo campo. Me mostró todo lo que quise ver y muchísimo más de lo que habría visto sin un guía. Finalmente, a petición mía, me llevó a **Agato**.

TEJER PARA LA ÉLITE

Había leído algo sobre Agato, un pequeño pueblo al este de Peguche, y tenía ganas de visitarlo. Uno de sus habitantes es el famoso Miguel Andrango, reverenciado como maestro tejedor. Destaca sobre todo porque es uno de los últimos artesanos que todavía utilizan el telar de correa trasera, originario de los Andes,

anterior al bastidor de madera. El telar de correa trasera consiste en una serie de barras y correas sujetos a un poste y mantenidos tensos por una correa que el tejedor se pasa por la espalda. Tejer con este telar resulta un trabajo muy lento y tedioso, pero los resultados son de una calidad extremadamente exquisita. Andrango sólo utiliza tintes naturales. Su trabajo ha sido reconocido internacionalmente y sus obras se muestran la mayoría de los años en la exposición de arte folklórico que organiza el Instituto Smithsoniano, en Washington. Ha utilizado su fama y riqueza para crear una cooperativa y una escuela donde se enseña a tejer con el telar de correa trasera y para construir una sala de exposición junto a su casa, donde pueden adquirirse algunas de sus piezas. Naturalmente, se tiene que emplear mucho tiempo para producir esas obras de artesanía, por lo que son considerablemente más caras que otros tejidos hechos localmente.

Si es usted un verdadero entusiasta de los tejidos exquisitos, le resultará imposible pasar por Otavalo sin visitar la sala de exposición de Andrango, sobre todo si tiene la intención de comprar las mejores piezas. Si, además, desea descubrir cómo son las vidas y tradiciones de los otavaleños, ser recibido en sus hogares, observar su sencillo estilo de vida y ver cómo trabajan docenas de artesanos diferentes, lo mejor que puede hacer es evitar Agato y confiar en personas como Rodrigo Mora para que le acompañe a ver estos maravillosos pueblos.

V I A J A R S O L O

VIAJE POR EL INTERIOR

Otavalo es uno de los lugares más fácilmente accesibles en Ecuador. Está a 90 kilómetros al norte de Quito, la capital, junto a la carretera principal del país, la Panamericana.

Los autobuses desde Quito cuestan unos tres dólares y el viaje dura unas dos horas. Existe un servicio regular durante todo el día. También hay otras líneas que conectan Otavalo e Ibarra, así como los pueblos más alejados.

Si lo que desea es un servicio de puerta a puerta o llegar directamente desde el aeropuerto internacional de Quito, sin tener que pasar por la capital, puede tomar un taxi, que le costará unos 30 dólares. En Otavalo, los trayectos en taxi por la ciudad, a los pueblos o al alojamiento en la hacienda, son baratos. La parada central de taxis se encuentra en la plaza principal, en lo alto de la calle Sucre.

CUÁNDO IR

El vasto mercado de Otavalo suele estar muy concurrido durante el fin de semana.

Los hoteles cuelgan el cartel de completo desde el viernes por la noche, por lo que es aconsejable reservar con antelación o llegar a primeras horas del día si desea alojarse en un establecimiento determinado.

PLANIFICACIÓN

Se organizan visitas a los pueblos con bastante frecuencia, pero no cada día, en función del número de personas y de la disponibilidad de un guía para conducirla, pues los que hablan inglés trabajan a tiempo parcial, por su cuenta. Acuda con tiempo a Zulaytur, que se encargará de organizarle la visita. No obstante, no espere llegar y encontrar ya una visita organizada en el mismo día.

Las agencias de Quito ofrecen salidas de un día al mercado y se ocupan de organizar el transporte, al alojamiento y las excursiones.

Otavalo se encuentra en la ruta de Quito a Ibarra, por lo que es un punto ideal para detenerse si se dirige al bosque pluvial de Golondrinas o a la ruta costera de San Lorenzo, o si va hacia la frontera colombiana.

ALOJAMIENTO

Existe una amplia variedad de alojamientos entre los que elegir, tanto en Otavalo como en sus alrededores. Si sólo pernocta una noche, elija un hotel o albergue en el centro. Así estará cerca del mercado y de los restaurantes. Encontrará establecimientos bastante económicos y de nivel medio.

Si quiere quedarse más tiempo, vale la pena alojarse en una de las varias haciendas que hay en un radio de pocos kilómetros de la ciudad. Esos lugares, antiguas casas de campo reconvertidas, tienen mucha personalidad y ofrecen habitaciones grandes y cómodas y en un ambiente rural. Resultan el alojamiento ideal si lo que busca es un retiro tranquilo del ajetreo de la ciudad.

Habitualmente, desde las haciendas se pueden emprender actividades como montar a caballo o dar largos paseos.

IZQUIERDA: el telar utilizado por Miguel Andrango, el maestro tejedor cuyo taller visitamos. DERECHA: una mujer de La Compañía bordando un dibujo en colores en un panel de algodón blanco.

PASEOS LOCALES

La zona situada en los alrededores de Otavalo es magnífica para recorrerla a pie. Si dispone de tiempo, puede caminar hasta los pueblos, en lugar de ir en una visita organizada.

❏ Peguche está a menos de tres kilómetros al norte de Otavalo. Es el pueblo más cercano a la ciudad y se llega paseando en menos de una hora.

❏ De Peguche a Ilumán hay tres kilómetros y medio y San Roque está a otros dos kilómetros.

❏ De Peguche a Agato hay tres kilómetros.

❏ Encontrará una cascada a dos kilómetros al sur de Peguche.

Crucero a las islas Galápagos

Por Guy Marks

Las islas Galápagos son como un gigantesco parque zoológico, donde puede caminar rodeado de una fauna singular que no le teme al hombre, y nadar entre exóticos animales marinos en aguas cristalinas e intensamente azules. Si es un amante de la naturaleza, estas islas le ofrecen las experiencias más interesantes que pueda imaginar.

Las islas Galápagos se encuentran justo encima del ecuador, en el océano Pacífico, a mil kilómetros al oeste del Ecuador continental. El archipiélago volcánico se compone de 22 islas principales y docenas de diminutos islotes diseminados por una zona de unos 50.000 kilómetros cuadrados. Cinco de esas islas principales tienen más de 500 kilómetros cuadrados y hay dos más entre 100 y 200 kilómetros cuadrados. Casi el 85 por ciento del archipiélago es un parque nacional. Las islas están bien controladas y protegidas y hay lugares establecidos para los visitantes a los que únicamente se puede acceder acompañado por un guía oficial. Sólo unas pocas islas están habitadas por el hombre, y las ciudades principales son Puerto Ayora, en Santa Cruz, y Puerto Baquerizo Moreno, en San Cristóbal.

Realicé un crucero de ocho días que sigue un circuito bastante típico, visitando una serie de lugares en diez islas diferentes. Desde Quito volé, vía Guayaquil, hasta el aeropuerto principal del archipiélago, en la isla Baltra. Esta isla es de propiedad militar y cuando se llega parece pelada, calurosa e inhóspita. Salió a recibirnos Mónica, nuestra guía naturalista, y la tripulación del barco. Un corto viaje en autobús nos llevó al puerto de Baltra. Nuestra embarcación, el *Sulidae*, era un velero motorizado, con casco de madera y forma de un antiguo galeón, con pintura negra y dorada que le hacía parecer más un barco pirata que un yate de crucero. Ciertamente, tenía más personalidad que ninguna otra embarcación de la bahía y mis nueve compañeros de travesía y yo tuvimos inmediatamente la sensación de haber elegido correctamente.

UN NUEVO MUNDO

Poco después de que llegáramos, Alejandro, un *chef* excelente, nos sirvió un rico almuerzo: pescado en ajo y coriandro y patatas en una salsa blanca con bacon, seguido de una suculenta piña fresca. Levamos ancla y zarpamos con motor hacia la **bahía de Las Bachas**, en la costa norte de la **isla Santa Cruz**, a media hora de Baltra. Las pequeñas embarcaciones utilizadas para desembarcar se llaman aquí *pangas* y la nuestra era un pequeño bote de madera, en concordancia con el *Sulidae*. Algunos de los lugares a visitar tienen pequeños embarcaderos, de modo que se puede de-

 Los paseos organizados en todos los lugares que se visitan en las islas son fáciles. El buceo puede resultar peligroso si no se es un buen nadador y las Galápagos no es el lugar adecuado para submarinistas inexpertos.

★★ En un barco de clase turista lo mejor que cabe esperar es buena comida y un alojamiento cómodo. Los barcos de vela y los motoveleros suelen tener más carácter, pero los camarotes y las instalaciones son muy pequeñas y compactas, aunque los yates a motor disponen de algo más de espacio.

En los barcos encontrará todo lo necesario para bucear, pero siempre es aconsejable llevar su propio equipo o alquilarlo en Quito. Los submarinistas deben comprobar a bordo el material que se les suministra. Lleve consigo el mejor equipo fotográfico que se pueda permitir, ya que encontrará magníficas oportunidades para tomar primeros planos de animales. Lleve más película de la que crea necesitar, porque seguramente la utilizará.

sembarcar de la panga directamente en terreno seco; en otros lugares hay que bajarse del bote en la playa y mojarse. Éste fue un desembarco pasado por agua y para los que no lo hicieron del todo bien, fue realmente muy mojado.

No tuvimos ninguna necesidad de buscar la fauna. Nos vimos rodeados inmediatamente por ella. Las fragatas (*Frigate magnificens*) volaban sobre nosotros, los pelícanos pardos (*Pelecanus occidentalis*) cruzaban la playa, deslizándose a pocos centímetros del agua y recorriendo la superficie con los picos para capturar los peces; los alcatraces de patas azules (*sula nebouxii*) volaban todavía más alto y luego se lanzaban a toda velocidad para cobrar su presa. Los cangrejos, de un brillante color rojo, extrañamente conocidos como Sally piesligeros (*Grapsus grapsus*), parecían bailotear de puntillas sobre las rocas; los pálidos y translúcidos cangrejos fantasma de la familia de los *ocypodas* (especie *Ocypode*) salían ávidamente de agujeros hechos en la arena y desaparecían de inmediato en cuanto detectaban el menor movimiento. Los lagartos lava (especie *Tropidivius*) se apresuraban de un lado a otro y las iguanas marinas tomaban el sol (*Amblyrhynchus cristatus*).

En apenas un par de horas de estancia en Santa Cruz vimos la gaviota más rara del mundo, la lava (*Larus fuliginosus*), los flamencos más grandes (*Phoenicopterus ruber*) que se alimentaban filtrando el agua mientras avanzaban por una laguna de aguas superficiales, los *cactus opuntia* gigantes (*Opuntia echios*), y bosquecillos de manglares negros cuyas hojas segregan pequeños cristales de sal, como producto de un extraordinario proceso de autodestilación. Pudimos efectuar incluso nuestra primera inmersión en la bahía y ver rayas de la variedad *Urotrygon* así como otras especies marinas exóticas. Había vida por todas partes y Mónica describió los hábitats, ciclos vitales y comportamientos, la interacción de las especies, las plantas y algas características de la zona, y hasta la geología de la arena sobre la que nos encontrábamos.

PLAZA SUR

La primera noche me costó conciliar el sueño. Tardé un tiempo en acostumbrarme al balanceo del barco, al ruido del generador de a bordo, que funcionó toda la noche, al resoplido de los motores, al sonido metálico de las cadenas del ancla cuando zarpamos de nuestro fondeadero a las cuatro de la madrugada, para poder llegar a la diminuta isla de **Plaza Sur** a la hora del desayuno.

Un desembarco seco a las siete nos permitió situarnos cerca de la primera de las numerosas colonias de leones marinos que veríamos durante los días siguientes. Había cientos de estos mamíferos (una subespecie del león marino californiano, *Zalophus californianus*) y esta isla, en particular, es un lugar estupendo para observar su estructura social.

Las hembras y los jóvenes yacen unos cerca de otras y las hembras amamantan a unos lindos cachorros peludos, mientras los machos dominantes se pasan todo el tiempo defendiendo su territorio. Estos enormes animales nadan en las aguas superficiales, protegiendo a los miembros más jóvenes y a su harén de hembras. Están en movimiento continuo, haciendo un ruido constante para advertir a los agresores de su presencia. «Su trabajo consiste en ladrar todo el día», explicó Mónica. Y como ese trabajo exige tanta energía y vigilancia, no disponen de tiempo para alimentarse, así que pierden gradualmente su buena forma. Es entonces cuando aparecen otros machos que les desafían para apoderarse de su territorio. Los animales no dominantes viven aislados, en una colonia de solterones, en el otro extremo de la isla. Se pasan todo el tiempo alimentándose y ejercitándose, recorriendo de un lado a otro el escarpado acantilado donde han establecido su territorio. Después de pasar así unos pocos meses, se encuentran en perfecta forma física, dispuestos para desafiar a los machos dominantes.

El acantilado de los leones marinos solterones constituye un lugar ideal para observar las aves. Las gaviotas de cola de frac (*Creagrus furcatus*) y los alcatraces enmascarados (*Sula dactylatra*) vuelan sobre nuestras cabezas y las aves tropicales de pico rojo (*Phaethon aethereus*), con plumas largas y blancas en la cola anidan en el acantilado. También son prolíficas en esta isla las iguanas de tierra (*Conolophus pallidas*), criaturas gigantes, de aspecto un tanto siniestro, cuyos ligeros cuer-

Superior: El Sulidae *anclado en la bahía junto a la isla de Sombrero Chino y tomando la excelente cena de Alejandro* (inserción derecha).

Arriba: encuentro con una tortuga gigante de las Galápagos en la estación de investigación Charles Darwin, en Puerto Ayora.

pos destacan contra el *sesuvium* rojo (*Sesuvium portulacastrum*), un matorral capezo y achaparrado que cubre buena parte de la isla. Las iguanas son capaces de pasarse muchas horas e incluso días inmóviles, bajo los cactus de la especie *Opuntia*, a la espera de alimentarse de las carnosas paletas caídas.

PUERTO AYORA Y LAS TORTUGAS GIGANTES DE LAS GALÁPAGOS

Nuestro siguiente destino fue **Puerto Ayora**, la ciudad principal, en la punta meridional de Santa Cruz. La tripulación aprovechó la oportunidad para acumular suministros básicos, como verduras frescas y fruta, la mayor parte de la cual se tiene que importar del Ecuador continental. En la ciudad hay unos pocos hoteles y bares, y tiendas que parecen sobrevivir con la venta de camisetas. Aquí es donde se aloja la mayor parte del turismo que no forma parte de un crucero que han llegado por avión y organizan su itinerario una vez en las Galápagos.

En Puerto Ayora ese encuentra situada la **Estación de Investigación Charles Darwin**, en uno de los extremos de la ciudad. La estación cuenta con un centro de información para el parque nacional y presenta exposiciones y diapositivas sobre las Galápagos en general y la obra de la estación Darwin en particular. Cuando se llega por primera vez a las Galápagos debe pagarse una alta entrada al parque nacional pero, extrañamente, ese dinero no va a parar a la estación de investigación, a pesar de que su función fundamental es la conservación y la educación. La estación es una institución sin ánimo de lucro, que debe conseguir todos sus fondos de modo independiente.

El aspecto más públicamente visible del trabajo de la estación es su programa de cría en cautividad de la tortuga gigante de las Galápagos (*Geochelone elephantopos*). Estos enormes reptiles, que llegan a pesar 300 kilos, cuentan todavía con once subespecies, con conchas de diferentes formas, relacionadas con los hábitats y las islas donde evolucionaron. Los dos tipos principales de concha se han categorizado como abovedada y de silla. Algunas de estas subespecies se encuentran en peligro de extinción y sobre todo un solitario ejemplar de isla Pinta, conocido como «Solitario Jorge», que tiene más de cien años de edad y para el que, desgraciadamente, no se ha podido encontrar pareja. Se han introducido un par de hembras similares, sin ningún resultado.

Con algunas de las otras especies han tenido más suerte y se calcula que habrán liberado a unas 1.800 tortugas desde el inicio de su programa en 1965 hasta el año 2000. Pueden verse los corrales de cría, donde se alimentan docenas de tortugas diferentes en todas las fases de desarrollo, preparándolas para su eventual liberación. Uno de los corrales más grandes tiene media docena de individuos adultos rescatados de una vida como animales de compañía. A uno de ellos se le encontró cuando era utilizado como blanco para la práctica de tiro y su concha todavía muestra las cicatrices de los impactos de bala. La situación es algo lamentable, pero es la mejor oportunidad para acercarse a estos animales y apreciar lo grandes que son. Se les puede ver en el interior montañoso de la isla, en libertad, excepto cuando descienden a las regiones áridas durante la temporada anual de apareamiento. Se marchan entre enero y febrero y los machos regresan en julio, mientras que las hembras lo hacen después de haber desovado en agosto. También se las puede ver en la isla Isabela, sobre todo si se hace una excursión al volcán Alcedo entre junio y diciembre, pero la visita a ésta sólo se incluye en el itinerario de los cruceros muy largos o en las visitas organizadas.

A la mañana siguiente subimos a las tierras altas, en Santa Cruz y fue toda una experiencia diferente el ver estas enormes tortugas de conchas abovedadas, desplazándose sobre terrenos agrícolas, en lugar de sobre confinados corrales de cemento. También tuvimos la oportunidad de visitar los cráteres donde enormes secciones de la superficie de la tierra se han colapsado y hundido, y ver el bosque Scalesia, un ejemplo de tierras altas envueltas en musgo, lleno de insólitas aves, como el papamoscas bermellón (*Pyrocephalus vubinus*) y la lechuza de oreja corta (*Asio flammeus*).

SANTA FE Y BAHÍA GARDNER

Zarpamos de Puerto Ayora para llegar a la **isla de Santa Fe** a últimas horas de la tarde. Aquí encontrará una interesante subespecie amarilla de la iguana de tierra, única de esta isla, y ratas del arroz (*Oryzomys bausri*), unos *hamsters* de gran tamaño, que también son endémicos. Pero la razón principal para visitar esta isla es, simplemente, que está camino de **Española** (conocida también como Hood), una de las más interesantes del archipiélago.

Esa noche cenamos langostinos frescos en una rica salsa, arroz, coliflor frita y ensalada de judías verdes, antes de navegar durante la mayor parte de la noche para llegar a la **bahía Gardner**, en Española, a primeras horas de la mañana. Iniciamos el día con un paseo por la playa, observando y fotografiando de cerca a los leones marinos y contemplando los sinsontes de Hood (*Nesomimus macdonaldi*), tan cordiales que hasta picotean en los zapatos o se posan sobre la cabeza. Tras un regreso rápido al *Sulidae*, nos dirigimos en el panga hacia la llamada **roca de la tortuga**. Se trata de un lugar magnífico para bucear, uno de los muchos en los que nos detuvimos durante el crucero. La vida marina es espectacular y se puede apreciar incluso sin necesidad de usar equipo de submarinismo. A lo largo de la cara sumergida de la roca hay cientos de peces de vistosos colores. Entre los más notables destacan el pez loro, de un brillante color azul (*Scarus compressus*) que alcanza los 60 centímetros de longitud y tiene una boca como si fuese un pico, lo que le permite mordisquear trozos de coral. Había grandes y densos bancos de pez cirujano de cola amarilla (*Prionurus laticlavius*), de pez rey ángel (*Holocanthus passer*), cuyas brillantes aletas y cola anaranjadas y rayas verticales blancas contrastan vívidamente con su cuerpo negro. Las tortugas verdes (*chelonia mydas*) nadaban junto a nosotros y en algunos sitios hasta puede verse algún extraño tiburón, como el de las Galápagos o el poco frecuente tiburón martillo (*Sphyrna lewini*).

La vida marina forma sin duda parte de la atracción de las Galápagos, sin menospreciar los encantos terrestres. De hecho, juega un papel importante en toda la experiencia, pues la tripulación de las embarcaciones más pequeñas echan sus sedales mientras están en aguas abiertas y luego el pescado con arroz suele formar parte del menú. Naturalmente, es mucho más probable pescar un atún que termina en el plato de la cena antes que una especie exótica. Para el almuerzo de ese día en particular, Alejandro sirvió un mero con otra de sus excelentes salsas.

IGUANAS, ALBATROS Y ALCATRACES DE PATAS AZULES

Fondeamos al otro lado de la isla, en **Punta Sears**, y desembarcamos sin mojarnos para el que resultó ser el mejor paseo del viaje. Allí mismo, en el embarcadero, los cangrejos rojos destacaban en nítido contraste con las rocas negras. Las iguanas marinas (*Amblyrhynchus cristatus*), con su negra piel moteada con manchas rojas y verdes, se amontonan sobre las rocas, unas sobre otras. Estas iguanas, los únicos y verdaderos lagartos marinos que existen en el mundo, alcanzan un metro de longitud y pueden pesar varios kilos. Hay diferentes subespecies en el archipiélago, pero las de

POST OFFICE BAY

Post Office Bay, en isla Floreana, es el lugar más visitado de las Galápagos. Y, sin embargo, no es la fauna lo que atrae tanta atención, sino un viejo barril que sirve como buzón de correos. En el pasado, los barcos se detenían aquí para dejar cartas y recoger la correspondencia destinada a un lugar situado en su ruta. Este servicio informal de correos lo mantienen hoy día quienes honran la tradición de dejar *graffiti* tridimensionales, como las placas del nombre de sus embarcaciones, o que depositan tarjetas con la esperanza de que alguien de su país las lleve a casa y las envíe por correo. Mi propia postal tardó seis semanas en llegar a Inglaterra, ¡no está nada mal para no llevar sello!

Española son las más vistosas pues mantienen parte de su moteado rojo durante todo el año, mientras que la mayoría de las subespecies son negras, excepto en la temporada de apareamiento.

Seguimos el sendero que se alejaba de las iguanas, para acercarnos a los nidos de los alcatraces enmascarados y los habitantes más famosos de las Galápagos, los alcatraces de patas azules. No está permitido salirse del camino y los guías comprueban que no se toque a los animales o se les incomode de algún modo. No obstante, y como no se molesta fácilmente a las aves y a menudo ponen los nidos en medio del camino, puede uno acercarse mucho a ellos para fotografiarlos más de cerca. Naturalmente, está prohibido utilizar flash, ya que eso podría molestarlos, pero si el tiempo está nublado aún podrá tener una buena oportunidad de conseguir una magnífica foto de un ave empollando los huevos o incluso hasta bailoteando cómicamente sobre las patas palmeadas de un brillante color azul.

Como si los alcatraces no despertaran suficiente interés, en este lugar también anidan masivamente los albatros (*Diorineda irrorata*). Estas magníficas aves cruzan el aire con sus alargadas y delgadas alas, con una elegancia que no se corresponde con su pesado cuerpo; pero cuando se trata de aterrizar, son di-

ECUADOR

IZQUIERDA: la iguana terrestre, de aspecto siniestro, se ve con frecuencia en la plaza Sur.
ABAJO: vista de las Galápagos desde el pico de la isla Bartolomé.
DERECHA: uno de los cangrejos Sally piesligeros, de vivos colores, encontrado en la bahía de Las Bachas, al norte de la costa de Santa Cruz.

vertidamente torpes. Para emprender el vuelo utilizan lo que sólo se puede describir como una pista, situada cerca de lo alto de un acantilado. Avanzan pesadamente a lo largo de la pista, cobrando velocidad gradualmente hasta que caen al llegar al final y una vez en el aire ya son capaces de demostrar su dominio del medio aéreo. Los aterrizajes son igualmente poco elegantes y parecen depender por completo de la casualidad: con las alas aleteando rígidamente y batiendo las patas, se dejan caer al suelo y se mueven pesadamente

hasta detenerse con toda la gracia de un avión estropeado.

Su cortejo es increíblemente fascinante y supone desplegar una compleja danza de pasos laterales y giros de cuello, para luego encontrarse frente a frente con picos que se abren y cierran con rapidez y que parecen entablar un duelo. Una vez más, toda esta actividad se desarrolla a muy pocos pasos del camino, de modo que tendrá oportunidades para fotografiarla; pero si está interesado por los albatros debe saber que la mayoría abando-

ECUADOR

nan el lugar hacia mediados de diciembre y no regresan hasta finales de marzo.

VOLCANES Y CREACIÓN DE TIERRA

Vaya a donde vaya, en las Galápagos siempre será consciente de su extraordinaria geología. Se trata de islas volcánicas, en cambio constante y todavía muy activas. La masa terrestre de las islas es nueva en términos geológicos y en el tiempo real. Eso significa que es posible ver cómo han sido creadas las islas y cómo los volcanes han producido extrañas formaciones geológicas e insólitos paisajes, y aprender las diversas fases del largo proceso de colonización por parte de plantas y animales.

En **Floreana** hay túneles subterráneos de lava que conectan el mar con una laguna interior. En **Sombrero Chino**, una isla cuya forma recuerda un sombrero chino, pueden verse los túneles de lava por encima del suelo, con sus flujos de magma solidificado plegado en cordones y nudos para formar una quebradiza costra negra. En **Santiago**, las capas de ceniza volcánica se han compactado para formar una suave roca marrón llamada toba volcánica, cruzada por posteriores ríos de lava negra. En el punto más alto de **Bartolomé**, se encuentran plantas pioneras, como los cactus de la lava (*Brachycereus nesioticus*) y la extensa *Tiquilia nesiotica*, capaces de crecer sobre roca sólida. Desde arriba se puede divisar la **isla Santiago**, donde verá con claridad un río de lava de apenas cien años de antigüedad, cuyo trayecto hacia el océano formó pequeños islotes que ahora se elevan como aisladas piezas de ajedrez sobre un mar negro.

El panorama contemplado desde Bartolomé me ayudó a situar las Galápagos en la debida perspectiva: al mirar hacia la bahía y la distante topografía, quedó claro lo diferente que es una isla con respecto de la siguiente, razón por la que las Galápagos pueden mantener a una diversidad tan grande de especies animales y vegetales.

El último día, antes de regresar al aeropuerto de Baltra, hubo tiempo para realizar una visita a primeras horas de la mañana a la isla de North Seymour, donde hay una colonia nidificadora de fragatas. En una fascinante demostración de cortejo, los machos mostra-

ron sus enormes buches hinchados como globos para atraer a las hembras mientras que, cerca, los alcatraces de patas azules atendían a sus polluelos en los nidos hechos en el suelo. Como tantos otros de los animales que habíamos visto esa semana, tanto los alcatraces como las fragatas se mostraron totalmente indiferentes a nuestra presencia. Es precisamente esta tolerancia del hombre lo que hace que las islas resulten tan atractivas para el visitante. En el pasado, esa ausencia de temor habría podido significar la condena de los animales, pero no ocurre así hoy día. Estas islas singulares y su fauna están tan bien protegidas que el interés y los ingresos generados por una observación tan de cerca de los animales asegura su continuada supervivencia y éxito.

Lo mismo que en tiempos de Darwin, las Galápagos son un laboratorio vivo donde pueden verse los principios de la evolución en funcionamiento y el nacimiento de nuevas tierras. Y puede tener la seguridad de que sean cuales fueren las islas que tenga la oportunidad de visitar, o la época del año, tendrá garantizada una experiencia para toda la vida y una aventura en el delicado mundo de la ecología, que tanto respeto inspira.

VIAJAR SOLO

VIAJE POR EL INTERIOR

Dos líneas aéreas tienen vuelos desde Quito, vía Guayaquil, hasta las islas Galápagos. TAME vuela a isla Baltra, en la punta norte de la isla Santa Cruz. Hay un servicio de autobús desde el aeropuerto, vía transbordador, hasta Puerto Ayora, la ciudad principal; el viaje dura unas dos horas. SAN-Seata vuela a isla San Cristóbal. El aeropuerto está en las afueras de la ciudad principal, Puerto Baquerizo Moreno.

Un transbordador de pasajeros funciona entre Puerto Ayora y Puerto Baquerizo Moreno, pero al no tratarse de un servicio diario, tiene usted que comprobar localmente el horario de regreso.

CUÁNDO IR

Puede visitar las Galápagos en cualquier época del año, pero los cruceros ofrecen unos precios algo más baratos en temporada baja, los meses de mayo, junio, septiembre y octubre. La fauna se puede observar durante todo el año, pero como las temporadas de apareamiento y nidificación varían para cada especie no hay ninguna época perfecta para verlo todo, y debe usted comprobar las fechas si tiene interés específico por algo. La temporada de las lluvias es de enero a mayor y la temporada seca de junio a diciembre. Pueden producirse fuertes chaparrones en la temporada de las lluvias, aunque debería haber períodos soleados. En la temporada seca abundan nieblas y nubes. Hace calor todo el año, pero más con las lluvias, sobre todo en febrero, cuando las temperaturas pueden alcanzar niveles superiores a los 30 ºC. Si no le gusta navegar, tenga en cuenta que el mar puede estar muy agitado entre agosto y octubre.

ELEGIR UN CRUCERO

Ir a las Galápagos es caro, pero sería una pena echar a perder esta maravillosa experiencia al tratar de economizar en un crucero. Puede encontrarse con historias terroríficas acerca de servicio deficiente y barcos mal mantenidos, algunos de los cuales se han llegado a hundir. Por ello, es preferible viajar con una empresa acreditada y evitar los servicios económicos. Yo viajé con la embarcación de clase turista *Sulidae*, de la empresa Angermeyer, y fue un crucero excelente en todos los sentidos. Angermeyer dispone de otras embarcaciones de clase turista y yates de lujo.

Los yates más pequeños, con espacio para 10 a 16 pasajeros llegan a una más amplia variedad de lugares y son más apropiados para el ambiente que los grandes cruceros con los que pueden llegar a desembarcar al mismo tiempo de 40 a 80 pasajeros.

Las embarcaciones siguen un itinerario fijado que se establece anualmente. Si tiene un interés por alguna isla o especie de animal en particular, tendrá que encontrar una embarcación que siga un itinerario adecuado. Si su prioridad es bucear, informe de ello a su operador turístico, ya que la mayoría de las embarcaciones sólo disponen de instalaciones para la práctica del submarinismo en ciertas salidas. Su itinerario para esa travesía será entonces, normalmente, un crucero especializado, orientado hacia el submarinismo.

Suele haber cruceros de cinco y de ocho días. El primero y el último se emplean casi por completo en viajar a o desde el continente, de modo que si el tiempo y el dinero se lo permiten, es preferible un crucero de ocho días.

SUBMARINISMO

Resulta muy interesante y gratificante practicar el submarinismo alrededor de las islas Galápagos, pues hay una enorme variedad de vida marina. Puede elegir entre diversas embarcaciones en las que vivir a bordo, o viajes de un día desde Puerto Ayora. No obstante, las Galápagos no son un lugar adecuado para buceadores inexpertos. Hay corrientes peligrosas y una desafiante topografía submarina. No hay cámara de descompresión en ninguna de las islas y está a 640 kilómetros del continente.

PLANIFICACIÓN

La zona del parque nacional es tan vasta, que resulta imposible visitar todos los lugares en un solo viaje. La mejor forma de echar un buen vistazo general es realizar un crucero por las islas, viajando por la noche y visitando nuevos lugares cada día. Si se aloja en uno de los hoteles de Puerto Ayora o Puerto Baquerizo Moreno, podrá organizar excursiones de un día a diversas islas. No obstante, debe saber que los lugares que puede visitar una salida de un día son muy limitados y que se emplea mucho tiempo en llegar y regresar de las islas. No es esta la mejor forma de ver las Galápagos, pero es la única opción si no puede encontrar un crucero o no quiere dormir en un barco.

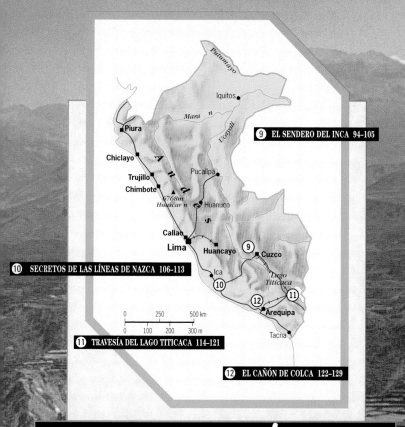

Piura
Chiclayo
Trujillo
Chimbote
Callao
Lima
Huancayo
Ica
Iquitos
Pucallpa
Huanuco
Cuzco
Arequipa
Tacna

Putumayo
Marañon
Ucayali
6768m
Huascarán
Lago Titicaca

0 250 500 km
0 100 200 300 m

PERÚ

P erú tiene tres zonas geográficas radicalmente diferentes, con
condiciones climáticas propias. En la enorme cordillera de
los Andes, la espina dorsal del país, abundan los occidentes
naturales como ríos y volcanes y, entre ellos, el cañón más profundo
del mundo. La zona destaca por su gran riqueza cultural aportada por
las sociedades andinas modernas, cuyos ejemplos más sobresalientes
son la arquitectura colonial y el legado arqueológico del Imperio inca.
Al este de los Andes se encuentra la jungla de la cuenca del Amazonas, la selva pluvial tropical más grande del mundo. Al oeste, entre las
montañas y el océano Pacífico, se extiende la estrecha franja de llanuras costeras, en buena medida desiertas, con la capital, Lima, y los
extraordinarios yacimientos arqueológicos de Nazca en el sur y de
Chan Chan en el norte. Para el viajero aventurero, Perú ofrece una variedad de interesantes actividades a pie, a caballo y en el agua, y una
oportunidad única para obtener una visión fascinante de algunas culturas, tanto antiguas como modernas.

Campos con desniveles cerca de Chivay, en el cañón de Colca.

PERÚ

Paseo por el tiempo y el sendero del Inca

por Guy Marks

Cuzco, fundada por una civilización desaparecida y todavía rica en tradiciones andinas, es el centro cultural de Perú, y el sendero del Inca es uno de los paseos más interesantes del mundo. El sendero, de elevada altitud, recorre un paisaje montañoso siempre cambiante y va a salir a la Puerta del Sol, por encima de Machu Picchu, la ciudad perdida de los incas.

Cuzco es el destino más popular entre quienes visitan Perú. Se halla situado a bastante altura en los Andes, en un valle fértil a 3.310 metros de altitud, rodeado por un espectacular paisaje montañoso. Las montañas y los ríos que lo recorren son un lugar idílico para caminar, montar a caballo y efectuar descensos en balsa por aguas bravas, pero el verdadero atractivo de esta zona es su extraordinaria historia.

Cuzco fue la sede del Imperio inca y se convirtió en la capital de los incas en 1438 d. de C., bajo su emperador Paracuti. No fue el primero en instalarse en el valle (la ciudad original fue fundada por Manco Capaz, el primer emperador inca, en 1200 d. de C.) pero sí casi el último, pues los conquistadores españoles, al mando de Pizarro, llegaron en 1533. Un año más tarde se convirtió oficialmente en ciudad colonial española y, aunque seguía te-

niendo un gobernador inca, fue dividida entre los hombres de Pizarro. Durante los años que siguieron, Cuzco y la fortaleza inca de Sacsahuamán, situada sobre una montaña que dominaba la ciudad, se convertirían en lugares donde se libraron muchas batallas. Estas luchas por el poder no se dieron sólo entre incas y españoles, sino también entre las diversas facciones de estos últimos. La más devastadora fue la batalla de 1536, en la que murieron 1.500 incas y los supervivientes, los últimos miembros de la civilización inca, se instalaron en la jungla, en Vilcabamba. Se quedaron allí hasta su derrota final en 1572, cuando su líder, Tupac Amaru, fue públicamente ejecutado en el centro de Cuzco por el virrey español Toledo.

Los incas se dieron a conocer por su impresionante arquitectura. Desarrollaron un sistema de tallado de bloques enormes de piedra con varios ángulos, que llevaban a cabo con notable precisión. Aunque las piedras tenían tamaños irregulares, encajaban perfectamente y se utilizaron para construir increíbles muros capaces de resistir la considerable actividad sísmica tan corriente en los Andes. No obstante, los españoles tenían sus propias ideas sobre la arquitectura y en el proceso de derrotar a los incas desmantelaron la mayoría de sus templos, fortalezas y mejores edificios, y utilizaron las piedras para construir otros nuevos. La arquitectura colonial de los siglos XVI y XVII fue igualmente impresionante, con lujosas iglesias barrocas, ornamentados balcones de madera y aceras cubiertas y porticadas flanqueando la plaza central.

Esta variada historia ha convertido a Cuzco en uno de los lugares más fascinantes que se

3 Es una dura excursión a pie de cuatro días, pero puede hacerla cualquiera que mantenga un grado razonable de buena forma física. La altura condiciona que la marcha sea muy lenta y cansada, pero las distancias recorridas cada día se han planificado para adaptarse incluso a los caminantes más calmosos.

★★ El grado de comodidad que experimente en esta caminata dependerá del nivel del servicio que haya contratado y del equipo que lleve consigo. Puede recorrer el sendero sin ninguna ayuda, llevando sus propios alimentos y equipo, o bien puede emplear una serie de servicios, desde un porteador hasta acampada de lujo estilo safari.

Es esencial calzar un par de buenas botas de excursionismo. Póngase prendas de ropa cálidas e impermeable en todas las épocas del año, ya que puede hacer frío y llover sin advertencia previa.

*El sendero del Inca
al Machu Picchu.*

pueden visitar. Aunque la civilización inca ha desaparecido nos han quedado, sus obras de piedra y su legado cultural que sostiene la actual industria turística.

YACIMIENTOS ARQUEOLÓGICOS

Pasé varios días entrando y saliendo de Cuzco, explorando la herencia cultural que se observa en todo, desde los antiguos yacimientos arqueológicos hasta los modernos y tradicionales mercados andinos actuales. Se necesitan por lo menos un par de días sólo para investigar las estrechas callejas que ascienden empinadamente en todas direcciones desde la **plaza de Armas**. Las joyas arquitectónicas le esperan en cada esquina, como por ejemplo la catedral y la iglesia de la Compañía, en la plaza, las antiguas murallas incas de la calle Hatunrumiyoc y los pequeños y ocultos patios españoles dominados por balcones envueltos en geranios colgantes, que se encuentran en los barrios residenciales como San Blas.

En cada calle del centro de la ciudad hay tiendas artesanas que venden desde tejidos, sombreros e instrumentos musicales andinos, hasta cerámica y los ubicuos jerseys hechos de lana de alpaca. La alpaca es un animal de pelo denso pariente de la llama, la bestia de carga local y fuente de carne. Las mujeres con vestidos tradicionales recorren las calles secundarias con sus llamas cargadas, utilizándolas todavía para sus tareas cotidianas, mientras que las de mentalidad más comercial posan con ellas para hacer fotos en la plaza de Armas.

Cuzco ha hecho compatibles el genuino ambiente andino con el turismo, y cuenta con un buen número de buenos hoteles, restaurantes y bares como el de las Llaves cruzadas, en la plaza de Armas, que son un imán para los viajeros internacionales. De hecho, fue allí adonde me dirigí en cuanto llegué en el tren procedente de Puno.

La zona de los alrededores es tan fascinante como la ciudad y pasé una tarde muy agradable a caballo, visitando los yacimientos arqueológicos. La visita incluyó la extraña roca ceremonial de Qenko, las fuentes naturales de Tambo Machay, el fuerte de Puca Pucara, la oculta cueva interior del templo de la Luna y la fortaleza de Sacsahuamán. El 24 de junio de cada año se congregan en este lugar miles de personas para contemplar a Inti Raymi, la representación anual del festival del solsticio inca del invierno. Estas ruinas, por sí solas, serían motivo más que suficiente para visitar la zona y, sin embargo, demostraron ser sólo un adelanto de lo que encontraría después, cuando recorrí el sendero del Inca hasta el más famoso de todos los lugares: Machu Picchu.

EN EL VALLE SAGRADO

Llovía cuando subí al autobús a las 7.00 horas para unirme al grupo que salía de Cuzco

---

CAMINAR A ELEVADA ALTITUD

Caminar a una altura elevada resulta fácil si se encuentra el equilibrio adecuado, aquel punto en el que el oxígeno que inhale equivalga al oxígeno que utiliza su cuerpo para el nivel de ejercicio impuesto.

❏ No intente seguir el ritmo de los demás; camine al suyo propio.

❏ Procuro dar pasos pequeños a una velocidad lenta pero constante, en lugar de lanzarse hacia delante y tener que detenerse para recuperar la respiración.

❏ Si le queda respiración suficiente para cantar, puede caminar más de prisa; si ni siquiera puede hablar, necesita ir más despacio.

PERÚ

para iniciar el recorrido del sendero del Inca. A excepción de un par de peruanos que pasaban las vacaciones en Lima, todos los demás éramos europeos. Una hora después de emprender la marcha, descendíamos en un fuerte desnivel hacia el valle y las fértiles tierras que en otro tiempo fueran el baluarte del Imperio inca, un lugar espiritual conocido como el **valle Sagrado**.

En la ciudad de Urubamba, nos detuvimos brevemente para almorzar antes de continuar hacia **Ollantaytambo**, donde una enorme fortaleza inca que forma terrazas y un templo, utilizados en otro tiempo como baluartes incas tras la caída de Cuzco en 1536, se aferran a la ladera de la montaña en un extremo de la población. Aquí terminan el valle Sagrado y la

IZQUIERDA: subida al autobús en Cuzco.
ABAJO: el puente sobre el Urubamba,
al principio del sendero Inca.

carretera principal. Un camino de tierra continúa más allá del mojón del kilómetro 77 en Chilca, hasta el kilómetro 82 (véase Viajar solo, página 105). Más allá de este punto se encuentra el final del sendero y un estrecho puente de suspensión que salva el río Urubamba.

Se descargó el equipo de acampada, el equipaje y las vituallas y los porteadores iniciaron su poco envidiable tarea de levantarlos y colocárselos a la espalda. Empezamos a caminar hacia las 10.30 horas y cruzamos el río hasta el principio del sendero del Inca. Durante la primera hora caminamos por un terreno llano, escasamente boscoso, donde la alegría del viajero y «la barba del viejo» (*Clematis vitalba*) cuelgan de las retorcidas ramas de los árboles. Los cactus, altos y delgados, como afilados lápices, con brillantes flores naranjas y amarillas, crecen entre las ramas más bajas y las matas amarillas de retama en flor (*Cytisus scopartus*) añaden una nota más de color.

De vez en cuando nos encontramos con casas de piedra o de adobe, con tejados de paja y el humo de las hogueras de la cocina saliendo de las ventanas sin cristales. Al mediodía llegamos a la primera de una de las muchas pen-

PERÚ

A CABALLO

En el sendero del Inca no está permitido ir a caballo, pero hay una serie de caminos que atraviesan estas montañas por donde sí es posible. Uno de ellos se recorre en cinco días, y se hace a pie y a caballo a partir de Ollantaytambo, atravesando la cordillera de Vilcabamba para terminar en Llactapata, desde donde se toma el tren hasta su destino final, el Machu Picchu. Otros senderos se recorren en medio día desde los yacimientos arqueológicos de las afueras de Cuzco hasta dos o tres días a través del valle Sagrado.

dientes ascendentes, una inclinación suave pero continua del sendero que serpentea entre bajas murallas de piedra. Aún goteaba, pero la lluvia cesó mientras almorzamos y ese día no llegamos a empaparnos en ningún momento.

Este primer lugar inca del sendero era **Llactapata**, una enorme fortaleza situada estratégicamente en la ladera de la montaña, lo que permite a los habitantes amplias vistas de los ríos Cusichaca y Urubamba. La producción agrícola obtenida de las capas de escarpadas terrazas contenidas con piedras bien podría haber mantenido a la población de Machu Picchu abastecida de alimentos.

MONTAÑA ARRIBA

Durante las 24 horas siguientes el sendero no dejó de llevarnos hacia lo alto. Salimos de Urubamba y seguimos el curso del río Cusichaca hasta media tarde, en que llegamos a una bifurcación en el valle. Siguiendo el verdadero estilo inca, ésta también se hallaba protegida por una fortaleza, **Huayllabamba** (que significa «llanura de hierba»). La muralla de piedra de esta fortaleza fue restaurada a mediados de la década de 1990, pero poco más queda de ella. Actualmente hay un pueblo en Huayllabamba, donde se puede acampar y, si ha venido mal preparado para recorrer el sendero, contratar los servicios de un porteador.

Pasamos por un valle parecido a una garganta, siempre escarpado, mientras que el río corría por debajo de nosotros. Hacia las cuatro llegamos a un campamento, en un lugar llamado Yuncachimpa. El sendero Inca suele estar concurrido y, los diferentes grupos coinciden en los mismos lugares. Mientras los porteadores ayudaban a montar las tiendas, los cocineros prepararon sopa caliente, arroz y un sabroso plato de patatas, cebollas y tomates. Había sido una jornada agotadora en la que ascendimos casi 545 metros de altitud. Dormí bien toda la noche, a pesar de que llovía a cántaros sobre la tienda.

Por la mañana todavía persistía la lluvia y el lugar se había convertido en un barrizal. Algunos de los infortunados viajeros que encontré habían contratado el recorrido del sendero del Inca con un operador turístico barato, de modo que sus tiendas eran deficientes y el servicio malo. Una noche pasada bajo un cobijo inadecuado los dejó empapados por lo que decidieron dar la vuelta y regresar a las comodidades de Cuzco.

La lluvia menguó algo después del desayuno y retomamos una vez más el recorrido. Pronto nos encontramos en un bosque de árboles retorcidos y nudosos, de los que colgaban musgos y lianas, siguiendo un sendero parcialmente cubierto con escalones de piedra. El crecido río se precipitaba por debajo de nosotros, en la garganta, mientras que la lluvia goteaba del entoldado verde y caía sobre los helechos y orquídeas de las ramas y del piso del bosque.

Llegamos a otro campamento oficial, Llulluchapama, aproximadamente a una hora y media de Yuncachimpa. El paisaje empezó a cambiar, las montañas se cubrieron de hierba y la ascensión se hizo más empinada. Esta es la aproximación al primer paso, el de **Warmiwañusca** (que significa «el paso de la mujer muerta»), a 4.198 metros de altura, que es el punto más alto del recorrido. El sendero es ancho, está bien mantenido y se compone de gravilla compactada con unas pocas secciones de escalones de piedra. A pesar de eso, el avance es una continua ascensión y los últimos 20 minutos hasta lo alto de los escalones de piedra se hacen eternos. Arriba, la niebla empezaba a cerrarse pero en un día claro las vistas desde aquí son espectaculares y los guías suelen indicar la ruta a seguir por entre las montañas.

DE WARMIWAÑUSCA A WIÑAYWAYNA

El sendero que desciende desde el paso tiene todavía una mayor pendiente de bajada que de subida y en menos de una hora habíamos bajado más de 500 metros hasta el valle de Pacaymayo. La mayor parte de este tramo está pavimentado con piedra, y fue la primera vez que tuve la sensación de caminar por un antiguo camino inca. Casi todo el sendero ha sido cuidadosamente restaurado, pero parecía increíble que se hubiesen tomado tantas molestias en trazar un itinerario tan perfecto a mano, por entre unas montañas tan remotas.

Las condiciones atmosféricas habían permitido que todos camináramos con rapidez sin acalorarnos, pero significó que pasamos muy poco tiempo sentados, contemplando el paisaje. Nuestro rápido avance hizo que nos adelantásemos al horario previsto y cuando llegamos a Pacaymayo sólo era mediodía. Los cielos se despejaron mientras almorzábamos y como pasar una tarde caminando bajo una lluvia intensa no atraía a nadie, decidimos contemplar la tormenta y establecer el campamento en Pacaymayo, uno de los cuarteles de descanso más desarrollados, con modernas instalaciones sanitarias. Me alegro de que lo hiciéramos así porque a la mañana siguiente lució el sol. Se despertó un renovado entusiasmo entre todos cuando emprendimos la marcha montaña arriba, hacia el segundo paso. Nuevos escalones de piedra nos condujeron a las interesantes ruinas de una fortaleza llamada **Runquracay**. Resultó fácil comprender la razón por la que los incas la habían construido en esta posición, pues desde aquí se contempla una vista panorámica tanto del valle como del paso elevado que habíamos cruzado el día anterior.

El segundo paso, a 3.860 metros de altura, nos permitió admirar las mejores vistas de las montañas durante todo el trayecto. Se podían ver a muchos kilómetros de distancia los picos cubiertos de nieve de la impresionante cordillera de Vilcabamba.

El resto de la jornada transcurrió en su mayor parte cuesta abajo en términos de altitud aunque no en términos de disfrute. Visitamos **Sayamarca** (que significa «ciudad inaccesible») en mi opinión, el mejor conjunto de ruinas del sendero. La ciudad se halla precariamente enclavada sobre una plataforma rocosa constituida por estructuras de piedra, con una confusión de casas de dos niveles, escalones de piedra y murallas retorcidas en un recinto fortificado semiovalado, con ventanas trapezoidales que permiten ver magníficas vistas del valle de Aobamba. Sayamarca sólo es accesible por el único punto de entrada, al que se llega por una empinada y estrecha escalera de piedra que se ramifica a partir del sendero Inca.

Desde la fortaleza regresamos al sendero y cruzamos varios kilómetros de bosque pluvial. La vegetación había cambiado radicalmente, y pudimos contemplar desde los prados altos al descubierto hasta el bosque lleno de bambú, densos matorrales, árboles con bromelias y orquídeas en sus ramas y bancos de musgos anaranjados y rojos que rezumaban agua, en un goteo continuo.

Eran ya las últimas horas de la tarde cuando llegamos a **Wiñaywayna** y nos vimos envueltos pronto a un ambiente social. Hay aquí un pequeño hotel, cerca de otro impresionante yacimiento inca pero, lo más importante, es que existe un bar. El local estaba lleno de ca-

MERCADO EN PISAC

Uno de los mejores y más pintorescos mercados de los Andes es el de Pisac, a 30 kilómetros de Cuzco, en el valle Sagrado. Una parte del mercado está destinada sobre todo a las gentes locales y en ella puede encontrarse comida cocinada, verduras frescas, prendas de ropa y artículos para el hogar, mientras que el resto está destinado a los turistas y vende artesanía y textiles locales. Hay pequeños mercados cada día, pero el principal se celebra los domingos, donde también pueden contemplarse las ceremonias locales. A la iglesia acude una gran diversidad de ancianos aldeanos, los *varayocs*, con trajes característicos y bastón de autoridad con mango de plata. Van acompañados por muchachos jóvenes igualmente ataviados con trajes pintorescos y que anuncian la llegada de los *varayocs* haciendo sonar cuernos de concha.

minantes, algunos que habían recorrido el sendero del Inca y otros que habían seguido el atajo desde el ferrocarril en el kilómetro 104, ese mismo día. Reinaba un ambiente festivo, pero nadie se quedó hasta muy tarde, pues to-

PERÚ

Izquierda: mercado de Pisac y (DERECHA) un anciano varayoc con su traje tradicional.
ABAJO: la culminación de la caminata: el Machu Picchu, la extraordinaria ciudad perdida de los incas, vista desde una impresionante Puerta del Sol.

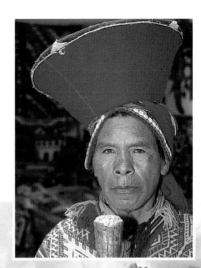

dos teníamos la intención de llegar a la Puerta del Sol antes del amanecer.

Inti Punku y Machu Picchu

Ya se veían las primeras señales del alba cuando salimos de Wiñaywayna, poco después de las 5.00 horas. Me habían dicho que se tardaba unas dos horas en alcanzar a **Inti Punku**, la Puerta del Sol, lo que significaba que había que esforzarse mucho para llegar allí para la salida del sol. El sendero está oficialmente cerrado antes de las cinco y por buenas razones, ya que es estrecho, potencialmente resbaladizo y de duro recorrido, y sería peligroso caminar por la noche. Me esforcé y me sorprendí al subir los últimos escalones que conducían a la puerta unos 50 minutos después de emprender la marcha. El sendero está flanqueado por piedras geométricamente cortadas, los restos de los edificios incas. En lo alto, me uní a la numerosa gente que se había reunido allí, sentada en silencio bajo el frío de la mañana, a contemplar la increíble vista. Y esa vista era todo lo que había esperado que fuese. Por debajo de donde me encontraba, encaramado sobre una plataforma que da al valle de Urabamba, se alzaba el **Machu Picchu**. Cuando se hizo de día, las alargadas sombras se fueron desplazando y los rayos del sol iluminaron la silueta de la ciudad. Poco a poco se fue revelando todo el esplendor del lugar.

Esta extraordinaria ciudad fue redescubierta por el arqueólogo estadounidense Hiram Bingham en 1911. En aquella época estaba cubierta por la jungla, perdida en todos los sentidos para el mundo. Ahora que se ha despejado de vegetación, puede verse toda la extensión de la ciudad. Las terrazas con muros de piedra descienden por los lados del acantilado como escaleras gigantes. Las callejas conducen a templos de dos niveles, altares y piedras sagradas, y a extraños edificios cuyas retorcidas estructuras incorporan la roca viva.

Nadie conoce realmente la historia que se esconde tras esta ciudad misteriosa, que parece ser fue ocupada y abandonada en el término de cien años. Existen numerosas teorías semicientíficas, y algunas fantásticas. Algunos expertos dicen que Machu Picchu data de un período anterior al Inca y hay quienes incluso atribuyen su creación a los extraterrestres. El estilo arquitectónico de la sillería, sin embargo, corresponde al último período del Imperio inca (es decir, después de 1438). No se conocen ni el propósito de la ciudad ni la razón de su declive. Una escuela de pensamiento sugiere que fue un templo ocupado por las sacerdotisas, las vírgenes del Sol; ciertamente, la elevada proporción de esqueletos femeninos desenterrados da cierto crédito a esta teoría, pero las pruebas de mortalidad causada por enfermedades venéreas arrojan cierta sombra sobre la idea de que se trataba de vírgenes sacerdotisas. Otros estudios sugieren que fue la capital de una república separatista, brutalmente destruida por los incas y eliminada de la historia oral, lo que explicaría que Machui Picchu se hubiera «perdido» en el momento de la conquista. Hiram Bingham estaba convencido de que la ciudad era una fortaleza estratégica para la defensa, pero ahora suele creerse que fue un centro administrativo, ceremonial y espiritual, con importantes conexiones con la producción agrícola.

Contemplamos la salida del sol sobre Machu Picchu en la mañana del cuarto día y estoy seguro de que el hecho de haber recorrido el sendero del Inca para llegar hasta allí intensificó cada uno de sus mágicos momentos. Se trata de una experiencia tan abrumadora que cuando se desciende a las ruinas desde la Puerta del Sol, lo único que se desea es sentarse y contemplar. Se tardan varias horas en explorar las ruinas de la ciudad con un guía para empezar a apreciar un poco lo que se está viendo.

Caminé, observé, juzgué y finalmente vi todo lo que pude absorber. Luego, subí al microbús que serpentea por curvas cerradas hasta la ciudad de **Aguas Calientes** en el valle de abajo, a ocho kilómetros de Machu Picchu. Después de una pizza y una cerveza me dirigí a los baños calientes que dan nombre a la ciudad. Me sumergí en el agua caliente humeante que brotaba de las fuentes termales naturales, desprendiéndome de los dolores de mi largo y a veces húmedo y frío paseo. No tenía ninguna preocupación en el mundo, excepto tomar la gran decisión: ¿tomar el tren que muele los huesos durante cuatro horas y media hasta regresar a Cuzco o el helicóptero que regresa al Llaves Cruzadas a tiempo para tomar una copa?

VIAJAR SOLO

VIAJE POR EL INTERIOR

Hay vuelos diarios directos a Cuzco desde Lima, Arequipa y desde La Paz, en Bolivia. Puesto que todos los vuelos que llegan y salen de Cuzco son matinales, las conexiones con otros destinos de Perú o con vuelos internacionales suponen a menudo pernoctar en Lima o Arequipa. Aero Continente tiene varias rutas de vuelos internos. LAN Perú también ofrece una serie limitada de rutas. Prepárese, sin embargo, para cambios de horario, retrasos y posiblemente cancelaciones. En Perú funcionan varias compañías de autobuses. Los viajes son a menudo largos y se realizan por la noche, aunque los billetes son baratos y se pueden establecer conexiones con las principales ciudades del país. Hay un tren a Cuzco desde Puno, vía Juliaca, que funciona los lunes, miércoles, viernes y sábados.

CUÁNDO IR

Se puede recorrer el sendero del Inca en cualquier época del año, pero es mejor evitar la temporada húmeda, de noviembre a marzo. En las montañas, sin embargo, es muy probable que llueva incluso en temporada seca, y también puede haber días secos en la temporada de lluvias.

TRANSPORTE ENTRE MACHU PICCHU Y CUZCO

Hay un ferrocarril que enlaza Cuzco con Aguas Calientes, la ciudad situada por debajo de Machu Picchu. La línea continuaba hasta Quillabamba, pero fue arrasada por el agua en 1998 y no se está reparando. El viaje cuesta seis dólares y aunque el tren está menos atestado que antes, tampoco hay garantías de encontrar asiento para el viaje, que dura de cuatro a cinco horas. Los vagones Pullman, que solían funcionar como un tren turístico aparte, se han añadido ahora al tren local y vale la pena pagar los 12 dólares extra que cuestan. El autovagón es un tren aparte, con servicio de primera clase, que sólo tarda tres horas y media y cuesta 55 dólares ida y vuelta. Helicusco cuenta con un helicóptero de 4 asientos desde Cuzco a Aguas Calientes. El vuelo dura 25 minutos y cuesta 75 dólares sólo de ida. Hay un microbús entre Machu Picchu y Aguas Calientes.

EVITAR LA EXPLOTACIÓN

La mayoría de porteadores que recorren el sendero lo hacen para ganarse unos muy necesarios ingresos extra que complementen su trabajo en la tierra. Son ágiles y están acostumbrados a la altura, por lo que pueden transportar una cantidad asombrosa de peso. No obstante, hay empresas poco escrupulosas que tienen muy poco respeto por el ambiente y que se aprovechan de los porteadores. Puede usted reducir el riesgo de apoyar involuntariamente esta explotación al utilizar los servicios de una empresa que sea miembro de la APTAE, Asociación Peruana de Tours de Aventura y Ecológicos. APTAE recomienda líneas de actuación para el empleo de los porteadores, y afronta algunos de los temas ecológicos surgidos como consecuencia del influjo del turismo.

DÓNDE EMPEZAR EL SENDERO DEL INCA

Originalmente, el sendero del Inca debió de haber enlazado Cuzco y Machu Picchu, pero el sendero actual empieza en el valle del Urubamba. Hay puntos de arranque en diferentes lugares a lo largo del valle, señalizados por sus mojones kilométricos que indican la distancia desde Cuzco.

❑ Kilómetro 77 es el pueblo de Chilca, el punto de partida más accesible. El transporte tanto público como privado puede llegar hasta aquí. Se trata, sin embargo, del punto más alejado de Machu Picchu y, en consecuencia, del paseo más largo.

❑ Kilómetro 82 está a cinco kilómetros más abajo del sendero. Muchas empresas privadas llegan hasta aquí con sus vehículos para empezar el recorrido del sendero desde este punto, lo que ahorra mucho caminar durante el primer día.

❑ Kilómetro 88 es la estación de ferrocarril en la orilla norte, frente a las ruinas de Llactapata. Puede tomar el tren hasta esta estación y luego caminar por un puente en suspensión para enlazar con el sendero en Llactapata.

❑ Kilómetro 104 está a sólo seis kilómetros de Aguas Calientes. Un «sendero exprés del Inca» puede recorrerse desde aquí en un día. No sigue el camino convencional, pero asciende escarpadamente a Wiñaywayna, donde retoma el sendero del Inca a lo largo del último par de horas de caminata hasta Machu Picchu.

Los secretos de las líneas de Nazca

por Guy Marks

En el sudoeste de Perú se contempla una de las vistas más extraordinarias del mundo. Como grabadas en el suelo del desierto hay misteriosos dibujos, tan enormes, que se necesita una vista aérea para descifrar las formas representadas por sus perfiles. Tomé un avión ligero sobre la pampa para ver personalmente estos inexplicados geoglifos y luego visité lugares históricos para aprender más sobre la civilización antigua que los creó.

Nazca es una pequeña ciudad situada en el extremo de una vasta llanura plana y desértica, conocida como la pampa. Aquí, en la pampa, es donde están las líneas de Nazca, aunque deberían llamarse más apropiadamente los geoglifos o dibujos de Nazca. Junto con los miles de líneas, hay figuras geométricas, espirales, animales y figuras antropomórficas, todas ellas trazadas en proporciones gigantescas sobre el suelo del desierto. Los arqueólogos han presentado una serie de teorías sobre el propósito y los orígenes de los dibujos, pero puesto que ninguna ha encontrado una respuesta definitiva, las líneas siguen constituyendo uno de los enigmas más desconcertantes de la arqueología.

DERECHA: vista aérea de las líneas de Nazca, sobre la superficie de la pampa.
ABAJO: el famoso dibujo del mono y de la araña (INSERCIÓN).

Me aproximé a Nazca desde el norte, por la carretera Panamericana que discurre paralela a la costa peruana y, de hecho, del continente de América del Sur. Había alquilado un vehículo en Lima, pero hay muchos autobuses y quizá prefiera detenerse en Paracas (véase recuadro de Viajar solo, página 113).

Unos 20 kilómetros antes de llegar a la ciudad me detuve en una aislada torre metálica, levantada junto a la carretera que se halla rodeada por el desierto y que se extiende a ambos lados de la pista. No parece que allí se encuentre nada digno de verse, por lo que resulta difícil creer que se haya podido levantar esta torre en medio de las líneas de Nazca.

La torre fue levantada por María Reiche (véase recuadro de la página 109), que hizo

este noble gesto convencida de que todos se merecían la oportunidad de contemplar las líneas gratuitamente. En contra de sus intenciones, la torre ha sido «tomada» por un par de vigilantes que cobran una entrada por utilizarla. Sólo tiene 14 metros de altura y, sin embargo, en cuanto se empieza a subir por ella el lecho del desierto se transforma. Uno se sumerge de inmediato en los famosos dibujos. De hecho, las vistas desde la torre son de lo más deprimente, pues es evidente que la carretera cruza justo por el centro de una de las figuras, un lagarto gigantesco de unos 85 metros de

 Es una insólita aventura cultural que no le exige hacer nada más complicado que subirse en un avión o caminar por yacimientos arqueológicos.

 La única incomodidad durante el viaje puede ser el mareo causado por los virajes que hacen los pilotos para facilitar la visión de las líneas.

 Si tiene la intención de fotografiar las líneas de Nazca desde el avión, es esencial utilizar película rápida en la cámara; necesitará una calificación ISO de por lo menos 200.

PERÚ

PERÚ

longitud. Justo enfrente de la torre se ven un par de figuras más completas. De una de ellas se dice que representa un árbol huarango, una especie de madera dura local cuyas ramas se espesan y retuercen a medida que envejece, como un junípero grande. La otra, una figura peculiar con dos patas, se describe a veces como una rana y otras veces como un ave.

Dos kilómetros más abajo, por la carretera, se ha marcado un pequeño montículo natural a modo de mirador. Desde lo alto pueden verse las docenas de líneas rectas que cruzan el montículo e irradian del mismo. Está claro que este punto tuvo alguna importancia. El Instituto Nacional de Cultura sigue permitiendo que la gente pisotee las delicadas líneas, lo que constituye un misterio mayor que la existencia de las propias líneas.

Encontrar un avión

Llegué a Nazca hacia el mediodía y me alojé en el Hotel Alegría. A pesar de tener tan cerca esta notable maravilla del mundo no había una gran afluencia de turistas en Nazca y ninguno de los hoteles estaba al completo. No obstante, mi preocupación más inmediata consistió en reservar un vuelo sobre las líneas.

Por lo visto, cualquiera en esa población tiene un pequeño avión y ofrece vuelos, así que la competencia es grande. Efectué mi reserva con Alegría Tours o, más exactamente, con un hombre de la oficina de Alegría Tours que parecía llevarse el negocio a otra empresa. No estaba seguro de que esa actitud fuera legítima y me pregunté si acaso no sería un timo. Al expresar mi preocupación, llamaron a otro empleado, que llegó en un coche viejo y destartalado y que me condujo hasta el aeropuerto, en las afueras de la ciudad, para que inspeccionara el avión. A mí me pareció como cualquier otro aparato ligero, de modo que ¿cómo podía estar seguro de que era capaz de volar? Me presentaron al piloto, quien me dijo que por cien dólares podía tener todo el avión para mí solo en un vuelo de 45 minutos. Eso suponía aproximadamente el doble del precio de un vuelo en grupo, que supondría estar sentado en un avión con otras tres personas compitiendo por ocupar la mejor ventanilla. Cerré el trato, acordamos volar a primeras horas de la mañana siguiente y pagué. De regreso a la

LAS LÍNEAS EN PERSPECTIVA

Me encontré con viajeros que habían estado en Nazca sin molestarse en tomar un avión para contemplar las líneas desde el aire. Ciertamente, puede ver un par de dibujos desde la torre metálica de observación a 20 kilómetros al norte de la ciudad, pero eso no es nada comparado con la visión general desde el aire. Este gigantesco tablero de dibujo tiene unos 50 kilómetros de longitud por unos 14,5 kilómetros de ancho y hay en él unas 13.000 líneas diferentes, trapezoidales, espirales y figuras diseminadas en una extensión de 700 kilómetros cuadrados. Una de las líneas rectas más largas se extiende casi 14 kilómetros a lo largo de la pampa. Los dibujos más grandes de los animales son los de un pelícano estilizado de 300 metros y un ave con un cuello en zigzag que mide 285 metros.

ciudad, al pensar en lo que había hecho, me pregunté si volvería a ver alguna vez a aquel hombre, pero ahora ya era tarde para arrepentirme.

A la mañana siguiente se me cayó el alma a los pies cuando advertí que la neblina dificultaría la visión de las líneas y que echaría a perder mis planes de vuelo. No obstante, y ante mi alivio, el viejo automóvil se presentó en la puerta de mi hotel a la hora convenida. Tras ligeros encogimientos de hombros y valoraciones intuitivas de las condiciones atmosféricas, el vuelo se retrasó hasta media mañana.

Una vista aérea

Subí a bordo del monomotor que inició la maniobra de despegue por la pista y levantamos el vuelo hacia un cielo ahora despejado. Momentos más tarde dejábamos atrás la ciudad y los campos regados y llegábamos a la pelada llanura desértica. Por debajo pude ver las famosas marcas que se habían hecho al extraer la capa superior de piedra para dejar al descubierto el suelo de debajo, de un color más ligero. A primera vista, algunas de las enormes líneas rectas y trapezoidales cruzaban el desierto de un lado a otro como pistas de aterrizaje y despegue, mientras que otras eran aparentemente infinitas, ya que desaparecían en el horizonte. El copiloto hizo señales con los brazos y apuntó entusiasmado hacia el suelo, al aproximarnos a cada uno de los gigantescos dibujos. El circuito pasó sobre los más famosos de los animales, la araña, el mono y el colibrí y al principio tuve dificultades para distinguirlos pues no estaba seguro del ángulo desde el que los miraba. Luego, el piloto viró, trazando con el avión un amplio círculo sobre el dibujo, hasta que pude contemplar la perspectiva correcta y, de repente, vi los geoglifos con toda claridad.

Al volar sobre la torre de observación en la que había estado el día anterior, distinguí con claridad las imágenes que tanto me había esforzado por captar. Al borde de la pampa, donde el terreno llano alcanza las montañas, aparece el dibujo de un hombre, con su perfil claramente destacado en la ladera de una montaña. Tiene grandes ojos redondos y se le ha dado el sobrenombre de «el Lechuzo». Estaba tan concentrado en las imágenes de allá abajo que apenas si me daba cuenta de los movimientos violentos, potencialmente desequilibradores del avión. El circuito se completó demasiado pronto y tuvimos que regresar a Nazca, donde aterrizamos sin ninguna dificultad en la pequeña pista.

EN BUSCA DE UNA EXPLICACIÓN

Me sentía desconcertado e intrigado. La vista aérea era como haber descubierto un secreto, como haber visto una obra de arte que únicamente los privilegiados pueden admirar, en este caso los aerotransportados. La experiencia hizo que sintiera más curiosidad acerca de los orígenes de esta obra maestra. Quería saber cómo y por qué se habría emprendido la realización de semejante hazaña a cargo de una cultura antigua que ni siquiera habría podido contemplar su propia obra.

No hay respuestas para este enigma. Nunca se ha explicado satisfactoriamente la existencia de las líneas. En la ciudad, inicié la búsqueda de la información. En vida de María Reiche ella y más tarde su hermana Renate, en su nombre, daba conferencias gratuitas cada noche, contando sus experiencias en la pampa. Su teoría era que las líneas de Nazca son un calendario astral: ciertas líneas se corresponden con los rayos incipientes del sol en los días del solsticio, y pudo relacionar algunos de los dibujos con las constelaciones conocidas. Estaba realmente convencida de que las líneas se habían construido a lo largo de un prolongado período de tiempo, iniciadas quizá por la cultura paraca en el 900 a. de C. y continuadas posteriormente por los nazcas desde el 200 d. de C. hasta el 600 d. de C.

Desde la muerte de María y de Renate, ha sido cada vez más difícil descubrir algo sobre las teorías de Nazca, lo que de algún modo no hace sino aumentar el gran misterio. En uno de los extremos de la ciudad encontré un nuevo museo en construcción, de modo que quizá cambie pronto esta situación. La inversión corre a cargo del municipio, en colaboración con Joseppi Orrefice, un arqueólogo italiano que ha trabajado en excavaciones en Cáhuachi, un

MARÍA REICHE

María Reiche fue una matemática y arqueóloga de origen alemán que dedicó su vida al estudio y conservación de las líneas de Nazca. Entre sus logros figuran el haber llamado la atención del mundo sobre la existencia de las líneas, aunque éstas fueron vistas por primera vez en 1926. El doctor Paul Kosok, de la Universidad de Long Island descubrió los dibujos en el suelo, comunicó el fenómeno a María y en 1939 le entregó su trabajo. Después de la Segunda Guerra Mundial, ella se instaló en Nazca e inició sus investigaciones que supusieron averiguar las formas de las líneas desde el nivel del suelo. Nadie quedó más extrañado que ella misma cuando su primer mapa reveló un dibujo de 46 metros de una araña. María Reiche continuó el trabajo por su cuenta hasta ya muy entrada en años. Murió en Nazca, a los 95 años de edad, el 8 de junio de 1998.

cercano yacimiento ceremonial de una civilización prenazca.

En el otro extremo de la ciudad, cerca de la carretera Panamericana, seguí las indicaciones de unos carteles que anunciaban conferencias sobre las líneas. A través de una destartalada calle secundaria, llegué a una casa privada donde vive Viktoria Nikitzki, una maestra de origen austriaco, que llegó a Perú hace muchos años y que terminó trabajando con María Reiche en el trazado de los mapas más completos que se han hecho hasta el momento de la pampa. Un modelo a gran escala de la zona preside el salón de su casa y, con sus conferencias, intenta continuar el trabajo de María y despertar la conciencia local y global sobre el lugar.

CURSOS DE AGUA Y LUGARES CEREMONIALES

Pasé muchas horas con Viktoria, mientras ella me hablaba de algunas de las teorías más recientes. Explicó cómo David Johnson, un arqueólogo estadounidense y experto en recursos hidráulicos, ha establecido una correlación entre las líneas y los cursos de agua subterráneos. Sostiene que las líneas son un gráfico que muestra la dirección que sigue cada corriente subterránea. Sugiere, además, que las diferentes figuras tienen significados claramente identificables. Un triángulo alargado, por ejemplo, representa la fuente de una corriente subterránea, mientras que un dibujo en zigzag significa que debajo no hay agua. Su trabajo se encuentra en una fase ini-

ABAJO: el cementerio de Chauchilla y (DERECHA) una de las tumbas al descubierto.

cial, pero quizá conduzca algún día a una completa comprensión.

Viktoria me acompañó a uno de los canales que todavía suministra agua a la ciudad de Nazca. Estos acueductos nunca se secan y está claro que el conocimiento de los recursos hidráulicos de la cultura precolombina fue lo que les permitió instalarse y convertirse en campesinos en este ambiente desértico. Alquilé por veinte dólares un vehículo con chófer y

emprendimos la marcha a **Cáhuachi** en el extremo occidental de la pampa. Con una extensión de unos 24 kilómetros cuadrados, se cree que Cáhuachi es el yacimiento ceremonial de adobe más grande que se haya descubierto nunca. Data aproximadamente del 500 a. de C. y su ocupación y uso se extendió hasta el 350 d. de C., cuando posiblemente se produjo algún desastre natural. La zona fue abandonada y sus habitantes se trasladaron al lugar donde

se levanta la ciudad actual, donde se desarrolló la cultura nazca hasta su desaparición hacia el 800 d. de C. Las excavaciones llevadas a cabo durante los últimos diecisiete años han sido muy amplias, pero los arqueólogos se enfrentan con problemas de financiación para conservar el lugar y mantenerlo abierto. Así, lo recubren todo después de cada investigación y sólo pueden apreciarse los montículos azotados por el viento y la extraña pared de adobe.

LAS TUMBAS NAZCA

Una de las principales fuentes de información sobre el pueblo nazca han sido las tumbas puestas al descubierto cerca de la ciudad. Y digo «puestas al descubierto» porque han sido excavadas, se ha saqueado su contenido y se han dejado los restos esparcidos por el desierto. Al día siguiente de mi viaje a Cáhuachi, realicé una visita organizada a uno de esos lugares, en **Chauchilla**. En la década de 1970, cuando se descubrió el cementerio, éste ya había sido saqueado y por los alrededores había desparramados unos 800 cadáveres momificados. Recientemente, un equipo de investigadores del municipio de Nazca ha limpiado el lugar, excavando algunas tumbas y devolviendo algunas de las momias a sus lugares de descanso.

Resulta una experiencia muy extraña ver cadáveres que tienen 1.200 años de antigüedad, sentados en un pozo abierto, rodeados de sus prendas de ropa y restos cerámicos. Originalmente, los cuerpos se conservaron con cal y algodón, fueron colocados en posición fetal y luego secados. A continuación, se envolvieron las momias en tejidos, dispusieron en urnas funerarias y se situaron en las tumbas, sentadas, frente al sol naciente, en dirección al este. Ahora, con la cerámica roca y las momias expuestas a los elementos, el largo pelo trenzado y la piel tatuada se desprende de los huesos, convirtiéndose en polvo y dejando esqueletos que están calcinados por el sol.

Originalmente, cada tumba tenía tres niveles: el primero se dejaba vacío, el segundo contenía las momias y el tercero se destinaba a guardar las posesiones del difunto. Son esas posesiones las que han revelado muchas cosas

sobre la cultura, pero también las que han atraído a los expoliadores. Incluso en la actualidad, este lugar, que constituye una atracción turística, queda completamente abierto durante la noche, sin vallas ni vigilancia. En la última década han desaparecido la mayoría de las aproximadamente dos mil momias que se excavaron de las diversas tumbas de los alrededores de Nazca.

CERÁMICA NAZCA

Afortunadamente, no toda la cerámica de las tumbas se ha pedido para siempre y esa tarde tuve la oportunidad de ver algunas piezas originales. El itinerario seguido por el grupo incluía una visita práctica en la que se nos ofreció una breve explicación de la historia de la cerámica nazca. Alberto Segura, el ceramista, nos mostró cómo se hacían las vasijas y cómo habían evolucionado las diferentes formas a lo largo del tiempo. Todos los colores se obtenían de tintes minerales y el efecto vítreo se conseguía mediante la utilización de un guijarro con el que se pulía la pieza acabada.

La decoración de las vasijas revela mucho sobre la cultura nazca y su evolución. Los ejemplos más antiguos estaban decorados con dibujos de seres naturales, como colibríes, mientras que en los posteriores proliferan las figuras antropomórficas. Mientras Alberto nos mostraba cada fase del proceso, tuve la oportunidad de sostener una pieza de una vasija y un recipiente completo del polvoriento estante situado tras él. Quedé asombrado al comprobar que se trataba de piezas originales. Es increíble que una cerámica de mil años de antigüedad pueda encontrarse en el taller de un ceramista y ser utilizada como demostración, en lugar de hallarse guardada y conservada en un museo. Para mí eso no hace sino ejemplificar el continuo enigma de la cultura nazca. Una civilización antigua crea los geoglifos más extraordinarios del mundo y la civilización moderna no hace ahora sino desmembrar y dispersar los últimos restos y claves dejados por un pueblo desaparecido. Abandoné Nazca con más dudas de las que tenía al llegar, aunque gratificado por haber podido ver estas maravillas antes de que desapareciesen para siempre.

VIAJAR SOLO

CÓMO LLEGAR A NAZCA

Un vuelo sobre el desierto constituye una parte esencial de la experiencia de Nazca debe evitarse el avión para llegar a la población. Las únicas compañías que vuelan a Nazca realizan el viaje de un día desde Lima o Ica, y sólo salen cuando tienen pasajeros suficientes como para fletar un avión. Un día no es suficiente para tener una visión completa, a pesar de lo cual a nadie se le ha ocurrido poner en marcha un vuelo de ida que permita pasar más tiempo en Nazca. La mayoría de visitantes llegan por carretera y las agencias turísticas utilizan su propio medio de transporte. Hay frecuentes pero tediosos servicios de autobús desde Lima (seis horas) y Arequipa (diez horas).

CUÁNDO IR

Nazca tiene un clima desértico, casi sin lluvias y son estas condiciones las que han contribuido a preservar las líneas durante tantos siglos. Los meses de verano, desde diciembre a marzo, son los más calurosos, pero en la zona nunca hace frío. En consecuencia, puede planificar una visita en cualquier época del año.

ORGANIZAR SUS VISITAS

Al llegar a Nazca, resulta fácil organizar sus actividades. Las compañías turísticas locales ofrecen vuelos y visitas organizadas de medio día y de un día completo a los lugares más interesantes y sus guías son multilingües. Sin embargo, si desea ir a Cáhuachi o elegir su propio itinerario, necesitará un guía privado y un medio de transporte. Frente a los hoteles y agencias turísticas suelen ofrecerse guías/conductores. Sus servicios no son caros pero no suelen hablar idiomas y su conocimiento de los lugares es

limitado. Es mejor seguir las recomendaciones del hotel o establecer acuerdos privados a través de una compañía turística.

PRECIOS DE LOS VUELOS

Muchas empresas pequeñas tienen aviones que despegan desde Nazca, de modo que la competencia es feroz. Suelen rebajar los precios unas a otras hasta el punto de que ninguna compañía obtiene beneficios. En ese momento, todos los precios aumentan por acuerdo mutuo y la guerra de tarifas empieza de nuevo. Eso puede suponer grandes y repentinas fluctuaciones por lo que no puede fiarse de la información que le faciliten otros viajeros. No sabrá cuál es la mejor oferta hasta que no esté allí.

TIEMPO PARA VOLAR

Es mejor no comprometerse a una hora específica del día para volar sobre las líneas. Para una visión clara de la pampa, las primeras horas de la mañana suelen ser las mejores, antes de que aumente la bruma producida por el calor. Hay riesgo de niebla a primeras horas en los meses de abril a noviembre, y como ésta no se levanta hasta las 10.00 horas, necesita disponer de la opción de un vuelo posterior.

CUESTIONES DE SALUD

En la zona de Nazca puede hacer mucho calor y cerca de los cementerios no hay sombra alguna, por lo que debe ponerse protector solar y llevar un sombrero. Beba sólo agua embotellada, que encontrará por todas partes en Perú.

QUÉ VER Y HACER

❑ Realice un vuelo sobre las líneas (esto es esencial).

❑ Visite el cementerio de Chauchilla.

❑ Diríjase a la torre de observación (mirador).

❑ Visite el museo de María Reiche.

❑ Eche un vistazo a los acueductos y canales.

❑ Acuda a una demostración de cerámica.

❑ Visite Cáhuachi, el complejo del templo de adobe.

❑ Visite el museo de Nazca.

SEGUIR VIAJE

El paisaje que se extiende al sur de Nazca, a lo largo de la costa, no tiene mucho interés. La siguiente escala para la mayoría de viajeros suele ser Arrequipa. Todos los autobuses de Nazca a Arequipa son nocturnos. A unos 140 kilómetros al norte de Nazca está la ciudad de Ica, que destaca por su Museo Regional, donde se conserva una fantástica colección de textiles precolombinos, cerámicas y objetos funerarios. Otros 70 kilómetros más al norte se encuentra la ciudad de Pisco, punto de partida de los recorridos por la Reserva Natural de Paracas y las islas Ballestas, paraíso de las aves y de las especies marinas.

PERÚ

Travesía del lago Titicaca

por Guy Marks

El lago Titicaca se halla situado en el altiplano, la alta llanura andina a horcajadas sobre la frontera entre Perú y Bolivia. Visité yacimientos arqueológicos precolombinos a orillas del lago y realicé una travesía de dos días alrededor de sus intrigantes islas, culturalmente independientes: las islas flotantes de juncos de Uros y las remotas islas de Amantaní y Taquile.

Se considera al **lago Titicaca** como el más alto navegable del mundo. Hay otros lagos más altos y cualquiera de ellos es navegable, pero el hecho de que una frontera internacional cruce sus aguas le ha ganado este reconocimiento. Hay dos puertos principales en el lago: **Puno**, en el lado peruano, y **Guaqui**, en el lado boliviano. Actualmente no existe servicio de pasajeros de un puerto a otro, pero la marítima sigue siendo la principal ruta para los barcos de carga y las conexiones permiten a Bolivia tener una salida a la costa del Pacífico. La proximidad de Puno a la frontera terrestre con Bolivia la ha convertido en una ciudad comercialmente importante, aunque conserva todo el carácter de una localidad fronteriza. Es la capital de la región y desde ella me dispuse a explorar la zona. Llegué desde Arequipa en el corto vuelo a Juliaca y allí tomé un colectivo (microbús compartido) para realizar el recorrido de 40 minutos hasta la ciudad.

Puno fue fundada en 1668 por los colonizadores españoles, cerca de un asentamiento surgido alrededor de una mina de plata. En el centro de la ciudad hay varios edificios coloniales, sobre todo la catedral, en la plaza principal, y la cercana iglesia de San Antonio. Aunque la ciudad sólo data de principios del siglo XVII, la zona cuenta con una historia más prolongada de actividad humana. Los incas tuvieron sus orígenes en las islas del lago Titicaca en 1440 d. de C., que arrebataron el poder a los pueblos colla y lupaka, quienes ha-

Este itinerario no exige una gran preparación física pero como el lago se encuentra a una altura de 3.820 metros, hasta los paseos más cortos pueden cansar.

★ Es un viaje largo y frío hasta la isla de Amantaní y las aguas pueden estar encrespadas. Los barcos no están preparados para ofrecer comodidad al pasajero. El alojamiento en Amantaní es muy básico, sin luz eléctrica y las camas suelen ser una gruesa estera de juncos extendida sobre una plataforma de piedra.

✗ En Amantaní se ofrece ropa de cama, pero si quiere comodidad y calor lleve su saco de dormir.

ARRIBA: una de las torres de piedra que contienen cuerpos momificados en la antigua necrópolis de Sillustani.
ABAJO: el alga de brillante color verde que flota en el agua de la bahía de Puno hace que parezca más un prado de bolera que un lago.

bían seguido a su vez al imperio de Tiahuanaco, que gobernó hasta el 1200 d. de C. Incluso en la actualidad, los pueblos más alejados son notablemente independientes, tienen numerosas líneas de herencia tribal, cada una de las cuales ocupa su lugar en la larga historia de las luchas por el poder y la superioridad.

Comprobaría lo diferentes que eran esas culturas cuando llegara a las islas. Antes, sin embargo, quería echar un vistazo a algunos de los yacimientos arqueológicos de la costa que habían dejado testimonio de ocupaciones anteriores.

CHUCUITO Y SILLUSTANI

Todas las compañías turísticas de la ciudad ofrecen viajes a Chucuito, pero éstos sólo funcionan ocasionalmente, cuando hay suficientes reservas como para formar un grupo. Pudieron ofrecerme, sin embargo, un viaje privado, en taxi, con un guía.

El pueblo de **Cuchuito** está a 18 kilómetros al sur de Puno siguiendo la línea de la

costa. El yacimiento arqueológico de Chucuito está casi absorbido por el pueblo moderno y no está señalizado, por lo que es esencial disponer de un guía. El lugar contiene los restos de un templo de la fertilidad que data de los tiempos de la civilización lupaka, que gobernó la zona desde el 1200 al 1450 d. de C., antes de los incas. Se compone de un muro de piedra de tres metros que cierra un patio abierto con una sola entrada. El interior, del patio está repleto de falos de piedra de unos 60 centímetros de altura, dispuestos en ordenadas hileras, algunos mirando hacia arriba y otros hundiéndose aparentemente en el suelo. El altar principal es un falo erecto de 1,5 metros de altura. Poco se sabe sobre las ceremonias y rituales de la cultura lupaka e incluso la actual disposición de los falos no es más que un trabajo imaginario de los arqueólogos. El lugar merece una visita y la vieja ciudad colonial es pintoresca, con una hilera de arcadas delante de la iglesia y los restos de ornamentados dinteles de piedra tallada en los edificios públicos del centro.

Mucho más se sabe sobre la historia del antiguo **cementerio de Sillustani**, mi siguiente visita por la tarde. Sillustani se encarama en lo alto de una montaña, a 33 kilómetros al norte de Puno, sobre una península que se extiende hacia el lago Umayo. Su cima está cubierta por torres funerarias de piedra, algunas de las cuales tienen 12 metros de altura. En estas torres se enterraban los cuerpos momificados envueltos en telas llamadas *chulpas*, y las propias estructuras se conocen ahora con el nombre de *chulpares*. Sillustani fue establecido por primera vez por la civilización colla, que gobernó al mismo tiempo que sus vecinos del sur, los lupakas, y continuó siendo utilizado por las sucesivas civilizaciones, cada una de las cuales adaptó y refinó las torres a su propio estilo. Puede observarse con claridad la progresión desde montones toscos de rocas del período colla inicial hasta esta mampostería de piedra cuidadosamente realizada del período inca. La llegada de los conquistadores españoles puso punto final a esta cultura y al uso de estas extraordinarias tumbas.

EN EL LAGO

A las nueve de la mañana siguiente me uní a un grupo de unos 25 viajeros para emprender una travesía de dos días por las islas. Habíamos reservado plaza individualmente, a través de una serie de agencias diferentes que luego agrupan a sus clientes para fletar un barco. Formábamos un grupo heterogéneo de varios países europeos, así como de Israel, Australia, Estados Unidos y Perú. Tito, nuestro guía, era un verdadero políglota. Además de español hablaba inglés y los idiomas locales, el quechua y el aymará, y cuando la situación así lo exigió se las arregló para pronunciar las palabras adecuadas en hebreo, alemán, francés e italiano. El barco era una simple lancha motora de madera, con una cabina y una pequeña cubierta abierta en la popa, donde el barquero se aferró firmemente al timón durante todo el tiempo que duró la travesía.

La **bahía de Puno** parece más la pista de una bolera que un lago, pues se encuentra cubierta de una capa de lentejas de agua de brillante color verde. El barco salió trabajosamente del puerto, separando las plantas y dejando una estela de agua amarronada. Una vez que se alejó de la zona inmediata del

PRESERVAR UNA CULTURA

Los indios uros han sido criticados por convertirse a sí mismos y sus flotantes islas de juncos en una atracción turística. No obstante, su cultura se halla amenazada en un mundo rápidamente cambiante, y el dinero que obtienen del turismo les proporciona un suplemento que ayuda a la población a mantener su estilo de vida tradicional. Con la introducción de las grandes embarcaciones de madera y los motores fuera borda, por ejemplo, las embarcaciones de juncos casi habían desaparecido por completo del lago, pero cuando los isleños se dieron cuenta de que los turistas estaban dispuestos a pagar por desplazarse en una embarcación tradicional, se construyeron algunas con ese propósito específico. Quizá eso se considere como un poco forzado, pero ayuda a mantener vivo el arte de construcción de barcas de juncos y contribuye a que la técnica no se pierda para siempre.

puerto, el agua se aclaró y pronto nos acercamos a los campos de juncos de la famosa tortora. La embarcación se abrió paso por entre los canales de navegación que fluyen a través de los lechos de plantas hacia aguas abiertas y unos 45 minutos después de zarpar de Puno llegamos a las **islas flotantes de plantas de Uros**. En estas islas viven los indios uros, para quienes la tortora es una parte integral de su vida. Han construido islas completas enlazando capa sobre capa de juncos flotantes, que se anclan a los crecientes lechos de estas plantas mediante estacas de madera hundidas en el barro de abajo.

LA CULTURA DE LOS UROS

Los uros siempre han sido pescadores que han utilizado embarcaciones hechas con los juncos de la tortora, pero la tradición dice que siempre tuvieron la costumbre de adentrarse en el lago para evitar la persecución durante las luchas por el poder, en la época de los colas. Ataban varias barcas juntas para formar una balsa sobre la que podían sobrevivir; cuando las embarcaciones se pudrían añadían juncos nuevos a la superficie. Con el transcurso de los años, estas plataformas se expandieron poco a poco hasta convertirse en pequeñas islas. La práctica aún se mantiene y en la actualidad pueden verse islas con embarcaciones descartadas hechas de juncos, que se incorporan a sus fundamentos.

Durante muchas generaciones, los uros han vivido como una tribu independiente que se ha ganado la vida con la pesca, la caza de aves y el intercambio de sus capturas con los habitantes de la costa. A lo largo de la historia ha habido ocasiones en que un aumento del nivel de las aguas ha dejado fuera de su alcance la subestructura de los lechos de juncos, obligando a los uros a abandonar las islas. Durante los períodos pasados en la costa, se integraron con el pueblo aymará que vivía allí y podría decirse que su identidad étnica se diluyó con ello. Algunos incluso dicen que ya no quedan verdaderos indios uros. A pesar de todo, unas 3.500 personas viven en 42 islas y mantienen todavía su estilo de vida tradicional abasteciendo de pescado a los 120.000 habitantes de Puno. Con la pequeña proporción de islas visitadas por los turistas, los uros han explotado sus habilidades artesanales para obtener buenos ingresos con la venta de decorativos textiles, cerámica, pinturas y ornamentos.

Nuestra visita a las islas de juncos fue breve pero duró el tiempo suficiente como para captar el singular estilo de vida de los uros. Produjo una extraña sensación el caminar sobre juncos flotantes. Hileras de mujeres exponen sus artículos de artesanía, pero por detrás de esta fachada comercial la vida transcurre con normalidad: había pescado puesto a secar, ahumado sobre rescoldos ardientes; los recipientes negros de agua puesta a hervir sobre las hogueras encendidas en hogares de cerámica, y hombres y mujeres se sentaban, dedicados a remendar sus redes de pesca.

INSTALACIÓN EN AMANTANÍ

Después de nuestra visita a las islas de Uros, nos pasamos tres horas en el agua, avanzando lentamente hacia la **isla de Amantaní**. Las aguas del lago se encrespan una vez que se ha pasado ante las penínsulas que protegen la bahía de Puno. Amantaní es una verdadera isla de roca y tierra con una población de unos 4.000 habitantes. Íbamos a instalarnos con el pueblo incatana, una de las ocho comunidades de la isla. Cuando llegamos al poblado, Tito nos asignó a diferentes familias, procurando que los compañeros de viaje pudieran alojarse todos en un mismo lugar. Luego, los anfitriones nos condujeron a sus casas en la ladera aterrazada de la montaña.

Mi anfitriona era una encantadora anciana llamada Benedicta. Sus hijos, ya mayores, habían abandonado el hogar, de modo que ahora disponía de mucho espacio para los visitantes. La casa se componía de tres edificios separados, construidos de piedra, ladrillos de barro y yeso de adobe, todo ello dispuesto alrededor de un pequeño patio cubierto con un dibujo geométrico de guijarros negros y blancos y contenido por un muro de ladrillos de barro que tenía un dintel bajo, pero sin puerta. Dos de los edificios eran

PERÚ

poco más que cabañas, uno con un techo de hojalata y el otro con un techo de paja, mientras que el tercero era una casa de dos pisos con acceso al nivel superior por una escalera exterior de madera. La principal zona de vivienda era el edificio de dos pisos, y una de las cabañas más pequeñas se utilizaba como sala de huéspedes.

En la cocina había calderos puestos a calentar sobre una hoguera, mientras los conejos y las gallinas correteaban por todas partes. Benedicta nos preparó algo de comer mientras inspeccionábamos nuestro alojamiento, muy básico, por no decir otra cosa. Plataformas elevadas construidas de piedra y adobe, una en cada extremo de la cabaña, servían como camas. No había luz eléctrica y las ventanas no eran sino pequeñas aberturas cubiertas con un plástico ondulado de color verde translúcido. La cabaña era oscura y estaba sucia, las paredes estaban cubiertas de periódicos viejos y páginas de revistas.

UN ESTILO TRANQUILO DE VIDA

El atractivo de la isla de Amantaní es la sencillez. Hay poco que hacer, excepto disfrutar de este estilo de vida tranquilo, autosuficiente y agrícola y aprender sobre las tradiciones. Las mujeres se ponen una capa tras otra de faldones y chales de lana bordados y

parecen dedicar todo su tiempo de vigilia a hilar lana en un huso manejado a mano. Hilan incluso cuando caminan, pues su cultura posee una fuerte ética del trabajo que prohíbe el ocio.

La ladera de la montaña está cruzada por una multitud de senderos que serpentean por entre las terrazas de piedra, entre las casas y los campos. Hay unos pocos eucaliptus y pinos, pero la mayor parte de la tierra disponible se cultiva o se utiliza para alimentar a las ovejas. Todos los caminos conducen al centro del pueblo, donde hay una pequeña plaza con una impresionante estatua de Capac Colla, el último rey de la cultura colla. Por detrás de la plaza, un estrecho sendero asciende la ladera, contenido periódicamente por muros y arcadas de piedra. En la cima de la montaña, a más de 4.100 metros de altura, se encuentran los restos de un templo preinca de piedra dedicado a Pacha Tata, el padre Tierra. Pacha

ABAJO: un guía informa brevemente a los visitantes en una de las islas de juncos flotantes de Uros.

IZQUIERDA: mujeres de los indios uros complementan los ingresos de la familia vendiendo productos artesanos a los turistas.

INSERCIÓN ABAJO: Benedicta, mi anfitriona, en la puerta de su casa de dos pisos, en la isla de Amantaní.

mama, la madre Tierra, es una figura religiosa que se venera en muchas zonas de los Andes y simboliza una fuerza que lo abarca todo, desde la tierra a la vida. La gente sólo adora a Pacha Tata a alturas superiores a los 4.000 metros, festejado como la fuerza que fertiliza a la madre Tierra y controla los cielos y los lugares altos de donde proceden la lluvia y los vientos. Los muros exteriores de piedra del templo son demasiado elevados como para ver al otro lado y la entrada está parcialmente bloqueada con leños. Resultaba difícil de comprender qué se protegía de los visitantes, pues al mirar por encima de los leños sólo pude ver un patio hundido cubierto de hierba crecida. Pero el guía nos explicó que no se puede admitir la entrada de los turistas porque el templo sigue siendo un lugar sagrado; incluso en la actualidad, los isleños celebran aquí sus ritos religiosos más importantes.

Esa noche, la banda del pueblo se reunió en el edificio municipal y nos invitaron a bailar con los aldeanos al ritmo de los sonidos característicos de los tambores, caramillos, flautas y churangos (instrumentos de cuerda andinos que parecen guitarras pequeñas, hechos tradicionalmente del armadillo).

ISLA TAQUILE

La travesía de regreso a Puno se vio interrumpida por una breve visita para almorzar en la cercana **isla de Taquile**, más desarrollada que Amantaní y más acostumbrada a los visitantes. Dispone de modernidades básicas como un suministro limitado de electricidad y 13 pequeños restaurantes, todos con el mismo menú y con el mismo precio. A pesar de su constante crecimiento, la isla mantiene su tranquilidad y aislamiento en comparación con Puno. La gente de aquí es diferente a los isleños de Amantaní y hasta habla un idioma diferente. Los amantanís hablan aymará, pero los 2.000 habitantes de Taquile hablan quechua, que fue introducido por los incas. Las costumbres locales son únicas y quizá constituyen el aspecto más interesante de esta cultura independiente. Aunque las mujeres visten ropas similares a las de Amantaní, los hombres llevan largos gorros de lana con orejeras, chalecos bordados y fajines trenzados alrededor de la cintura. Lo mismo que las de Amantaní, las mujeres y las muchachas jóvenes caminan sin dejar de hilar, pero aquí los hombres también intervienen en la producción textil.

Todos los hombres se dedican también a tejer, confeccionando las gorras de lana que llevan. En el centro de la ciudad se encuentra un almacén de la cooperativa al que todos los isleños venden su propia producción de textiles.

Tardamos unos 45 minutos en recorrer la pendiente gradual pero constante desde el punto donde desembarcamos hasta el centro de la ciudad. Al puerto principal, en un extremo del pueblo, se accede por una alargada y escarpada escalera de piedra que se baja muy fácilmente, pero que agota al subir. Pasamos tres horas en la isla paseando, echando un vistazo al pueblo y al almacén de artesanía y almorzando. Si desea comprender mejor la cultura de Taquile, deberá pasar aquí mucho más tiempo. Pero como parte de una visita guiada que pasaba por Uros y Amantaní, tuve la sensación de que había merecido la pena aunque sólo fuera para ver otra cultura del Titicaca. La experiencia me permitió apreciar lo diferentes e independientes que son las gentes que viven alrededor del lago. Junto con el interés histórico de civilizaciones pasadas e imperios perdidos, aquí se encuentra lo suficiente como para mantener ocupado en su visita al viajero cultural más aventurero.

LLEVAR REGALOS A LOS ISLEÑOS

A sus anfitriones en Amantaní les pagan las compañías turísticas por ofrecer alojamiento. No obstante, esa es sólo una cantidad mínima y a muchos visitantes les agrada llevar algunos regalos para la familia. Normalmente, tienen que traer todos sus suministros desde Puno, de modo que lo mejor que puede regalarles son artículos cotidianos de primera necesidad. En la isla no se cultivan frutas, por lo que éstas siempre son bien recibidas, lo mismo que velas, porque la luz eléctrica es limitada o inexistente.

VIAJAR SOLO

VIAJE POR EL INTERIOR

Hay autobuses regulares y colectivos (taxis o microbuses compartidos) entre el aeropuerto de Juliaca y Puno (45 minutos). Los vuelos desde Puno a Arequipa tardan sólo 25 minutos y a Lima dos horas. Lamentablemente, no hay servicio directo desde Juliaca a Cusco, aunque puede hacer esta ruta vía Arequipa.

El ferrocarril es la mejor opción de transporte entre Cuzco y Puno (10 horas). Los trenes funcionan los lunes, miércoles, jueves y sábados, pero es mejor comprobar localmente los horarios actuales. Hay diferentes clases de billete, pero he descubierto que el de tipo medio, llamado ejecutivo, tiene un precio razonable y es tan bueno como los asientos más caros. Hay un servicio ferroviario por la noche entre Puno y Arequipa (11 horas) los lunes, miércoles, viernes y sábados pero el vuelo de 25 minutos es la opción más aconsejable. También hay servicios regulares en autobús entre Puno y Cuzco (por la noche), Arequipa (diez horas) y otras grandes ciudades, incluida Copacabana, en Bolivia (tres horas).

CUÁNDO IR

Puede visitar Puno y el lago Titicaca en cualquier época del año, aunque es mejor evitar la temporada de las lluvias, de octubre a mayo, con el período más húmedo desde diciembre a abril. Siempre hace frío por la noche, pero las temperaturas descienden por debajo de 0 ºC desde junio a agosto.

VISITAS Y GUÍAS

Hay varias compañías turísticas en Puno, particularmente a lo largo de la calle principal, Kirón Lima. Todas ellas ofrecen viajes de medio día a Sillustani, de medio día a Chucuito y travesías de dos días en barco a las islas, con una estancia de una noche en Amantaní. Estos viajes organizados son la forma más simple y económica de ver Sillustani. Si no hubiera visita organizada a Chucuito, puede tomar un taxi y contratar un guía en las mejores agencias.

ALOJAMIENTO

Al llegar a Puno en tren o colectivo, le ofrecerán hoteles baratos. Las instalaciones y servicios de esos establecimientos suelen ser deficientes y son muchos los que no cuentan con agua caliente o ésta funciona de modo intermitente. En Puno no se encuentra alojamiento con buena relación calidad-precio en la gama media, y los hoteles más caros son poco mejores que albergues económicos. A unos cinco kilómetros fuera de la ciudad está el Hotel Isla Esteves, de cinco estrellas, enclavado un un lugar fantástico sobre una isla, con vistas magníficas sobre el lago.

Tanto en Amantaní como en Taquile hay siempre familias dispuestas a ofrecer alojamiento por una noche. Es muy básico y, en consecuencia, cuesta poco más de un par de dólares.

CUESTIONES DE SALUD

- Las instalaciones sanitarias en las islas son muy deficientes; procure por consiguiente llevar consigo incluso hasta el papel higiénico.

- La bahía de Puno está muy contaminada, pero no debe preocuparse por comer pescado fresco. ¿Por qué? El problema de la polución es tan grave que ha matado todo el pescado, de modo que el que coma procederá de fuera de la zona contaminada.

- Los efectos de la altitud pueden pillarle por sorpresa; evite la deshidratación bebiendo mucha agua embotellada.

- El sol es aquí extremadamente fuerte y puede quemarse con facilidad, incluso en un día nublado. Póngase sombrero y no se olvide de usar un buen protector solar.

- Lleve prendas de ropa cálidas a las islas, ya que las temperaturas nocturnas descienden repentinamente y los vientos en los picos pueden ser cortantes.

EN EL MENÚ

En las islas espere sencillos alimentos sin refinar. En Amantaní le darán sopa hecha con patatas y un grano local llamado quinoa. Los huevos y las patatas fritas tampoco suelen faltar en el menú. Aquí se come muy poca carne, aunque una familia puede ofrecerle pollo. El té local, hecho con una hierba aromática llamada muña, tiene un sabor mentolado y es excelente para combatir los efectos de la altura. En la isla de Taquile la alimentación es similar; el pescado fresco también es muy popular aquí y suele servirse en los restaurantes de la plaza.

PERÚ

Altibajos del cañón del Colca

por Guy Marks

*En lo alto de los Andes, en el sur de Perú, se encuentra uno de los cañones
más profundos del mundo. Recorrí este paisaje espectacular
de acantilados cortados a pico, jardines de cactus y pueblos remotos
donde la vida se basa en tradiciones antiquísimas
y los cóndores trazan círculos en el cielo.*

Arequipa es la ciudad más cercana al cañón del Colca y fue desde aquí donde hice los preparativos para mi excursión. La ciudad destaca por su arquitectura colonial, que data de los siglos XVI y XVII, cuando los conquistadores españoles trajeron consigo influencias arquitectónicas moriscas y barrocas. Entre contratar a un guía y comprar las provisiones para mi recorrido por el cañón, me tomé tiempo para visitar algunos de esos edificios impresionantes. Posiblemente el ejemplo más pintoresco y estéticamente más agradable en todo Perú lo constituya el **monasterio de Santa Catalina**, en Arequipa. Durante casi 400 años, las monjas y el personal que vivió aquí no abandonaron el complejo en ningún momento, y prohibieron la entrada de visitantes. Se abrió finalmente al público en el año 1970. En el interior hay plazas ocultas, salas de oración privadas y patios con fuentes, crucifijos y claustros. Todo el complejo está brillantemente decorado

en rico azul cielo y ocres anaranjados, y cada esquina aparece salpicada de geranios. Quedé tan absorto que no tuve ninguna noción del tiempo, así que a últimas horas de la tarde tuve que ir a comprar los esenciales alimentos energéticos y reorganizar mi equipaje a altas horas de la noche.

Iván, mi guía, había decidido que tomaríamos un autobús nocturno hasta el cañón, para poder así empezar la caminata por la mañana. Envueltos en la oscuridad, escasos de tiempo y cargados con mochilas, alimentos, sacos de dormir y equipo de acampada, Iván y yo subimos al autobús a las dos y media de la madrugada. Me sentía frío e incómodo y no pude dormir durante las cinco horas que duró el viaje por los Andes. La carretera asciende más allá del Nevada Chachani y del volcán Misti, cuyos altos picos dominan el perfil de Arequipa. Luego se llega al altiplano, pasando así desde una altura de 2.325 metros en Arequipa, hasta los 4.800 metros del altiplano, antes de descender de nuevo hasta los 3.650 metros, en la adormecida ciudad de **Chivay**, situada en la cabecera del valle del Colca.

 4 Los senderos empinados para entrar y salir del cañón, el rápido cambio de altura y el intenso calor se combinan para hacer de ésta una excursión desafiante. Usted mismo deberá transportar todos sus suministros y equipo de acampada. Tiene que encontrarse en buena forma física y aclimatarse a la altura.

★★ Su grado de comodidad depende del nivel de su equipo de acampada, pero tenga en cuenta que todo aquello que lleve consigo debe ser ligero. El alojamiento en Cabanaconde es básico, pero hay mejores hoteles disponibles, tanto en Chivay como en sus alrededores, donde puede relajarse al final de la excursión.

⚒ Son esenciales unas botas recias de excursionista. Lleve consigo pastillas purificadoras de agua, una tienda, un saco de dormir, hornillo y equipo para cocinar y alimentos para todo el tiempo que dure la excursión.

DERECHA: al principio del sendero del cañón del Colca, con vistas de Coshñihua (derecha) y Tapay (izquierda).

CRUCE DEL VALLE HASTA LA CABECERA DEL CAMINO

Incluso bajo el frío del amanecer, la plaza de Armas de Chivay bulle de actividad. Las gentes de esta región dependen mucho del transporte público y nuestro autobús les proporcionaba una oportunidad de recorrer el valle hasta los pueblos exteriores. Cargaron el autobús con sacos de pan recién horneado y se apiñaron en el vehículo con bolsos, hatos y bebés en los brazos, envueltos en chales.

Las mujeres llevan aquí sombreros decorados de forma extravagante con lazos y cintas, lentejuelas, rosetones y bordados. Iván me explicó que las sutiles diferencias en este tipo de adornos podían identificar el pueblo de origen de la portadora, así como su estatus social y hasta matrimonial. Para mí, sin embargo, todos eran pintorescos y la única distinción que pudo establecer mi inexperta mirada fue entre los firmes sombreros blancos de paja llevados por las mujeres de Chivay y los sombreros bordados de alas caídas del interior del valle, a partir del pueblo de Pinchollo y más allá.

Fuera de Chivay el **río Colca** serpentea por un ancho valle de campos que se elevan sobre las aterrazadas laderas de las montañas y un escarpado fondo montañoso en la distancia. Pasamos por los pueblos de **Yanque, Achoma, Maca y Pinchollo**, efectuando breves paradas para que los pasajeros subieran y bajaran del autobús. Toda esta zona se halla sujeta a frecuentes temblores y en Maca aún se ven las secuelas de un fuerte terremoto que tuvo lugar en 1991: la destartalada iglesia junto a la carretera se eleva descuidada, desmoronándose medio en ruinas; la plaza del pueblo ha descendido varios metros de su nivel original y la carretera se ha visto reducida a un camino de tierra que a partir de este punto hace una serie de giros siniestros. El valle se estrecha, se acercan las montañas y campos y algunos tramos de la carretera se han colapsado y caído hacia el valle por lo que resultan inaccesibles.

En **Cruz del Cóndor**, a nueve kilómetros más allá de Cabanaconde, ya empezaban a reunirse los primeros grupos de la mañana para contemplar los cóndores andinos (*Vultura gryphus*) que suelen volar sobre el cañón (véase el recuadro). A unos 6,5 kilómetros

más adelante Iván le pidió al chófer del autobús que parase y nos dejaron sin la menor ceremonia en la cuneta de la carretera, con todo nuestro equipo.

UNA LARGA MARCHA DE DESCENSO HASTA EL RÍO

Iniciamos la excursión antes de las nueve de la mañana, pero la temperatura ya había empezado a subir. Organizamos las mochilas y paquetes, extendiendo capas de ropa y encontrando espacio para los comestibles. Después de unos pocos metros de terreno llano está el borde del cañón y la cabecera del sendero, marcada por una pequeña cruz blanca. La vista es impresionante y contemplé este valle rodeado por magníficas montañas. Descubrí entonces el estrecho sendero que serpentea su descenso por entre el lado de los acantilados, aunque debido a la forma de las rocas desapa-

EL CÓNDOR ANDINO

El cóndor andino (*Vultur gryphus*) es una especie poco común y en peligro de extinción, clasificada en la lista del Apéndice II de especies en peligro por la CITES (Convención sobre Comercio Internacional de Especies en Peligro de Extinción). Las alas de un ave adultas superan los tres metros, por lo que se considera la segunda más grande del mundo (la primera es la del albatros migrador, *Diomedea exulans*, con 3,2 metros). El plumaje adulto es de un negro azabache con marcas blancas en las alas y un collarín blanco. Los ejemplares más jóvenes son de un color marrón oscuro. El macho tiene una característica carúncula gris y carnosa sobre la cabeza. El cañón del Colca es el mejor lugar para observar estas aves y lo más probable es que las vea remontando las laderas de los acantilados, extendidas las puntas de sus plumas principales, curvadas hacia arriba, como dedos alargados. A menudo se les ve elevándose sobre las corrientes termales de la mañana en un punto llamado Cruz del Cóndor, a medio camino entre Pinchollo y Cabanaconde.

recía de la vista por debajo de nosotros. Puede verse hasta remotos pueblos en el lado norte del cañón, por donde no pasan carreteras y, en la distancia, aferrado a la ladera de las montañas, Bomboya, el pueblo de Tapay, donde pasaríamos la primera noche. A lo largo, hacia el oeste y situados a una altura ligeramente inferior, están los pueblos de Coshñihua y Malata, hasta donde nos llevaría el camino al día siguiente.

Empezamos a caminar a partir de una altura de 3.200 metros, descendiendo hacia el río del cañón, a mil metros por debajo de nosotros. La vegetación escasea, pero entre las rocas y la arena han echado raíces altos cactus cilíndricos y espinosas plantas de yuca. Observé dos especies diferentes de colibríes, que se alimentaban alternativamente de la misma rama de flores de yuca: uno que no pude identificar era diminuto y el otro, de 23 centímetros es el colibrí gigante, el más grande del mundo (*Patagona gigas*) que, aparte de su notable tamaño, tiene un vuelo característico, similar al de una golondrina.

A medida que el sendero descendió, el día se hizo más caluroso, las rocas más peladas y mi mochila cada vez más pesada. Mi único consuelo era que las pocas personas que ascendían por el sendero, parecían más acaloradas y cansadas que yo, hecho nada sorprendente, por otra parte. Algunas habían emprendido el camino sin guía y aprovecharon la oportunidad para preguntarle a Iván sobre la ruta que les esperaba. Todas ellas, a pesar de sus diversos grados de buena forma física, reconocieron que ésta era una de las mejores excursiones que habían hecho jamás. Me sentí algo aliviado al ver a los que se esforzaban por subir, pero mi propio agotamiento no tardaría en aparecer. Dos horas y media después de iniciar el descenso seguíamos bajando y, aunque ya divisábamos el río, no por ello parecíamos estar más cerca. La última media hora se hizo interminable. Cruzamos el río sobre un puente en suspensión de aspecto precario y nos dejamos caer en un rincón, a la sombra de la cara de una roca. A pesar de la sombra hacía un calor asfixiante con una temperatura que se elevaba muy por encima de los 30 ºC. Almorzamos pan seco, manzanas, queso y unos bizcochos y bebí con avidez de mi reserva de agua.

EL CAÑÓN MÁS PROFUNDO DEL MUNDO

En su punto más profundo, el cañón del Colca tiene más del doble de profundidad que el Gran Cañón en Arizona. En el punto en que el cañón del Colca atraviesa las montañas Señal Yajirhua, que alcanza los 5.226 metros y el cerro Luceria, a 4.257 metros, el río Colca pasa a 1.051 metros, lo que supone una profundidad de 4.175 metros. La profundidad máxima del Gran Cañón es de 1.768 metros. Esta parte más profunda del cañón del Colca es inhabitable. Sus abruptos acantilados se extienden a lo largo de más de cien kilómetros y no se considera un lugar apto para pasear.

EL SENDERO DE LA COCHINILLA

El puente en suspensión es uno de los dos que cruza el río y conecta los pueblos con el mundo exterior a través de la carretera por la que habíamos pasado. Nuestro plan consistía en caminar hasta Tapay, a través de los otros pueblos, para luego regresar por el segundo puente en San Galle, por debajo de Cabanaconde.

Era mediodía y el sol cubrió los últimos centímetros de sombra que quedaban. Hice un esfuerzo por ponerme en pie sabiendo que no podía hacer otra cosa. Estábamos en las afueras de un pequeño pueblo llamado San **Juan de Chuccho**, donde el camino discurre entre muros de piedra y pequeñas parcelas cultivadas. A un lado del puente, el terreno está pelado, mientras que en el otro extremo había matojos y cactus, algun que otro árbol y bonitas flores anaranjadas que caían sobre las rocas. Un muchacho con un par de burros surgió de la nada y nos adelantó en el camino.

Yo estaba extenuado pero el ver los animales me dio esperanzas. Más adelante nos encontramos con una casa de piedra donde vimos al muchacho cuidando de los burros, bajo la mirada atenta de una anciana. Iván entabló rápidas negociaciones y pronto pudimos seguir caminando sin necesidad de llevar tanta carga a cuestas. El muchacho y uno

PERÚ

de sus burros nos acompañaría y, por unos pocos dólares, llevaría nuestro equipaje hasta Tapay.

Del mismo modo que el camino había sido de bajada durante toda la mañana, ahora fue de subida durante toda la tarde. Iván y el muchacho charlaron mientras caminaban. Yo, por mi parte, necesitaba hasta el último aliento para poder continuar, incluso sin mi mochila. Me di cuenta entonces de que mi error había consistido en emprender el recorrido sin haberme acli-matado previamente a la altura. Eso, unido a la falta de sueño por haber viajado en autobuses nocturnos durante dos noches consecutivas, me había dejado casi completamente exhausto.

Llegamos finalmente a **Tapay** donde montamos la tienda en el patio de la escuela ante la curiosidad de la chiquillería local, aunque ya están bastante habituados a esta circunstancia. Después de tomar un par de tazas de té y de hacer un breve descanso, me sentí completamente recuperado. Por la noche, los niños se marcharon a sus clases de baile. Pude verlos en el aula, bailando ante el sonido de los caramillos, las flautas y los churangos que formaban los ritmos clásicos andinos de Perú, Bolivia y Ecuador.

Tapay, encaramado a 2.800 metros de altura, es un pequeño pueblo de poco más de 300

habitantes. Las casas están hechas de piedra o ladrillo de barro y la mayoría tienen tejado de hojalata ondulada, aunque unas pocas conservan el tradicional tejado de hierba. En el centro de la población hay una iglesia, de un blanco intenso, con una puerta roja, pero ésta y la escuela azul son los únicos edificios pintados. En las afueras del pueblo y hasta donde alcanza la vista, crecen grandes cactus con paletas redondas, planas y carnosas. Había observado la presencia de estos cactus, llamados tuna, desde que iniciamos el ascenso desde el río, pero sólo ahora me di cuenta de la importancia que tenían para los aldeanos, pues constituyen la única cosecha que recogen, no la planta en sí, sino las cochinillas que crecen en ellas. Cada cactus está cubierto con lo que parece un hongo blanco algodonoso y dentro de esas manchas blancas se esconden

IZQUIERDA: el traje tradicional de Chivay.
ARRIBA: el pueblo de Cabanaconde, adonde llegamos al final de nuestra marcha.
ABAJO: el puente que cruza el río Colca, en el oasis de San Galle.

grandes insectos escamosos como garrapatas (*Dactylopius coccus*) que se alimentan del jugo de la planta. Los insectos se recogen, se secan y luego se utilizan para producir un tinte natural, de un rojo intenso.

La mañana amaneció muy vigorosa y clara. El pueblo se encontraba en calma y sin contaminación, a excepción de la basura amontonada en el patio de la escuela. Por encima de nosotros las siluetas de tres cóndores de los Andes trazaban círculos cerca de lo alto de los acantilados, por detrás del pueblo. Estas magníficas aves nunca hacen aletear sus enormes alas, sino que simplemente se deslizan, arrastradas por las corrientes termales.

Emprendimos la marcha por un sendero que bordeaba Tapay hasta alcanzar un punto elevado desde el que se dominan magníficas vistas del cañón, y de los pueblos vecinos. Una cruz, decorada con flores secas y rojas y hojas de palmera corona este mirador. Desde aquí, el camino serpentea descendiendo por un barranco, para luego subir por el otro lado y salir poco después al pueblo de **Coshñihua**, una aldea todavía más pequeña que Tapay, con sólo 150 habitantes. Entre las escasas edificaciones crecen también eucaliptus, utilizados para madera y como material de construcción, así como árboles Molle que se alzan a la sombra. Los cerdos y las ovejas se habían atado a los árboles y el lugar olía a polvo caliente y también al rico y dulce aroma del estiércol animal.

Coshñihua da al vecino pueblo de **Malata** donde se inician de nuevo los campos de cactus. Se puede pasar fácilmente un día o dos en estos pueblos y luego descender una vez más para cruzar el segundo y pequeño puente sobre el Colca y entrar en el oasis de **San Galle**. Se trata, sin duda, de un lugar maravilloso para efectuar largos paseos. Mientras caminábamos de pueblo en pueblo en el remoto y pacífico valle, la gente con la que nos encontrábamos se detenía para saludarnos y preguntarnos por nuestro viaje. No tenían ninguna prisa por terminar la conversación y se interesaban por conocer algunos detalles como de dónde veníamos, cómo era mi hogar y qué pensaba yo del suyo. Son gentes encantadoras, orgullosas, afables y alegres.

SAN GALLE Y LA ASCENSIÓN DE SALIDA

San Galle es el lugar perfecto donde terminar una jornada. Es un bolsón de frondosa vegetación donde se encuentra una fuente termal que brota de la ladera de la montaña. Sólo hay unas pocas casas diseminadas, pero en los campos aterrazados crece una extraordinaria variedad de plantas. Junto con el ubicuo cactus, coexisten aguacates y plantas de algodón, papayas y bananas, limoneros y bosquecillos de bambú, alfalfa, higos y hasta palmeras.

Cuando cayó la noche, la naturaleza nos recordó su poder al sacudir la tierra y producir un deslizamiento de rocas y polvo que descendieron por el acantilado hasta el fondo del cañón. Los aldeanos viven bajo la amenaza constante de la actividad sísmica, pero estos corrimientos de tierra les preocupaban porque estaban haciéndose cada vez más frecuentes. Mi propia preocupación inmediata, sin embargo, no eran los corrimientos de tierras, sino la prolongada ascensión de regreso para salir del cañón a la mañana siguiente.

Decidimos que sería mejor emprender la marcha con la fresca, así que a las cuatro de la madrugada ya estábamos en el camino, mucho antes de que saliera el sol. Caminamos lentamente, aunque ahora ya estaba yo acostumbrado a la altura. Disponíamos de dos horas antes de que amaneciera y de otra hora antes de que las sombras desapareciesen del camino. Durante la última hora empezó a hacer calor, pero logramos llegar a la cima sin problemas a las 8.00 horas. Me sentí entusiasmado al contemplar desde allí el fondo del cañón y ver a lo lejos los diminutos pueblos de la orilla opuesta. Había caminado todo aquel largo trecho, pensé, y sonreí para mis adentros.

La parte superior del camino está a unos 20 minutos a pie del pueblo de **Cabanaconde**. Aunque se trata de una población diminuta, resultaba ruidosa en comparación con los pueblos del cañón y a ambos lados de la carretera se veían bolsas de plástico, cristales rotos, baterías, zapatos viejos y huesos de animales. Entramos en el pueblo, cubiertos de polvo y cansados, cuando otros turistas apenas empezaban a salir soñolientos de los albergues. Y me pregunté si alguno de ellos sería lo bastante afortunado como para aventurarse por este cañón mágico.

VIAJAR SOLO

LLEGAR AL CAÑÓN DEL COLCA

Hay carreteras desde el norte, a través del altiplano, que conectan Chivay con Cuzco y la zona del Titicaca. No obstante, no están bien atendidas por el transporte público. La mayoría de la gente llega a Chivay desde Arequipa. En Arequipa, hay varios autobuses diarios que salen desde San Juan de Dios hacia Chivay y Cabanaconde. Desde Chivay hay taxis y colectivos (taxis compartidos) que viajan a lo largo del valle a diferentes pueblos.

CUÁNDO IR

Puede visitar el cañón del Colca en cualquier época del año, pero es mejor evitar la temporada lluviosa, entre octubre y mayo. Las lluvias pueden causar un peligro adicional de deslizamiento de tierras y hacer impracticables los caminos. Si tiene la intención de descender en balsa mientras está en la zona, es preferible que viaje en agosto.

PLANIFICACIÓN

Aunque puede emprender esta excursión por su cuenta, es mejor contratar los servicios de un guía. Éste le indicará algo más que la ruta. Le ayudará a prepararse para el camino, le presentará a los aldeanos y le explicará aspectos de la estructura social y de la cultura de los pueblos, así como del ambiente. Así tendrá un mejor conocimiento de la zona del que tendría a si fuera solo. Hay varias compañías pequeñas en Arequipa que ofrecen excursiones organizadas, pero puesto que tiene usted que llegar por su cuenta a Cabanaconde, llevar su propia comida y equipo de acampada y todo su equipaje, no creo que se merezcan el precio que piden. Yo le recomendaría utilizar los servicios de un guía privado, que puede ayudarle a determinar el itinerario a su medida. A través de las agencias en Arequipa puede ponerse en contacto con guías cualificados de montaña y de senderismo.

CUESTIONES DE SALUD

No hay instalaciones sanitarias en esta excursión y tampoco agua potable. Las botellas de agua se pueden llenar en los pueblos y luego purificarse.

OTRAS ACTIVIDADES

- Vale la pena pasar una mañana en Cruz del Cóndor para ver mejor las magníficas aves que han dado nombre a este lugar.

- Es posible organizar excursiones más largas que recorran otras zonas de la región del Colca. Entre ellas se incluye subir al monte Mismi o caminar hasta la fuente del más remoto afluente del Amazonas.

- El descenso en balsa por aguas bravas puede hacerse por el Colca desde Chivay. La temperatura es de dos grados y la salida suele durar de una a tres horas. También se practica rafting por el río Majes, que forma parte del Colca tras la peligrosa sección del cañón, en un viaje de dos días de duración que se organiza desde Arequipa o Chivay.

- Las aguas termales de las afueras de Chivay son un lugar excelente para relajarse después de una larga caminata.

AFRONTAR LA ALTURA

Su cuerpo tiene que adaptarse a la falta de oxígeno a elevadas alturas. Incluso un ejercicio suave puede provocar agotamiento si antes no se ha aclimatado, así que es aconsejable pasar un par de días relajándose en Arequipa, a 2.325 metros o en Chivay, a 3.651 metros, antes de salir. Una vez emprendida la excursión necesita encontrar un ritmo que su cuerpo pueda afrontar, aunque eso signifique caminar muy, muy despacio. Masticar hojas de coca o tomar pastillas homeopáticas de coca puede aliviar los síntomas del jadeo y el cansancio.

SUMINISTROS ESENCIALES

Puesto que los pueblos del cañón no pueden ofrecer instalaciones como restaurantes, es esencial llevar consigo alimentos suficientes. El camino es agotador, por lo que son importantes los alimentos de alto contenido energético, pero también debe tener en cuenta el peso de la mochila. Aténgase a los alimentos básicos y secos y mantenga el equilibrio nutricional.

- ❏ Puré de patatas seco, pasta, pan y gachas de avena para obtención de hidratos de carbono.
- ❏ Algunas proteínas, como salsas de carne enlatada y cacahuetes.
- ❏ Leche en polvo, azúcar, bizcochos.
- ❏ Chocolate y fruta fresca y seca.
- ❏ No olvide las pastillas purificadoras del agua.

Negro
Solim es (Amazonas)
Amazonas
Juru
Madeira
Manaus **13**
Santarém
Belém
São Luís
Fortaleza
C S o Roque
Teresina
Natal
Recife
S e l v a s
Rôrto Velho
Tapajós
Xingu
Tocantins
S o Francisco
Mato Grosso
Cuiabá
Brasila
Salvador
Planalto Brasil
Goiânia
Belo Horizonte
15
Ribeirão Prêto
Campo Grande
Paraná
Vitória
Juiz de Fora
Campinas
Rio de Janeiro
14
São Paulo
Curitiba
Porto Alegre
Pelotas

0   400   800   1200 km
0   200   400   600 m

BRASIL

B rasil siempre ha atraído a los viajeros aventureros. Quizá se conozcan bien los mejores lugares turísticos, pero aún queda mucho por descubrir en este país que abarca casi la mitad de América del Sur. No tiene las montañas de sus vecinos, Perú y Bolivia, pero está lleno de atractivos. Hay vastos humedales y enormes junglas en las que abundan los animales, las aves, las plantas exóticas, los ríos colosales, las ensordecedoras cataratas, las frescas tierras altas y las interminables playas. En Río de Janeiro encontrará una de las ciudades visualmente más asombrosas del mundo, pero igual de fascinante es la capital, Brasilia, con su notable arquitectura moderna y las ciudades coloniales de Salvador y Olinda, en el norte. Los lugares son maravillosos en sí mismos, pero lo que hace que Brasil sea un destino tan fantástico es su gente, posiblemente la más animada, afable y amante de la diversión del mundo. No en vano el carnaval en Brasil es legendario, aunque no es necesario esperar hasta entonces para participar de la fiesta.

Cataratas del Iguaçu, en la frontera entre Brasil y Argentina.

BRASIL

La experiencia amazónica

por Simon Richmond

*Pescar pirañas, observar caimanes por la noche, emprender excursiones
por la jungla y realizar toda clase de travesías en embarcaciones
son actividades que forman parte de un viaje por el Amazonas,
un río y una selva virgen de proporciones gigantescas.*

Se le ha llegado a llamar «la última página no escrita del Génesis». El Amazonas es el río más importante del mundo en cuanto a extensión se refiere y su cuenca, con más de seis millones de kilómetros cuadrados, contiene la selva virgen más grande. En toda la cuenca del río hay una quinta parte del agua dulce del planeta y en ella se mantienen cientos de miles de especies animales y vegetales diferentes, muchas de ellas todavía no descubiertas por el hombre. No es nada extraño que el Amazonas sea un símbolo del movimiento ecologista y que siga siendo una atracción irresistible para exploradores y aventureros.

El río fluye por Brasil a lo largo de más de la mitad de su longitud total de 6.500 kilómetros, pero la jungla y las numerosas cabeceras del Amazonas se hallan extendidas por las vecinas Venezuela, Colombia, Perú y Bolivia. Todos estos países se han subido al tren del ecoturismo amazónico y muchos de ellos ofrecen viajes y actividades únicas e interesantes; pero el lugar hacia el que más se dirigen los viajeros es **Manaus**, la capital del estado más grande de Brasil, Amazonas, y el corazón comercial y del transporte de la jungla.

Con su riqueza y antiguo esplendor, fundados en la expansión del caucho en el siglo XIX, Manaus no destaca precisamente por ser centro para el ecoturismo. En la actualidad es una extensa y moderna ciudad con una población de más de tres millones de habitantes. Con sus rascacielos, un famoso y ornamentado teatro de la ópera, unos caóticos barrios comerciales y sus carreteras fluidas, se puede ver a Manaus como un triunfo del hombre sobre la naturaleza o como una transformación. Lo que no se puede negar es que, a pesar del sempiterno y debilitador calor, es un lugar increíblemente animado desde donde empezar un viaje hacia la jungla.

Ese viaje abarcará una expedición en una embarcación o una estancia en un refugio en la jungla. Generalmente, las travesías en barco suponen comer y dormir a bordo, y acampar quizá una noche o dos en la jungla. Los refugios de la jungla, situados casi siempre en un afluente de los ríos principales, varían desde los muy básicos hasta los de cinco estrellas. La mayoría de viajes organizados incluyen actividades, como pesca de pirañas y observación de caimanes por la noche, excursiones por la jungla o travesías en canoa a lo largo de los *igarapés* (ríos más pequeños) y los riachuelos, algunos de los cuales sólo son navegables durante la temporada de caudal alto. En cualquier caso, si lo que quiere es ver la fauna y la selva virgen, procure alejarse todo lo que pueda del ruido y el ajetreo de Manaus.

Las excursiones muy desafiantes, que se adentran en la selva virgen, suponen aprender técnicas de supervivencia en la jungla, enseñadas por guías entrenados en el ejército. No obstante, la mayoría de visitantes prefieren alojarse en un refugio o realizar una travesía en barco y no hacer nada más esforzado que unas pocas excursiones de un día, o remar suavemente en una canoa.

Elija entre instalaciones que van desde aire acondicionado, camarote de lujo y una hamaca colgada bajo una mosquitera. No obstante, el calor y la humedad opresivas del Amazonas son agotadoras, sea cual fuere su alojamiento. También tiene que protegerse de los mosquitos, aunque éstos presentan menos problemas en Manaus y a lo largo del río Negro que en los alrededores del río Solimões.

La mosquitera es esencial si quiere adentrarse en la jungla. El senderismo exige llevar buenas botas de excursionista y pantalones y camisas largas y holgadas que le protejan de las picaduras de los mosquitos y de los arañazos de la maleza. Es recomendable llevar unos prismáticos, especialmente en los ríos principales, donde la jungla puede estar a varios kilómetros de la embarcación.

FRENTE AL AGUA

Pocas escenas están tan llenas de movimiento y colorido como las idas y venidas cotidianas del puerto central de Manaus, **Escadaria dos Remédios**. Visítelo por la mañana para ver las numerosas embarcaciones regionales, los tradicionales barcos fluviales de madera, de varios pisos, que constituyen la principal forma de transporte por el Amazonas y que atracan junto a los muelles flotantes del río Negro. Los pasajeros habrán colgado hamacas en las cubiertas, preparándose para el viaje.

Sudorosos *stevedores* se encargan de sacar el cargamento de los barcos contenedores, mientras los vendedores de comida, bebida, hamacas y rollos de cuerda para atar las hamacas, anuncian enérgicamente su mercancía. Como si fueran moscas que zumbaran alrededor de elefantes, los transbordadores más pequeños y las lanchas privadas se arremolinan alrededor de sus hermanos más grandes para cargar y descargar pasajeros en un pequeño embarcadero. Y toda esta actividad tiene lugar en la orilla de un río tan ancho que parece más bien un gigantesco lago interior.

Los muelles, construidos por una empresa británica a principios de siglo, necesitan ser

flotantes debido a la crecida y caída anual del nivel del río. La temporada de caudal alto va de junio a julio, y en el muro de un almacén aparecen pintados los niveles alcanzados cada año por el río Negro. Las inundaciones más fuertes se produjeron en 1953, cuando el agua se elevó 29 metros por encima del nivel del mar y llegó a lamer las puertas de la cercana **Casa de Aduanas**, una espléndida creación eduardiana enviada desde el Reino Unido en bloques y reconstruida aquí como un gigantesco rompecabezas.

Los muelles son el punto de partida de largas travesías fluviales y de viajes más cortos hacia el famoso «**encuentro de las aguas**», a diez kilómetros corriente abajo de Manaus. Ese es el punto en el que las oscuras pero despejadas aguas del río Negro, manchadas de tanino, se unen con las más cristalinas del río Solimões, que arrastran sedimentos y que forma el tramo del Amazonas desde Manaus hasta la frontera andina con Perú, convirtiéndose a partir de ahí en el río Amazonas.

EL AMAZONAS EN UN PAQUETE

El más popular viaje de un día se hace hasta el encuentro de las aguas y al **Parque Ecológico Janauary**, a menos de una hora de Manaus en barco. Si no le asustan las aglomeraciones y no espera nada remotamente salvaje o espontáneo, disfrutará de la excursión. En los viajes organizados más grandes suele haber comentarios grabados en inglés y alguien que graba en video todo lo que ocurre para luego vender cintas de recuerdo, que se proyectan y se venden en el viaje de regreso.

El paquete turístico empieza con un viaje en barco hasta el punto en el que el río Negro se junta con el río Solimões. Debido a las diferencias en densidad, temperatura y velocidad, las aguas de estos dos ríos continúan fluyendo unas junto a otras, en una agitación de color caramelo y cola, a lo largo de otros seis kilómetros, antes de combinarse. Al interés de este fenómeno por lo demás suavemente intrigante, se suma la posibilidad de detectar delfines rosados, llamados *boutu* (*Ima geoffrensis*), cuando salen a la superficie del agua.

Las 9.000 hectáreas del Parque Ecológico Janauary constituyen un lugar hermoso, pero

---

CONSEJOS AL VIAJERO

❏ La jungla es muy densa y aunque con paciencia es posible detectar animales, especialmente aves, monos, caimanes y delfines, verá muchos más en el Pantanal (véase página 154).

❏ Los ríos principales son muy anchos y a menudo llegan a tener más de 20 kilómetros de anchura, lo que hace que los viajes puedan ser muy monótonos; la mayor parte del tiempo se verá rodeado de agua. Si lo que quiere es ver la jungla de cerca, debe incluir en su viaje una visita a través de los igarapés, preferiblemente en canoa.

❏ Tenga en cuenta que aunque perfectamente seguros durante el día, los muelles no son lugares por donde deambular de noche.

ARRIBA: barcos fluviales de varios pisos, hechos de madera, el principal medio de transporte en el Amazonas, junto a los muelles flotantes de Escadaria dos Remédios, en el río Negro, el puerto central de Manaos, construido por británicos a principios de siglo. Aquí se inicia la travesía al famoso «encuentro de las aguas». IZQUIERDA: una magnífica travesía en lancha motora por el río Negro.

excesivamente comercializado. La primera parada será ante un gigantesco puesto de venta, junto al restaurante flotante donde más tarde se le servirá un sencillo almuerzo tipo buffet. Desde aquí, una pasarela de madera se adentra en la jungla, pasa ante otros puestos de venta hasta llegar a una plataforma panorámica desde la que se dominan los famosos nenúfares Victoria regia (*Nymphaea amazonica*), cuyas hojas crecen hasta alcanzar más de un metro de diámetro. La mejor época para ver las flores, que sólo florecen durante tres días, es de febrero a mayo.

Aquí es posible divisar animales, pero no en su medio natural. Al final de esos viajes que se realizan en embarcaciones alargadas motorizadas siempre es posible ver perezosos, con aspecto de alienígenas de una película de *La guerra de las galaxias*, acunados en los brazos de un niño que desea algún dinero a cambio de dejarse fotografiar. Otros animales incluyen los caimanes gigantes jacare (*Caiman crocodilus*), diversos monos y una anaconda (*Eunectes murinus*) junto a otro puesto de venta de recuerdos. Después del almuerzo se regresa directamente a Manaus.

Si desea evitar todo este montaje, es mejor disponer una travesía más pequeña con guía, que le permitirá dedicar más tiempo a explorar los *igapós* (bosques inundados) y los *igarapés* del parque. También es posible ver el encuentro de las aguas viajando por su cuenta: tome el autobús 713 desde Manaus a Praça Matriz y luego tome el transbordador público que cruza el río. Y si se dirige a un albergue en la jungla situado río abajo, pasará de todos modos por esta confluencia.

EL ALBERGUE DE TARZÁN

En la dirección opuesta desde el encuentro de las aguas están las **Torres Ariaü del Amazonas**, un recinto ecoturístico de lujo a unos 65 kilómetros de Manaus, subiendo por el río Negro. El punto de partida para mi travesía en barco hasta allí fue la Praia Ponta Negra, la popular playa fluvial junto al Hotel Tropical, a 15 kilómetros de la ciudad.

Salió a recibirme Gilberto, uno de los guías expertos de Ariaü, que había acudido para acompañarnos a otros cuatro clientes y a mí hasta el recinto hotelero. Si se forma un grupo, la travesía fluvial dura dos horas en el barco regional del recinto, pero puesto que estaba en un grupo reducido viajamos en la más pequeña lancha motora en la mitad de tiempo. El recinto, construido sobre altos pilotes en un bosque inundado, lleva el nombre del canal que fluye por la entrada y enlaza el río Negro con el río Solimões.

La construcción de la **Torre Ariaü de la Jungla**, producto de la imaginación de un abogado local defensor de la ecología, se inició en 1984 con sólo ocho habitaciones y una embarcación. En la actualidad, el único complejo hotelero que existe en la selva virgen con habitaciones a la altura de las copas de los árboles dispone de más de 200 habitaciones en siete torres circulares, enormes salas de conferencias y anfiteatros para actuaciones musicales, dos torres de observación de 41 metros de altura, dos piscinas, un aviario de aves exóticas de la jungla y alrededor de cinco kilómetros de pasarelas elevadas de madera que enlazan el complejo y se adentran en la selva. Al final de la pasarela más larga hay incluso un tramo para aterrizaje de ovnis, pues se supone que esta parte de la jungla es uno de los lugares con mayor actividad extraterrestre.

Gilberto nos mostró las instalaciones, nos señaló el albergue con suites nupciales, la casa de Tarzán, acurrucada entre las ramas más altas de un árbol enorme, y una de las diez suites ultralujosas en las que se han alojado personajes como Bill Gates, Helmut Kohl y

AVENTURAS EN LA SELVA

Las embarcaciones y algún que otro vuelo le puede llevar subiendo por el curso del río Negro, desde Manaus, más allá del archipiélago Anavilhanas, pero en tal caso se habrá alejado mucho de todo y entrará en el ámbito de la alta aventura. Los ríos que hay alrededor de la pequeña ciudad de Barcelos, a 420 kilómetros al noroeste de Manaus, son famosos por sus vistosos peces de colores. Hay viajes organizados para verlos y también para asistir al festival anual de peces de colores que se celebra en enero o febrero. El viaje más desafiante es la ascensión del pico más alto de Brasil, el Pico da Neblina, de 3.014 metros, en la frontera con Venezuela. En la subida y el descenso se emplean por lo menos diez días y no deben intentarse sin entrenamiento previo.

Jimmy Carter. Al recorrer las pasarelas, por encima del lecho de la jungla y rodeado de follaje y de aves, tuve la sensación de hallarme en la más peculiar y elaborada casa que se hubiese construido en un árbol, que compartía con numerosas araraunas de brillantes colores y colonias de monos lanudos (*Lagothrix lagotricha*) y monos ardilla (*Saimiri seiureus*), que colgaban entre las ramas, junto al restaurante, para aprovechar los restos.

ENTRE EL CIELO Y EL AGUA

Los invitados se dividen en dos grupos, según el idioma que hablen, y se les asigna un guía que dirigirá todas sus actividades. Me uní a una familia de australianos, a una madre y su hijo de Holanda, parejas de Ucrania e Italia y una enfermera de Canadá. Nuestras excursiones estarían dirigidas por Charles, un expatriado francés que se desenvuelve bien en la jungla, después de haber guiado a las tropas estadounidenses durante la guerra de Vietnam.

Empezamos a las 8.00 horas, una hora después del desayuno, con una travesía en bote río arriba, hasta el pequeño pueblo caboclo de **Acajatuba**, en el lago del mismo nombre. El viaje hasta el pueblo es muy caluroso bajo el duro sol ecuatorial, incluso a esta hora, y se distribuyeron sombrillas para conseguir algo de sombra. Los delfines nadaron a lo largo del bote, y las libélulas cruzaban con rapidez ante nosotros, en el aire húmedo. El bote se detuvo a tres grados al sur del ecuador, para que Charles pudiera indicarnos el inicio de las **Anavilhanas**, un seductor archipiélago de 90 kilómetros de longitud, compuesto por más de 400 islas, que en el idioma local significa «el lugar donde el cielo se encuentra con el agua». Hasta hace poco se creía que este archipiélago fluvial era el más grande del mundo, pero la cartografía por satélite ha identificado otro grupo todavía más importante en el río Negro, cerca del Parque Nacional de Pico da Neblina (véase recuadro, página 136).

El pueblo caboclo se compone de unas 40 casas de madera, donde viven unas 220 personas, dos iglesias, cuatro bares, una escuela, un dispensario y un campo de fútbol, donde unos jóvenes practicaban lanzamientos a puerta. Los caboclos son mezcla de indios y portugueses u otra herencia inmigrante (en esta parte

LOS INDIOS

Las oportunidades de encontrar indios de pura raza durante un viaje por la jungla son muy escasas y potencialmente fatales... para los indios, si es que encuentra alguno. En el norte de la Amazonia, en la frontera con Venezuela, vive una de las tribus más grandes, la de los yanomami, de los que se cree que hay unos 18.000. Su cultura apenas ha cambiado desde la Edad de piedra y hasta la década de 1970 habían vivido en el más completo aislamiento del mundo moderno.

A pesar de alguna protección que les proporcionan las reservas, las incursiones por la jungla de los *garimpeiros* (buscadores de oro) y del ejército, deseoso de estimular el asentamiento humano a lo largo de la frontera norte de Brasil, han demostrado ser desastrosos para los yanomami, que no cuentan con inmunidad ante las enfermedades comunes. Esta es una razón importante para evitar los viajes organizados que ofrecen la posibilidad de visitar las reservas yanomami. En cualquier casi, es necesario obtener permiso de la FUNAI, la institución gubernamental que se ocupa de los asuntos indios, para visitar las reservas indias, y éste no se concede a los turistas.

del Amazonas no ha habido indios de sangre pura desde hace siglos; véase recuadro). Se ganan la vida con la pesca y la agricultura y cultivan principalmente raíz de mandioca. Como los turistas han empezado a llegar, también hay una tienda para la venta de recuerdos, con collares, cabezas disecadas de pequeños caimanes y pirañas montadas.

PESCA DE PIRAÑAS

Después de la anaconda, la serpiente más grande del mundo, los habitantes más notables del Amazonas son las pirañas. Hay 25 tipos diferentes de estos peces carnívoros con dientes tan afilados como cuchillas. Mientras estábamos sentados en la alargada canoa, a últimas horas de la tarde, sosteniendo primitivas cañas de pescar sobre el agua, Charles ex-

ARRIBA: el bosque inundado sobre el río Negro. IZQUIERDA: la piraña no es un pez grande, pero caza en enormes bandadas, capaces de dejar en los huesos a un gran mamífero en cuestión de minutos. Esta, sin embargo, está destinada a la cena.

plicó que, a pesar de las tenebrosas leyendas, pocas pirañas se atreverían a dar un bocado si nos cayéramos al agua, siempre y cuando no estuviéramos ya sangrando. Pero a juzgar por la forma en que las pirañas engullían ávidamente los trozos de carne sujetos a nuestros anzuelos, resultaba difícil creer que no mos-

DERECHA: en movimiento, el mono lanudo es rápido y ágil y se balancea entre los árboles pasando de una mano a otra, al estilo de estos primates. Pero, en lugar de forrajear su habitual dieta de frutos, este prefiere esperar los restos de la cena del restaurante Ariaü, en la jungla.

traran ningún interés por cualquier humano lo bastante estúpido como para darse un chapuzón.

Para atraparlas, el truco consiste en ocultar el anzuelo entre la carne y tirar rápidamente en cuanto se note el tirón del sedal. Aunque me las arreglé para pescar la primera pieza de la tarde, mi suerte cambió a partir de entonces y fueron mis compañeros los que aportaron la mayor parte de las capturas que más tarde se servirían, fritas, para la cena.

Tras haber degustado el manjar, regresamos al mismo tramo del río para observar a los caimanes. Mientras el bote se deslizaba lentamente, el guía iluminó con la linterna los juncos y el agua vítrea y tuvimos la sensación de estar participando en la filmación de una película o en la búsqueda de un cuerpo en las marismas. El foco detectó los ojos anaranjados de un caimán, que parecían como las lumbres ardientes de cigarrillos al aparecer sobre la oscura superficie del río. De repente, el guía introdujo las manos en el agua, sacó de ella un caimán de no más de un metro de longitud y nos lo ofreció, con la dentada boca abierta, para que lo sostuviéramos, una oportunidad que no vacilé en declinar.

La agradable tormenta

A la mañana siguiente, Mark Aitchison, propietario de la agencia de viajes Swallows and Amazons, especializada en viajes por la jungla y el río, llegó a Ariaü para llevarme a su hacienda particular y de su esposa Tania, el **Albergue Overlook**. Fue un trayecto ajetreado y animado en la pequeña lancha motora de acero, con la que cruzamos el río Negro hasta la tranquila playa bordeada de palmeras donde encontramos el albergue brillantemente pintado. Para viajes en embarcación, se alquila uno de los barcos regionales. Los itinerarios incluyen tanto las junglas de los alrededores de río Negro y río Solimões, como el archipiélago Anavilhanas, que puede verse desde la terraza del albergue.

Construido sobre las 30.000 hectáreas propiedad de la familia de Tania, el albergue ofrece una visión sobre la vida de un típico y sencillo terrateniente junto al río. Reinaba un verdadero ambiente festivo cuando llegué, un domingo por la tarde y me uní a Tania, su familia y sus amigos, para realizar un viaje en lancha motora hasta un arroyo con huecos que formaban piscinas naturales para nadar, de agua agradablemente fresca, con unas cascadas al borde de la jungla. Más tarde, Mark me acompañó a dar un paseo por entre los campos cultivados y la selva virgen y secundaria que crecía

CUESTIONES DE SALUD Y SEGURIDAD

- ❏ La fiebre amarilla es endémica en esta parte de Brasil y a su llegada al aeropuerto de Manaus y en los barcos se le pedirá que muestre su certificado de vacunación; si no ha sido vacunado o no lleva su certificado (o una copia), lo más probable es que se le obligue a vacunarse allí mismo.

- ❏ Se debate mucho sobre la conveniencia o no de tomar pastillas profilácticas para protegerse contra la malaria. Existe el riesgo de contraer la enfermedad, pero es muy pequeño si limita su visita a Manaus y a la jungla en los alrededores del río Negro, generalmente libre de mosquitos. Consulte con un médico antes de partir. Tome, en cualquier caso, las precauciones básicas: aplíquese repelente contra insectos y procure llevar prendas de ropa largas y holgadas, especialmente al atardecer y por la noche.

- ❏ No subestime la fuerza del sol, ni siquiera en la sombreada jungla. Beba líquido abudante durante el día (es muy aconsejable el agua embotellada) y cúbrase con un protector solar de factor elevado.

por detrás del albergue; durante el paseo no dejó de hacer continuos comentarios sobre la flora y la fauna del lugar.

Trajeron piña fresca para complementar el pescado asado y la abundante ensalada de la cena. La puesta de sol se vio estropeada por las numerosas nubes que anunciaban la aproximación de una tormenta tropical. En la oscuridad, me balanceé lánguidamente en una hamaca en la terraza, mientras los relámpagos iluminaban el cielo. Las aves gritaban, el viento cobró fuerza y agitó los árboles y la verdadera tormenta no se desató hasta que estuvo prácticamente sobre nosotros. Después de tres días de implacable calor, la refrescante lluvia fue muy bien recibida y escuché con alivio el fuerte repiqueteo de las gotas sobre el tejado de hojalata.

VIAJAR SOLO

VIAJE POR EL INTERIOR

La forma más rápida de penetrar en la selva virgen del Amazonas es tomar un vuelo a Manaus. Si viaja a otras partes de Brasil, como Río o Iguaçu, valdrá la pena comprar un pase aéreo Varig Brasil, que sólo puede adquirirse fuera del país.

Aunque las carreteras situadas en las inmediaciones de Manaus son excelentes, no es posible circular desde la costa hasta la jungla por la BR230, conocida como Transamazónica, ya que buena parte de la vía es intransitable.

Para el transporte de larga distancia, es preferible utilizar embarcaciones y no debería tener ningún problema para encontrar plaza en una de ellas. El viaje desde Belem, en la costa, hasta Manaus, durará entre cuatro días y una semana, dependiendo del tipo de embarcación y de si viaja río arriba o río abajo. Los barcos más lujosos son los catamaranes, con camarotes con cuarto de baño y aire acondicionado, así como espacio de hamaca para 300 pasajeros. Más baratos y con mayor ambiente son los barcos fluviales de madera, de tres cubiertas, que zarpan diariamente desde los grandes puertos a lo largo del río. También ofrecen alojamiento en camarotes con camastros y hamacas en las cubiertas. Las primeras permiten cierta seguridad para el equipaje, pero las segundas son mucho más frescas.

Si no le apetece hacer largos recorridos, puede realizar un viaje más corto entre Manaus y, por ejemplo, Santarem, donde también hay un aeropuerto conectado con las grandes ciudades.

CUÁNDO IR

En el Amazonas llueve durante todo el año, pero los meses más húmedos son enero y febrero. En diciembre, las temperaturas se elevan regularmente por encima de los 40ºC y la humedad es constantemente elevada.

PLANIFICACIÓN

Los viajes por la jungla y en barco constituyen un gran negocio en Manaus, y probablemente se le acercará alguien para ofrecerle uno a los pocos minutos de su llegada al aeropuerto. Tenga una idea exacta de lo que quiere. Las excursiones de un día le permitirán saborear ligeramente lo que puede ofrecer la jungla, y son una buena forma de descubrir si desea aventurarse más allá. Los viajes típicos duran res días o más, con las opciones básicas de acampar en la selva, alojarse en un refugio en la jungla o realizar un crucero en un barco. Existe la posibilidad de un combinado en un solo viaje. Descubra cuáles son las mejores ofertas y si el operador turístico le cobra más del precio actual (unos 60 dólares diarios por los viajes más incómodos). Averigüe las condiciones antes de decidir si merece la pena realizar el gasto extra. Invierta algo de tiempo para investigar todas estas opciones. Compruebe qué incluye cada itinerario antes de contratarlo, y pida también conocer al guía previamente antes de partir, o confirme al menos su experiencia y sus conocimientos de idiomas si fuera necesario. Sea cual fuere el viaje que elija, siempre será una buena idea llevar comida extra, mucho repelente contra insectos y protector solar.

ALOJAMIENTO Y COMIDA

En Manaus encontrará una buena oferta de alojamiento, pero debido a las temperaturas y a la humedad constantemente altas, vale la pena pagar un hotel con un sistema decente de aire acondicionado e, idealmente, con piscina. La gama de restaurantes es menos impresionante, pero tampoco es escasa. En los albergues de la jungla y en las travesías en barco no es muy probable que le sirvan menús muy elaborados, pero dispondrá de numerosas oportunidades para probar los platos de pescado y las frutas exóticas locales.

QUÉ LLEVAR

En las largas travesías en barco por el Amazonas, se verá encerrado en un camarote o colgando en una hamaca durante varios días, por lo que es esencial hacer algunos preparativos. Necesitará:

- ❏ Una hamaca y una cuerda para atarla.
- ❏ Ropa ligera y holgada para protegerse contra los mosquitos por la noche, y una manta o sábana.
- ❏ Mucho repelente contra insectos.
- ❏ Mucha agua embotellada y suministros extra de alimentos para complementar lo que probablemente será una alimentación deficiente en el barco.
- ❏ Papel higiénico.
- ❏ El original de su certificado de vacunación contra la fiebre amarilla, o copia del mismo.
- ❏ Opciones extras que incluyan prismáticos para ver las distantes orillas del río, un diccionario de bolsillo (si no habla portugués), un buen libro para leer y un *walkman*.

La fuerza de las cataratas del Iguazú

por Simon Richmond

Las cataratas del Iguazú, extendidas entre dos países, Argentina y Brasil, constituyen una de las vistas más impresionantes del mundo. Desde ambas orillas puede tomar una embarcación para efectuar una travesía, en la que acabará empapado, hasta el corazón mismo de las cataratas, o bien puede explorar el hermoso parque de los alrededores.

Los habitantes originales de esta zona de las fronteras de Argentina, Brasil y Paraguay acudían a las cataratas para realizar ceremonias funerarias, y es por su nombre, Iguaçu, por el que actualmente se conocen el río y las famosas cataratas. Según una leyenda de los indios guaraníes las nubes nacieron en las cataratas del Iguazú. La palabra

se escribe de modo diferente, según el lado de la frontera donde se encuentre: Iguaçu en Brasil, Iguazú en Argentina e Iguassu en Paraguay, pero el significado siempre es el mismo: *I* por agua y *guaçu* por grande.

Sintetizar las cataratas de Iguazú en datos y estadísticas resulta fácil. Las cataratas tienen la forma de una alargada herradura extendida a lo largo de 2,7 kilómetros y descienden por lo menos 60 metros. Dependiendo del caudal del río Iguaçu, que nace a unos 600 kilómetros al este, en las montañas costeras cercanas a Curitiba, hay entre 150 y 300 cascadas separadas, muchas de ellas con nombres evo-

Abajo: vista de las tres cascadas por el lado argentino: Mitre, Belgrano y Rivadavia. Inserción: la atronadora muralla de agua llamada los Tres Mosqueteros.

 Los paseos son muy fáciles y están bien señalizados. Si no le gustan las emociones de los parques de atracciones, evite las travesías en barca hasta las cascadas.

★★ Tenga presentes el calor y los mosquitos. Los lugares más cómodos y convenientes donde alojarse son los hoteles de lujo, situados dentro de los parques nacionales. No obstante, no resulta difícil viajar a los parques desde las ciudades cercanas y utilizar un país como base para visitar el otro.

 Necesitará botas de excursionista para los paseos por los parques nacionales, prismáticos para ver las aves y una chaqueta impermeable para los paseos y las travesías en barca.

cadores, como Adán y Eva, Caín y Abel, o los Tres Mosqueteros. Declaradas patrimonio de la humanidad por la Unesco en 1986, las cataratas se hallan rodeadas por más de 230.000 hectáreas de selva virgen, protegidas como parque nacional.

Lo que ya resulta más difícil, sin embargo, es expresar en palabras lo que se siente al contemplar las cataratas del Iguaçu, que superan en amplitud y belleza a las del Niágara o a las Victoria. Será suficiente con decir que esta es una maravilla natural que provoca un verdadero asombro visual y uno desearía quedarse contemplándolas durante horas si no días y verlas desde todos los ángulos posibles. Afortunadamente, es posible hacerlo sí. Hay travesías en embarcación que permiten vistas desde el agua, pasarelas que permiten acercarse a pie a distancia del rocío y vuelos en helicóptero que permiten contemplar un panorama desde el aire. Continuamente aparecen nuevas instalaciones y actividades (véase recuadro de abajo), como consecuencia de la permanente rivalidad entre Brasil y Argentina por atraer a los visitantes a su lado de las cataratas. La verdad, sin embargo, es que para experimentar plenamente las cataratas del Iguaçu es necesario pasar un día completo en cada país.

Brindis a los trópicos

Empecé a familiarizarme con las cataratas en el lado brasileño, alojándome en el **Hotel Tropical das Cataratas**, un gran edificio de color rosado y crema, construido en estilo colonial e inaugurado en 1958. A principios de siglo estas tierras habían sido propiedad de la granja de Elfrida Schimmelpfeng, una emigrante alemana dedicada a cultivar soja. Cuando la visitó el aviador brasileño Alberto Santos Dumont, éste quedó tan impresionado por las cataratas que convenció al gobernador del estado para que comprara las tierras y las convirtiera en un parque nacional. Ahora, el parque abarca 170.000 hectáreas en la orilla norte del río Iguaçu, buena parte de las cuales están fuera de los límites de los turistas.

Una de las ventajas de alojarse en el Tropical (o en el Sheraton International, su competencia moderna en el lado argentino) es que podrá contemplar las cataratas y caminar por los parques antes de que se abran al público, a las 9.00 horas y después de que se cierren, a las 19.00 horas. Bien vale la pena hacer el esfuerzo de levantarse temprano, pues el amanecer es uno de los mejores momentos para observar las aves y desde el camino que conduce al hotel puede detectar el cuco de pico oscuro (*Coccyzus melacoryphus*), halcones, lechuzas, golondrinas y dos tipos diferentes de tucanes. Según se dice, ver las cataratas por la noche, a la luz de la luna, es también una experiencia memorable, pues la luz lunar da un resplandor azulado al rocío del agua que se precipita.

CAMBIOS EN EL PARQUE NACIONAL ARGENTINO

En el momento de escribir esta guía se están realizando grandes cambios estructurales en el lado argentino de las cataratas del Iguazú. A la entrada del parque nacional se construye un gran centro de visitantes nuevo, un anfiteatro y un centro de interpretación, donde también habrá restaurantes y tiendas. Los coches y autobuses aparcarán aquí y los visitantes podrán acercarse a las cataratas o viajar en el ferrocarril ligero que llegará hasta Puerto Canoas, donde se puede tomar una embarcación hasta el mirador desde el que se domina la Garganta del Diablo. Finalmente, los barcos serán sustituidos por un nuevo puente de 1,3 kilómetros que enlazará el mirador con la orilla del río.

El tren también se detendrá junto a las renovadas pasarelas, próximas al viejo centro de visitantes, situado en la casa de descanso original junto a las cataratas, que está siendo restaurada como nueva sede de las oficinas de investigación científica del parque. La pasarela del Paseo Inferior, actualmente en fase de construcción, proporcionará las vistas más íntimas y rodeadas de bosque de las cataratas, mientras que la pasarela del Paseo Superior está siendo ampliada en zigzag a través de una serie de estrechas islas cubiertas de vegetación, en el río Iguazú, antes de que éste caiga por el Salto Bossetti.

Una línea de árboles impide la visión de las cataratas, de las que sólo se ve un atisbo desde el Tropical, pero el sonido bajo y atronador del agua está siempre presente. A pocos metros de los escalones de la entrada principal del hotel ya se observa la primera vista espectacular del conjunto de cascadas conocidas como el **Salto Bossetti** (véase recuadro, página 148) y la verdosa isla rocosa de San Martín, que se eleva resueltamente entre los violentos torrentes de agua teñida de rosa que desciende a su alrededor. El color procede de la tierra de un rojo óxido que arrastra el caudal de agua.

Rodeando los acantilados, y extendiéndose a lo largo de 1,5 kilómetros hasta la garganta de las **cataratas Florianó**, se encuentra una pasarela para caminantes. A lo largo de ella es muy probable que vea coatíes (*Nasua nasua nelsoni*) un astuto pariente del mapache, que aprovecha las migajas dejadas por los turistas. La pasarela permite contemplar vistas excelentes, sobre todo cuando desciende al nivel de las cascadas y puede mirarse directamente a la atronadora cara de la **garganta del Diablo**, mientras una media de 1.750 centímetros cúbicos de agua por segundo se estrellan atronadoramente a su alrededor. Si tiene la intención de recorrer esta parte de las cataratas no olvide llevar una bolsa de plástico para proteger las cámaras del rocío. Cuando hay sol, los arco iris se arquean a través del agua. No en vano se dice que Argentina pone el espectáculo, mientras que Brasil cobra por las vistas.

Si no le apetece volver a subir hasta la carretera, por poco dinero puede utilizar el ascensor que funciona en las cataratas Florianó. Yo preferí caminar y de camino pude ver una gran balsa hinchable que se precipitaba hacia las atronadoras cascadas, en una misión aparentemente suicida. Mi siguiente visión de las cascadas será desde el interior de esa misma embarcación.

AVENTURAS CON «POPEYE»

La empresa Macuco Safari de Barco combina un viaje en *jeep* de una hora y un paseo por la selva virgen, en compañía de un guía bilingüe, con una emocionante travesía de 30 minutos en barca que asciende los rápidos por el cañón del Iguaçu hasta llegar al borde mismo de las cataratas. Me uní a otras seis personas en

LA PRESA DE ITAIPÚ

La presa hidroeléctrica más grande del mundo se halla situada a diez kilómetros al norte de Foz do Iguaçu, en Itaipú, donde el río Paraná se ve cruzado por una gigantesca presa que genera nada menos que 89.200 millones de kilovatios hora. La presa fue un proyecto conjunto entre Brasil y Paraguay y en 1995 fue declarada como una de las siete maravillas del mundo por parte de la Sociedad de Ingeniería Civil de Estados Unidos. Desde el Hotel Tropical das Cataratas se organizan viajes en microbús a la presa, pero son caros y resulta fácil viajar de modo independiente en uno de los autobuses locales que salen cada hora desde Foz do Iguaçu. En la presa hay un centro de visitantes donde proyectan una película sobre su construcción. De lunes a sábado se ofrecen también viajes en autobús con guía por lo alto de la presa, que duran una hora.

una especie de trolebús abierto que sería arrastrado durante el trayecto de tres kilómetros por entre el bosque por un todoterreno con pintura de camuflaje. Eduardo, uno de los miembros del grupo y estudiante local de derecho, realizaba el viaje por tercera vez, de tanto como había disfrutado con la experiencia en las ocasiones anteriores.

Mientras caminábamos nuestro joven guía, Valmor, hizo un atrevido intento, en portugués y en inglés, por explicar la flora y la fauna de la selva virgen subtropical. Nos dijo que en la jungla conviven más de mil especies diferentes de mariposas. Al aproximarnos, emprendieron el vuelo y se diseminaron densas bandadas de mariposas amarillas, conocidas como Jemas (que significa yema de huevo). Según nos explicó Valmor, los machos lamen la sal del suelo para mejorar su rendimiento sexual.

Por los bosques también merodean grandes felinos, incluido el jaguar (*Pantheon onca*), el ocelote (*Leopardus pardalis*) y el puma (*Felis concolor*), aunque se los resulta difícil ver-

IZQUIERDA: en el sendero Yacaratia que conduce a Puerto Macuco.

ARRIBA: vista de las cascadas del Iguaçu desde el lado brasileño.

los, y ni siquiera los guías más experimentados han tenido esa suerte. Los observadores de aves obtienen una mejor recompensa, ya que pueden ver tucanes, milanos cola de golondrina (*Elanoides forficatus*) y hasta águilas halcones. Abunda la flora exótica incluidos algunos tipos de orquídeas. Valmor señaló la chusara o corazón de la palma, una planta comestible que necesita crecer durante una década antes de que se pueda cosechar.

Se nos ofreció la posibilidad de ir en *jeep* hasta los escalones que descendían al río, o bien realizar un corto paseo cruzando la jungla. Nos decidimos por esta última opción, y así pasamos junto a una cascada de 20 metros, donde uno puede bañarse en el profundo estanque existente al pie. Ante nuestra consternación, Valmor nos pidió que tuviéramos cuidado con las arañas. Para ayudarnos a identificar las que teníamos que evitar, nos dijo que si la tela es geométrica, la araña que la ha creado no será peligrosa, pero si es irregular será mejor ir con precaución.

En el embarcadero, subimos a la balsa hinchable. Al timón iba un capitán de barba canosa, con la gorra blanca de marino airosamente ladeada. Su apodo es «Popeye» y es famoso en Brasil desde que apareció en la televisión y

CÓMO SE FORMARON LAS CATARATAS

Hace unos 100.000 años se abrió una falla a lo largo del lecho del río Paraná, en la confluencia con el río Iguazú. La tierra se desplazó, lo que dejó la orilla occidental del río (paraguaya) a unos 30 metros por encima del nivel de la orilla oriental. Las aguas del Paraná, al precipitarse, erosionaron aún más el agrietado lecho de roca y, con el transcurso de los milenios, ha producido un corte 80 metros más profundo, dejando que el Iguazú, por encima, formara las cataratas. Con el tiempo, las cascadas han retrocedido unos 23 kilómetros corriente arriba, abriendo el cañón que existe ahora. Incluso en la actualidad, trozos de basalto se desprenden ocasionalmente de la cara de la roca, para caer al fondo, como demostración de que el proceso de su evolución continúa.

en la película *Mr. Magoo*. Percibí un brillo de locura en los ojos de «Popeye» cuando descendimos por los rápidos hacia las cataratas, y una preocupada pasajera, una mujer italiana, se volvió hacia mí y me preguntó: «¿Está bien o se ha vuelto loco?».

Las garzas, encaramadas sobre las rocas del tórrido caudal, nos miraron impávidas cuando nos encontramos ante el atronador muro de agua. Entablar un duelo con los **Tres Mosqueteros** adquiere un significado completamente nuevo cuando los mosqueteros en cuestión son tres cascadas de 60 metros de altura y veinte metros de ancho y su rival no es más que una pequeña embarcación de turistas aventureros que no hacen otra cosa que chillar. A pesar de todo, durante el trayecto de regreso todos gritábamos pidiendo más, incluida la mujer italiana.

VUELOS ALGO CONTROVERTIDOS

Hace varios años, en la feroz competencia por atraer a los visitantes, los brasileños introdujeron los vuelos en helicóptero sobre las cataratas. Aunque permiten contemplar otra perspectiva del espectáculo acuático y entusiasman en sí mismos, estos viajes son controvertidos no sólo debido al ruido que generan sino porque en los momentos de mayor concurrencia, cuando los vuelos despegan casi cada 15 minutos, la perturbación que crean hace parecer que el Iguaçu se encuentre en la vanguardia de una zona de guerra.

No es nada sorprendente que los argentinos hayan sido los que más han gritado en su condena de los vuelos en helicóptero y los expertos en fauna afirman que el ruido altera a las aves del bosque y hasta provoca que algunas especies pongan huevos defectuosos. En el centro de visitantes del lado argentino hay una petición contra los helicópteros que ya ha sido firmada por más de 12.000 personas. Desde que las quejas contra los vuelos se presentaron ante la Unesco, en noviembre de 1997, los aparatos han empezado a volar más alto, a 750 metros sobre las copas de los árboles, en un intento por reducir el problema.

En lugar de contemplar las cataratas a vista de pájaro, un pasatiempo bastante mejor antes de abandonar el lado brasileño consiste en observar las aves del **Parque das Aves**, justo frente a la entrada del parque, donde hay enormes aviarios con más de 60 especies diferentes de aves de todo el Brasil y de otros lugares. El marco, de incomparable belleza, permite la observación de una gran cantidad de aves hermosas y generalmente tímidas, como flamencos, el rhea similar al avestruz (*Rhea americana*), las araraunas jacinto (*Anodorhynchus hyacinthinus*) y los tucanes toco (*Ramphastoss toco*). Otro aspecto a destacar es la posibilidad de caminar por una casa de las mariposas, donde los colibríes y estos fabulosos insectos lepidópteros vuelan entre las flores exóticas.

CRUZAR EL RÍO

Para llegar desde el parque brasileño al lado argentino de las cascadas, tuve que emprender un viaje de más de 40 kilómetros que me hizo pasar por las ciudades de Foz do Iguaçu y Puerto Iguazú, y cruzar el río Iguaçu Inferior por el Ponte Tancredo Neves. La experiencia supone subir y bajar de cuatro autobuses diferentes. Si sólo está aquí para pasar un día en una visita organizada, es lo mejor que puede hacer, pero si tiene la intención de quedarse más tiempo o continuar viaje por Argentina, necesitará pasar por los trámites burocráticos de pasaporte en el lado argentino del puente.

El parque de Argentina, con 67.620 hectáreas, tiene menos de la mitad de tamaño que el de Brasil, pero es generalmente más accesible, con varios kilómetros de pasarelas y senderos cruzando la selva virgen. Fue en 1541 cuando los colonos europeos vieron por primera vez las cataratas, cuando Alvar Núñez Cabeza de Vaca, el segundo emisario real al Río de la Plata, se topó con ellas mientras se abría paso hacia Asunción, desde la costa. Las llamó cataratas de Santa María y ese fue el nombre que dieron los jesuitas a la misión de corta vida que establecieron aquí en el siglo XVII, pocos kilómetros río arriba. Las cataratas fueron «redescubiertas» en 1882 por el explorador suizo Giaccomo Bove y su guía inmigrante italiano Carlos Bossetti (por el que se dio el nombre del Salto Bossetti). La zona fue declarada parque nacional en 1934, siguiendo las recomendaciones del arquitecto paisajista Carlos

LAS MISIONES

Las cataratas están en la provincia argentina de Misiones. Al principio de la película británica *La misión* (1986), un sacerdote jesuita es atado a una cruz y arrojado a la deriva sobre el río Iguaçu, para que se dirigiera a una muerte segura al llegar a las cataratas. La película se basa en la triste historia de las misiones jesuitas en América del sur (llamadas *reducciones*) hasta 1767, cuando la orden religiosa fue expulsada del continente. Por la jungla de las fronteras entre Argentina, Brasil y Paraguay había unos 50 asentamientos guarniciones jesuitas, con grandes iglesias centrales, bibliotecas y dormitorios, construidas parcialmente para proteger a los indios de las incursiones de los cazadores de esclavos. Ahora sólo quedan ruinas, pero merece la pena visitarlas. Las mejores están en San Ignacio Miní, una misión donde llegaron a vivir 4.356 personas, convertida ahora en monumento nacional mantenido parcialmente por la Unesco. La ciudad más cercana a San Ignacio Miní es Posadas, a 63 kilómetros al este, pero también se pueden visitar las ruinas en un largo viaje de un día desde Puerto Iguazú.

Thays, que recibió el encargo gubernamental de estudiarlas.

A menudo resulta difícil escapar de las multitudes en Iguazú, que son visitadas cada año por más de medio millón de personas. Pero si emprende la marcha a primeras horas del día por el **sendero Macuco**, cuyo inició está a menos de un kilómetro del viejo centro de visitantes (véase recuadro, página 144), lo más probable es que tenga toda la selva para usted solo, a excepción de pollinas, faisanes, monos, mariposas y algún que otro ranger del parque. El sendero, de tres kilómetros, termina en el **salto Arochea**, dos pequeñas cascadas que caen sobre un pequeño estanque.

El Paseo Inferior y el Paseo Superior, cerca del viejo centro de visitantes, permiten caminar por pasarelas metálicas construidas sobre el suelo del bosque y cruzadas por las numerosas corrientes y brazos de río antes de formar

IZQUIERDA: una de las mariposas del aviario de las cataratas del Iguazú.
ABAJO: araraunas escarlata, los papagayos más corrientes de América del Sur, especie en peligro a causa de la deforestación y la caza.
DERECHA: el animado mono ardilla tiene una cola prensil excepcionalmente larga y unas características marcas faciales.

las cataratas. Estas plataformas evitan cualquier impacto sobre la vida vegetal. Aquí encontrará algunos de los mejores miradores para contemplar las **cascadas San Martín**, por detrás de la isla del mismo nombre. Desde el Paseo Inferior también es posible llegar al río y cruzarlo en barca hasta la isla de San Martín, donde un corto sendero conduce hasta **La Ventana**, una formación rocosa llamada así porque a través de ella pueden verse las cataratas.

El lugar más memorable del parque argentino es el balcón situado al borde de la Garganta del Diablo, la catarata más poderosa del mundo en términos de caudal de agua por segundo. Resulta hipnotizante ver a los vencejos que revolotean sin temor entre las nubes de rocío y que atraviesan a toda velocidad los velos de agua para llegar hasta sus nidos, en las rocas. Aquí, la mayor parte de la pasarela ha sido arrastrada por las inundaciones y el acceso a lo que queda se realiza en una corta travesía en transbordador desde Puerto Canoas, a unos tres kilómetros corriente arriba desde el centro de visitantes del parque, al menos hasta que se termine la construcción del nuevo puente.

REGRESO AL DILUVIO

Iguazú Jungle Explorer, la principal empresa de viajes de aventuras con sede en el Parque Nacional Iguazú, ofrece cinco paquetes diferentes de travesías en barco alrededor de las cataratas. La más relajante es el Safari Náutico, una travesía de 45 minutos en balsa hinchable a través de las islas cubiertas de bosque, a lo largo de la orilla oeste del **río Iguazú Superior**. Un guía conduce la balsa y señala la fauna que se observa durante el recorrido; podrá detectar numerosas aves, como el martín pescador verde, de plumaje esmeralda (*Choroceryle americana*), cormoranes negros y tortugas que toman el sol en las rocas. En un lugar tan pacífico resulta difícil pensar que se está tan cerca de las violentas cataratas.

El Safari Náutico puede combinarse con la travesía al balcón de la Garganta del Diablo. Si quiere dedicarle un día completo vaya al Paso Verde, que incluye un par de salidas en barca hacia el corazón de las cataratas. La más corta

de esas travesías zarpan del embarcadero de la pasarela del Paseo Inferior, frente a la isla de San Martín, y traza un bucle más allá de las cataratas San Martín, Mbygua, Bosetti y Adán y Eva, antes de pasar por debajo de los Tres Mosqueteros. La travesía más larga, llamada la Gran Aventura, se inicia ocho kilómetros abajo, en el **río Iguazú Inferior**, en Puerto Macuco, y recorre los rápidos en su viaje hacia las cataratas. Esa fue la travesía que decidí hacer.

La Gran Aventura se inicia en las oficinas de Iguazú Jungle Explorer, junto al viejo centro de visitantes, donde subí a la desvencijada caja abierta de un camión, aparentemente diseñado para transportar a las tropas hasta la batalla. Pasamos ante el lugar donde se construye el nuevo centro de visitantes y cruzamos por el embarrado **sendero Yacaratia**, que atraviesa la jungla hasta Puerto Macuco. En este viaje no hubo comentarios del guía, como en el Safari Macuco, en el lado brasileño, pero hay planes para crear un centro de interpretación junto al embarcadero.

Como los barcos son más grandes y estables y las cataratas están en el lado argentino de la garganta, nos acercaríamos más a ellas. En las cascadas San Martín nos sorprendió toda la fuerza del rocío. Fue entonces cuando afrontamos otro torneo con los mosqueteros. Luego, el capitán nos preguntó si ya habíamos tenido bastante o si queríamos probar de nuevo y 20 empapados pasajeros gritamos al unísono: «¡Otra vez!».

VIAJAR SOLO

VIAJE POR EL INTERIOR

Hay aeropuertos, tanto en Foz do Iguaçu como en Puerto Iguazú, con conexiones con las principales ciudades de Brasil, Argentina y Paraguay. Si viaja por Brasil o por los países de América del sur, le resultará rentable comprar un pase aéreo de Varig Brasil o de Mercosur, con validez para las líneas aéreas de Argentina, Brasil, Chile, Paraguay y Uruguay. Esos pases sólo se pueden adquirir fuera de América del sur, en combinación con un vuelo internacional.

Desde Foz do Iguaçu y desde Puerto Iguazú salen autobuses cada hora, entre las 9.00 y las 19.00 horas hasta las cascadas. Si cruza el Ponte Tancredo Neves en autobús, conserve el billete para poder tomar el siguiente autobús local que llegue una vez que haya pasado por el control de pasaportes.

Generalmente se desplazará por los parques a pie, a menos que disponga de su propio vehículo de transporte (puede alquilarlo en los aeropuertos).

Sólo a los clientes del Sheraton International Iguazú se les permite alquilar bicicletas (ocho dólares diarios).

CUÁNDO IR

El volumen de agua de las cataratas es mayor durante la temporada fría de las lluvias (de abril a julio), en la que algunas de las pasarelas más cercanas al río pueden estar cerradas. Aunque llueve durante todo el año, hace más calor en verano (de noviembre a marzo), cuando aumentan las temperaturas y la humedad. Los fines de semana, y particularmente el domingo, son los más concurridos para visitar las cataratas; para verlas con paz y tranquilidad, planifique su viaje durante la semana.

PLANIFICACIÓN

Se necesitan por lo menos dos días para ver ambos lados de las cataratas. El cruce entre Argentina y Brasil en autobús o taxi es directo y si sólo visita el otro país por un día, no necesita visado. La entrada al parque brasileño cuesta seis reales, que sólo se pueden pagar en moneda local, mientras que la entrada al parque argentino cuesta cinco dólares (precio que muy probablemente aumentará una vez se inauguren las nuevas instalaciones), que se pueden pagar en pesos o en dólares.

A la hora de organizar la salida tenga en cuenta que desde octubre a febrero el horario argentino va retrasado una hora con respecto al brasileño. Compruebe siempre los horarios de salida de autobuses al cruzar la frontera.

PAQUETES Y EXCURSIONES

Las mejores opciones de alojamiento son los hoteles que están dentro de los parques nacionales, pero puede realizar visitas de un día a cualquier lado de las cataratas desde Foz do Iguaçu o desde Puerto Iguazú. De los dos, Puerto Iguazú es la que cuenta con un ambiente más relajado de pequeña población.

Si considera la idea de alojarse en los mejores hoteles de lujo a cualquier lado de las cataratas, compruebe las ofertas de paquetes dentro de Brasil y Argentina, ya que serán indudablemente más baratas que reservar los vuelos y el alojamiento por separado.

Por el lado argentino, es posible contratar el servicio de un guía y que costará alrededor de 35 dólares por grupo.

De las dos empresas de aventuras fluviales decídase por la argentina si es usted nervioso, sus embarcaciones son más grandes y estables y sus conductores no suelen cometer osadías.

Para un vuelo sobre las cataratas se necesita un mínimo de dos personas. El trayecto, que dura siete minutos, cuesta 60 dólares por persona y traza varios círculos sobre las cataratas. El vuelo de 35 minutos sobrevuela también Puerto Iguazú y la presa de Itaipú (véase recuadro de la página 145), además de las cataratas.

ALOJAMIENTO Y COMIDA

Foz do Iguaçu es la que cuenta con la mejor gama de alojamiento, incluidas excelentes opciones económicas, pero evite la destartalada zona frente al agua después del anochecer. Son pocas las personas que han hecho el viaje de un día a Ciudad del Este, en Paraguay, que hayan hablado bien del lugar y no hay razón alguna para pernoctar allí.

Hay una pequeña pero buena gama de restaurantes, tanto en Foz do Iguaçu como en Puerto Iguazú. Las opciones de restauración en el parque son limitadas y poco asequibles, existe la opción de llevar un picnic. Si se lo puede permitir, acuda a los restaurantes de los hoteles Tropical y Sheraton.

QUÉ LLEVAR

❏ Botas de excursionista.

❏ Prismáticos para observar las aves.

❏ Chaqueta impermeable.

❏ Repelente contra los insectos.

CUESTIONES DE SALUD Y SEGURIDAD

Es aconsejable beber agua embotellada, tanto en Brasil como en Argentina. No hay peligro de contraer malaria, pero hay muchos mosquitos, así que póngase repelente contra insectos, lleve camisas y pantalones largos y holgados, especialmente por si pasea por la noche.

Rancho en la gran sabana de Brasil

por Simon Richmond

Una corta estancia en una pousada, preferiblemente perteneciente a un rancho en explotación, constituye una de las mejores formas de conocer el Pantanal, una vasta región acuosa en el oeste de Brasil, llena de animales y de aves.

El Pantanal abarca una zona más grande que Francia y, sin embargo, no hay que esforzarse mucho para ver y observar a los animales. Pocos segundos después de comenzar el primero de los safaris de la tarde durante mi estancia de tres días en el rancho en explotación y ecosistema del **Refugio Ecológico Caimán**, pude contemplar un caimán (*Caiman crocodilus*), oriundo de esta región, llamado también jacaré, aunque sólo pudiera ver sus ojos y la punta de su hocico, ya que el reptil mantenía el resto de su cuerpo por debajo del agua. Cerca estaba la jacana moteada (*Jacana jacana*), conocido también como ave de Jesús porque parece caminar sobre el agua.

El camión avanzaba lentamente por el camino. Eran mis compañeros de viaje, Ton y Mariou de Holanda, nuestro joven guía Fabio, con formación de veterinario, y el guía local de

ARRIBA: ganado bramah en la sabana.
IZQUIERDA: un caimán se desplaza por entre las
palmeras copernica de la laguna Carandazal.
INSERCIÓN: el caimán absorbe calor por la boca,
por lo que toma el sol con las mandíbulas abiertas.
Eso aumenta la temperatura de su cuerpo y le
proporciona energía suficiente para cazar.

1 La mayoría de actividades no suponen mayor esfuerzo que sentarse en un *jeep* o camión, montar a caballo o caminar lentamente y observar la fauna, por lo que son adecuadas prácticamente para cualquiera.

★★ En las *pousadas* de lujo, el alojamiento y la comida es de muy buena calidad, pero si se aloja en establecimientos baratos espere condiciones más duras, como una tienda, cabaña o hamaca. El Pantanal es muy húmedo durante la temporada de las lluvias y muy caluroso en la temporada seca, así que vaya preparado. Hay mosquitos durante todo el año.

 En la temporada húmeda necesitará por lo menos dos pares de botas, porque cualquier excursión supondrá mojarse los pies. Hace bastante calor para que un par de botas se sequen mientras lleva puestas las otras. Una mosquitera le ayudará a dormir cómodamente por las noches. Lleve prismáticos para ver los animales y las aves. Los fotógrafos deberían invertir en las mejores lentes de *zoom* que puedan permitirse. Si va solo al Pantanal, lleve consigo todo lo que necesite para una acampada.

BRASIL

campo. Seguimos el elevado camino de tierra que cruza la sabana inundada, ahuyentando a las mariposas. Pasamos junto a rebaños de ganado bramah, originalmente importado de la India, pero ahora con aspecto más escandinavo, con sus cuernos estilo vikingo. Fabio pedía frecuentemente al conductor que se detuviera para poder observar algún animal de cerca: entre la alta hierba había un capibara (*Hydrochaeris hydrochaeris*), el roedor más grande del mundo, mientras que por encima de nosotros volaban los milanos caracoleros (*Rostrhamus sociabilis*) y los pájaros de las lamentaciones (*Aramus guarana*). El ocasional rugido que escuchábamos era, según bromeó Fabio, el croar ampliado de la «rana de fórmula uno».

Antes de que terminara esa tarde habíamos detectado muchas más aves, incluida la ararauna de jacinto (*Anadorhynchus hyacinthinus*), de cien centímetros de longitud, el papagayo más grande del mundo, conocido en portugués como *arara azul*. El Pantanal es el hábitat principal de esta exótica ave de un azul intenso que destaca por su anillo amarillo por debajo del pico halconado. La caza y las trampas han disminuido mucho estas especies amenazadas y los patrocinadores del **refugio** promueven un proyecto para controlar el bienestar de las aves. Durante un paseo por el campo inundado, con el agua a la altura de los to-

billos, detectamos una zorra devoradora de cangrejos (*Cerdocyon thous*) y los ciervos se apresuraron a internarse en la espesura al aproximarnos a terrenos más altos, mientras que una gran tortuga se escondía dentro de su concha.

Regresamos al albergue al ponerse el sol que arrancaba sombras silueteadas de los árboles, contra un cielo que ofrecía toda una variedad de matices de color, desde el rosa flamenco hasta el turquesa intenso. Las cigarras y las araraunas se unían al coro del anochecer, mientras las ranas fórmula uno daban la última vuelta por el circuito del Grand Prix del Pantanal.

AUGE DEL ECOTURISMO

El Pantanal es una de las reservas naturales más ricas del mundo. Su sabana de 140.000 kilómetros cuadrados de superficie se extiende a través de los estados brasileños occidentales de Mato Grosso y Mato Grosso do Sul, así como por parte de las vecinas Bolivia y Paraguay. No se trata de un pantano, sino de una llanura aluvial, en la que los ríos se desbordan cada año durante la temporada de las lluvias, inundando las *baias* (pequeños lagos y estanques) y creando un ambiente similar al de los Everglades de Florida.

En la zona existe, durante todo el año, la mayor concentración de fauna que se encuen-

BONITO

Al sur del Pantanal y a cinco horas por carretera de Campo Grande, hay otro destino alternativo de ecoturismo, en la tranquila ciudad de Bonito. Desde que fuera «descubierta» por la televisión brasileña, a principios de la década de 1990, los atractivos naturales de los alrededores de Bonito le han asegurado una corriente continua de visitantes locales que, a juzgar por sus entusiastas recomendaciones, raras veces se ven decepcionados.

Los lugares principales a los que dirigirse son Gruta do Lago Azul, una cueva gigante en medio de bosques protegidos, a 20 kilómetros de Bonito, y el Acuario Natural, un lugar donde se puede bucear rodeado de peces en las fuentes del río Formoso, a siete kilómetros de la ciudad. Estos dos lugares pueden visitarse de modo independiente, pero a la vista de las normas de entrada es más conveniente y barato hacer un viaje organizado. Se puede realizar el descenso en balsa por aguas bravas y el buceo con agentes como Hapankany Tours, en Bonito (véase «Contactos», págs. 257-292).

Hay más de 30 hoteles, así como el nuevo albergue de juventud para 50 plazas, pero si tiene la intención de visitar la ciudad en Navidades o Semana Santa, o entre julio y agosto, necesitará reservar alojamiento con antelación. Para más detalles póngase en contacto con el servicio de información turística, en Campo Grande (véase «Contactos«, págs. 257-292).

tra en América del Sur. Se ha calculado que aquí viven aproximadamente 650 especies de aves, incluidas garzas, araraunas, espátulas, cigüeñas y tucanes y que hay unas 80 especies de mamíferos y reptiles, como ciervos, monos, lagartos, anacondas y caimanes. Las aves migratorias, como los patos y ánades de Argentina y América central, también dependen del Pantanal, y se alimentan de las 400 especies diferentes de peces que crían en los humedales. Y, a diferencia del Amazonas, donde la densa jungla oscurece buena parte de la fauna, el Pantanal cuenta con unos amplios espacios abiertos que la hacen ideal para los safaris.

El animal que verá con mayor frecuencia

El Pantanal se extiende por los estados brasileños occidentales.

es la vaca. Los ranchos, llamados *fazendas*, surgieron sobre los prados del Pantanal a finales del siglo XIX, justo cuando se acababa la fiebre del oro. En la actualidad, la explotación de los ranchos se encuentra de capa caída y aunque en la zona hay unos 23 millones de cabezas de ganado, las vacas empiezan a jugar un papel secundario respecto de los mamíferos, aves y peces indígenas, cuya importancia comercial se ha puesto de manifiesto con el aumento del ecoturismo. El **Refugio Ecológico Caimán** está situado en el extremo sur del Pantanal, a 236 kilómetros al oeste de Campo Grande, la capital de Mato Grosso do Sul, y ha marcado el camino a la hora de capitalizar el auge del ecoturismo. Cuando su propietario, Roberto Klaibin, convirtió sus 53.000 hectáreas de propiedad en una empresa ecoturística, a mediados de la década de 1980, sus vecinos creyeron que estaba loco. Separó unas 7.000 hectáreas como reserva ecológica, desalojó la casa familiar (Pousada Caimán, un albergue de estilo colonial) y construyó tres albergues más pequeños y modernos en la propiedad. Posteriormente, quince años más tarde, el instinto de Klaibin ha demostrado tener razón y por todo el Pantanal son numerosas las *fazendas* que se dedican al ecoturismo como un medio de sobrevivir.

LA TRANSPANTANEIRA

A pesar de estar llena de baches a lo largo de sus 145 kilómetros, y de que termina en medio de ninguna parte, la carretera Transpantaneira, que conecta Pocone, a 100 kilómetros de Cuiabá, y el puesto avanzado de Porto Jofre, es uno de los mejores lugares del Pantanal norte para detectar la fauna de la región. La carretera sigue un trazado elevado de dos o tres metros sobre la llanura y tiene unos 120 puentes, muchos de los cuales son de madera y están destartalados. El plan original consistió en construir una carretera que cruzara por completo el Pantanal, pero las fuerzas combinadas de la oposición ecológica y los problemas técnicos impusieron una interrupción del proyecto.

En Cuiabá hay numerosos operadores turísticos y guías libres que le ayudarán a organizar un viaje por la Transpantaneira. Si alquila un vehículo, es aconsejable que sea con tracción en las cuatro ruedas, ya que le facilitará la conducción, aunque no sea esencial. Compruebe que tiene una rueda de repuesto en buen estado y mantenga el depósito lleno de gasolina. Es posible hacer autostop por la Transpantaneira, aunque no es recomendable, debido sobre todo al riesgo de acaloramiento.

INSERCIÓN: dos de los cuatro pantaneiros *que vimos en el corral, ayudando a atrapar al siguiente potro para su castrado.*

ARRIBA: en el refugio ecológico Caimán puede montar junto con los pantaneiros que conducen el ganado hacia tierras más altas.

VAQUEROS Y CAIMANES

Aparte de su cercanía a una naturaleza abundante, el principal haber del Refugio Ecológico Caimán es el personal entusiasta de biólogos y naturalistas bilingües, llamados *caimaneros*, y sus guías locales de campo, gentes que han crecido y vivido en el Pantanal, que conocen la tierra y sus habitantes como si fuera a su propia familia. Juntos dirigen las excursiones, los safaris en camión, las excursiones a caballo y las travesías en barca por la *fazenda*, ofreciendo la información de fondo y el contacto personal capaces de transformar el recorrido por unos pantanos plagados de mosquitos en una aventura fascinante.

A las seis y media de cada mañana se toca una campana que llama a todos los clientes al desayuno y 30 minutos más tarde se inician las excursiones matinales, antes de que el fuerte sol se eleve demasiado en el cielo. En temporada alta, cuando el albergue está lleno, hay una serie de excursiones entre las que elegir, todas ellas detalladas en un tablero de anuncios situado en el patio, junto a la piscina. Cerca hay una fotografía de Harrison Ford con los caimaneros, un recuerdo de la visita de Ford como miembro del consejo de Conservación Internacional.

El caimanero que nos dirigió esa mañana fue Tilo, un biólogo de ascendencia alemana, acompañado por Getulio, el guía de campo, un fornido ex vaquero. Getulio llevaba un cubo con entrañas de ganado como desayuno para el caimán que suele acudir al **Ponte do Paizinho** (el puente del Padrecito), llamado así por el anciano que primero se dedicó a alimentar a los reptiles, hace ya muchos años. De camino nos cruzamos con los vaqueros (conocidos en esta zona como *pantaneiros*), que estaban esperando la llegada del veterinario para que les ayudara a castrar una manada de potros.

En el bosque que se extiende a lo largo del borde de la laguna, los monos capuchinos (*Cebus capusinus*) colgaban de los árboles y entre la maleza se escabulló un agoutí (*Dasyprocta leporina*), un gran roedor sin cola. Una cigüeña gigante de cuello rojo, el jabirú (*Ephippiorhynchus mycteria*), tomaba el sol en el otro extremo del estanque, desde el puente, mientras los cormoranes se zambullían en el agua en busca de pescado, sin el menor temor a los diversos caimanes que acechaban cerca. La razón de su osadía no tardó en ponerse de manifiesto: los caimanes esperaban otras presas mucho más fáciles. En cuanto llegamos, salieron a la tierra para alimentarse. Torpes y algo ciegos, se subieron unos sobre otros y a menudo no encontraban la carne que tan ávidamente engullían. Tilo azuzó a un caimán con un palo, indicándole los pellejos que tanto les gustan. Cada año se cazan por lo menos dos millones de caimanes, tantos que la especie se encuentra en peligro de extinción y aunque su aspecto es aterrador, estos reptiles prehistóricos resultan inofensivos si no se les provoca.

EXPLOTACIÓN DEL RANCHO

La ventaja de alojarse en un rancho de cría de ganado como el Refugio Ecológico Caimán es que se puede ver a los *pantaneiros* enfrascados en el trabajo. A los émulos de John Wayne se les aconseja visitar un rancho entre mayo y noviembre, la temporada alta para el trabajo con el ganado. Después de reunir las 23.000 reses de la *fazenda*, separar a los machos de las hembras y marcar a los becerros, los *pantaneiros* guían al ganado hacia los pastos altos, antes de que se inicien las lluvias. Es posible unirse a estos grupos de conducción de ganado y cabalgar con los *pantaneiros*, experimentar el calor, la humedad, los mosquitos y el fantástico paisaje.

En los meses más tranquilos, la actividad se concentra en domar los caballos. Cuando llegamos al corral, el veterinario ya estaba operando al segundo potro, con las patas levantadas, sostenido por cuatro *pantaneiros*. A los dos años de edad, los potros empiezan a ponerse fogosos, y hay que castrarlos para que los *pantaneiros* puedan domarlos para que realicen trabajos útiles. La sangre y el yodo manchan el suelo embarrado y los restantes potros se arremolinan nerviosos junto a la valla. Cuando llega el momento de empezar con el siguiente, el caballo cabriolea por el corral, tratando de evitar el lazo, como sabiendo que está a punto de perder su virilidad, que luego será arrojada a los perros, que esperan cerca el festín antes de hora.

CONSEJOS PARA MONTAR AL ESTILO DE AMÉRICA

❏ Monte el caballo desde el lado izquierdo. Ponga el pie izquierdo en el estribo, aúpese tomando impulso con el pie derecho y balancee la pierna derecha sobre la silla.

❏ Sostenga las riendas con la mano derecha, en un punto situado por encima y delante de la cruz (la base de la nuca del caballo). Si lleva las riendas demasiado largas le resultará difícil tirar de ellas hacia usted cuando quiera detenerse.

❏ Mantenga apenas los dedos de los pies en el estribo.

❏ Para que el caballo avance, utilice las piernas, presionando con ellas contra los costados del animal para empujarle a avanzar. Si quiere detenerse tire con suavidad de las riendas e inclínese ligeramente hacia atrás.

Desde las cercas, tomamos té de *terere* a través de una pajita de plata que actúa como filtro, sorbiendo el líquido de un cuerno hueco de toro y observamos al veterinario, vestido con un mono azul, que maneja la jeringuilla y el escalpelo con precisión. El caballo forcejea y suda hasta que sufre el inicuo tratamiento final que le deja vacío el escroto, espolvoreado con un polvo desinfectante blanco y rociado con una solución purpúrea para ahuyentar a las moscas. Antes de que lo suelten para que retoce medio adormilado, se le corta la cola, lo que indica que se ha convertido ahora en un castrado. Es un espectáculo sangriento, pero también una visión fascinante de la dura vida de los *pantaneiros*.

SAFARI A CABALLO

Maurizio, otro miembro del equipo de cinco caimaneros, sería nuestro guía para la actividad de la tarde, una excursión a caballo por el **Carandrazal**, una hermosa laguna de la que brotan cientos de frondosas palmeras copérnica, más allá de la *baia* junto a la Pousada Caimán. Dos meses antes, toda esta zona había sido una llanura reseca y polvorienta, cubierta de hierba. Ahora, y a excepción de algunas *cordilheiras* (islas de terreno seco que se convierten en el hábitat de los animales y reptiles en la temporada húmeda) se hallaba toda bajo por lo menos un metro de agua.

La pareja holandesa nunca había montado con anterioridad, pero el ritmo era lento y los caballos, todos ellos cansados después de haber cumplido con una dura jornada de trabajo en el rancho, se manejaban con facilidad. Getulio se unió de nuevo a nuestro grupo, indicando el camino y asegurándose de que los caballos no pisotearan accidentalmente un caimán. A los caballos no les importa el agua, y de hecho les gusta vadear por entre los pastizales pantanosos, mientras Maurizio nos señalaba grandes halcones negros, lechuzas y más araraunas jacinto. Mis botas recientemente secas quedaron de nuevo totalmente empapadas.

El sol se ponía cuando regresaban por el puente hacia la *pousada*, pero las actividades de la jornada no habían terminado aún. Después de cenar, a las 20.00 horas, emprendimos el safari nocturno dirigido por Fabio. A la luz de los focos vimos cómo pesca el caimán: mantiene las mandíbulas abiertas en el punto por donde el río vierte sus aguas en el estanque y los peces caen en su boca del mismo modo que en una red. También pasamos junto a una manada de capibaras, que parecían conejos gigantes, alimentándose de las plantas del pantano. Pero las más memorables fueron las luciérnagas, que relucían a nuestro alrededor en la noche como estrellas fugaces y el increíble concierto de los humedales, intensificado por la oscuridad.

GRANDES FELINOS Y AVES

El safari de la mañana del tercer día fue dirigido por Tietta, la única caimanera del equipo y Eduardo, el guía de campo. Nos dirigimos en camión hasta la **Pousada Cordilheira**, a 14 kilómetros de Pousada Caimán, y la opción de alojamiento más remota del refugio. A lo largo de la ruta detectamos el ibis, el martín pescador (*Megaceryle torquata*), el gran halcón negro (*Buteogallus urubitinga*) y el gran ani (*Crotophaga major*), que emigra al Pantanal en la temporada húmeda; todos

andaban a la búsqueda de peces en las llanuras recientemente inundadas.

Uno de los aspectos más asombrosos del Pantanal es la rapidez con la que los peces pueblan la zona después de las primeras lluvias de la temporada húmeda. Según la leyenda local, llueven peces, pero una explicación menos fantástica es que incuban de los huevos puestos en el barro.

Si le interesa ir a pescar por el Pantanal (véase recuadro, página 164), los mejores lugares desde donde organizar un viaje son Cuiabá y Corumbá, en el norte. La destartalada ciudad de Corumbá, junto a la frontera boliviana, en el corazón del Pantanal, fue un gran puerto fluvial en el siglo XIX. Ahora es el lugar al que hay que dirigirse si se quiere recorrer el Pantanal en un viaje barato. Los guías salen al encuentro de los autobuses y trenes que llegan a la ciudad y deambulan por los hoteles y restaurantes.

Desde Pousada Cordilheira seguimos a pie a lo largo de un sendero que cruzaba el bosque. Tietta señaló un hormiguero y quedé impresionado al saber que las poderosas hormigas que habitan aquí son capaces de transportar hasta 30 veces su propio peso, una hazaña equivalente a la de un ser humano que levantara un coche en vilo. Entonces, Eduardo nos hizo señas para que nos detuviéramos. A diez metros por delante de nosotros, en el camino, agazapado entre las sombras, había un ocelote (*Leopardus paradalis*), un depredador que raras veces se detecta a estas horas del día. Durante unos segundos tanto el gran felino como el grupo de humanos se quedó como petrificado. Nos miramos fijamente. Luego, con un par de saltos, el ocelote desapareció en el interior del bosque.

Al salir de entre los árboles nos esperaba otro momento estelar. Tres avestruces de la pampa (*Rhea americana*), primos del emu y

del avestruz, y el ave más grande de América, se alimentaban de la alta hierba del pastizal abierto. Según Tietta, estas aves pardas y grises son capaces de correr a 60 kilómetros por hora y, ciertamente, no se quedan donde están una vez que han descubierto que tienen compañía.

ARRIBA: el capibara es el roedor más grande del mundo; puede alcanzar 1,3 metros de longitud y pesar 50 kilos. Es un animal social, excelente nadador y buceador, por lo que se le encuentra en grupos familiares cerca del agua, como en las marismas. Lo más probable es que los vea al amanecer o al anochecer, en busca de alimento o nadando, sacando a la superficie sólo los ojos, la nariz y las orejas.
IZQUIERDA: el Refugio da Ilha.
ABAJO: travesía en un bote de remos para explorar la bahía junto a Pousada Caiman.

Madre de Dios

Mamor

Guapor

Trinidad

Lago
Titicaca

16 17

La Paz   **Cochabamba**

Oruro   **Santa Cruz**

Lago de
Poop   **Sucre**

Potosí

Salar
de
Uyuni   Uyuni

Tarija

5916m

| 0 | 250 | 500 km |
| 0 | 100 | 200 | 300 m |

BOLIVIA

Bolivia, un país sin salida al mar, quizá sea uno de los
más pobres de América del sur, pero es rico en be-
llezas naturales, cultura indígena y oportunidades
para el turismo de aventura. Aquí encontrará alguno de los
paisajes más extremos del mundo: desde las impresionantes
alturas de la Cordillera Real, hasta las sofocantes y frondosas junglas del Yungas y de la cuenca del Amazonas, hay una
diferencia de altitud de más de 5.000 metros.

Necesitará mucho tiempo y un cierto sentido del humor
para orientarse en este país surrealista donde las mujeres
venden extrañas pociones en los mercados de La Paz, los flamencos se pavonean por los lagos de colores pastel del altiplano y las carreteras y ferrocarriles se encuentran en estado
agónico. Pero la escalada de montaña y el senderismo a lo
largo de caminos pavimentados prehispánicos, y las incursiones por la jungla y a través de alejados parques nacionales, hacen que el esfuerzo merezca la pena.

Los senderos a los Yungas, desde La Cumbre, Bolivia.

La cordillera

por Simon Richmond

La pintoresca ciudad de Sorata, fantasiosamente comparada con el Jardín del Edén de Adán y Eva, es un verdadero paraíso cuando se trata de emprender excursiones y escaladas por la parte norte de la Cordillera Real, de picos nevados.

El aeropuerto John F. Kennedy de La Paz, a 4.058 metros de altura, es el aeropuerto comercial más alto del mundo y aterrizar en él es una experiencia enervante. Desde la ventanilla puedo ver el altiplano, el lago Titicaca en la distancia y las cuadriculadas casas de ladrillo de la ciudad que descienden por un alto cañón, rodeadas de los serrados picos de los Andes, cubiertos de nieve. Este no es el lugar óptimo donde situar una pista de aterrizaje, pero en el escaso aire de esta elevada altura, los aviones tienen que acelerar para poder aterrizar con seguridad.

Una vez en tierra, la altura me afectó y

no me resultó fácil respirar. Durante los dos días siguientes me tomé las cosas con calma, aclimatándome a la altura, mientras caminaba lentamente por las empinadas calles de la capital *de facto* de Bolivia, ya que la oficial es Sucre, a unos 500 kilómetros más al sur. En el animado ambiente recorrí los pintorescos mercados callejeros y me detuve para tomar unas reconstituyentes tazas del brebaje local, el mate de coca.

Al tercer día ya estaba preparado para dirigirme a Sorata, a 149 kilómetros al noroeste de La Paz, a una altura ya más suave de 2.695 metros. Esta tranquila ciudad colonial, encaramada en una montaña en medio de fértiles valles y alimentada por deslumbrantes corrientes, ha sido comparada en la literatura boliviana con el Jardín del Edén. Evidentemente, no es tan perfecta, pero Sorata es la base ideal para excursionistas y escaladores que desean emprender excursiones hacia la parte norte de la Cordillera Real, de 160 kilómetros de longitud, que forma el flanco oriental de los Andes; en cuanto a lo demás, Sorata es uno de los mejores lugares donde relajarse en Bolivia.

Llegué al principio de la estación de las lluvias, lo que amortiguó un tanto la posibilidad de emprender excursiones más largas, como el circuito de siete días del macizo Illampu-Ancohuma, o el infame sendero Mapiri. Pero, mientras se mantuviera el buen tiempo no había razón por la que no pudiera dirigirme a la laguna Glaciar, una excursión de tres días desde Sorata, o al menos caminar durante un par de días por una zona de la que los antiguos imperios de Tiahuanaco y de los incas extrajeron oro.

4 En la Cordillera Real hay más de 500 montañas con más de 5.000 metros. Sorata es la base para el extremo norte de la cadena y en particular para el macizo Illampu-Ancohuma. Por las estribaciones pueden realizarse numerosas excursiones a pie fáciles, de un día, pero para las caminatas y ascensiones más largas se recomienda una cierta preparación. Tendrá que aclimatarse en La Paz durante una semana antes de intentar la ascensión a las montañas más altas, como el Huayna Potosí y el Illampu, y haber elegido un guía, pues en Sorata no hay guías montañeros experimentados.

★★ Sorata es una pequeña ciudad muy agradable, con unos pocos hoteles y restaurantes buenos, pero nada parecido a niveles internacionales. Una vez en las montañas, la comodidad dependerá de sus propios recursos. No obstante, cuanta menos carga lleve, más fácil le resultará la marcha.

Es esencial usar gafas de esquí a prueba de rayos ultravioleta para protegerse contra la ceguera de la nieve. Lleve sus propias botas de escalada, saco de dormir y esterilla para dormir. El resto del equipo se puede alquilar en La Paz. Para cocinar, no olvide una estufa multicombustible que pueda quemar la barata gasolina que se encuentra en Bolivia. Es conveniente un protector de la mochila para impedir la penetración de polvos y agua durante las excursiones y en los momentos en que tenga que transportarla en la baca de un autobús.

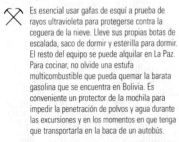

VIAJE A SORATA

Compartí un taxi hasta el barrio de Cementerio, con Pete de Inglaterra y Cathy de Nueva Zelanda. Habíamos partido con mucho tiempo (el suficiente como para encontrarnos metidos en los embotellamientos de tráfico de La Paz), sólo para descubrir que el autobús que nos llevaría desde Cementerio a Sorata iba con retraso, lo que daba a los comisionistas más tiempo para tratar de vendernos sus aprovisionamientos de papel higiénico, cerillas y dulces. Junto con una pareja alemana, éramos los únicos «gringos» en un autobús lleno de hombres y mujeres aymarás, con sus hijos envueltos en cálidas prendas de lana, todos los cuales se dirigían hacia el altiplano y más allá.

Finalmente, emprendimos la marcha, serpenteando para salir del cañón, ante edificios cubiertos de *graffiti* de El Alto, una destartalada barriada urbana de La Paz. El sol se reflejaba en los tejados de estaño de las casas del valle, allá abajo, lo que las hacía parecer como cristales de cuarzo en una mina a cielo abierto. Más allá del puesto de control de la policía, donde es posible que tenga que mostrar su pasaporte, empieza la Bolivia rural y una hora más tarde pasábamos ante el lago Titicaca. En todo momento no dejamos de ver las montañas de la Cordillera Real, incluida la de Huayna Potosí, una ascensión de dos días muy popular fuera de La Paz (véase recuadro página 172).

Más allá de la pequeña ciudad de Achacachi, termina el asfalto y la carretera continúa en forma de un camino de gravilla en razonable buen estado a lo largo de campos pantanosos por los que chapotean vacas y ovejas. Una vez en las estribaciones de la cordillera, el terreno se hizo más rocoso y la carretera más retorcida. El descenso de curvas cerradas hacia el valle hace que se le encoja a uno el estómago. Las empinadas laderas de las montañas, con sus campos aterrazados, parecen hechas de pana y el aroma limpio de los eucaliptos cuelga en el aire. Al tomar una curva cerrada en una montaña coronada por una estatua de Cristo, apareció Sorata a la vista como una mancha de casas pintadas de colores crema, terracota y azul, extendida sobre una inclinada planicie por encima del río San Cristóbal.

UNA CIUDAD CON VISTAS

El destino de **Sorata** ha estado vinculado desde hace tiempo con la riqueza natural de la zona. Desde el final del Imperio Tiahuanaco en Bolivia (hacia el 1000 d. de C.), los valles que

SENDERO DE SANGRE Y LÁGRIMAS

El muy difícil sendero Mapiri, que conecta los pueblos de Ingenio y Mapiri, fue abierto originalmente en la jungla en el siglo XIX, como una ruta de transporte para el caucho entre Sorata y las Yungas. Hay que caminar por lo menos seis días, período durante el que, según el autor británico Matthew Parris (autor de *Inca Cola*), habrá tenido que soportar cosas peores que las diez plagas, aunque como recompensa habrá podido contemplar vistas espectaculares y se habrá acercado a los lugares más salvajes de Bolivia.

Debido a la dificultad de la ruta, que incluye tramos bloqueados por desprendimientos de rocas, barro y árboles caídos, es recomendable formar parte de un grupo organizado, como los ofrecidos por el Club Sorata. Prepárese para soportar toda una gama de temperaturas de congeladas a tropicales (el sendero se inicia a los 4.658 metros de altura y termina en la jungla de Yungas), y toda la gama de insectos agresivos. Si todavía no ha decidido recorrer este sendero, el libro de comentarios y fotos del Hotel Copacabana le ayudará a reflexionar y a saber en lo que se ha metido.

rodean la ciudad se convirtieron en uno de los principales centros para la minería del oro en los Andes, y los incas transportaron el metal precioso desde aquí a Cuzco. Sorata quedó destruida en un asedio durante una revuelta de los indios indígenas contra los españoles en 1781, pero se recuperó un siglo más tarde para prosperar con el comercio de la quinina, el caucho y la coca, fomentado por la llegada de inmigrantes alemanes.

Las ahora serenamente desvaídas mansiones que se construyeron durante ese período de riqueza siguen rodeando la Plaza General Peñaranda, en Sorata, una plaza fresca de jardines cuidados y altas palmeras, que recibe el nombre de Enrique Peñaranda, un muchacho local que fue presidente boliviano desde 1940 a

BOLIVIA

1943 y cuya estatua se levanta en su centro. A partir de esta plaza, las calles empedradas ascienden y descienden de la montaña y conducen al inicio de los senderos excursionistas que constituyen en la actualidad el principal atractivo para los visitantes. En los días despejados es posible ver desde aquí las cumbres del Illampu y del Ancohuma, que forman la estampa clásica de Sorata: con picos nevados y palmeras tropicales.

En una esquina de la plaza está la mansión de dos pisos construida a mediados del siglo XIX como lugar de residencia de un barón alemán del caucho. Cuando la familia Günther compró la casa, en este siglo, se conoció como Casa Günther, pero desde 1968 se ha convertido en un hotel, el Residencial Sorata. Algunas de las extravagantes posesiones de los Günther todavía decoran el laberíntico establecimiento. En los amplios salones cuelgan retratos familiares en blanco y negro, de miradas severas. En una de las paredes del patio interior se han fijado los pellejos escamosos de enormes serpientes que parecen tiras de pieles de dragón. Y en el inquieto y vistoso jardín, las araraunas de pico curvado, los conejos saltarines y los provocadores gatos compiten por llamar la atención de los clientes.

LA TIERRA OLVIDADA

A la mañana siguiente me dirigí a las **cuevas de San Pedro**, en un viaje de 24 kilómetros ida y vuelta que es una de las caminatas más populares que se hacen desde Sorata en un solo día. Puede seguir la carretera, que serpentea a lo largo y por encima del río San Cristóbal, o bien tomar un sendero que se extiende más cerca del río. Un mapa que se encuentra en el Residencial Sorata indica el camino y advierte que la ruta inferior puede ser peligrosa en algunos tramos. Opté por la carretera y llevé abundante comida y agua.

Al salir de la ciudad pasé ante chillones cerdos, ovejas que balaban y perros que dormitaban, además de muchachos que jugaban al fútbol en el campo local. Unas tenues nubes de lluvia colgaban sobre el valle y durante la hora siguiente de chaparrones intermitentes tuve que ponerme el impermeable hasta que por fin

PÁGINA ANTERIOR: una mujer cuida de sus llamas, con el lago Titicaca al fondo.

ASCENSIÓN AL HUAYNA POTOSÍ

Con un guía y el equipo adecuado, como cuerdas, crampones y piolets, hasta el más inexperto escalador puede subir al Huayna Potosí, aunque sigue siendo una escalada que no hay que emprender a la ligera. Llegar a la cumbre, a 6.088 metros de altura, supone pasar la noche en un glaciar, a 5.600 metros, a una altura superior a la del campamento base del Everest, y superar numerosas y peligrosas grietas. También tiene que haber estado en La Paz durante por lo menos una semana, para evitar un posible caso de fatal mal de altura.

Al inicio del sendero, en el paso de Zongo, se llega mejor en *jeep* alquilado, aunque es posible viajar hasta aquí en transporte público desde La Paz (vaya a Plaza Ballivan, en El Alto, y regatee el precio). El primer día de ascensión al Campamento Argentino le costará unas cuatro horas por pendientes con cantos rodados y teniendo que cruzar un glaciar con grietas. Al día siguiente, emprenda la marcha temprano (antes de las 4.00 horas) si tiene la intención de llegar a la cumbre, a por lo menos otras cinco horas de escalada, para regresar a La Paz el mismo día. Un plan mejor consiste en acampar en el paso de Zongo, al lado de la casa de Miguel que, junto con su familia, trabajan como porteadores en la montaña. No es recomendable acampar en ningún otro lugar de la presa del paso de Zongo, ya que hay ladrones en la zona.

salió el sol. Al mirar hacia atrás desde este punto de la carretera, pude contemplar hermosas vistas de Sorata. Las laderas de las montañas situadas por delante aparecían profundamente erosionadas, dejando al descubierto costuras minerales de colores turquesa y amarillo.

Da la impresión de que el mundo moderno se ha olvidado por completo de este valle: los campos profundamente aterrazados de los incas siguen cultivándose de modo muy similar a como se ha hecho siempre; un viejo pasa junto a mí llevando sobre la espalda una pesada carga de leños; un buey arrastra un arado de hierro a través de un campo absurdamente inclinado, mientras una campesina, con un bebé atado a la espalda con un chal arroja semillas en los pliegues recién abiertos de la tierra. Durante todo el paseo tan sólo me pasaron unos cuantos vehículos.

EN LA CUEVA DE LOS MURCIÉLAGOS

Después de dos horas llegué a la aldea de **San Pedro**, donde me detuve a almorzar junto al cartel que indicaba la entrada a las cuevas. Las gentes locales se turnan para hacer guardia y cobrar la entrada, que cuesta un dólar. El día que yo llegué le tocó el turno a Alansio, acompañado por «Tesero», un perro juguetón del color de la miel, que me olisqueó en busca de restos de comida. Alansio puso en marcha el generador y en el camino de entrada a la cueva se encendió una ristra de bombillas.

El tramo inicial de techo del pasaje es bajo y tuve que agacharme para llegar a la airosa y ancha cámara. Las paredes están cubiertas de *graffiti* y en los oscuros recovecos se han instalado los murciélagos y las lechuzas. La humedad procede del lago de aguas poco profundas existente en el extremo más alejado de la caverna, que impide explorarla más allá. En cuanto salí de la cueva, Alansio y «Tesero» recogieron y regresaron al pueblo. Yo les seguí y, tras un fracasado intento por tomar el sendero inferior, decidí seguir por la más fiable carretera de regreso a Sorata.

Si le queda energía continúe subiendo por el sendero que hay más allá de la cueva durante unos 20 minutos y llegará a un mirador panorámico sobre el valle, donde también es posible acampar. Durante el trayecto de regreso a Sorata se contempla una vista espectacular desde la cumbre de **Cerro Ulluni Tija**, a 3.061 metros de altura, rematada por una estatua de Cristo. Una forma fácil de hacerlo consiste en tomar el autobús con destino a La Paz hasta llegar a la montaña (pida que le dejen en El Cristo), para luego descender, siguiendo el sendero que pasa por el pueblo de Atahuallani y cruza el río San Cristóbal para regresar a Sorata.

DOS HOMBRES Y UNA MULA

Para contemplar las mejores vistas de todas, si las nubes lo permiten, es necesario trabajar y escalar las montañas. No subestime el possible impacto del mal de altura en estos lugares y, desde luego, no intente hacerlo a menos que predomine el buen tiempo, pues las condiciones se pueden deteriorar muy fácilmente a medida que asciende. No olvide llevar prendas de abrigo y estar preparado para toda clase de tiempo.

Antes de emprender la excursión de tres días a la **laguna Glaciar**, a 5.038 metros de altura y uno de los lagos más altos del mundo, visité la Asociación de Guías de Sorata donde me asesoraron sobre el equipo necesario, y me facilitaron un guía y una mula para transportar todos los suministros hasta la sección inicial de la escalada. Me preguntaron si quería ocuparme de mi propia comida y si el guía podía encargarse de realizar todas las compras necesarias. Preferí el servicio completo, pero decidí llevar por mi cuenta algunos alimentos extra.

Tuve suerte porque mi guía, Eduardo, hablaba idiomas; la mayoría no lo hacen. A pesar de las amenazadoras condiciones meteorológicas, Eduardo y la mula me esperaban a la mañana siguiente, a las 8.00 horas. Salimos del pueblo y ascendimos por empinadas cuestas por el lado norte del río del valle Lakathiya. La mula realizó el trabajo duro de transportar los suministros, dejándome en libertad para admirar el paisaje verde que, a medida que se asciende, va dando paso a otro más pelado, de rocas, gravilla y musgos.

Ésta es la ruta que hay que seguir para iniciar el circuito de seis a siete días del **macizo del Illampu-Ancohuma**, un épico sendero que exige escalar tres pasos superiores a los 4.000 metros y uno de más de 5.000 metros. Para el inicio de esta excursión es necesario contratar mulas y un guía, ya que los muchos senderos que cruzan los campos y los diseminados pueblos de las tierras bajas le dificultarán encontrar el camino correcto. En la ruta hay un par de pueblos donde se puede repostar, pero es mejor llevar comida suficiente para todo el viaje.

MONTAÑA FRÍA

Una hora después de salir de Sorata cruzamos el río Tucsa Jahuira y pasamos por la aldea de **Conani**, no lejos de donde están las ruinas de una *marka* inca, un antiguo lugar de enterramiento. Quizá no parezca gran cosa, pero para las gentes locales es un lugar sagrado y Eduar-

do me advirtió que no tocara nada de las aparentes basuras que lo rodeaban, buena parte de las cuales son ofrendas a la Pachamama, la divinidad terrenal adorada por los indios aymará.

Al final del día llegamos a la **laguna Chillata**, a 4.200 metros de altura, donde acamparíamos para pasar las dos noches siguientes. Se dice que aquí se reúnen las brujas para invocar el poder del lago para curar enfermedades y aunque el lago tiene fama de contener una gran fortuna en oro, todos los que la han buscado en Chillata han encontrado la muerte. Tras la puesta del sol las temperaturas caen en picado en este lugar desolado.

Iniciamos la ascensión final de 800 metros a la laguna Glaciar a las 7.00 horas, bajo una temperatura frígida, después del clásico desayuno de gachas y té mate. No tuve suerte porque las nubes rodearon

ARRIBA: tomándose un respiro cerca de la cumbre de Huayma Potosí, la montaña más popular de Bolivia para los escaladores.
ABAJO: Sorata es una base atractiva para explorar la cordillera Real, al norte.

las montañas, impidiendo ver lo que según me dijeron eran fabulosas vistas de Sorata allá abajo y, en los días claros, del lago Titicaca y de la cordillera Apolobamba, al norte, con los picos cubiertos de nieve. Imaginé cómo serían mientras ascendía lentamente a gatas tras Eduardo, por pendientes de gravilla, hacia nuestro objetivo: el hueco que queda entre las montañas Illampu y Ancohuma, ahora tan cerca que casi parecían hallarse al alcance de la mano.

Después de cuatro horas de dura ascensión, el glacial apareció finalmente ante nosotros, como una muralla de hielo blanco entre las laderas de las montañas, que se hundía en las aceradas aguas grises del lago, sobre el que flotaban pequeños icebergs. La altura hacía que me latiera la cabeza con fuerza, pero me alegré de haber llegado hasta este remoto lugar y de tener la oportunidad de admirar la incólume belleza de la Cordillera Real.

BOLIVIA

VIAJAR SOLO

VIAJE POR EL INTERIOR

Los autobuses que salen de la zona de Cementerio tardan cuatro horas en llegar a Sorata y durante el día salen a intervalos frecuentes. El billete cuesta unos 11 bolivianos. No olvide llevar alimentos para tomar bocados sueltos, agua, un casette portátil con auriculares y un buen libro. Tenga a mano el pasaporte ya que hay puestos de control en la carretera. Para las mejores vistas de la montaña, siéntese en el lado derecho del autobús.

La carretera a Sorata se encuentra en buen estado, por lo que puede considerar la idea de conducir, aunque se han producido accidentes mortales, así que piénselo dos veces. Si alquila un coche, es preferible que elija un todoterreno; compruebe ruedas y frenos antes de pagar.

CUÁNDO IR

La temporada de invierno en Bolivia va de mayo a octubre, pero el mejor momento para el senderismo, cuando el tiempo ofrece mayores garantías, es de junio a agosto. La temporada de las lluvias es entre diciembre y marzo, momento durante el que debería evitar la escalada a la montaña y elegir con cuidado las rutas para caminar.

PLANIFICACIÓN

Ayuda mucho hablar español, pero las cosas tampoco le resultarán excesivamente difíciles si no es así.

Para excursiones y ascensiones de largo recorrido, consiga los mejores mapas que pueda antes de partir; busque el Deutschen Alpen Verein Cordillera Real Nord, a escala 1:50.000, el Illampu y Cordillera Real Sud-Illumani u otro similar.

Las mejores guías son *Trekking in Bolivia* y *Bolivia: a climbing guide*, ambos en Yossi Brain, una guía de escalada local, publicadas en Estados Unidos por The Mountaineers y en el Reino Unido por Cordee.

Numerosas agencias turísticas de La Paz ofrecen rutas organizadas a través de la Cordillera Real, incluidas guías y equipo; los precios y los servicios difieren, así que compare las ofertas antes de decidir. Los precios serán más caros que los que encuentre en Sorata, especialmente si insiste en un guía de habla inglesa, pero los guías y la organización suelen ser más profesionales.

El precio actual por contratar un guía en Sorata es de 50 bolivianos al día por grupo. Cabe esperar que tendrá que pagar un precio extra por cualquier equipo que alquile. Los viajes organizados por Eduardo, en el Club Sorata, en el Hotel Copacabana, son un poco más caros, pero dispone de la mejor información que existe en la ciudad sobre senderismo y escalada. Louis Demers, el director de Residencial Sorata, también puede ofrecer consejos sobre senderismo.

Si prefiere ir por su cuenta, es posible alquilar equipo, como tiendas y sacos de dormir en La Paz y Sorata si no ha traído los suyos. Si lo que busca son compañeros de excursión, considere la idea de dejar una nota en los hoteles más populares entre los viajeros.

No tendrá problemas para encontrar alojamiento adecuado a su presupuesto en La Paz, que dispone de una amplia gama de hoteles y restaurantes. En Sorata encontrará una gama razonable de instalaciones turísticas. Fuera de temporada es un lugar tranquilo, pero en otras épocas es importante reservar con antelación si quiere estar seguro de alojarse en un hotel concreto. La única opción que encontrará en las montañas es la acampada.

CUESTIONES DE SALUD Y SEGURIDAD

Dolores de cabeza, letargia, mareo, pérdida de apetito y náuseas son síntomas del mal de altura, conocido localmente como *soroche*. El mejor tratamiento es el descanso, tomar muchos líquidos (pero no alcohol), analgésicos que no sean aspirinas para los dolores de cabeza, y pastillas contra las náuseas. El remedio local es el mate de coca, una infusión de hojas de coca.

Aunque la higiene alimentaria ha mejorado en años recientes, debería ser precavido con lo que come y evitar los alimentos no cocinados. Debería beber agua embotellada; si toma agua de las corrientes durante la excursión o la acampada, hiérvala o utilice pastillas purificadoras de yodo o un filtro. También es una buena idea llevar medicamentos, como Tinidazole, para combatir la disentería amébica o giardia.

En Bolivia no existe servicio de rescate de montaña, así que lleve un cuidado extra al escalar o caminar.

Es esencial hacerse un seguro de repatriación médica, ya que todas las heridas deben ser tratadas en Europa, Estados Unidos o países similares y no en Bolivia, donde los niveles médicos, aunque mejoran, siguen siendo bajos.

BOLIVIA

Altibajos bolivianos

por Simon Richmond

¿Busca una aventura? Pruebe una excursión en bicicleta de montaña bajando por la que posiblemente sea la carretera más peligrosa del mundo: el estrecho camino desde La Paz, a elevada altura, hasta las bochornosas junglas del Yungas, seguida por un descenso en balsa por el río Coroico.

Las mujeres aymará montan extraños puestos de venta en el mercado de las Brujas, en La Paz, y no se las conoce precisamente por su simpatía; se quitan de encima a los turistas inquisitivos, especialmente a los que llevan cámaras. Josefina, sin embargo, se mostró amable con nosotros y explicó los trucos de su supersticioso comercio. El feto seco de llama, colocado en un cuenco de dulces de azúcar de tonos pastel y hebras retorcidas de lana, era una ofrenda para asegurar la buena fortuna para una nueva construcción. El modelo de arcilla de una lechuza era para pedir inteligencia, la tortuga para las despedidas, el cóndor para los viajes seguros y eso era lo que yo deseaba. Teniendo ante mí la perspectiva de un descenso en bicicleta por

 Ni la excursión en bicicleta ni el descenso en balsa (el río está calificado como Clase III-IV) están hechos para miedosos. Es recomendable tener experiencia previa de rafting, antes de aventurarse por el río Coroico. Las caminatas más largas también exigen un buen nivel de preparación Hay varias excursiones buenas y cortas, aunque montañosas en los alrededores de Coroico, cuya temperatura comparativamente cálida y baja altura hacen que sea un lugar agradable donde relajarse. La excursión en bicicleta también pueden hacerla los principiantes.

★★ Calcule quedar completamente sucio y molido hasta los huesos al final de la excursión en bicicleta. En las excursiones más largas acampará y tendrá que llevar su propia agua o encontrarla en el camino.

 Para la excursión en bicicleta necesitará una chaqueta térmica o un jersey para un frío inicio; puede adquirir estas prendas en La Paz. Lleve gafas de sol y pasamontañas para evitar que la suciedad le entre en la nariz y los ojos. También es una buena idea llevar pilas de repuesto para la cámara; a menudo, el frío de las alturas hace que las pilas dejen de funcionar. Para las caminatas, consiga un buen mapa y lleve consigo el equipo habitual de camping.

una carretera calificada como la más peligrosa de Bolivia, si no del mundo, seguida por un descenso en balsa por los rápidos de Clase IV del río Coroico, sentía la necesidad de obtener toda la protección que pudiera conseguir. Entregué unas pocas monedas y, aferrando mi talismán, bajé por Sagárnaga.

En un país montañoso donde sólo el cinco por ciento de las carreteras tienen alguna forma de asfaltado (con el resultado de que las restantes quedan frecuentemente embarradas al inicio de la temporada de las lluvias), una carretera cuya fama negativa supera a las demás se gana toda una mala reputación. Esa es la carretera de La Paz a las Yungas y, en particular, al estrecho tramo sin asfaltar desde Unduavi hasta Yolosa. Cualquiera que la haya recorrido estará de acuerdo en que esa mala fama es plenamente merecida. Se trata de una ruta capaz de enervar a cualquiera, con precipicios casi verticales de un kilómetro de altura, junto a un deficiente camino de gravilla, que se hunden en la jungla impenetrable. En algunos lugares, esta llamada carretera no tiene más de tres metros de ancho y pasa bajo varias cascadas que no hacen sino erosionar aún más su desmoronada superficie.

En un autobús o coche, el viaje resulta emocionante, al bajar, por curvas cerradas, 3.600 metros de altura desde los nevados picos de las montañas envueltos en nubes, hasta la bochornosa jungla. Ir en bicicleta, a velocidades que pueden alcanzar los 50 kilómetros por hora y maniobrar entre conductores de camión aparentemente suicidas y perros que ladran, debe de ser lo más parecido a una inyección de adrenalina aplicada directamente sobre el corazón. «En su país no podrá hacer excursiones como esta», anuncian los folletos de Gravity Assisted Mountain Biking, una agencia dirigida por el

Ruta desde La Paz a la región de las Yungas.

joven neozelandés Alistair Matthews. No es ninguna exageración. Según me aseguró Alistair, el trayecto de 62 kilómetros, que tardaré en recorrer entre cuatro y cinco horas, dependiendo del tiempo, me dejará agotado, sucio y entusiasmado. Sólo confiaba en que seguiría con vida para contar la aventura.

UNA ORACIÓN POR LOS VIAJEROS

La única diferencia entre el microbús que se detuvo frente al McDonalds, en el Prado, a las 8.00 horas y el resto de vehículos que recorren las calles de La Paz, era su baca ocupada por ocho bicicletas de montaña. McDonalds era el punto de encuentro y desde aquí recorreríamos los 26 kilómetros cuesta arriba que nos separaban de La Cumbre, donde se iniciaba la excursión en bicicleta. De camino pasamos por Villa Fátima, de donde salen los autobuses hacia Coroico, y luego por la tranca, un puesto de control de la policía que se instala a la salida de todas las ciudades bolivianas. Las mujeres aymará envueltas en sus chales para protegerse del frío, venden bebidas y aperitivos; cerca, un sacerdote de aspecto improbable, vestido con un mono azul, se ofrece, a cambio de una pequeña remuneración, para bendecir los vehículos para un viaje seguro.

La carretera a **La Cumbre** (a 4.725 metros de altura), es el punto más alto de la ruta La Paz-Yungas y está bien asfaltada. Cruza un austero paisaje de rocas de un gris acerado, cubiertas de una ligera capa de nieve en polvo y una dura vegetación que recuerda las tierras altas de Escocia. De no ser por las llamas que pacen al lado, la represa de la laguna Inkachata bien podría ser un lago escocés. En un día claro puede verse la cumbre helada de Huayna Potosí, la montaña de escalada más popular en Bolivia.

Multitud de perros vagabundos merodean por la carretera, a la espera de los restos de comida que los bolivianos siempre les arrojan. Al-

gunos creen que los perros son las almas reencarnadas de quienes han perecido en la carretera, pero si fuera así, debería haber cientos más. El camino aparece alineado por numerosas y pequeñas lápidas y cruces; sólo en un accidente ocurrido en 1983 murieron más de cien campesinos cuando el camión en el que viajaban se precipitó al fondo de la jungla. Para los ciclistas, esos perros son un obstáculo más . Si te ladran, el consejo de Alistair es «ladrarles más fuerte y con más malas pulgas que ellos».

EMPIEZA LA EXCURSIÓN

Había hecho frío en La Paz, pero a esta altura las temperaturas todavía son más bajas. Cuando dejamos el microbús en la desolada planicie de La Cumbre, coronada por una estatua de Cristo, me alegré por la capa extra de prendas de abrigo que me habían aconsejado que llevara. Entre marzo y mayo cabe esperar encontrarse aquí con nieve. La actividad también supone un esfuerzo mayor en un aire tan tenue, por lo que es una buena idea aclimatarse en La Paz durante varios días, antes de emprender aventuras por la montaña, como ésta o la clásica excursión por el sendero Choro hasta Coroico (véase recuadro, página 181), que se inicia en el mismo lugar.

Antes del recorrido de precalentamiento alrededor del estanque que hay en La Cumbre, Alistair nos informó sobre la mejor forma de montar en bicicleta (véase recuadro, página 180) y algunos de los obstáculos que encontraríamos (aparte de los perros) y con los que había que tener cuidado durante el descenso. Empezaríamos por el lado derecho de la carretera, pero tendríamos que movernos al lado iz-

BOLIVIA

quierdo una vez que se terminara el asfalto y empezara la gravilla. Hay un tramo con un túnel y teníamos que quitarnos las gafas de sol antes de entrar en él. Al cruzar por un par de pueblos que encontramos en la carretera, debimos aminorar la marcha, pues chocar con una gallina o un niño podría tener graves consecuencias.

Era tranquilizador saber que si alguno de nosotros sufría un pinchado o se le gastaban las pastillas de los frenos, algo nada improbable dado el castigo que tienen que soportar las bicicletas durante el descenso, un guía que iba en la retaguardia del grupo llevaba repuestos y herramientas. En dos lugares a lo largo de la ruta se comprobarían el estado de los frenos y la

IZQUIERDA: en el mercado de las Brujas, en La Paz, en encuentran extrañas colecciones de objetos que traerán buena suerte a quienes los compren.
ABAJO: uno de los diversos senderos que descienden desde La Paz al valle de Yungas.

presión de las ruedas, y habría otras muchas paradas que nos permitirían tomar un bocado (es recomendable el chocolate) y hacer fotos.

La excursión se inició de una forma que nos infundió respeto. Nos lanzamos por una carretera nivelada y ancha que serpenteaba por entre un valle en forma de V, entre espolones recortados de montañas de color óxido. Entre los espolones, una corriente de agua desciende hacia el fondo del valle, acompaña-

DERECHA: precipicios que marean y terroríficas curvas cerradas en la carretera que desciende de La Paz.

BOLIVIA

da por las torres de tendido eléctrico, todo ello medio envuelto en jirones de niebla. En una ladera, un sendero en zigzag conduce hasta un glaciar donde los carros de mulas solían cargar hielo para conservar el pescado fresco traído desde los ríos situados más allá del Yungas hasta La Paz. Las bajas barreras metálicas de protección colocadas en las curvas están deformadas por las colisiones y en muy mal estado, pero intenté no pensar en eso.

A TRAVÉS DE LA SELVA

Una hora más tarde nos deteníamos para tomar un desayuno tardío de café y huevos fritos con pan en una de las barracas de refrescos montadas junto a la carretera, junto al puesto de control de drogas de Unduavi. El frondoso Yungas es un gran productor de hojas de coca, que pueden convertirse en cocaína y una de las condiciones estadounidenses para mantener la ayuda a Bolivia es que este puesto de control inspeccione todos los vehículos que pasen por

la carretera. Ya habíamos descendido 1.500 metros y el frío viento se calaba hasta los huesos. Desde aquí hasta el principio del camino de gravilla, a unos cuatro kilómetros de distancia, se atraviesan una serie de pequeñas elevaciones con un desnivel de 200 metros que vuelve a hacer bombear la sangre.

Las nubes se cerraron, creando un muro de niebla que envuelve el paisaje y ofrece las condiciones de humedad para el prolífico crecimiento de helechos, musgos y otras plantas sobre los acantilados rocosos. En la cresta de la montaña, la carretera se divide y tomamos el tramo que se dirige a Yungas Norte. Pasamos cerca de las obras de ingeniería que se realizan para la nueva carretera a Coroico, ya casi completamente terminada, a excepción de un gran túnel. Esta nueva vía de acceso se ha diseñado para que sea más segura que la que utilizamos, pero aún tardará un tiempo en estar terminada. Mientras tanto, la fea demostración de su construcción se pone de manifiesto en las amplias grietas de barro rojo que cortan las laderas cubiertas de bosque, más abajo de la carretera.

Justo antes de la bifurcación para tomar lo que Alistair llamó la parte más «pintoresca» de la carretera (es decir, el lado en el que hay caídas de hasta un kilómetro de altura a pico), nos detuvimos para otra sesión informativa de seguridad. A partir de aquí el tráfico cuesta abajo pasa a ocupar el lado exterior de la carretera. La idea es que los vehículos aminoren la velocidad y que los conductores con mejor visión de sus ruedas exteriores, y del borde del acantilado, efectúen el movimiento de retroceso si se encuentran con tráfico de frente en los tramos más estrechos. Aunque a menudo nos sería posible adelantar vehículos, no debíamos intentarlo hasta que Alistair nos diera la señal.

DESCENSO HASTA COROICO

Durante varios kilómetros, la verdadera naturaleza de la carretera sigue oculta entre las nubes, pero al salir a la luz del sol nos damos cuenta enseguida de toda su belleza y su horrible peligro. Me detuve para observar maravillado los autobuses, camiones y coches que avanzaban lentamente sobre la plataforma precariamente cortada en la ladera de la montaña; al llegar a una curva particularmente cerrada,

---

CONSEJOS PARA IR EN BICICLETA

❏ Utilice el freno trasero todo lo posible y maneje el delantero con cuidado. El freno delantero tiene hasta un 70 por ciento de potencia de frenado y, si se mueve a cierta velocidad, un frenazo repentino lo lanzará muy probablemente por encima del manillar.

❏ En las curvas utilice sólo el freno de atrás y si tiene que derrapar hágalo con el pedal exterior hacia abajo, dejando caer el peso sobre él. Incline un poco la bicicleta, pero procure mantener el cuerpo recto.

❏ No mire directamente los obstáculos sino hacia el punto al que se dirige; de ese modo podrá sortear los obstáculos con mayor seguridad.

❏ Si permanece sentado todo el tiempo, le dolerá tanto el trasero que después no podrá ni sentarse. En las curvas, siéntese en la parte posterior del asiento y en las rectas no se siente. Mantenga las rodillas dobladas para absorber los choques y deje que los muslos se agarren al asiento.

MÁS OPCIONES DE CICLISMO DE MONTAÑA

Hay otras dos excursiones organizadas de un día ofrecidas por Gravity Assisted Mountain Biking. La primera le permite recorrer 36 kilómetros desde Chacaltaya a La Paz; la segunda es una ruta de 45 kilómetros desde el paso de Zongo hasta las junglas de Yungas Sur. A 5.345 metros de altura, Chacaltaya es la más alta estación de esquí del mundo, con el telesilla más antiguo y peligroso de América del sur (en funcionamiento desde 1940). Se ha descrito como la única pista azul del mundo con un telesilla negro. Es preferible admirar las espectaculares vistas montañosas de Illimani, Mururata y Huayna Potosí, para luego emprender la excursión de descenso en bicicleta por la ladera cubierta de cantos rodados, a lo largo de un antiguo camino minero, de regreso a la ciudad. Algunos tramos de este trayecto no son aptos para el ciclista inexperto, que se sentirá mejor caminando, y todo el mundo tendrá que empujar la bicicleta los 45 metros verticales iniciales, desde el aparcamiento de coches hasta el lugar donde empieza el camino.

La excursión del paso de Zongo empieza a 4.780 metros de altura, en el punto de acceso al pico de Huayna Potosí, en el paso. A lo largo del camino de tierra, que tiene pocos tramos planos, hay una caída de 3.500 metros sobre la vaporosa jungla. En las estribaciones altas pasará junto a llamas y alpacas, y abajo se encontrará con cascadas. La agencia Explore Bolivia ofrece excursiones similares y, para ciclistas experimentados, rutas más desafiantes, como la que atraviesa la jungla, sobre la abandonada y antigua ruta de ferrocarril-carretera a Coroico. Si para cuando llegue a Coroico no ha tenido suficiente ciclismo de montaña, también hay una ruta razonablemente corta y retorcida que le permite bajar desde Cerro Uchumachi para enlazar con la carretera a Caranavi, y que ofrece vistas panorámicas del valle del río Coroico.

me quedé horrorizado cuando vi los restos retorcidos de un camión, diseminados sobre la vegetación, a varios cientos de metros más abajo.

Al encontrarnos con camiones, que se balancean por la carretera como elefantes inestables, rebosantes con cargamentos de plátanos y otros productos, siempre rematados con campesinos de viaje, no resulta nada difícil cederles el paso. A estas alturas del viaje, ya me sentía algo más seguro en la bicicleta, pero me dolían las manos de tanto frenar y me alegraba ante las oportunidades para descansar. Ahora que llegamos al muro de humedad que se levantaba del Yungas, también nos detuvimos para quitarnos algunas prendas de ropa.

Las corrientes de agua descienden en cascada por la cara de la roca, formando en la carretera charcos llenos de barro. En un lugar concreto nos vimos obligados a avanzar bajo una gran cascada. Para cuando llegamos al final, en Yolosa, a 1.100 metros de altura, que sólo es una destartalada aldea en el cruce del río, en el valle, la carretera se había secado y nuestras ruedas ya levantaban nubes de polvo. Comprendimos entonces porqué Alistair nos había prometido que a todo aquel que terminara limpio la excursión se le devolvería su dinero.

Sucios, agotados y entusiasmados, subimos a las camionetas que nos esperaban en Yalosa para llevarnos a **Coroico**, el pequeño pueblo encaramado sobre el collado del Cerro Uchumachi. No es nada sorprendente que este lugar tan pintoresco, con su tranquila comunidad, excelentes vistas de las montañas y el fértil Yungas, y con su buen alojamiento, comida y temperaturas agradables durante todo el año, sea uno de los destinos preferidos para descansar, tanto por parte de los viajeros como de las gentes locales. Y, lo que fue más importante para mí al final de la excursión, resultó que el Hotel Esmeralda, donde nos alojamos, también contaba con las mejores duchas de agua caliente de Bolivia.

EN EL VALLE

A primeras horas de la mañana siguiente pasó a recogerme Luis Fernando Jordán, propietario de la agencia Explore Bolivia, su socio Raúl, y el primo de este último, Daniel. Tomamos la carretera a Caranavi, descendiendo hacia el profundo valle por el que corre el **río Coroico**, en dirección a la hacienda de Jordán, en La Cascada, que constituye la base de operaciones de Explore Bolivia para practicar rafting por aguas bravas y otras actividades de turismo de aventura en Yungas.

ARRIBA: preparándose para practicar rafting por el río Coroico.
IZQUIERDA: la traicionera carretera a Yungas, cortada en la ladera de la montaña; se nos dieron instrucciones acerca de cómo recorrerla (INSERCIÓN).

La noche anterior se había desatado una violenta tormenta eléctrica, con tal fuerza que temí que los caminos de tierra hubiesen desaparecido por la mañana. El cielo, sin embargo, amaneció claro y azul y el sol implacable empezaba a secar los charcos embarrados de los caminos que el fornido *jeep* Chevrolet Suburban de Jordán no tendría problemas en superar.

Mientras Jordán y Daniel preparaban el descenso en balsa para más adelante, ese mismo día, Raúl y yo salimos a explorar la jungla por los alrededores de La Cascada, para ver algunos de los saltos de agua que dan nombre a la hacienda. La madre de Jordán, que vive en la propiedad y cuida del agradable refugio en el que se alojan los clientes, nos condujo hasta la ruta, seguidos por dos muchachos jóvenes, Vidal y Manacaros. Sus padres cultivan lo que seguramente son los campos más empinados del mundo, franjas aterrazadas abiertas a golpe de azada en la ladera montañosa de la jungla, que producen pequeñas cosechas de café, aguacates, mandarinas, bananas y otras frutas, así como la ubicua planta de la coca.

El estrecho sendero que discurre a lo largo de la plataforma montañosa pronto se topó con la primera de las cascadas, un amplio caudal de agua clara que caía unos 20 metros sobre un acantilado negro situado junto a los restos de un puente de la época inca. Aquí es posible practicar *rappel*. Los muchachos se dieron un chapuzón en los estanques cuyas aguas me llegaban hasta la cintura, mientras yo trataba de vadear un rocoso riachuelo hasta el siguiente conjunto de cascadas. El volumen de agua, aumentado debido a la tormenta de la noche anterior, pudo conmigo, pero prometía un descenso aún más interesante.

BOLIVIA

EN BALSA POR EL COROICO

Antes de descender hasta la orilla del río, Jordán me proporcionó un casco, un chaleco salvavidas y un remo, amén de una breve conferencia sobre seguridad en el descenso. Junto al río Coroico ya se había preparado una balsa inflable de recio aspecto, en la que descenderíamos los cuatro por los rápidos que fluyen a gran velocidad entre altos muros de verde jungla. El agua turbia confiere al río un aspecto más amenazador de lo que sugeriría un río de aguas más claras, cuyos obstáculos fuesen más evidentes.

El descenso tiene una longitud de unos 17 kilómetros, y culmina justo antes de la cascada de Puerto León; dura algo más de una hora, aunque parece que sea mucho más. En una corriente tan fuerte, se necesita poco esfuerzo para remar y me alegré de tener alguna experiencia previa en balsa. En plena temporada de lluvias, el río tendría aún mayor caudal, lo que suavizaría los encontronazos contra las rocas, pero también aumentaría considerablemente la fuerza de la corriente.

Junto al pueblo de **Choro**, un puente en suspensión salva el río Coroico y un par de curiosos nos observaron mientras salvábamos los rápidos en este complicado recodo del río. Más tarde, Jordán me dijo que seis años antes, durante una gran competición de raftig, el peso de los espectadores sobre el puente había terminado por derrumbarlo, muriendo tres niños. El siguiente conjunto de rápidos se llama el **Paso de Mi Hermano**; según la tradición, si uno se cae y alguien le salva, esa persona se convierte en tu hermano. Afortunadamente, no tuvimos que ponerlo en práctica.

Cuando llegamos al punto de salida, bajo el puente de **Puerto León**, estaba agotado. Jordán había dispuesto que la camioneta esperase para llevarnos a nosotros y al equipo de regreso a la base, pero antes fuimos a ver la cascada. Mientras vadeaba, corriente arriba, avanzando cuidadosamente sobre las resbaladizas rocas hasta el lugar adecuado para verla, escuché el estruendo que producía; incluso desde la distancia a la que me encontraba, a varios cientos de metros, el rocío de la poderosa cascada me empapó la cara.

Me metí la mano en el bolsillo y descubrí que el talismán de cóndor se había roto en dos, ¿una señal de que se me había terminado la buena suerte? Decidí jugar sobre seguro y me retiré. Después de un delicioso almuerzo en La Cascada, regresé a Coroico para más relajación y cuidados. Es lo menos que uno se merece, antes de afrontar el viaje de regreso a La Paz.

EXCURSIONES POR EL YUNGAS

Tres de las principales excursiones desde La Paz al Yungas son el sendero Choro, el sendero Takesi y el sendero Yunga Cruz. Todos ellos siguen caminos empedrados prehispánicos, generalmente conocidos como senderos incas, a pesar de la opinión de los expertos, según los cuales su construcción es anterior a la conquista inca de la zona.

El **sendero Choro** se inicia en La Cumbre, adonde se llega fácilmente en transporte público, y puede terminarse cómodamente en tres días. Las condiciones extremas que se dan en cuanto a tiempo, vegetación y paisaje, lo convierten en una ruta atractiva y existe la posibilidad de acampar en el remoto y bien cuidado jardín de Tamiji Hanamura, un japonés que reside en Bolivia desde hace tiempo.

El más corto de los senderos, de algo más de 30 kilómetros, es el **Takesi**, que se inicia en Ventilla y termina en el pueblo minero de Chojlla; continué hasta el atractivo pueblo colonial de Yanacachi, donde hay alojamiento y microbuses que regresan cada día temprano hasta La Paz o que continúan hasta Chaco. En Chaco encontrará el prestigioso hotel El Castillo, una antigua y lujosa residencia, construida por prisioneros de guerra paraguayos a mediados de la década de 1930, y que parece un castillo encantado. Debido a que es fácilmente accesible y corto, el sendero Takesi atrae mucho tráfico y, como consecuencia, hay bastante basura a lo largo del camino.

El **sendero Yunga Cruz** es el más duro pero, definitivamente, el más gratificante de los tres. La excursión dura de tres a cinco días, dependiendo de que se empiece en Chuñavi o en Lambate; termina en Chulumani, la tranquila capital de la provincia de Yungas Sur. Aquí encontrará excelentes oportunidades para observar la vida animal y las aves, incluidos cóndores. El agua es escasa o inexistente después del Cerro Yunga Cruz, así que lleve consigo por lo menos dos litros.

VIAJAR SOLO

VIAJE POR EL INTERIOR

La forma más segura de descender la atractiva carretera a Coroico es en microbús, a menos que prefiera hacerlo en una bicicleta o en su propio vehículo todoterreno. Los microbuses salen con regularidad de la zona de Villa Fátima, en La Paz; deberá pagar unos 15 bolivianos. Tanto Flota Yunguenita como Turbus Totai son empresas fiables de autobuses.

Si quiere hacer el viaje de regreso en microbús desde Coroico, es importante reservar plaza con antelación en la ciudad, porque los autobuses se llenan con rapidez, especialmente el domingo.

Bolivia no es el país ideal donde poner a prueba sus habilidades como conductor, pero si piensa alquilar su propio vehículo, elija un todoterreno, compruebe las ruedas y los frenos y contrate también a un buen conductor.

CUÁNDO IR

El mejor momento para visitar Bolivia es en la temporada seca invernal, entre abril y octubre, con el tiempo más favorable entre junio y agosto. Entre La Paz y Coroico debería estar preparado para soportar temperaturas que van desde los 4 ºC a los 30ºC y una creciente humedad en la jungla. La temporada de las lluvias es entre diciembre y marzo, período en el que interrumpe su funcionamiento la Gravity Assisted Mountain Biking (véase Planificación, más abajo); es posible organizar una excursión en bicicleta durante este período con Explore Bolivia, pero tenga en cuenta que muchas carreteras son intransitables.

PLANIFICACIÓN

Para excursiones en bicicleta de montaña, las mejores agencias en La Paz son Gravity Assisted Mountain Biking y Explore Bolivia. Ésta última es la única empresa fiable para aventuras en kayak, canoa y rafting.

Muchas de las demás agencias turísticas de La Paz ofrecen excursiones organizadas a pie por las diversas rutas que conducen a Yungas, incluidos guías y equipo.

Si quiere ir por su cuenta, es posible alquilar equipo como tiendas y sacos de dormir en La Paz si no ha traído las suyas propias. Considere también poner una nota en los más populares hoteles de viajeros si busca compañeros de viaje.

No tendrá problemas para encontrar alojamiento que se adapte a su presupuesto en La Paz, donde hay una buena gama de hoteles y restaurantes.

En Coroico también existen buenas instalaciones turísticas, pero es importante reservar con antelación si quiere estar seguro de alojarse en un hotel concreto, especialmente los fines de semana o durante los grandes períodos festivos.

QUÉ LLEVAR

Para excursiones en bicicleta:

❏ Una chaqueta térmica o un suéter grueso; puede comprarlos baratos en La Paz.

❏ Gafas de sol.

❏ Bufanda.

❏ Pila de repuesto para la cámara; a menudo, el frío de las alturas hace que las baterías dejen de funcionar.

Para excursiones a pie:

❏ Un buen mapa.

❏ Equipo de camping.

❏ Para el sendero Chaco necesitará ropas de invierno para el tramo de altura y más ligeras para la sección tropical.

❏ Para el sendero Yunga Cruz lo más importante es llevar agua, por lo menos dos litros aproximadamente.

CUESTIONES DE SALUD Y SEGURIDAD

Dolores de cabeza, letargia, mareo, pérdida de apetito y náuseas son síntomas del mal de altura, conocido localmente como soroche. El mejor tratamiento es el descanso, tomar muchos líquidos (pero no alcohol), analgésicos que no sean aspirinas para los dolores de cabeza y pastillas contra las náuseas. El remedio local es el mate de coca, una infusión de hojas de coca.

Aunque la higiene alimentaria ha mejorado en años recientes en Bolivia, debería ser precavido con lo que come y evitar los alimentos no cocinados. Debería beber sólo agua embotellada; si toma agua de las corrientes que encuentre durante las excursiones o la acampada, hiérvala o utilice pastillas purificadoras de yodo o un filtro (es lo único que mata la giardia). Tenga cuidado con la fuerza del sol en el Yungas. Nunca olvide la loción protectora contra el sol y el repelente contra los insectos.

Arica
Iquique
Antofagasta
Copiapó
6908
Ojos
Sala
Coquimbo
Viña del Mar
Valparaíso
Santiago
Rancagua
Talca
Talcahuano
Concepción Chillán
Temuco
Valdivia
Puerto Montt
4058m
San Valentín
3600m
Murall u
Punta Arenas
Tierra
del
Fuego
Estrecho de
Magallanes   Cabo de
Hornos

Desierto de Atacama

0   250   1000 km
0   300   600 m

CHILE

D e perfil alargado y estrecho a lo largo de la costa del Pacífico de América del sur, Chile es un país que contiene extremos geográficos y climáticos. Hay 4.399 kilómetros entre el Atacama, el desierto más seco del mundo y los glaciares y fiordos situados alrededor de Puerto Williams, el asentamiento más meridional de Chile, más cerca de la Antártida que de la capital del país, Santiago. Entre ambos lugares se puede practicar el montañismo, el senderismo, las excursiones a caballo por los Andes centrales, el descenso en balsa o en kayak por los ríos Maipó y Bío Bío. En los desiertos del extremo norte, una excursión en un todoterreno le permitirá cruzar paisajes lunares y enormes llanuras salinas hasta lagos y géiseres situados a elevada altura. En contraste total están los frondosos valles y volcanes cubiertos de nieve del distrito de los Lagos, en el sur, el corazón de los indios mapuche, donde se halla situada Pucón, la central para los viajes de aventuras en Chile. En la Patagonia están las escabrosas Torres del Paine, uno de los lugares más asombrosamente paisajísticos de América del sur.

Laguna Miscati, en las montañas del desierto de Atacama, Chile.

CHILE

Más allá del valle de la Luna

por Simon Richmond

*El espectacular paisaje desértico de los alrededores de San Pedro de Atacama,
en el norte de Chile, sólo se ve superado por la dura belleza de los lagos
multicolores, llenos de flamencos, que se encuentran en la mareante
ruta a las blancas llanuras saladas bolivianas del Salar de Uyuni.*

Desde un costado del avión veía el mar, desde el otro las montañas. Volaba hacia el norte desde Santiago a Calama, camino del oasis formado por el pueblo de San Pedro de Atacama y esperaba ver estas fronteras físicas de la estrecha Chile, embutida como una capa de crema batida entre el flanco occidental de América del Sur. No obstante, poco me había preparado para la extensión aparentemente interminable del desierto de Atacama, un paisaje desolado y árido, tan rico en minerales y vetas como desprovisto de vegetación.

En el taxi que me llevaba desde el aeropuerto por la suave cinta de asfalto, a través de uno de los lugares más secos de la tierra, ya pude percibir el aire polvoriento y sofocante que me cosquilleaba en la nariz y se me agarraba al fondo de la garganta. Era impresio-

 Generalmente, las excursiones desde San Pedro de Atacama están bien organizadas y suponen poco esfuerzo, aparte de levantarse temprano y caminar una corta distancia en pleno calor del día. Los viajes organizados fuera de Uyuni son algo arriesgados; es mejor que compruebe meticulosamente las diversas opciones de que dispone, antes de decidirse.

★★ Prepárese para el ambiente seco, polvoriento y sofocante del desierto, y para las noches mucho más frías. Los otros grandes problemas que puede encontrar, especialmente al cruzar las montañas hacia Bolivia, es el mal de altura (véase Viajar solo, página 195).

 No olvide llevar un saco de dormir cálido si tiene la intención de acampar en San Pedro de Atacama (tenga en cuenta que está prohibido acampar en el valle de la Luna). Los prismáticos y/o la cámara con teleobjetivos le proporcionarán la oportunidad de observar con detalle a los animales tímidos.

nante la vista del sol poniéndose sobre el enrojecido terreno y las rocas azotadas por la arena del Atacama, una verdadera obra maestra geológica, creada a lo largo de millones de años. Por delante se levantaba el principal punto de referencia del desierto, el cónico Lincancábur, uno de los más altos volcanes extintos de los Andes, con 5.916 metros.

A medida que la carretera descendía continuamente, empezaron a aparecer señales de vida en el valle al que nos aproximábamos. El trozo de un verde pálido situado por delante resultaron ser los campos de alfalfa y árboles tamarugos de **San Pedro de Atacama**, un oasis a 2.440 metros sobre el nivel del mar, donde viven unas tres mil personas y que se ha convertido en un centro turístico en auge para explorar el desierto de Atacama. Había llegado hasta aquí para explorar el cercano valle de la Luna, el campo de géiseres de El Tatio y la frondosa Quebrada de Jeria, un oasis en el pueblo de Toconao. San Pedro también sería el punto de partida para una excursión en todoterreno hasta el Salar de Uyuni, las llanuras saladas del sur de Bolivia, pasando por una serie de lagos multicolores de altura, que son verdaderos paraísos para las bandadas de flamencos de los Andes, chilenos y de James (véase página 192).

EN EL VALLE DE LA MUERTE

Resulta fácil comprender porqué San Pedro de Atacama ha alcanzado tanta popularidad tanto entre las gentes locales como entre los turistas internacionales. Este pequeño pueblo, que se puede cruzar en diez minutos, tiene un tranquilo encanto, con calles sin tráfico bordeadas de cabañas de adobe con paredes de barro y una agradable plaza central, la plaza de Armas, bajo la sombra de los pimenteros, donde se levanta la iglesia de San Pedro, del siglo XVII y el Museo Gustavo Le Paige (véase recuadro, página 192).

Encontrará un par de lugares donde alquilan bicicletas de montaña en San Pedro (véase Contactos, páginas 257-292), así que puede pedalear hasta el valle de la Muerte, a tres kilómetros al oeste del pueblo, y al valle de la Luna, a unos 15 kilómetros de San Pedro. El medio de transporte más popular, sin embargo, es una excursión en microbús (que sale del pueblo cada día a las 16.00 horas). La primera parada se hace en un mirador sobre la cordillera de la Sal, la plataforma baja situada entre las cadenas de los Andes y Domeyko. El recortado paisaje tiene un aspecto monumental, pero Álvaro, el guía de mi excursión, nos dijo que las montañas siguen creciendo a una velocidad de 5 a 7 centímetros anuales.

Aunque no está enterrada aquí, no podría imaginar un lugar más apropiado para albergar los restos de la Miss Chile del Museo Gustavo que el requemado **valle de la Muerte**. Al pare-

La ruta desde el desierto de Atacama en Chile hasta el Salar de Uyuni en Bolivia

PELIGROS DEL DESIERTO

No hace falta decir que en cualquier viaje por el desierto debe llevar mucha agua, un sombrero y un protector solar. Desconfíe de los senderos que se alejan del camino (ir en una excursión organizada permite estar seguro de que no se perderá). Si conduce su propio vehículo, pedalea en una bicicleta de montaña o incluso camina, es importante seguir los caminos establecidos alrededor de San Pedro de Atacama. El ejército chileno utilizó en otros tiempos esta zona para la realización de ejercicios militares y todavía quedan muchas minas terrestres sin explotar en el desierto. Desgraciadamente, se desconoce la localización exacta de esas minas y se cree que hay algunas en las cercanías del valle de la Luna. Por esa razón no es posible efectuar una ascensión del Lincancábur por el lado del desierto de Atacama; si quiere escalar este volcán tiene que organizar el viaje desde el lado boliviano.

cer, el valle tuvo en un principio el nombre de Marte, pero esa denominación se cambió cuando las fotografías tomadas de la superficie del planeta demostraron lo diferente que era. Para conocer mejor el desierto, bajamos y caminamos durante 20 minutos, adentrándonos en la depresión rocosa, bajo el sol todavía potente de la tarde, antes de regresar al santuario con aire acondicionado de nuestro microbús.

Desde el valle de la Muerte nos dirigimos hacia el **valle de la Luna**, uno de los siete sectores geográficos diferentes en que se halla protegido el desierto de Atacama, dentro de la Reserva Nacional Los Flamencos. El valle no se ha llamado así únicamente por su aspecto pelado y como salpicado de viruela, sino también porque durante las noches de luna llena titilan bajo la luz lunar los cristales de sal y yeso que se hallan diseminados sobre el suelo del valle, reflejando las estrellas.

El microbús se detuvo junto a una formación rocosa conocida como **las Tres Marías**, un trío de pilares esculpidos por el viento, llamado así por los sacerdotes viajeros en la década de 1670. También inspeccionamos un pequeño pozo abandonado que en otros tiempos debió de servir como mina de sal, antes de dirigirnos hacia el valle propiamente dicho. La parada final de la excursión la hicimos en una enorme duna de arena, parecida a una ola gigantesca que se hubiese petrificado en pleno movimiento. Hay que estar en bastante buena forma para escalar la duna, pero si se consigue se verá uno recompensado por una magnífica vista sobre el desierto. Al principal punto de observación se llega atravesando la delgada cresta de la duna y luego ascendiendo hasta una plataforma rocosa. Unas 30 personas ya se habían reunido allí cuando llegamos nosotros, todas a la espera de la puesta del sol, que pro-

metía ser particularmente vistosa debido a las nubes que se extendían por el cielo. No nos sentimos decepcionados cuando se fue desvaneciendo la luz y las montañas y los volcanes situados hacia el este se vieron envueltos en un color mandarina y rosa asalmonado.

EL CAMPO DE VAPOR

En total contraste con la puesta de sol sobre el valle de la Luna, experimenté el extraño amanecer en **El Tatio**, a 95 kilómetros al norte de San Pedro, el campo de géiseres más alto

del mundo, a 4.300 metros de altura sobre el nivel del mar. Se me había advertido acerca de un posible mal de altura cuando compré el billete para la excursión organizada («No coma carne roja ni beba alcohol la noche anterior», me aconsejó la joven de la oficina turística). También tuve que firmar un documento en el que eximía a la empresa de toda reclamación en caso de sufrir daños, incluidos los provocados por las aguas hirvientes que burbujean desde el suelo.

A las 4.30 horas, mientras esperaba la llegada del microbús delante de mi hotel, distinguí una estrella fugaz, un buen augurio para iniciar esta aventura en plena noche. El viaje hasta las montañas duró casi dos horas. Estaba todo oscuro como boca de lobo y no podía decirse que hubiese carretera, a pesar de lo cual Jimmy, el conductor, conocía bien el camino. Aunque el mío fue uno de los últimos grupos turísticos en salir ese día de San Pedro, fue de los primeros en llegar al campo de géiseres, justo cuando el amanecer empezaba a surgir sobre las recortadas montañas y las nubes de vapor se elevaban en el aire helado. Es la diferencia de temperatura entre la tierra helada y los 85ºC del agua lo que crea las ondulantes nubes de vapor y provoca las columnas de líquido, algunas de las cuales alcanzan los 20 metros de altura y que brotan de los géiseres. Cuanto más fría sea la temperatura externa, tanto más espectacular será la exhibición. Para aumentar el efecto, a los grupos se les sirve un desayuno a base de huevos pasados por agua, preparados en una de las fumarolas, acompañados con leche calentada geotérmicamente para el café. Me pareció preocupante que tanta gente deambulara ociosamente sobre esta costra de tierra peligrosamente delgada, llegando incluso a corta distancia de los géiseres, aparentemente inconscientes del peligro.

Una forma más segura de disfrutar de las aguas calentadas geotérmicamente es zambullirse en una gran piscina situada al extremo del campo. Puesto que la mayoría de los grupos se marchan a las 8.30 horas, una vez terminada la mejor exhibición de vapor, si se sabe esperar se puede disfrutar de esa piscina casi en solitario. Las fuentes termales más atractivas, sin embargo, son las **Termas de Puritama**, a 32 kilómetros de San Pedro, habitualmente visita-

ARRIBA IZQUIERDA: el valle de la Luna, en el desierto de Atacama: los cristales de sal y yeso esparcidos por el suelo brillan a la luz de la luna.
IZQUIERDA Y ABAJO: chorros de agua hirviendo y nubes de vapor en el campo de géiseres de El Tatio, que se ve mejor al amanecer, antes de que aumente la temperatura.

das en el viaje de regreso a la ciudad. En estas piscinas comunicadas por pasarelas, el agua cae en cascada por una frondosa garganta, a una temperatura agradable y difícilmente podría mejorarse el lugar, en medio de oscilantes juncos y piedras cubiertas de musgo. Estas fuentes termales son propiedad del centro de lujo Explora, en las afueras de San Pedro (se paga una entrada de aproximadamente cinco dólares, y dispone de lavabos y vestuarios).

CAÑÓN DE LA VIDA

Todavía más frondosa que las Termas de Puritama es la **Quebrada de Jeria**, un fértil oasis alimentado por aguas cristalinas que corren por un estrecho cañón en las afueras de Toconao, a 38 kilómetros al sur de San Pedro. Hasta este pueblo se puede emprender desde San Pedro otra excursión ideal en bicicleta, que dura un par de horas por una carretera

MUSEO GUSTAVO LE PAIGE

El Museo Gustavo Le Paige, en la esquina norte de la plaza de Armas, es uno de los más importantes museos arqueológicos de Chile, dedicado a la historia local desde hace diez mil años hasta la colonización española y épocas posteriores, cuando San Pedro fue un lugar de paso importante para la conducción de ganado a través de las montañas, desde Argentina. La colección de rocas y utensilios del museo la inició el sacerdote y arqueólogo belga Gustavo Le Paige en la década de 1950 e incluye excelentes recreaciones de los intrigantes petroglifos grabados en las rocas del desierto. (Es posible organizar excursiones para ver los originales.) También se conservan aquí los restos momificados de una antigua mujer india, con lacios mechones de pelo y trozos de piel seca todavía pegados al cráneo. «Miss Chile», como se la conoce, es uno de los ejemplos más notables de cómo el aire enrarecido del desierto de Atacama preserva casi eternamente todo aquello que queda abandonado en él.

parcialmente asfaltada que cruza un bosque plantado de árboles tamarugos y rebaños de llamas. En la parte alta del cañón, parecida al escenario de una película de Indiana Jones, las gentes locales cultivan toda clase de frutas y verduras en pequeños huertos separados por bajos muretes de piedra. Es posible acampar junto a las orillas cubiertas de hierba de la corriente y el agua se puede beber sin problemas.

El propio **Toconao** es un pueblo adormilado con unos pocos puestos de venta de artesanía y una vieja iglesia, con su puerta hecha de cactus secos. En el cementerio, las coronas hechas de flores de papel *crêpe* decoran elaboradas tumbas pintadas de color pastel en un fabuloso jardín de rosas, azules pálidos y verdes, en contraste con el monótono fondo amarronado del desierto.

Una excursión de un día desde San Pedro a la laguna Miscati, un lago de color zafiro en lo alto de las montañas, pasa por Toconao y por la laguna Chaxa, un lago de poca profundidad situado en medio del Salar de Atacama, la superficie salada más grande de Chile y hábitat de varias especies de aves, incluidos los flamencos y las gaviotas andinas (*Larus serranus*). En el altiplano se encuentran tres especies diferentes de flamencos: el andino (*Phoenicoparrus andinus*), de más de un metro de altura, con plumas de un rosa pálido, patas amarillas y pico amarillo y negro; el chileno (*Phoenicoparrus chilensis*), con plumaje de color más intenso, patas azules con rodillas rojas y pico negro y blanco, y el de James (*Phoenicoparrus jamesi*), el más pequeño, con patas de color rojo oscuro.

Por impresionantes que sean estos lagos, pueden verse otros, y muchos más flamencos en el viaje a través del altiplano hasta el Salar de Uyuni que es, con gran diferencia, la característica geológica más notable de toda la zona.

CONDUCIR CON DOMINGO

Aunque la mayor parte de la excursión de tres días que emprendí a Uyuni, en Bolivia, desde San Pedro, la hice en un vehículo todoterreno (esencial para una zona tan inhóspita), la fase inicial, subiendo desde la ciudad hacia las montañas, la hice en un autobús local verde de aspecto anticuado. En el viaje se me unieron cuatro israelíes, dos holandeses, un suizo y un australiano. Nos reunimos a las 8.00 horas, con nuestros suministros de agua y otras provisiones, como zumo de frutas y barras de pan (se nos había advertido que la comida ofrecida en el viaje organizado sería básica).

El autobús tardó un par de horas en subir traqueteante las montañas hasta la **laguna Blanca**, un lago blanco lechoso junto al que Bolivia mantiene un diminuto puesto de control de inmigración. Aquí cambiamos nuestros últimos pesos por bolivianos, una mujer vestida con los atuendos típicos del país nos sirvió un desayuno en el vecino café, con un sombrero hongo airosamente encaramado sobre su cabeza. En el exterior, bandadas de flamencos se alimentaban en las aguas del lago.

A corta distancia, al pie del Lincancábur, llegamos a la **laguna Verde**, llamada así porque un cóctel de minerales da a sus aguas una tonalidad verde a medida que avanza el día. El color se aprecia mejor después del mediodía, pero el lago es notable en cualquier momento por las burbujas blancas de bórax que se ven al borde del agua. Jirones de espuma son arrastrados por el viento, mientras que el resto se endurece al sol, dejando un anillo salado exterior.

Desde la laguna Verde continuamos nuestra ruta en dos Toyota Landcruiser hasta la **laguna Salada**, un estanque termal bastante embarrado donde es posible bañarse. El conductor de mi Landcruiser, llamado Plácido Domingo, iba acompañado por su «chica», Constantina, sentada a su lado. Lamentablemente, no cantaba ópera y tampoco hablaba idiomas, pero nos dejó que pusiéramos nuestros casettes de música y se tomó la excursión a un ritmo relajado, lo que nos permitió tener mucho tiempo para ver cada lugar. Constantina, por su parte, dormitaba mientras avanzábamos y se despertaba para prepararnos la comida a base de bocadillos, ensaladas y fruta para almorzar, y sopa seguida de pollo y patatas o espaguetis para cenar, todo ello de mucha mejor calidad de lo que habíamos esperado.

UNA ZONA LACUSTRE DESÉRTICA

El soroche, el mal de altura, empezó a afectarme cuando llegamos al **géiser Sol de Mañana**, a casi 5.000 metros de altura, donde las fumarolas vomitaban un barro de color gris

cemento y un fango amarronado en el paisaje más desolado que hubiese visto nunca. Mi palpitante cabeza no logró despejarse con la brisa que soplaba en los alrededores de la **laguna Colorada**, un lago de 60 kilómetros cuadrados, con notables aguas rojas, bordeado de anillos de sal blanca y musgos verdes y habitado por cientos de flamencos. Al llegar al extremadamente humilde albergue levantado junto al lago, me alegré de que hubiera preparada una cama y una manta para acogerme.

Al día siguiente, una vez desaparecido el dolor de cabeza y recuperado el apetito, me sentía ávido por continuar el viaje a través de la **Reserva Eduardo Avaroa**, el parque nacional boliviano que abarca los lagos del altiplano, especialmente después de haber asistido a primeras horas de la mañana a la matanza de una llama en los terrenos situados junto al albergue. Mientras la sangre del animal muerto se derramaba por el corte practicado en el cuello, cayendo en un cuenco, nos dispusimos a inspeccionar el Árbol de Piedra, creado por siglos de aullantes vientos del desierto. Cerca, Plácido se detuvo para señalarnos una viscacha (*Lagidium* spp.), un animal parecido a un conejo, de cola larga, y la extraña planta llamada llareta. Este musgo, tan duro como una roca, que sólo crece un milímetro al año se halla protegido en el parque, junto con la vicuña (*Vicugna vicugna*), uno de los camélidos de América del Sur.

A medida que avanzaba el día vimos más lagos, incluida la laguna Hedionda (llamada así por su olor sulfuroso) y más flamencos, y pasamos ante el volcán Ollagüe, un pico de 5.870 metros de altura a caballo sobre la frontera entre Chile y Bolivia. Antes de llegar al volcán vimos las extrañas formaciones de lava de un campo de burros volcánicos creadas antes del tiempo de los incas. Desde aquí, la ruta descendía hacia el Salar de Chiguana, una llanura blanca incrustada de bórax, cortada por una línea férrea. En la temporada de las lluvias, toda esta zona se transforma en un gigantesco baño de barro. Nuestra base para pasar la noche se hallaba en el extremo más alejado de la llanura, más allá de unos cuarteles del ejército compuestos por gigantescos iglús camuflados, en **San Juan**, un polvoriento pueblo de adobe que no desentonaría en una película de Western.

CHILE

CEGADOS POR EL BLANCO

El último día de la excursión, las nubes oscuras que se cernieron sobre San Juan presagiaban un buen chaparrón, mientras nos dirigíamos hacia el **Salar de Uyuni** y pasábamos ante laderas montañosas aterrazadas que se remontaban a los tiempos del Imperio inca. El cielo ya se había despejado cuando llegamos a la planicie salina de 12.000 kilómetros cuadrados, la mayor del mundo y también la más elevada, a 3.650 metros de altura. El contraste del cielo de un intenso azul con la deslumbrante superficie blanca del lago seco fue asombroso y extraordinariamente surrealista, y al bajar del Landcruiser tuve la sensación de que debía ponerme los patines de hielo, en lugar de las gafas de sol y la crema protectora solar.

En medio de esta llanura, rodeada por diez mil millones de toneladas de sal, se levanta un farallón rocoso conocido como la **Isla de Pescado** (porque se supone que se parece a un pez), hacia la que se dirigen todos aquellos que visitan el Salar de Uyuni. Fueron realmente extraordinarias las vistas desde lo alto de la colina, cubierta con cientos de espinosos cactus *Trichocereus*, de aspecto fálico, algunos cubiertos con flores de colores crema y amarillo, y el mar de sal que nos rodeaba, dividido en mosaicos de cristales geométricos, parecía lamer realmente las orillas rocosas de la «isla».

Tras almorzar en Isla de Pescado continuamos el camino para ver algunos hoteles hechos de sal, hasta llegar a los Ojos, donde las burbujas de agua fría que atraviesan las delgadas extensiones de la costa de sal, forman pequeños estanques. Se cree que este agua tiene propiedades medicinales y a pesar del peligro de que la delgada superficie pueda resquebrajarse bajo sus pies, no es extraño ver a las gentes locales empapándose las achacosas extremidades en estos estanques. En el borde de la llanura de sal, junto al pueblo de Colchani, gigantescos montones de sal esperaban su procesamiento. Desde aquí había otros 20 kilómetros hasta el cruce ferroviario de Uyuni, final de mi viaje a través de uno de los paisajes más notables del continente.

ABAJO e INSERCIÓN: más paisaje surrealista: el lago seco del Salar de Uyuni, la laguna salada más grande del mundo, y unas espectaculares formaciones de nubes.

VIAJAR SOLO

VIAJE POR EL INTERIOR

A menos que disponga de mucho tiempo (el autobús de largo recorrido desde Santiago tarda 24 horas), el avión es el mejor medio de llegar al desierto de Atacama. El aeropuerto está en Calama, a 120 kilómetros al noroeste de San Pedro de Atacama, y hay conexiones diarias desde Santiago (algunos vuelos pasan por Antofagasta, en la costa). Un taxi desde el aeropuerto a San Pedro le costará alrededor de 25.000 pesos; durante el día puede tomar uno hasta la terminal de autobuses de San Pedro en Calama, para tomar desde allí uno de los autobuses Frontera o Jumar que salen cada hora hacia San Pedro de Atacama. La estación de autobuses en San Pedro está a corta distancia a pie del resto del pueblo.

Otra forma de viajar por tierra desde Chile a Bolivia (o viceversa) es en tren. El viaje en ferrocarril desde Calama, en Chile, hasta Oruro, vía Uyuni, en Bolivia, alcanzó fama internacional cuando apareció en la serie documental de televisión de Michael Palin *Alrededor del mundo en 80 días*. Los billetes para este espectacular viaje, en vagones antiguos, cruzando uno de los desiertos de altura más inhóspitos del mundo hasta Uyuni, cuestan 11 dólares y deben reservarse con antelación. El tren sale cada miércoles por la noche, hacia las 23.00 horas, pero puede subirse a él unas pocas horas antes. Prepárese, sin embargo, para soportar grandes retrasos durante el cruce fronterizo en Ollagüe, y para el frío extremo que hace por la noche; lleve ropas cálidas, mantas y abundante comida y agua.

CUÁNDO IR

Los cambios estacionales del tiempo no deben preocuparle en exceso a la hora de planificar una visita al desierto de Atacama, aunque la temperatura desciende mucho por las noches, sobre todo en los meses de invierno (junio-septiembre). El invierno es la mejor época para visitar el Salar de Uyuni, cuando los días son más fríos y secos. Durante la temporada de las lluvias (generalmente de diciembre a marzo) la llanura de sal puede quedar inundada y la zona de los alrededores se convierte en un barrizal; en este período puede ser difícil organizar visitas a la zona.

QUÉ LLEVAR

- ❏ Saco de dormir.
- ❏ Cámara con teleobjetivos y/o prismáticos.
- ❏ Sombrero para el sol.
- ❏ Loción protectora solar.

PLANIFICACIÓN

Los niveles de las agencias turísticas de San Pedro suelen ser altos, aunque es recomendable pedir referencias y comprobar los itinerarios pormenorizadamente antes de tomar una decisión. Para estar seguros de llegar desde San Pedro de Atacama a Uyuni a través del altiplano, utilice la agencia boliviana Colque Tours, que es la única con oficinas en ambas ciudades. También ofrece excursiones de un día a la laguna Blanca y laguna Verde desde San Pedro (véase Contactos, páginas 257-292).

En Uyuni, desde donde suelen iniciarse los viajes organizados al Salar de Uyuni y a los lagos del altiplano, hay una gran cantidad de agencias entre las que elegir. Lamentablemente, son pocas las que destaquen por su buen servicio, aunque la competencia mantiene los precios bajos, a unos 60 dólares por un viaje de cuatro días. La mayoría de operadores de Uyuni siguen la misma ruta que la de San Pedro, pero a la inversa, pasando una noche extra en el desierto, con desviación por el pueblo de Alota.

CUESTIONES DE SALUD Y SEGURIDAD

No beba agua corriente en San Pedro de Atacama, ya que contiene un alto nivel de arsénico. Prepárese para el mal de altura a medida que ascienda en el altiplano; beba mucha agua y tome pastillas para el dolor de cabeza y las náuseas si tuviera esas molestias. También puede probar a masticar las hojas locales de mate (del arbusto *Ilex paraguayensis*) o hervirlas para formar un té. Si continúa sintiéndose enfermo después de un día, regrese a una altura más baja y descanse hasta que se haya aclimatado.

HOTELES Y RESTAURANTES

En San Pedro de Atacama encontrará mejores niveles de alojamiento y restauración que en Uyuni. En temporada de vacaciones, reserve los hoteles con anterioridad. En la laguna Colorada hay dos albergues; el mejor es el dirigido por el parque nacional Reserva Eduardo Avaroa, pero tendrá que especificarle a la agencia turística que es en ese en el que quiere alojarse. Los hoteles de sal del Salar de Uyuni no están incluidos como parte de la visita organizada estándar al desierto y habrá que reservarlos por separado.

CONSEJOS PARA EL VIAJERO

Al reservar la visita organizada al Salar de Uyuni, compruebe el estado del vehículo y el número de pasajeros incluidos en el viaje: seis pasajeros por vehículo es el máximo para un nivel mínimo de comodidad, aunque algunas agencias no organizan viajes mientras no alcancen esta cifra.

CHILE

A la sombra del volcán

por Simon Richmond

*Pucón es el principal destino de Chile para el turismo de aventura.
Aquí puede escalar el volcán Villarrica, de cono cubierto de nieve y activo,
practicar rafting por aguas bravas, emprender excursiones o recorre
a caballo el hermoso paisaje del parque nacional.*

La línea de ferrocarril Santiago-Puerto Montt es la más antigua y extensa de Chile y empieza con estilo romántico, bajo el alto techo de hierro forjado y cristal de la Estación Central, en la capital. Subí a las 20.00 horas al tren nocturno con destino a Temuco, a 675 kilómetros al sur de Santiago y principal punto de acceso al «distrito de los lagos» de Chile. Mi destino era Pucón, una pequeña ciudad a orillas del lago Villarrica, de arenas negras, con el cono simétrico del humeante volcán del mismo nombre elevándose al fondo. A pesar de la continua actividad del volcán (ha habido erupciones recientes, en 1971 y 1984), es el pico más escalado del sur de Chile. Hace ya más de un siglo que esta parte del país quedó finalmente pacificada y pudo viajarse y colonizarse con garantías de seguridad, después de la feroz resistencia que los indios mapuche opusieron a la colonización española. En la actualidad, las gentes locales no podrían ser más afables y los visitantes acuden a los lagos para disfrutar de paisajes alpinos de volcanes y montañas cubiertas de nieve, de las que fluyen ríos limpios que atraviesan frondosos bosques y fértiles pastos.

Al subir mi equipaje a uno de los anticuados vagones-cama del tren, descubrí que la zona de equipajes estaba abarrotada de bolsas. En el vagón, disfrutando ya del atractivo y sombreado interior de terciopelo dorado y madera chapada, había un grupo muy numeroso de canadienses y un solitario alemán, cuyas botas y mochilas indicaban un interés similar al mío por los grandes espacios abiertos de Chile. Me instalé rodeado por el esplendor al estilo de Agatha Christie, el tren empezó a salir de la ciudad y todos estuvimos de acuerdo en que ésta era la forma perfecta de iniciar un viaje hacia el sur.

CENTRAL DE ADRENALINA

Pucón ha asumido con entusiasmo el turismo de aventura, como muy pocos otros lugares de América del Sur. Además de ser el punto de partida para los ascensos del Villarrica, es la base para el descenso en balsa por el cercano Trancura, un río de aguas cristalinas con rápidos de Clase IV. A muy corta distancia de la ciudad y con excelentes senderos para caminar, se encuentran tres parques nacionales (Villarrica, Heurquehue y Conguillio) y el Santuario Forestal de Cañi, una reserva natural privada. Hay numerosas fuentes termales, calentadas por la actividad geotérmica de la zona, ideales para aliviar las doloridas extremidades al final de la jornada.

Me levanté al amanecer después de un sueño intermitente, perturbado por el traqueteante avance del tren y apenas tuve tiempo para

---

4 Caminar por los alrededores de Pucón suele ser fácil, por senderos bien señalizados, aunque a veces se pierde algún excursionista por lo que es aconsejable informar a alguien del lugar a donde va y de cuándo espera regresar. La ascensión al volcán y el descenso en balsa por aguas bravas exige un alto nivel de preparaciòn física y/o determinación para conseguirlo.

★★ Encontrará mucha gente en temporada alta (diciembre-abril). El tiempo más cálido, desde finales de noviembre a abril permite que las actividades al aire libre sean más agradables, pero vaya siempre preparado para la lluvia y el frío por las noches. Hay numerosas fuentes termales en las que relajarse al final de la jornada.

✗ Para el descenso en balsa necesitará un bañador y sandalias o calzado que no importe que se moje; el resto del equipo lo proporcionan los operadores turísticos. Si quiere escalar el Villarrica, lleve ropa interior térmica y un suéter grueso. Sus propias botas de escalada, con los crampones acoplados, le resultarán más cómodas que las que le entreguen, pero se mojarán.

LOS RÍOS BÍO BÍO Y FUTALEUFÚ

El Bío Bío, el río de aguas bravas más famoso de Chile, calificado como de Clase V en la escala internacional, y a menudo como una «experiencia espiritual», ha visto recortado su tramo navegable en balsa por la construcción de la presa de Pangue y se ve amenazado por la planificada construcción de más presas. No obstante, diversas empresas siguen organizando descensos por sus aguas, principalmente entre diciembre y abril, cuando los días son cálidos y sólo llueve ocasionalmente. Los viajes suelen durar tres días, empiezan en el remoto pueblo de Lonquimay, cerca de la frontera argentina (a la que se accede desde la ciudad de Victoria) y suponen acampar dos noches. El primer día es un fácil calentamiento, mientras que en la segunda jornada se desciende durante seis horas por el curso medio del Bío Bío, con rápidos de clases II y III, y el último día se encuentran las intensas aguas bravas que se precipitan por el cañón de Ñirreco, con varios rápidos de clase V.

Todavía más desafiante y peligroso que el Bío Bío es el Futaleufú, al sur de Chaitén, en Patagonia. Para descender este río, que fluye a través de un espectacular paisaje montañoso, se exige mucha experiencia previa en el descenso de rápidos de Clase V.

tomar el desayuno antes de llegar a Temuco, donde hace más frío que en Santiago, a las 7.00 horas. Después de caminar 20 minutos por la ciudad todavía adormilada, llegué a la estación de autobuses, desde donde los servicios regulares cruzan los verdes campos hasta Pucón, a unos 110 kilómetros al sureste. Resulta fácil comprender porqué los inmigrantes alemanes se instalaron en el siglo XIX en estas tierras de aspecto europeo, aunque los pocos nativos que subieron al autobús conmigo demostraron que también quedaban algunos de los habitantes originales. En **Pucón**, sin embargo, hay poco que sea indio mapuche o chileno, con sus rústicas casas de troncos, bonitos jardines, elegantes cafeterías y operadores turísticos de aventura, todo ello ocupando un limpio trazado en forma de rejilla, mucho más parecido a un pueblo de las montañas Rocosas. No se llega hasta aquí para entrar en contacto con la cultura nativa, sino más bien para recargar las baterías espirituales en un paisaje natural hermoso, o para emplear las descargas de adrenalina en actividades como practicar rafting por aguas bravas, algo que hice ya en mi primera tarde pasada en Pucón.

CONSEJOS

La temporada de descenso en balsa del Trancura se extiende de septiembre a abril, aunque el tramo superior, más rocoso, sólo se puede descender con seguridad entre diciembre y marzo. Deberá pagar unos 15 dólares por un viaje de dos horas o 35 dólares por uno de cuatro horas. Sólo necesita bañador y sandalias o calzado que no le importe que se moje, ya que suele haber tramos del río que todos tienen que recorrer a pie por las orillas, excepto los balsistas o kayakistas más experimentados. Compruebe que el capitán de la balsa realiza prácticas con el equipo y aprenda bien los términos para el uso del remo y las maniobras que tendrán que hacerse durante el descenso. Si se cae, no intente incorporarse o nadar; en lugar de eso, túmbese de espaldas, apoyado en el chaleco salvavidas y sitúe los pies por delante para poder apartarse de las rocas que encuentre en su camino.

A TRAVÉS DE LA GARGANTA DEL DIABLO

El descenso por el tramo superior del río **Trancura** es el más desafiante de los dos clásicos descensos en balsa ofrecidos por las numerosas agencias de Pucón. Me uní a una pareja de argentinos, un canadiense y dos estadounidenses, en un grupo organizado por la agencia Sol y Nieve, establecida desde hace tiempo. Nos condujeron en camioneta hasta el punto de embarque, un tramo en calma del río, a unos 20 minutos en coche de Pucón, donde nos pusimos los cascos y los chalecos salvavidas y

CHILE

arrastramos la gran balsa de goma hasta las aguas que fluían suavemente.

Durante la sesión de prácticas, Teo, el capitán, mostró un interés especial en que respondiésemos con la velocidad del rayo a la orden «alto a la derecha», que exige que todo el mundo salte hacia el costado derecho de la balsa. Una vez en el agua, no tardamos en comprender porqué. El Trancura es un río seductor en el que las deslumbrantes aguas descienden en cascada sobre suaves rocas y las montañas de picos cubiertos de nieve y laderas boscosas forman un impresionante paisaje de fondo, pero cuyos traicioneros rápidos exigen una atención total.

Cuando la balsa cayó en un fuerte remolino conocido como el **Chuncho**, nuestros seis cuerpos, siguiendo las órdenes, se lanzaron instantáneamente a la derecha y luego lanzamos vítores al unísono al darnos cuenta, ante nuestra extrañeza, de que habíamos sobrevivido. Todavía fue peor la **Garganta del Diablo**, una fuerte caída del río que se retuerce entre aterradores y grandes cantos rodados, pero la habilidad de Teo nos permitió superarla.

En el último y espectacular conjunto de rápidos, el agua estaba demasiado baja como para arriesgarnos a recorrerlos, de modo que gateamos sobre las rocas a lo largo de la orilla para subir de nuevo a la balsa antes de abordar la **Última Sonrisa**, un rápido que supuestamente debía producir en todos nosotros «la mejor sonrisa».

A LA CONQUISTA DEL VOLCÁN

A las 7.30 horas del día siguiente, de nuevo en la oficina de Sol y Nieve, busqué las rígidas botas de plástico, especiales para montañismo, que me había probado la noche anterior. Embutido en cubrepantalones, polainas, chaqueta impermeable, gafas de sol, guantes y dos gorros (uno de béisbol y otro de lana) y con una mochila que contenía los crampones y el piolet, todo ello aportado por la agencia, los otros veinte escaladores y yo nos sentimos preparados para conquistar los 2.840 metros del **Villarrica**, el humeante pico nevado claramente visible sobre los tejados de Pucón.

Nos dividimos en dos grupos y nos dirigimos en minicamionetas a lo largo de un camino sin asfaltar montaña arriba, hasta el **Parque Nacional Villarrica**. A las puertas, un *ranger* echó un vistazo a unas cuantas mochilas, para comprobar que llevábamos crampones, antes de que nos permitiera continuar hacia la estación de esquí, de aspecto un tanto abandonado, con la nieve fundida alrededor de los telesillas, revelando cascajo gris y pardo. Algunos de los miembros del grupo optaron por caminar desde aquí, pero yo me uní a la mayoría y pagué el telesilla. Empezó a soplar un frío viento, atravesando las capas de prendas de ropa y me alegré al pensar que pronto emprenderíamos la ascensión que, a 1.900 metros de altura, era equivalente a seis horas de subida hasta la cumbre.

Antes de iniciar la marcha, nuestro veterano guía, Joaquín, que había dirigido más de mil ascensiones al volcán a lo largo de la última década, nos ajustó los crampones para que encajaran bien con las botas. Luego nos impartió una rápida lección acerca de cómo utilizar el piolet: si uno resbala, hay que girar el cuerpo de modo que quedes frente a la nieve, sostener el piolet por la cabeza y hundir la pica y las puntas de las botas para detener la caída. Finalmente nos pusimos en marcha y avanzamos lentamente por la crujiente nieve, siguiendo una ruta en zigzag que subía por la ladera, con una pendiente media de entre 25 y 35 grados.

IZQUIERDA: para quienes disfrutan con un descenso por aguas bravas, los ríos de Chile tienen tramos intensamente espectaculares. DERECHA: la ascensión al volcán Villarrica no es nada si no es dura; el descenso, deslizándose sobre el trasero, es más divertido.

ASCENSIÓN AL VILLARRICA

Al Villarrica se puede subir durante todo el año; la mejor época depende del tiempo y de la actividad volcánica. Espere a que se den las condiciones adecuadas antes de subir. En la ascensión se tardan entre seis y ocho horas. Aunque todos los operadores turísticos fiables le proporcionarán el equipo completo necesario para realizar la ascensión, es mejor comprobar la calidad del material antes de pagar. También es muy importante que haya un guía al menos por cada nueve personas del grupo. La ropa interior térmica y un suéter grueso le ayudarán a mantener el calor y probablemente su ascensión será más cómoda si utiliza sus propias botas con crampones, aunque se humedecerán con la nieve. Lleve por lo menos lo necesario para protegerse de las ampollas. Un pañuelo, bufanda o pasamontañas le protegerá de los humos de la cumbre. No olvide tampoco una buena reserva de agua y alimentos energéticos. Finalmente, lleve algo de dinero en efectivo, ya que merece la pena pagar los 3.000 pesos para el telesilla; ahorrará así energía para más tarde.

EL MEJOR DESCENSO

A las 10.15 horas nos cobijamos en un abandonado telesilla para tomar un bocado. Mucho más abajo, el lago Villarrica relucía bajo el sol mientras que, por encima de nosotros, las nubes y borbotones de humo sulfuroso se elevaban de las entrañas de la tierra, impidiéndonos ver nuestro objetivo. Tres escaladores españoles regresaban y una mujer irlandesa abandonó a su agotado esposo canadiense en el siguiente lugar de descanso, una mancha desnuda de cascajos, desprovista de nieve por el calor termal que surgía de abajo. Desde aquí sería una ascensión continua hasta la cumbre, que de vez en cuando asomaba hipnóticamente entre el azul intenso del cielo.

Me quedé algo rezagado y durante la mayor parte de las dos horas siguientes estuve a solas con Joaquín, que se detenía a menudo para fumar un cigarrillo mientras yo trataba de recuperar la respiración. Luego, cuando ya empezaba a tener la impresión de que no podía seguir, Joaquín me dijo que el cráter sólo estaba a un par de minutos, más allá de unas rocas heladas. Ya en la cumbre, el hedor de los gases volcánicos era insoportable y el humo era tan denso que no hubo oportunidad para observar el burbujeante magma rojo aunque, por lo visto, se puede ver con frecuencia. No pasamos más que unos pocos minutos en este lugar prohibido, antes de iniciar el descenso.

Esquiar sin esquíes se llama deslizamiento, pero no sé cómo se calificaría bajar en trineo sin trineo. «Deslizamiento sobre el trasero», sugirió un miembro del grupo. El caso es que todos volvimos a ser como niños y nos deslizamos alegremente por la ladera, sobre el trasero y la espalda. Si no le importa mojarse esa zona, quizá le agrade saber que varias agencias ofrecen equipo y guías para un descenso en esquí del Villarrica. En cualquier caso, el descenso a alta velocidad del volcán quizá constituya lo mejor del viaje.

EL BOSQUE CAÑI

A unos 30 kilómetros al este de Pucón se encuentran los últimos bosques intactos que quedan en Chile de la *Araucaria araucana*, conservados en el **Santuario Forestal de Cañi**, de 500 hectáreas de extensión. Contemporánea de los dinosaurios de la era Jurásica, la *Araucaria* (llamada localmente pehuen y generalmente araucaria), es una de las especies de árbol más antiguas de la Tierra y uno de los símbolos nacionales de Chile. A pesar de ello, este árbol espinoso que puede alcanzar una altura de 50 metros y vivir durante más de 1.500 años, ha visto amenazada su supervivencia debido a las prácticas forestales de Chile.

Mientras observaba una *Araucaria* pequeña en el Refugio Base Cañi, situado en el pueblo de Pichares, en el valle Liucura, me resultó extraño pensar que tendrían que transcurrir 300 años antes de que este ejemplar madurara por completo. No dejé de darle vueltas a la idea mientras recorríamos un camino lleno de baches hasta el principio del sendero que cruzaba el santuario forestal. Aparte del guía local y de otros dos excursionistas, se nos unió Rick Klein, un naturalista estadounidense que esta-

FUNDACIÓN LAHUEN

Esta organización no gubernamental, compuesta por ecologistas chilenos e internacionales, se formó en 1991 para ayudar a gestionar el Santuario Forestal Cañi y está dedicada a la protección y conservación forestal nativa. Además de mantener los senderos del santuario y formar a los guías locales, la Fundación Lahuen ha iniciado un recinto para el cuidado de árboles y plantas y dirige proyectos de concienciación medioambiental en las escuelas y comunidades locales.

Si quiere obtener más información sobre la organización o desea ayudar, puede ponerse en contacto directamente con ellos en Pucón, en Estados Unidos o vía e-mail (véase Contactos, páginas 257-292).

ba de visita y una de las personas responsables de la creación del santuario.

Nuestra excursión se inició en las laderas abiertas del valle, donde se encuentran troncos de árboles quemados, dejados como consecuencia de la práctica colonial de provocar incendios para despejar pastos para el ganado, ahora diseminados como heridos de guerra. En el interior del santuario, «uno de los bosques templados biológicamente más diversos del mundo», según Klein, nuestra ruta se vio sombreada por el lenga, una especie de árbol *Nothofagus* con brillantes hojas verdes, por el coihue de color verde más oscuro y por el bambú kila. En el bosque conviven numerosas aves

nativas, zorros y reptiles y hasta el puma. Una vez que iniciamos la ascensión, más allá del nivel de los mil metros, la *Araucaria* empezó a hacer su aparición. Nos detuvimos para almorzar en la **laguna Carpintero**, un lugar tan sereno que podría haberme quedado allí durante horas de no haber sido por los mosquitos que nos importunaban mientras comíamos los bocadillos. La cercana **laguna Negra** es igualmente bonita y aquí se halla situado un campamento y un sencillo albergue para quienes eligen quedarse a pasar la noche. Desde aquí iniciamos una ascensión de media hora hasta el **Mirador**, un farallón rocoso desde donde se contempla una vista panorámica de la cordillera, los bosques y los lagos diseminados como joyas y que es el punto culminante de la excursión. Aquí de pie resultaba fácil comprender porqué los mapuches llamaron Cañi a esta zona, que significa «la visión que transforma».

HASTA LAS FUENTES TERMALES

Durante mi último día en Pucón, decidí regresar al **valle de Liucura** para montar a caballo, junto con el grupo de cuatro personas del que formaba parte, en el Centro de Turismo Ecuestre Huepil. Los propietarios, Carolina y Rodolfo, sus tres perros, «Martino», «Olivia» y «Chocosito» y sus dos gatos, «Thelma» y «Louise» salieron a recibirnos cálidamente y nos invitaron a su encantadora casa, que ellos mismos se han construido. Rodolfo, un experimentado saltador argentino que fue entrenador del equipo olímpico español, perfiló la ruta propuesta mientras tomábamos el té con pastas. El tiempo estaba demasiado amenaza-

TIERRAS TERMALES

El distrito chileno de los lagos tiene numerosas termas. Desde Pucón, diríjase al oeste, hacia el hermoso valle de Liucura, donde encontrará las lujosas Termas de Huife y las más rústicas y baratas Termas Los Pozones. Ambas tienen piscinas al aire libre junto al río, aunque Los Pozones se han diseñado de modo más natural. La mayoría de las noches la Hostería ¡Ecole! organiza el transporte y entrada con descuento a Los Pozones. Consulte su tablón de anuncios para los detalles (véase Contactos). No olvide llevar el bañador, una toalla, una linterna y algo que beber. Otra visita de interés la constituyen las Termas de Panqui, a 58 kilómetros al este de Pucón, donde se han plantado tiendas indias norteamericanas en territorio mapuche para crear un centro de la Nueva Era de concienciación ecológica y espiritual.

lento por el polvoriento camino de montaña en el que sólo nos cruzamos con un campesino en un carro de madera tirado por dos bueyes.

El estilo de montar a caballo en Chile y en el resto de América del Sur es diferente al adoptado generalmente en Europa. El caballo se dirige principalmente mediante el peso del cuerpo del jinete, y las riendas se sostienen en una sola mano, mientras que la otra permanece libre, un recuerdo de los tiempos en que los conquistadores necesitaban estar preparados para utilizar sus espadas. Rodolfo también me dijo que mantuviera las riendas flojas y que procurase dirigir los talones hacia abajo en los estribos, preparado así para darle al caballo un suave empujón con la espuela para hacerlo avanzar.

El abundante almuerzo de picnic se vio complementado con una botella de buen vino tinto, de todo lo cual disfrutamos mientras contemplábamos la hermosa vista sobre el valle. Desde este punto cabalgamos durante un par de horas más hasta salir al nuevo camino que seguimos a lo largo de unos cientos de metros, para llegar a las fuentes termales, en los terrenos de un hotel de lujo junto al río, lugar ideal para relajarme después de los cuatro días llenos de acción en Pucón.

dor como para subir al Cañi, así que en lugar de eso atravesaríamos el valle a medio nivel, siguiendo la antigua ruta a Argentina, para terminar en las fuentes termales de las Termas de Huife.

Una vez que nos proporcionaron zahones de cuero y espuelas, nos llevaron a los establos y nos presentaron a nuestros caballos; el mío era una yegua gris y blanca llamada «Chucau». Hubo oportunidad de practicar un poco en el corral, antes de emprender la marcha a paso

VIAJAR SOLO

VIAJE POR EL INTERIOR

El aeropuerto de Temuco tiene conexiones diarias con Santiago (una hora); entre diciembre y abril LanChile también ofrece vuelos ocasionales a un pequeño aeródromo cercano a Pucón; consulte los detalles. Todos los autobuses nocturnos de largo recorrido a Pucón pasan por Temuco, donde también deberá bajar del tren nocturno que llega desde Santiago. Los billetes de tren (de 30 a 40 dólares) se adquieren en la Estación Central y los coches-cama ofrecen la posibilidad de una litera superior o inferior, o un compartimiento privado. Si viaja en autobús (más rápido y barato que el tren), elija los autobuses salón cama o ejecutivo, que disponen de espaciosos asientos reclinables, mantas y almohadas, en los que se sirven bebidas complementarias y desayuno y proyectan una película de vídeo.

CUÁNDO IR

Pucón puede estar muy concurrido, especialmente en los períodos de vacaciones y en los fines de semana entre diciembre y abril, la temporada alta en el distrito de los lagos de Chile. En esa época procure reservar alojamiento y billetes con bastante antelación. La temporada de esquí en el Villarrica es de junio a octubre.

PLANIFICACIÓN

Hay una intensa competencia entre las agencias turísticas de Pucón; visite unas cuantas antes de reservar una plaza y, sobre todo, compruebe el equipo y confirme los itinerarios antes de pagar. La opción más barata no siempre es la mejor o la más segura. Aunque la ascensión a Villarrica no es técnicamente difícil, necesitará mucho equipo para completarla con seguridad y debería seguir las indicaciones de los guías experimentados que conocen la ruta. Conaf, el departamento de parques, emite permisos especiales para los escaladores en solitario, pero para todos los propósitos prácticos es más sencillo unirse a un grupo organizado. Si quiere ir por su cuenta, el senderismo es una mejor propuesta.

HOTELES Y RESTAURANTES

En Pucón nunca estará a más de unos pocos minutos a pie de O'Higgins, la calle principal, donde se encuentran la mayoría de restaurantes, tiendas y operadores turísticos de aventura. Hay una amplia gama de alojamiento en la ciudad, adecuada para todos los presupuestos y gustos, y la reciente construcción de apartamentos y casas para pasar las vacaciones puede alargar la temporada turística de algunos establecimientos. Alquilar su propio medio de transporte (en Temuco) facilita la estancia en los hoteles rurales menos ocupados y más tranquilos.

QUÉ LLEVAR

- ❑ Bañador.
- ❑ Sandalias o zapatos que no le importe que se mojen.
- ❑ Ropa interior térmica y un suéter grueso.
- ❑ Botas de excursionista.
- ❑ Botiquín de primeros auxilios, incluido lo necesario para cuidar de las ampollas en los pies.
- ❑ Pañuelo, bufanda o pasamontañas para protegerse la cara de los humos volcánicos en la cumbre del Villarrica.
- ❑ Repelente contra los insectos.
- ❑ Sombrero para el sol y protector solar.
- ❑ Impermeable.
- ❑ Saco de dormir y esterilla para el suelo.
- ❑ Linterna.

ARRIBA IZQUIERDA e IZQUIERDA: vistas panorámicas del sendero que cruza el bosque Cani; el santuario conserva el árbol Araucaria araucana. En otro tiempo amenazada de extinción, es una de las especies vegetales más antiguas de la tierra y tarda 300 años en alcanzar la madurez.

CONSEJOS PARA EL VIAJERO

- ❑ Si practica el senderismo de modo independiente, lleve un mapa (Hostería ¡Ecole! puede prestarle uno, véase Contactos, páginas 257-292) e informe a alguien de la ruta que va a seguir y cuando espera regresar.
- ❑ Es aconsejable cambiar moneda en Pucón, pero conseguirá mejor precio en Santiago (sobre todo para los cheques de viaje).

CUESTIONES DE SALUD Y SEGURIDAD

Aunque es aconsejable beber agua embotellada en todo Chile, el agua de Pucón es lo bastante fresca como para beberla directamente del grifo. En las excursiones no necesita preocuparse por beber agua del río no tratada. Siempre es una buena idea llevar un botiquín de primeros auxilios en las salidas más largas.

CHILE

Las torres de Chile

por Lee Karen Stow

Las Torres del Paine, que se elevan como rascacielos sobre la cola occidental de los Andes, en el sur de Chile, dominan lo que probablemente sea el mejor parque nacional de América del Sur. A pie o a caballo, recorrí titilantes lagos, seguí extensos glaciares y crucé caudalosos ríos para situarme bajo estos pináculos graníticos.

El Parque Nacional Torres del Paine, de 242.000 hectáreas se encuentra a caballo en la frontera entre Argentina y Chile y cada año se hace más popular ya que ofrece los mejores tramos de senderismo del planeta. Esta Reserva Mundial de Biosfera, con picos cubiertos de nieve por los que se precipitan estruendosas cascadas que forman estanques de diferentes tonalidades de azul, rodeados de bosques de un intenso verde oscuro, se ve recorrida por rebaños de guanacos (*Lama guanicoe*), similares a la llama, y está habitada por más de cien especies de aves.

Al final del pasado siglo los colonos europeos utilizaron estas tierras para la agricultura. Crearon una enorme estación ovejera prendiendo fuego a los bosques para despejar el camino para los pastos, una acción devastadora de la que el parque todavía se está recuperando. Una vez dicho eso, apresurémonos a añadir que el parque es magníficamente salvaje, rematado por la principal atracción del Macizo del Paine, un impresionante macizo de cuatro picos ocupado por amplios glaciares y rodeado de lagos glaciales.

El macizo está formado por los **Cuernos,** el más alto de los cuales alcanza los 2.400 metros de altura, y se halla atravesado por dos ríos, el Francés y el Ascensión. **Cerro Paine Grande,** que alcanza los 3.248 metros, es el pico más alto de todos; no obstante es a menudo el nombre del parque lo que más atrae a los visitantes. El Torres del Paine se compone de una torre corta y tres altas, compuestas de granito duro que ha quedado al descubierto a medida que se ha erosionado la roca más blanda que lo rodeaba. Muy popular entre los fotógrafos debido a sus cambios de color causados por la luz, desde el rosado al gris pizarroso, las torres son frecuentemente atacadas por escaladores que no parecen amilanarse ante las paredes verticales del pináculo más alto, la **Torre De Agostini,** de 2.850 metros de altura.

 Con un mapa es fácil seguir la mayoría de senderos del parque. Para aventurarse por el difícil circuito del Paine necesita tener experiencia en orientación o debe contratar los servicios de un guía. Aparte de las Torres, de lo que más se habla en el parque es del tiempo. Fuertes vientos soplan desde el Pacífico, capaces de cortarle literalmente la respiración. Caminar azotado por el viento es bastante duro, prolongará su viaje y, si sopla a su espalda, puede llegar a derribarle. En verano hay luz hasta las 22.30 horas, así que puede caminar hasta bien entrada la noche.

La mayoría de visitantes pasa unos pocos días en el parque, alojándose en un hotel caro, en un refugio o en una tienda en los lugares de acampada establecidos. Distribuidos por el parque hay unos 11 refugios básicos; no olvide su saco de dormir si quiere alojarse en uno de ellos Espere lo inesperado: barcos que no zarpan, puentes derribados, ríos que no se pueden cruzar, tiempo muy cambiante y refugios abarrotados o en los que no funciona el agua caliente. Después de todo, esto es realmente aventura al aire libre.

 Es esencial una indumentaria adecuada, con prendas impermeables, chaqueta de plumón, suéter cálido y calzado de muy buena calidad. Es buena idea llevar una cinta en la frente para sujetarse el pelo y evitar que le moleste en los ojos. Encontrará mapas en la central del parque o en las tiendas de Puerto Natales, así como en hoteles, refugios, campings y estaciones de rangers, junto con rutas y distancias indicadas en términos de tiempo empleado para recorrerlas. Procure proteger las cámaras en bolsas impermeables de buena calidad, también a prueba de polvo.

PREPARARSE PARA EL PARQUE

La mayoría de la gente viaja primero a **Puerto Natales,** a 112 kilómetros del parque, una ciudad de paso, de hojalata y cemento, que se ha

El Parque Nacional Torres del Paine está situado en el Sur de Chile.

desarrollado alrededor de su puerto, en la costa oriental de Última Esperanza. En esta localidad encontrará buenos restaurantes de pescado y numerosas tiendas de provisiones donde comprar suministros frescos. Hay tiendas y equipo de acampada para alquilar, un punto de información turística y abundan los guías de montaña y senderismo para acompañarle a realizar el circuito del Paine.

Desde Puerto Natales puede alquilar un coche o un todoterreno, o tomar un autobús para el viaje de cuatro horas a una de las tres entradas del parque: **Portería Lago Sarmiento, Laguna Amarga** y **Laguna Azul**. En una u otra de las entradas, debe registrarse con su nombre y número de pasaporte y pagar la entrada. Puede reservar plaza en una excursión organizada de un día, pero eso sólo le permitirá echar un breve vistazo a los tesoros que podría descubrir; para captar realmente lo que es el parque, es mejor quedarse por lo menos un par de días. También puede alquilar bicicletas de montaña en Puerto Natales y seguir los senderos ciclistas marcados en el mapa del parque, aunque debo admitir que no vi un solo ciclista durante toda mi estancia de cinco días, quizá porque el viento impide realizar tal aventura.

HACIA EL GLACIAR

No es demasiado aconsejable adentrarse a solas en el parque por si acaso se produjera un accidente, así que para llegar al lugar de mi primera visita, el glaciar Grey (quería dejar las espectaculares Torres para el final), intenté encontrar a un compañero de viaje. Sentado a mi lado en el autobús que se dirigía al parque estaba Greg, un corredor de maratón de Filadelfia, que tenía la intención de establecer campamentos base y recorrer unas pocas montañas como parte de su entrenamiento. Me pa-

reció que tendría que buscarme a otro compañero para caminar.

El autobús dejó a algunos pasajeros en la estación de rangers de Laguna Amarga y luego continuó hasta la siguiente parada en Refugio Pudeto. Me bajé allí y junto con otras ocho personas, tomé una barca para cruzar el **lago Pehoe**, hermosamente azul, hasta el inicio de un sendero de tres horas, en dirección noroeste hasta el **glaciar Grey**, un lugar que debería ver todo aquel que visite el parque. Desembarcamos en la orilla más lejana del lago Pehoe, cerca de un quiosco que vendía provisiones básicas. Compré chocolate y me uní a Kerry y Bryan, unos ingleses, que habían descendido a Chile desde Perú y que tenían la intención de acampar a la vista del glaciar Grey. Yo, por mi parte, había decidido no llevar tienda, pues deseaba experimentar el gran lugar de encuentro que es el refugio.

El sendero ascendió por un valle cubierto de hierba, con matorrales que se elevaban

IZQUIERDA e INSERCIÓN: el parque nacional de las Torres del Paine abarca cadenas montañosas, lagos, glaciares y cascadas y los tres altos pináculos de granito o torres. Los senderos varían desde fáciles a muy desafiantes.

hasta las cumbres de las colinas. Los caminos del parque son utilizados con frecuencia, resultan fáciles de seguir y se marcan periódicamente con una mancha anaranjada en una roca o en un tronco de árbol. Algunos tramos son algo duros, teniendo que escalar por laderas de pizarra, pero nos vimos recompensados por una vista de icebergs que bloqueaba la salida del lago Grey. El trayecto final desciende a través de un bosque a veces embarrado, hasta llegar al **refugio Grey**. A lo largo de la ruta, Greg, el corredor de maratón, pasó dos veces ante nosotros, una en cada dirección.

ARRIBA: además de una flora exótica y vistosa (arriba, arbusto del fuego), puede ver guanacos, zorros rojos, flamencos, águilas y cóndores.
ABAJO: el glaciar Grey, una formación de la era glacial de unos 1.500 años de antigüedad; enormes icebergs azules llenan la entrada al lago Grey.

UN AGRADABLE PRINCIPIO

Envolturas de dulces y viejas revistas crujían en el fuego de la estufa y me senté tan cerca del calor como pude, bajo el cordel de calcetines de lana puestos a secar. El refugio era una cabaña de madera encaramada sobre las orillas rocosas del lago Grey, a pocos pasos de la boca del glaciar. Kerry y Bryan montaron con fastidio la tienda en el exterior y mientras yo me alegré de estar aquí dentro, en lugar de allá fuera con ellos, expuesto al viento que esa tarde había aumentado de intensidad y que ahora soplaba con fuerza.

El cocinero chileno del refugio hacía grandes esfuerzos por preparar una comida con los extraños elementos de que disponía la cocina. Andaba escaso de suministros: el último pan se había comido esa mañana y parecía que la cena se compondría de un paquete mixto de pollo con soja y pasta preparada con zumo de naranja. Miré a mi alrededor para observar a otra docena de caminantes de diferentes nacionalidades, todos ellos leyendo guías de viaje, discutiendo sobre rutas a seguir en el mapa y hablando sobre el tiempo. Se contaron historias sobre tiendas que el viento se había llevado volando y de caminantes que se inclinaban para avanzar contra las ráfagas, para caerse de bruces en cuanto el viento dejaba de soplar repentinamente. Una chica juró que su mejor adquisición había sido una cinta para la frente, convencida de que eso le había salvado la vida al mantenerle el pelo alejado de los ojos. Una de las notas escritas en el libro del refugio dice: «Llegamos, intentamos conquistar, pero entre el viento, la lluvia, el viento, las nubes y un poco más de lluvia, fuimos conquistados».

Alguien me preguntó si había llegado hasta aquí por la «W», una ruta popular desde la Hostería Las Torres, pasando por las Torres, para regresar hasta la mitad del valle del Francés y luego volver a tomar el bucle izquierdo hasta el glaciar Grey. Otro me preguntó si había visto ya las torres y me advirtió que la escalada destrozaba las rodillas. Entonces se abrió la puerta. Fue como si alguien se hubiese olvidado de cerrar la nevera. Una pareja de australianos se acercó tambaleante a la estufa y pidió su plato de pollo con soja. Estaban entusiasmados. La noche anterior habían plantado la tienda a la vista del glaciar Francés, y se despertaron al sonido de una avalancha. Aseguraron que contemplaron una visión fantástica, mientras el hielo descendía atronadoramente y el viento azotaba la nieve arrojándola en multitud de manotadas. También dijeron haber «visto las torres». Ya me sentía impaciente para que llegara el día siguiente.

EL CIRCUITO DEL PAINE

Esta ruta clásica, la más larga y dura del parque, sólo es apta para excursionistas experimentados y exige un buen nivel de forma física. Rodea las Torres y el Macizo del Paine, ofreciendo magníficas vistas sobre la región central del parque, y se tarda en completar por lo menos siete días. Habitualmente, los excursionistas inician el sendero de cien kilómetros en la Guardería Laguna Amarga, y avanzan en el sentido contrario a las agujas del reloj, aunque también se puede comenzar en Portería Sarmiento o en el centro administrativo, cerca de Posada Río Serrano. Consulte en el centro si el circuito está transitable o si se ha producido algún cambio en la ruta. No olvide la tienda para cuando no pueda llegar a los refugios y recuerde llevar comida suficiente.

HOY NO SE NAVEGA

Al día siguiente, el camino de regreso a Pehoe fue una batalla para vencer fuertes vientos hasta llegar al embarcadero, sólo para descubrir que la salida de las 11.30 horas había sido cancelada debido a la fuerza del viento y que la de las 14.30 horas estaba completamente llena. El **refugio Pehoe** es un lugar excepcional, montado sobre las orillas cubiertas de hierba del lago, con la cumbre nevada del Cerro Paine Grande situada por detrás. El ánade de las tierras altas (*Chleophaga plata*) anida en sus orillas y aquí crecen profusamente los matorrales de fuego (*Embothrium coccineum*). Decidí quedarme a pasar allí la noche.

Al día siguiente, la salida del barco se canceló de nuevo, así que decidí dirigirme al centro de administración del parque, más al sur, en Posada Río Serrano, desde donde sale un autobús que va a otros puntos del parque. Mi intención general era llegar a la base de las

ESPECIES LOCALES DE AVES

- ❑ Cóndor andino (*Vultur gryphus*).
- ❑ Cisne de cuello negro (*Cygnus melancorypus*).
- ❑ Ibis de cuello beige (*Theristicus caudatus*).
- ❑ Flamenco chileno (*Phoenicopterus chilensis*).
- ❑ Gran águila ratonera (*Geranoetus melanoleucus*).
- ❑ Gran lechuza cornuda (*Bubo virginianus*).
- ❑ Ostrero magallánico (*Haematopus leucopodus*).
- ❑ Pico pito magallánico (*Campephilus magellanicus*).
- ❑ Sinsonte patagónico (*Mimus patagonicus*).
- ❑ Ánade de las tierras altas (*Chleophaga plata*).
- ❑ Somormujo de cuello blanco (*Podiceps rolland*).

El fotógrafo de Amerindian se aventura hasta llegar a los miradores más y menos conocidos del parque durante todo el año. Dice que es excesivamente ambicioso creer que se pueden conseguir fotografías perfectamente asombrosas en apenas unos pocos días (para empezar, puede uno encontrarse con largos períodos de mal tiempo), y sugiere que lo mejor que se puede hacer es quedarse durante por lo menos un mes en el parque o en sus alrededores. No obstante, resulta fácil captar imágenes razonablemente buenas en menos tiempo, y la diversión de intentarlo resulta contagiosa.

La fauna del parque constituye indudablemente un gran tema. Es frecuente ver guanacos, junto con el rhea (conocido localmente como ñandú), zorros rojos y grises y alguna que otra águila y/o cóndor. Para ver el puma (*Felis concolor patagonica*) es necesario permanecer en la zona por lo menos un par de meses, para aprender los lugares por donde bajan de las montañas después del invierno para encontrar alimento para sus crías.

torres, así que emprendí una caminata de cinco horas a lo largo de la orilla del lago Pehoe, a través de un pasillo de matorrales.

El paisaje se abrió hacia las montañas cubiertas de pizarra y el bien marcado sendero continuó más allá de las lagunas de un azul intenso, con sus orillas cubiertas de árboles muertos calcinados por el sol. A mitad de camino me encontré con una corriente flanqueada de hierba y dientes de león, un lugar perfecto donde descansar antes del asalto final a través de una extensión de pampa cubierta de hierba y azotada por el viento. En el centro de administración está detallado todo lo que se necesita saber sobre el parque, incluida la flora, la fauna y los paisajes que atraen a fotógrafos, tanto aficionados como profesionales.

ENMARCADO

De hecho, a través de Amerindian Concept, una empresa de turismo de aventura en Puerto Natales, se puede reservar plaza en viajes fotográficos organizados. Atrae a sus clientes ofreciendo pases gratuitos de diapositivas para que pueda ver por sí mismo las fotografías que se pueden conseguir y un *buffet* por la noche.

EL GUANACO

Este miembro de la familia de las llamas, con hermosos párpados alargados, es el más alto animal andino de tierra, con 1,1 metros, que llega a pesar de 120 a 150 kilos. Se encuentra sobre todo en las estepas patagónicas y fue el primer animal cazado por los indios nativos, que lanzaban contra sus patas, para hacerle caer, las famosas *boleadoras* (piedras pesadas sujetas por una tira de cuero). Se comía su carne y se utilizaba su pellejo lanudo para hacer abrigos, con la piel hacia dentro y el pellejo pintado de dibujos geométricos de intensos colores. Actualmente, el guanaco lo caza sobre todo el puma y, ocasionalmente, el zorro rojo, que acecha a las crías que se alimentan en los prados y matorrales. Se aparea una vez al año, entre noviembre y febrero y tras un período de gestación de once semanas la hembra pare a su cría, llamada chulengo. El guanaco no es tímido con los humanos y los que hay en el parque no huyen de la gente.

Los paisajes del parque cambian constantemente a medida que se funde el hielo y aparecen charcos de agua. En verano, las puestas de sol crean un espectáculo de cambiantes colores que puede durar hasta cuatro horas, desde el rosa hasta el anaranjado intenso, con los picos

IZQUIERDA: camping a orillas del lago Pehoe, una base para el mejor senderismo en América del sur, con magníficas vistas.
ARRIBA y ABAJO: el terreno es a menudo complicado, pero con monturas nacidas y criadas para recorrerlo, cabalgar es una interesante alternativa a caminar.

de las montañas silueteados contra el cielo. Entre las vistas favoritas se incluyen los muy visitados icebergs de lago Grey y Salto Grande, una estruendosa cascada producida por el desagüe del lago Nordenskjöld en el Pehoe. A la catarata se llega siguiendo durante media hora un sendero que parte de la parada del autobús en Refugio Pudeto. Una hora más allá se encuentra el mirador sobre el lago Nordenskjöld y el impresionante glaciar Francés, situado enfrente. El momento ideal para filmar las famosas Torres es al amanecer; se puede acampar en el Campamento Torres, al pie de las Torres y le-

vantarse antes de las 6.00 horas. Hasta allí quería llegar, con la cámara preparada.

HACIA LAS TORRES

Me dirigí a pie hasta la **Hostería Las Torres**, un lujoso establecimiento turístico con espacio de acampada al lado de un burbujeante río, con un refugio decente y un caro hotel de estilo alpino que ofrece excursiones a caballo por la zona. Otra alternativa más emocionante a realizar el recorrido de cuatro horas y media hasta la base de las Torres consiste en hacer a caballo parte del camino, dejar el caballo en el Refugio y Campamento Chileno y luego caminar el último tramo.

A las 8.30 horas todo estaba completamente en calma, sin brisa. Las Torres se asomaban por entre las montañas, con sus cumbres apareciendo como formas vagas bajo un velo de neblina. Chispeaba un poco, pero el resplandor del sol sobre la nieve vieja y la formación de un arco iris arqueado a través del cielo prometían un día estupendo. Armando, mi guía de montaña, ensilló a «Tostada», un caballo chileno moteado, con una silla de exquisita talabartería y herraduras de cuero a modo de estribos. Se aseguró el sombrero de vaquero y emprendió la marcha por un sendero que se abría a un prado con vacas, cruzado por un arroyuelo, para luego seguir el camino utilizado por los caminantes. Era temprano y no se veía a nadie, pero Armando me dijo que en los meses de verano las laderas de la montaña se llenan de excursionistas que se desparraman sobre los ya muy numerosos y serpenteantes senderos.

Llegamos ante un puente sobre las aguas bravas del río Ascensión, demasiado inestable para los caballos, por lo que nos vimos obliga-

dos a vadearlo. Las fuertes patas de las monturas eligieron hábilmente el mejor camino para cruzar sobre las rocas, resbalando sólo ocasionalmente para recuperar el equilibrio con suma rapidez. Armando me dijo que no me preocupase, recordándome que los caballos habían nacido en la región. La excursión fue realmente memorable. Todavía noto la sensación de entusiasmo que experimenté cuando rodeamos un risco por encima de un río que se precipitaba por una escarpada garganta de pizarra negra que formaba capas. Descendimos para vadear el río y dejamos los caballos en el **Refugio** y **Campamento Chileno**, un magnífico lugar para detenerse a tomar refrescos o para pasar la noche. Armando se cambió las botas vaqueras por otras de excursionista y emprendimos la marcha a pie antes de que tuviera tiempo de pedir un chocolate caliente.

CASI ALLÍ

El sendero se elevaba y se alejaba del río, curvándose por entre los bosques de lenga y atravesando escarpados pedruscos sobre corrientes y troncos de árboles caídos cubiertos de musgo. En uno de los troncos observé las huellas dejadas por un pito pico magallánico (*Campephilus magellanicus*). Nos detuvimos ante un diseminado grupo de cantos rodados glaciales que, aparentemente, conducían a los cielos.

Llegar hasta el **mirador de las Torres** exige una ascensión de 45 minutos sobre esos suaves cantos rodados, lo que realmente supone un gran esfuerzo para las rodillas. Tal como me habían advertido, la ascensión era dura y me alegré cuando finalmente dejé tras de mí la última marca anaranjada. Esta era la razón por la que había empleado cinco días: ver de cerca los rascacielos graníticos de las Torres, todavía magníficas a pesar de hallarse envueltas en la neblina. El aire era frío y el ambiente estaba en silencio. Otro grupo de caminantes llegó hasta lo alto, se sentó a descansar y todos sacaron sus cámaras, complacidos por haberlo conseguido. Yo también tomé mis fotos y, sobre todo, guardé la escena en mi memoria.

El descenso transcurrió rápidamente ante la perspectiva de encontrar al final una sopa caliente en el refugio y la oportunidad de preguntar a sus clientes: «¿Ha hecho ya las Torres?».

ESPECIES DE ANIMALES LOCALES

- ❑ Guanaco (*Lama guanicoe*).
- ❑ Liebre (*Lepus capensis*).
- ❑ Rhea menor (*Pterocnemia pennata*).
- ❑ Zorro patagónico (*Dusicyon griseus*).
- ❑ Puma (*Felis concolor*).
- ❑ Zorro rojo (*Dusicyon culpaeus*).
- ❑ Mofeta (*Conepatus humboldtii*).

VIAJAR SOLO

VIAJE POR EL INTERIOR

No hay aeropuerto en Puerto Natales; el más cercano es el de Punta Arenas, a 270 kilómetros o tres horas y media de distancia. LanChile tiene vuelos desde Santiago al aeropuerto de Puerto Montt, desde donde hay un autobús que va a Puerto Natales.

Hay autobuses regulares desde El Calafate, en Argentina, hasta Puerto Natales por el cruce de frontera de Chile y Argentina.

También hay un transbordador, que va desde Puerto Montt a Puerto Natales, siguiendo una tortuosa y espectacular ruta marítima entre fiordos y canales. Las reservas para el transbordador se hacen directamente en los puertos.

CUÁNDO IR

La temporada ideal para practicar el senderismo es de octubre a marzo y la temporada alta es de diciembre a mediados de febrero (meses de verano), cuando los refugios y campamentos pueden llenarse. Tenga en cuenta que los servicios pueden reducirse durante el período invernal.

En la primavera y el verano los días son más prolongados, así que puede seguir caminando hasta bien entrada la noche. Los vientos se apaciguan un poco en los meses de invierno, aunque suele haber fuertes nevadas.

PLANIFICACIÓN

La forma habitual de organizar un viaje al parque de las Torres del Paine es desde Puerto Natales. En la calle Arturo Prat (al lado de la iglesia pintada de amarillo) y en la esquina, en Buses Fernández, puede tomar autobuses a primeras horas de la mañana (8.00 horas) hasta el parque; algunos pasarán incluso a recogerle por su hotel. Los precios rondan los 4.500 pesos ida, y 8.000 pesos ida y vuelta. El viaje por el parque es impredecible y una vez que esté allí sentirá la tentación de quedarse más tiempo, así que recuérdelo antes de decidirse a comprar un billete de regreso.

Lleve consigo el pasaporte, ya que tiene que registrarse para entrar al parque, donde también se paga una entrada de 12 dólares.

Acampar en las zonas designadas al efecto es la forma más barata de visitar el parque. Se pueden alquilar tiendas y equipo de acampada en Fortaleza Aventura, en Puerto Natales. También puede contratar guías para el circuito del Paine en Puerto Natales (véase Contactos, páginas 257-292).

Muchas agencias de viaje de Puerto Natales organizan excursiones de un día a un precio de unos 15.000 pesos, más la entrada al parque, por la que cobran 6.500 pesos. No obstante, con eso sólo obtendrá una visión fugaz de los atractivos de esta reserva. Si puede, visite otros lugares, como la cueva del Milodón. Algunas agencias ofrecen guías. Puede contratar a alguien que le acompañe a hacer el circuito del Paine por unos 60 dólares diarios, aunque los dos excursionistas con los que hablamos dijeron que la ruta era fácil.

QUÉ LLEVAR

Aunque en la mayoría de refugios del parque se venden suministros básicos, es más barato comprar todo lo que necesite antes de llegar.

- ❏ Alimentos y bebidas.
- ❏ Cocina de camping y combustible.
- ❏ Una tienda resistente si va a acampar y sólo un saco de dormir si tiene la intención de quedarse en los refugios.
- ❏ Papel higiénico (a veces anda escaso en los refugios).
- ❏ Mapas.
- ❏ Prendas impermeables.
- ❏ Anorak contra el viento.
- ❏ Suéter.
- ❏ Botas de excursionista.
- ❏ Bolsas impermeables y contra el polvo para la cámara.
- ❏ Cinta si lleva el cabello largo.

CONSEJOS PARA EL VIAJERO

- ❏ No está permitido cruzar la frontera con productos agrícolas, como fruta; si lo hace se los confiscarán.
- ❏ Los senderistas que ignoren las restricciones sobre acampada y decidan montar la tienda en cualquier parte serán probablemente multados por las autoridades del parque.

CUESTIONES DE SALUD Y SEGURIDAD

Antes de emprender cualquier excursión, y especialmente el circuito del Paine, compruebe que está en buena forma física para afrontar las exigencias de la ruta y las volátiles condiciones atmosféricas. Si no está del todo seguro del terreno o de sus fuerzas, regrese o diríjase al refugio más próximo y descanse. Se pide encarecidamente a todos, estén donde estén, que no enciendan ningún fuego y no causen ningún daño al medio ambiente.

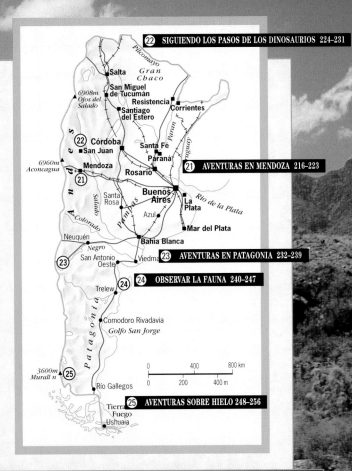

Pilcomayo
Gran
Chaco
Salta
6908m
Ojos del
Salado
San Miguel
de Tucumán
Resistencia
Corrientes
Santiago
del Estero
Córdoba
San Juan
Santa Fé
Paraná
6960m
Aconcagua
Mendoza
Rosario
Buenos
Aires
Santa
Rosa
Río de la Plata
La
Plata
Azul
Colorado
Mar del Plata
Neuquén
Bahía Blanca
Negro
San Antonio
Oeste
Viedma
Trelew
Comodoro Rivadavia
Golfo San Jorge
3600m
Murall n
Río Gallegos
Tierra
Fuego
Ushuaia

Andes
Salado
Pampas
Patagonia

0   400   800 km
0   200   400 m

ARGENTINA

A rgentina es diferente en cada punto cardinal de la brújula. Al sur, el terreno de Patagonia, azotado por el viento, se ondula hacia la Antártida, mientras que al norte se encuentran los bosques tropicales y los desiertos recocidos por el sol. Al este, el océano Atlántico, donde hay una gran diversidad y riqueza de vida marina, se estrella contra los acantilados; al oeste, la cordillera de los Andes, de picos cubiertos de nieve, separa Argentina de Chile y transforma enormes glaciares en cascadas y grandes lagos.

La existencia de una cadena de parques nacionales ofrece innumerables posibilidades al viajero aventurero. Para el escalador intrépido está el Aconcagua, el pico más alto de América del sur, o el extinto volcán Lanín. El senderismo es una actividad popular que se practica por senderos o rutas apartadas, sobre todo en el norte del Parque Nacional Los Glaciares. Se puede practicar rafting por los cañones de los ríos, deslizarse en parapente desde las laderas de las montañas, montar en caballos creole de pura raza, pescar truchas, esquiar y observar la fauna todo el tiempo que se quiera.

El río Mendoza, de corriente rápida, riega la región vinícola del este argentino.

ARGENTINA

Rafting y excursionismo en Mendoza

por Lee Karen Stow

En Mendoza, la región vitivinícola más grande de Argentina, donde las uvas crecen a la sombra de la montaña más alta de América del Sur, tuve que habérmelas con un remo sobre un borboteante río, intentar volar sobre los viñedos e incluso probar algo de ese vino, antes de alcanzar las grandes alturas y tener la visión de toda una vida.

Desde que los jesuitas plantaron los primeros viñedos, en 1556, y los regaron con el agua canalizada desde la cercana cordillera de los Andes, Mendoza ha florecido y ahora produce hasta 30.000 kilolitros anuales de vinos tintos y blancos, famosos en todo el mundo. Esta es una de las razones por las que la provincia se ha denominado a sí misma como La Tierra del Buen Vino.

Visitar una bodega es el pasatiempo menos activo que existe aquí; la única energía que tendrá que emplear será la necesaria para levantar la copa de vino antes de probarlo. Las actividades más exigentes en esta re-

3 El rafting es una pura delicia pero uno se moja si se cae. Los principiantes pueden probar el curso básico: los rápidos son moderados y remar no es agotador. La excursión de altura exige un cierto grado de preparación física y pueden aparecer signos de mal de altura.

★★ La comodidad dependerá del alojamiento que elija. Hay una amplia gama de buenos hoteles en Mendoza. Para los viajes de un día, los autobuses pasan a recogerlo y lo dejan después de la actividad. En las excursiones de altura es habitual quedarse por lo menos una noche en un albergue o refugio, que puede ser básico (necesita llevar su propio saco de dormir). En Mendoza hay mosquitos que pican por la noche, pero ninguno en las montañas.

Para el descenso en balsa se aporta todo el equipo necesario (incluidos cascos y chalecos salvavidas), pero recuerde ponerse una camiseta vieja y sandalias de playa. Se necesita equipo especializado de montaña para las excursiones al Aconcagua. Si tiene la intención de acampar, necesitará un buen equipo de acampada.

gión centro-occidental de Argentina, se inician en el sur, en el pantano Dique El Nihuil, un paraíso para la vela, el esquí acuático, el windsurfing y la pesca, que utiliza la ciudad de San Rafael como base.

Si posee la experiencia adecuada, puede desplazarse más hacia el norte y abordar el punto más destacado de la región, Cerro Aconcagua que, con 6.960 metros de altura, es el pico más alto de América. Como alternativa, también puede explorar este hermoso territorio, siguiendo los pasos de las tribus indias nativas que ocuparon la zona antes de la llegada de los incas y de los españoles.

En Mendoza se organizan numerosos acontecimientos durante todo el año, desde concursos de descenso en kayak a carreras ciclistas, supervivencia en la montaña, concursos de pesca, maratones nocturnas y festivales en la nieve. Una actividad refrescante consiste en alquilar una bicicleta de montaña para ir al balneario termal de Cacheuta, en las afueras de Mendoza, y sumergir el cuerpo en unas aguas con propiedades terapéuticas. En invierno, pruebe los descensos en esquí y tabla sobre nieve, en las grandes estaciones de esquí. Otra opción es la práctica del rappel, una forma de descenso por caras de montañas o cascadas, aunque, para conseguir descargas de adrenalina, nada mejor que practicar rafting por cañones que hielan la sangre.

PREPÁRESE PARA REMAR

«¡Adelante, adelante, adelante!», gritó Sergio, uno de los tres hermanos Betancourt que da clases de rafting cuando no compite en el equipo oficial argentino en los rápidos de todo

FANTASMA DE LOS ANDES

¿Deambula por los picos el famoso espectro de Mendoza, «El Futre»? Según una leyenda de los tiempos de construcción del ferrocarril que cruza los Andes, «El Futre» (palabra castiza para designar a un hombre elegante) fue un inglés de chistera y poncho que visitó el campamento a caballo para pagar los salarios a los trabajadores. Dice la historia que fue asaltado y decapitado y que su espíritu acompaña desde entonces a quienes caminan a solas por la noche en los Andes, sin causarles daño.

el mundo. Su orden implicaba remar con más fuerza, hacia delante. Media docena de compañeros y yo, encaramados sobre el borde inflado de una balsa azul, hundimos los remos en el **río Mendoza** y rezamos para cobrar velocidad. Sorprendentemente, el borboteante río tiene el color del café con leche. Había soñado con practicar rafting por aguas bravas, pero éstas se describirían mejor como aguas marrones.

La balsa rozó contra un canto rodado, lo que hizo más lento el descenso. Nuestros contrincantes de la balsa gris se habían quedado atrás, pero ahora, animados por otro de los hermanos Betancourt, pudieron cobrar más fuerza y adelantarnos. Lo hicieron sin que nos diésemos cuenta y celebraron su victoria utilizando los remos para arrojarnos el agua amarronada sobre las cabezas. Estábamos empapados, con el lecho de la balsa convertido en un estanque. Eso era toda una declaración de guerra.

Cruzamos las aguas, desplazándonos de izquierda a derecha, con la nariz de la balsa abriéndose paso en el agua, a toda velocidad, hasta que adelantamos a los grises. Ahora nos tocó a nosotros empaparlos. Cuando creímos que ya habían recibido su merecido, levantamos los remos y gritamos jubilosos. Pero eso no gustó al hermano derrotado, que tomó a Santiago por el chaleco salvavidas y lo arrojó al río. En este punto no hay mucha profundidad y el río fluye aquí sereno, así que todos nos unimos a él, zambulléndonos en las aguas marrones y echando a perder las camisas limpias.

Por lo visto, esa es la competencia normal y cotidiana entre los hermanos y resulta muy divertida. Se inicia en un punto del río situado más allá de la ciudad de Potrerillos y sigue un tramo de 15 kilómetros que, según Sergio, es ideal para principiantes, porque en términos técnicos es de clase I a III (rápidos moderados que se salvan con facilidad).

En conjunto, el río Mendoza cuenta con 140 kilómetros de rápidos que se pueden descender en balsa, incluidos niveles más difíciles, de clase IV a VI. Se organizan expediciones de dos a tres días, con acampadas para pasar la noche. Son físicamente exigentes y a veces requieren tramos de cuatro horas donde no se puede dejar de remar, por lo que no son aconsejables para los principiantes.

UNA BASE ANIMADA

La mayoría de visitantes toman como base la ciudad de **Mendoza**, la capital administrativa, comercial y cultural de la provincia. Fundada en 1561, se vio asolada 300 años más tarde por un terremoto. El ambiente cosmopolita actual se respira en sus calles bordeadas de árboles, canalizaciones para el regadío, galerías de arte, museos, teatros, bancos y cibercafés. A primeras horas de la mañana, los barrenderos

PESCA EN MENDOZA

Río de las Cuevas, río Mendoza y sus afluentes son populares zonas de pesca al norte, mientras que las aguas del Malargüe, al sur de Mendoza, incluyen el Barrancas, el Saledu y el Volonzuela Otros lugares destacados son Valle Hermoso, con sus lagunas de truchas, los ríos Cobre y Tordillo y el pantano Dique El Nihuil, cerca de San Rafael. La temporada de pesca se extiende desde el 1 de noviembre al 31 de julio para el pejerrey, la perca y la carpa. Consiga los permisos necesarios y obtenga más detalles en la oficina de información turística.

ARGENTINA

217

barren las calles con escobas de cerdas, y las gentes de la ciudad toman el desayuno completo que se sirve en las cafeterías, mientras los vendedores de periódicos anuncian los titulares en los cruces de tráfico y los taxis amarillos y negros pasan con rapidez.

La vida nocturna empieza a animarse después de las 21.00 horas, cuando los mendocinos salen a cenar. Las *trattorias* y restaurantes bordean la vía principal, la Avenida San Martín, en el «centro» de Mendoza, una zona que se convierte en un espectáculo improvisado en el que los niños se visten de payasos y equilibran las palomas sobre sus cabezas y los actores callejeros actúan. Las fuentes animan los parques y las plazas y el principal espectáculo es una demostración de luz y agua en la Plaza de la Independencia. Aquí se reúnen los jóvenes para charlar, comerse un helado o echar un vistazo por el mercado nocturno de artesanía, en el que se venden artículos de cuero y bisutería a la luz de las lámparas portátiles.

Llegué a Mendoza un domingo, cuando estaban cerrados todos los operadores turísticos que organizaban viajes de aventuras. Al día siguiente resultó ser una fiesta nacional y únicamente abrieron los restaurantes. Al tercer día, empezaron a ocurrir cosas, aunque me resultó difícil organizar mi itinerario porque la gente trabaja siguiendo el principio de «ya lo decidiremos mañana». Duermen la siesta para escapar del calor de la tarde y son tan tranquilos que uno se pregunta si acaso no debería arrojar la toalla y hacer lo que ellos. «Pasaremos a recogerle a las 8.00 horas en punto» suele significar que los verá a las 8.30 horas, o incluso más tarde. Una vez dicho eso, viví muchas aventuras. No pude esquiar porque no era la época apropiada, así que si no podía descender una montaña en esquíes, decidí bajarla volando.

VOLAR COMO UN COMETA

El parapente difiere del ala delta en que uno va sentado en un arnés delante del ins-

tructor o piloto, en lugar de tumbarse plano sobre una barra de dirección. Al tirar con suavidad de las cuerdas a la izquierda o a la derecha, se controla el entoldado superior, dejándose arrastrar por las corrientes de aire, hasta que se efectúa un descenso gradual pero vigorizante. No se necesita experiencia previa.

El punto de despegue del parapente se encuentra en lo alto del **Cerro Arco**, a 700 metros de altura y diez minutos en coche subiendo desde el centro de Mendoza. La vista se extiende sobre los tejados de la ciudad hasta el distante volcán Tupangato, que se mantiene tranquilo, aunque no se ha extinguido. El instructor tiene que preparar el parapente y comprobar las condiciones del tiempo y es entonces cuando puede aparecer la decepción. Las condiciones reinantes la mañana de mi programado primer curso indicaban que hacía demasiado viento para volar y cualquier tentativa por hacerlo así sería peligrosa. Lo intentamos de nuevo a últimas horas de la tarde,

IZQUIERDA: un tramo comparativamente fácil de aguas bravas; otros son más espectaculares.
ARRIBA: camino del Aconcagua, el pico de nieves perpetuas, tal como hicieron los incas.

pero la manga cónica que se utiliza para medir las ráfagas de viento, formaba un ángulo recto: definitivamente hoy no se podía volar.

EL JARDÍN TRASERO DEL ACONCAGUA

De regreso al albergue juvenil de Campo Base, en Mendoza, donde pasé varios días porque la comida es buena y conocí a muchos compañeros de aventuras, aproveché la oferta para realizar una caminata de altura. Pero ¿por dónde? Adrián, el guía montañero apodado «Roger Rabbit» porque durante las ascensiones come constantemente zanahorias, sugirió una excursión por las montañas que rodean el Aconcagua, para escapar del calor, los humos del tráfico y los mosquitos de la ciudad.

ESQUÍ

La temporada de esquí de 1998 resultó un desastre para Mendoza, ya que no hubo nieve. A pesar de todo, los funcionarios de turismo predicen grandes nevadas en futuras temporadas, que aquí se extienden desde los meses de junio/julio hasta principios de octubre.

Las principales estaciones son Valle de las Leñas, Los Penitentes y Vallecitos. Vallecitos, a 79 kilómetros de Mendoza y uno de los primeros centros de esquí de la provincia, tiene 12 pistas. Los Penitentes está más lejos, a 160 kilómetros de la ciudad, en la carretera a Chile, en el valle de Las Cuevas, a pocos minutos de la frontera. Tiene una altura de 2.580 metros en la base y 3.200 metros en lo alto, y ofrece 28 pistas para la práctica del esquí. El centro se complementa con hoteles, albergues y apartamentos, además de un centro de diversión y de trineos.

En la estación de Las Leñas, de tres estrellas, se celebran competiciones internacionales de esquí y otros deportes invernales, como tabla de nieve; se halla situado a 480 kilómetros al sur de Mendoza y a 200 kilómetros al sudoeste de San Rafael, en el distrito de Malargüe. Tiene una altura de 2.256 metros en la base, que llega hasta los 3.430 metros en lo alto. Suele estar rodeado por muchas hectáreas de nieve seca y en polvo y cuenta con 40 pistas que van desde fáciles a muy difíciles.

Antiguo miembro del equipo de búsqueda y rescate de montaña, Adrián ha conquistado el Aconcagua tres veces y aún recuerda su primera cumbre, una maravillosa noche cuando, a las 21.00 horas, pudo contemplar un resplandeciente sol rojo hundiéndose en el océano Pacífico, al oeste. Sus historias nos ayudan a pasar el tiempo hasta la mañana siguiente en que tomamos el autobús desde Mendoza a Las Cuevas (el último pueblo antes de Chile), pasando por el espectacular **valle Uspallata**.

Las montañas están manchadas de ocre o teñidas de rojo. Las laderas se animan con franjas cremosas, bandas de pigmentos y coloraciones minerales, penetradas por la línea férrea de una sola vía, cubierta de cascajos y abandonada entre Argentina y Chile. El río amarronado parece camuflarse contra esta monótona belleza y me pregunté si acaso no habría entrado en la corteza de un enorme cráter volcánico. Parece que nos encontremos en otro mundo. De hecho, a los aficionados al cine les gustará saber que aquí se rodó buena parte de *Siete años en el Tíbet*, con Brad Pitt como actor principal.

Antes de llegar a Las Cuevas nos detuvimos junto a la entrada al **Parque Provincial Aconcagua**, marcado por una cruz de aluminio similar a la que corona la cumbre del Aconcagua. Bajo un sol ardiente, caminamos despacio durante media hora, cruzando por entre prados verdes y flores silvestres púrpuras, hasta el puesto de rangers. Si piensa pasar más tiempo en el parque, caminando o escalando, deberá inscribirse en el puesto y recoger un mapa que muestra las rutas, los refugios para pasar la noche y los campamentos base. Con una extensión de 70.000 hectáreas, donde se cobija el guanaco (*Lama guanaco*), la liebre (*Lepus capensis*), el zorro rojo (*Dusicyon culpaeus*) y el cóndor ocasional, el parque es un pacífico santuario que permanece abierto durante todo el año, aunque el servicio de rangers para radio, mapas y consejos sólo funciona desde el 15 de noviembre hasta el 15 de marzo.

Esté donde esté en el parque, resulta difícil escapar de la vista del único pico cubierto de nieve, el **Aconcagua**, escalado por primera vez por el inglés Edward Fitzgerald hace más de cien años, y conquistado por primera vez por el italosuizo Mathias Zurbriggen. No existe ninguna prueba definitiva de que los incas alcanzaran la cumbre, pero en 1985 se descubrió que habían llegado por lo menos a los 5.200 metros cuando los montañeros hallaron el cuerpo momificado de un muchacho, envuelto en mantas de sacrificio. Es muy posible que la montaña todavía guarde secretos arqueológicos y a todo aquel que se encuentre con algo se le pide que no lo toque y que informe a los rangers.

Llenamos nuestras cantimploras y continuamos durante una hora, pasando ante una laguna esmeralda y cruzando un puente para tomar un picnic en un círculo de rocas. Por detrás se levantan extrañas piedras erectas, algunas amontonadas unas sobre otras y grabadas con símbolos. Es difícil saber si las estrías son primitivas, una broma u ornamentados *graffitis* actuales.

Hasta la frontera

De regreso a la entrada del parque, esperamos el autobús que nos llevaría en pocos minutos hasta **Las Cuevas**. Al ver que no llegaba, caminamos hasta la puerta de la Hostería Aconcagua. El albergue es básico y bastante sucio, pero decidimos quedarnos a pasar la noche, ante la perspectiva de una cena, con vino que Adrián había recordado traer.

Un temblor de tierra nos despertó a las 6.00 horas de la mañana siguiente. Cuando los camastros del albergue dejaron de moverse, Adrián salió rápidamente para comprobar si se había producido alguna avalancha, antes de darnos el visto bueno para iniciar nuestro ascenso. Wolfgang, un ciclista alemán que iba desde Mendoza a través del paso de montaña andino hasta Santiago de Chile, apoyó la bicicleta contra la pared y decidió acompañarnos.

La ladera es empinada y profunda, con pizarras y fragmentos de roca verde del color de la esmeralda. Cada paso que se da supone resbalar un poco hacia abajo, lo que endurece mucho la marcha. Como el aire es tenue, avanzamos muy lentamente, deteniéndonos a cada 15 minutos para tomar largos tragos de agua o, en el caso de Adrián, una zanahoria. Afortunadamente, no sufrí dolor de cabeza, aunque empezaba a jadear y me daba cuenta de que me cansaba con facilidad.

Después de tres horas llegamos a nuestro destino, el **Monumento al Cristo Redentor**, a 3.820 metros de altura. Esta estatua de bronce se levanta en la frontera con Chile, sosteniendo una cruz bajo las nubes y elevando la otra mano como si calmara una tormenta. Es el resultado de un esfuerzo realizado por las gentes de la montaña que, al final de la guerra de liberación del general libertador José San Martín, recogieron los cañones y los enviaron a Buenos Aires para que los fundieran y esculpieran. Luego, trajeron la estatua hasta aquí, dividida en secciones, en ferrocarril y en mula, y la erigieron en 1904.

Enfrente, el Cerro Tolosa se eleva con el

COMIDA Y BEBIDA REGIONALES

Pruebe la humita (panocha de maíz) o las empanadas, generalmente de carne, pero también rellenas de espinacas y huevo, que se venden en puestos callejeros. La dieta argentina se compone de mucha ternera y otras carnes, como las patitas aliñadas (de cerdo). Un plato de cocido de carne resulta una comida muy nutritiva.

Para desayunar puede tomar las tortitas raspadas, que están verdaderamente deliciosas acompañadas de café, o puede probar también el tomaticán (huevos revueltos con salsa de tomate). En el sur de Mendoza, el clima es perfecto para el cultivo de olivos, frutas y verduras, ingredientes que predominan en la dieta local. Y también hay cabras por todas partes, por lo que se encuentra cabrito asado y queso de cabra en el menú.

No es sorprendente que en esta región famosa por sus viñedos el vino se consuma en el almuerzo y en la cena. Entre las marcas destacadas figuran Navarro Correa, Luigi Bosca y Comte de Beltour, de los viñedos Chandon y Saint Felicien. Es más barato comprar el vino en los supermercados y no en las tiendas de regalos (una buena botella puede costar entre cinco y 12 dólares).

glaciar Hombre Cojo. En el interior de la cafetería, a la sombra de la estatua, se preparó té caliente. Reanimados, iniciamos el descenso, que fue muy divertido porque, a pesar de hundir los talones, no podíamos evitar el patinar sobre la pizarra. Poco después nos encontrábamos en la carretera principal, concurrida por estruendosos camiones que transportaban sus cargas a través de la frontera. Llegamos justo a tiempo para tomar el autobús de la tarde de regreso a Mendoza.

Yacimiento inca

Si se queda más tiempo podrá ver los restos del camino inca y el **Puente del Inca**, donde hay unas fuentes sulfúricas y una de las maravillas geológicas de Argentina. Se trata de

ARGENTINA

un puente natural de piedra, húmedo por la goteante agua mineral, convertido en un verdadero lugar turístico. Las latas de Coca-Cola y las botas de niños hundidas en el agua quedan impregnadas con una costra dura y anaranjada, que luego se venden como ornamentos. Hay unos pocos refugios y un hotel para los caminantes y escaladores, además de la posibilidad de alquilar mulas que lo lleven a los campamentos base del Aconcagua.

Más adelante encontramos el **Cementerio de los Andinistas**, lugar de descanso eterno de los escaladores que han muerto en el Aconcagua. La primera tumba parece ser un alto montículo marcado con una cruz, que data de 1903. A su alrededor se hallan las tumbas de otras víctimas, de todas las nacionalidades, con una edad media aproximada de 20 años. Todas ellas están decoradas con crucifijos de hierro o madera, lápidas o placas de mármol.

A últimas horas de esa tarde, de regreso al albergue del Campo Base, descubrí que había amainado el viento, lo que permitió a Krista, de Chicago, probar con el parapente. Me describió con gran detalle la emoción de echar a correr y despegar de la montaña, sin sentir que el estómago se le cayera a los pies, para luego dirigir los controles del parapente hasta aterrizar con la suavidad de un cometa. Su cabeza permaneció en las nubes durante toda la noche.

Izquierda: estatua de Cristo Redentor, levantada como símbolo de amistad entre Chile y Argentina.
Abajo y derecha: Puente del Inca, un puente de piedra natural coloreado por depósitos minerales, que impregnan botas de niños y latas de Coca-Cola que se venden como recuerdos.

VIAJAR SOLO

VIAJE POR EL INTERIOR

Aerolíneas Argentinas tiene vuelos desde Buenos Aires y otros grandes destinos a San Rafael y Mendoza. En ambos aeropuertos hay taxis.

También puede viajar por carretera desde Buenos Aires (999 kilómetros); el precio varía según el nivel de los servicios ofrecidos por las diversas compañías de autobuses.

CUÁNDO IR

Mendoza es calurosa y húmeda en primavera y verano, aunque en las montañas siempre hace más fresco. El rafting puede practicarse durante todo el año, pero es mejor en temporada alta, de diciembre a marzo, cuando hay más gente, lo que significa más diversión y ambiente. El descenso en parapente se puede practicar durante todo el año. La temporada de esquí va desde junio/julio a octubre. Permanezca atento al Gran Concurso de Pesca de San Rafael, en marzo, y también a la Semana de Pesca Deportiva que se celebra en abril.

PLANIFICACIÓN

Se puede reservar plaza en excursiones en Mendoza; muchas agencias de viaje de aventuras y de esquí se hallan situadas en la Avenida las Heras.

El descenso en parapente puede ser cancelado debido a las malas condiciones del viento, lo que resulta frustrante, sobre todo si se dedica un día concreto de sus vacaciones para la práctica de este deporte y luego tiene que esperar a que mejoren las condiciones climatológicas. Se pueden visitar las atracciones de Cristo Redentor en la excursión de un día «Alta Montaña», pero eso supone dedicar muchas horas a viajar en autobús. Es preferible realizar un viaje en autobús mucho más corto y luego caminar hasta allí, deteniéndose a dormir en ruta.

En el puesto de rangers, a la entrada del parque, encontrará mapas gratuitos del Parque Provincial Aconcagua y consejos sobre senderismo hasta los campamentos base.

En Mendoza se puede contratar y reservar guías para el senderismo de altura y la escalada. Véanse los folletos de las oficinas de información turística; algunos albergues de juventud también tienen sus propios guías (véase Contactos, páginas 257-292). En Puente del Inca se pueden contratar guías y mulas para subir su equipo a los campamentos base del Parque Provincial Aconcagua.

CUESTIONES DE SALUD Y SEGURIDAD

En las zonas bajas de Mendoza, los mosquitos son una molestia

tras la puesta del sol. Utilice repelente o busque alivio en las montañas. El mal de altura, y el mal agudo de altura (AMS) son el resultado de una insuficiente aclimatación a las alturas; producen un malestar grave que no debe ignorar. Muchos escaladores y senderistas se muestran reacios a admitir que sufren el síntoma clásico de la insuficiencia respiratoria. Temen que los demás lo consideren como una muestra de debilidad y tratan de ocultar los síntomas. Es muy importante, sin embargo, reconocer el mal de altura y afrontarlo desde el principio si se quieren evitar sus efectos graves y la enfermedad. Procure estar atento a la aparición de sus síntomas: dolor de cabeza (sobre todo si no desaparece con analgésicos), náuseas y vómitos, torpeza, dificultad para dormir, fatiga intensa y jadeo. Descanse y beba agua, pero prepárese para descender si los síntomas no remiten.

QUÉ LLEVAR

- ❏ Una camiseta vieja, pantalones cortos y sandalias para el rafting.
- ❏ Un anorak, suéter cálido y prendas impermeables para el excursionismo.
- ❏ Protector solar.
- ❏ Un sombrero o gafas de sol.
- ❏ Una mochila para llevar agua y algo de comida. Tomar mucha agua y alimentos de alto contenido energético son esenciales para el senderismo de altura.
- ❏ Repelente contra los mosquitos cuando se encuentre por la noche en terreno bajo.
- ❏ Película fotográfica.
- ❏ Equipo de acampada, saco de dormir, hornillo portátil y combustible para cocinar si tiene la intención de acampar y sólo el saco de dormir si se aloja en los refugios.

ARGENTINA

Siguiendo los pasos de los dinosaurios

por Lee Karen Stow

Hace doscientos millones de años vivían reptiles gigantescos en lo que hoy es la Argentina tropical, muy diferente a la actual. Con un poco de imaginación, inspirada en el legado de los bosques petrificados, las formaciones rocosas y los fósiles, puede retroceder en el tiempo hasta la era de los dinosaurios.

En el Museo de Ciencias Naturales de La Plata, a dos horas al norte de Buenos Aires, me encontré bajo la huesuda mandíbula de un iguanadón y charlé con un miembro del personal del museo sobre los dinosaurios. En una esquina se muestra un huevo puesto por un titanosaurio, mientras que una réplica de un cráneo de *Protoceratops* anima una muestra de más fósiles de plantas, reptiles, peces y el tocón de un árbol petrificado. En la tienda de regalos, las caras sonrientes de crías de dinosaurio hechas de plástico se asoman de huevos de plástico partidos, dispuestos bajo una hilera de reproducciones del *Tyrannosaurus rex*. Todo esto encanta a los visitantes, turistas y escolares.

El funcionario del museo me dijo que desde el estreno de la película *Parque Jurásico*, de Steven Spielberg, en la que los dinosaurios cobraron vida, ha aumentado extraordinariamente el interés por estas criaturas extinguidas. Durante los últimos diez años se han inaugurado nuevos museos en Argentina para acomodar los últimos descubrimientos paleontológicos, en las escuelas se ha intensificado el estudio de la vida pasada del planeta y hasta el sello de correos de 75 centavos del país muestra un vistoso *Gaspamini saura*.

Yo ya estaba entusiasmado cuando me dijeron que en noviembre de 1997 se habían descubierto cientos de huevos de dinosaurio en la zona de Auca Mahueva, en Neuquén. Podría decirse que no hay nada de insólito en eso, pues los huevos de dinosaurio se encuentran en toda la región de Patagonia, pero este hallazgo resultó diferente, pues en el interior de unos 40 de ellos los científicos descubrieron parte de la piel embriónica del dinosaurio. La

 Las actividades sólo suponen tranquilas caminatas. No se necesita experiencia para buscar fósiles y restos arqueológicos; sólo tener una buena vista. Será útil saber montar a caballo para las excursiones desde la estación de montaña.

 Ninguna de las excursiones es dura, aunque puede hacer bastante calor y humedad en esta zona desértica. Desde San Juan hay un largo viaje hasta el Parque Provincial Ischigualasto, así que quizá prefiera quedarse más cerca del parque.

 Es esencial llevar una cámara con filtro UV y polarizador si quiere tomar fotos del impresionante Parque Provincial Ischigualasto y Talampaya. Si utiliza trípode, no olvide una película lenta, saturada de color, como la 50ASA.

textura de la piel está tan bien conservada que tocar el fósil significa tocar realmente la piel de un verdadero dinosaurio.

Se me dijo que podían transcurrir meses, o incluso años antes de que los huevos se expusieran al público. Mientras tanto, no cabe la menor duda de que el pasado de Argentina seguirá aportando importantes descubrimientos. Ya se ha encontrado una colosal colección de cerámica, puntas de flecha y pinturas rupestres dejadas por las antiguas tribus indígenas, junto con unos pocos cuerpos momificados. ¿Cuántos grandes huesos y huellas de una era perdida esperan a ser descubiertos? La respuesta puede hallarse en la desértica región de Ischigualasto-Talampaya, al norte, donde parece como si el tiempo se hubiese detenido.

EN EL VALLE DE LA LUNA

Para el viaje por la región establecí mi base en **San Juan**, capital de la provincia del mismo nombre. Esta pequeña ciudad tiene luz solar durante todo el día, aunque el calor extremo aminora el ritmo de cualquier actividad, sobre todo durante la hora de la siesta, cuando las aceras de mármol bordeadas de árboles se hallan vacías y todas las agencias de viaje están cerradas. A las 17.00 horas empieza a despertar la gente y fue entonces cuando pude reservar plaza en un viaje al Parque Provincial Ischigualasto, a cuatro horas y a todo un mundo de distancia de la civilización.

Un operador turístico me dijo que sólo otra persona se había interesado por la excursión del día siguiente al parque y que como el número mínimo para realizar el viaje era de tres, deberíamos pagar por la «plaza vacante». Sin embargo, a las 6.00 horas de la mañana siguiente ya éramos cuatro, incluidos dos viajeros alemanes y un estadounidense. Un coche, y no un microbús, pasó a recogernos por nuestros respectivos hoteles y desde allí iniciamos el largo y monótono viaje hacia el norte.

Una vez fuera de la ciudad, la carretera asfaltada da paso a un camino recto de tierra que cruza por un pasillo de pelado desierto en el que apenas se detecta alguna que otra lastimosa brizna de hierba, débil alimento para los rebaños de flacas vacas con las que ocasionalmente nos encontramos, avanzando lentamente por el camino, con los huesos de las caderas sobresaliendo protuberantes a través de la piel. Por aquí no hay vallas que encierren a los animales, por lo que no fue ninguna sorpresa observar el cuerpo en putrefacción de un caballo, en la cuneta. Luego, un zorro cruzó por delante de nosotros, con una gallina ensangrentada bien sujeta entre los dientes.

A un tercio del camino nos detuvimos a desayunar en la Hostería Valle Fértil, en San Agustín del Valle Fértil, todavía en la provincia de San Juan, antes de llegar finalmente a lo que me pareció como un planeta diferente. **Ischigualasto**, este extraordinario lugar que atrae a los arqueólogos de todo el mundo, se oculta entre las cadenas montañosas de Cerros Colorados, al este, y Cerro Los Rastros, al oeste. Los cactus en flor, los matorrales, las cortezas muertas y la delicada flor de la rosa del desierto, comparten este vasto valle con unas pocas aves y animales pero, aparte de eso, todo lo demás es tierra de nadie. De no ser por

el zumbido de los insectos, todo estaría completamente en silencio.

La contribución de Ischigualasto a la paleontología mundial es su tesoro de fósiles, especialmente de los grandes saurios del período Triásico, cuando este lugar fue un frondoso pantano verde. Las aguas y la climatología de la época han dejado sus huellas y hay una increíble belleza en la desordenada acumulación de rocas erosionadas, montones de piedras esculpidas y enigmáticas formaciones. No es nada extraño, pues, el otro nombre por el que también se conoce el parque: el valle de la Luna.

EL CIRCUITO

El **Circuito Interno Valle de la Luna** es una ruta de 40 kilómetros que se recorre en tres horas en coche y que pasa por los lugares más importantes del parque. Se inicia en el **Centro de Interpretación**, donde se paga una entrada de cinco dólares para luego, en la cercana cafetería, acumular la tan necesaria agua embotellada para la calurosa jornada que nos espera.

Si realiza el recorrido del circuito por su cuenta, tiene que ir acompañado por un guía (así que es aconsejable llamar antes por teléfono); de otro modo, se pagan diez dólares por persona para ir en el camión de safari del guía. Esto último parece excesivo pero se pasa por una experiencia del tipo *Parque Jurásico*,

EL BOSQUE PETRIFI-CADO

El Parque Nacional del Bosque Petrificado es un monumento natural en la provincia de Santa Cruz, a 210 kilómetros al sur del puerto de Colota Olivia. Hace unos 150 millones de años, en el período Jurásico, esta zona estaba cubierta por densos bosques de árboles enormes, particularmente la *Araucaria*, antes de que las erupciones volcánicas los enterraran. La mayoría de los troncos y tocones fosilizados de esos árboles, de unos 35 metros de longitud, aún se mantienen en su lugar original de crecimiento, y los visitantes pueden pasear entre ellos.

aunque sin la presencia de los depredadores, claro. Decidimos recorrer por nuestra cuenta el circuito, siguiendo al guía que traqueteaba en el coche de delante, conducido por dos turistas argentinos.

A intervalos, nos deteníamos para bajar de los vehículos y caminar unos pocos metros hasta algún lugar notable. Y fue aquí donde me sentí frustrado, pues el guía sólo hablaba español y con mi limitado conocimiento del idioma no pude comprender los términos científicos. Mi compañero alemán, que hablaba un fluido español, también se quedó atónito. Afortunadamente llevaba un excelente diccionario bilingüe y un libro sobre el parque y su historia (también se encuentra en el Centro de Interpretación, pero piden por él nada menos que 80 dólares), así que me familiaricé con esta

compleja zona vital del planeta y los reptiles herbívoros. El guía dijo que Ischigualasto, que tiene una extensión de unas 64.750 hectáreas, se ha hecho internacionalmente famoso porque en sus capas hay una secuencia de sedimentación que contiene una gran riqueza de fósiles que abarca la mayor parte del período Triásico, la era de los dinosaurios desde hace unos 250 millones de años.

El agua y el viento, llenas de partículas de arena, actúan como un chorro de arena que corta y configura la roca de la región. El proceso revela la geología subyacente que, al quedar al descubierto, asombra incluso a los científicos. Estas rocas aportan claves acerca de cómo vivieron los dinosaurios sobre la Tierra, pero en sí mismo eso no es suficiente para que la región sea insólita, puesto que en muchas partes del mundo se encuentran yacimientos del período Triásico. La razón por la que Ischigualasto es tan notable es porque muy pocos otros lugares del mundo contienen una tan vasta cantidad y enorme variedad de pruebas y restos. Aquí está representado casi todo el período Triásico, sin que se haya visto borrado por los bosques o las urbanizaciones. A. S. Rower, un paleontólogo de la Universidad de Harvard que estuvo a cargo de una expedición a la zona en 1958, lo describió en su libro *Ischigualasto-TamTalampaya*, como «el más extraordinario cementerio de fósiles que se haya imaginado».

HOJAS OLVIDADAS

En la siguiente parada encontramos el terreno bajo nuestros pies totalmente cubierto de cuarzo aplastado. No obstante, está prohibido llevarse nada del parque como recuerdo; incluso se ha prohibido la práctica de retirar fósiles para su estudio por parte de estudiosos en las universidades, y toda la investigación tiene que llevarse a cabo bajo una estricta supervisión. Desde aquí, nuestro guía nos condujo hasta un canto rodado del color de la arena dorada de la playa y señaló el lugar donde las huellas de las hojas fosilizadas habían creado un dibujo en la parte inferior de un saliente; estas hojas tienen 150 millones de años de antigüedad y están definidas con tanta claridad que parece como si se hubiesen pintado ayer.

De regreso al coche nos dirigimos a la izquierda y hacia arriba, en dirección a la nota-
ble vista de Valle Pintado, un cañón cuyas montañas en forma de cono, de colores gris, rosa pálido y blanco, bordeada por señales de agua, recuerdan un cráter lunar. Aquí, en invierno, el caudal del río Ischigualasto crece con las fuertes lluvias que caen en el parque, y muchos de los caminos del circuito resultan intransitables.

PIEDRAS REDONDAS

Más adelante serpenteamos por entre un pasillo de escamosos muros extrañamente formados, con la textura de viejos huesos de esqueleto. El terreno es una costra de arcilla que en algunas zonas es tan delgada y está tan agrietada como cáscaras rotas de huevo y reseca como nuestras gargantas ya que, al mediodía, el valle se recalienta y todo parece a punto de hervir. Ante nosotros se levantaba una extraordinaria formación rocosa, la **«Esfinge en Egipto»**, que parece la figura agazapada de un puma; produce la sensación de tener vida propia, con huecos a modo de ojos, orejas puntiagudas y dos zarpas adelantadas y apoyadas sobre el desierto. Por detrás de la esfinge crecen cactus de tres metros de altura, a solas o en racimos. Al anochecer, estas altas figuras me causaron la impresión de ser siluetas de soldados en posición de firmes. Quedamos atónitos ante la vista. Dos de los turistas prometieron regresar y casarse aquí. Pero nuestro guía nos aseguró que había mucho más por descubrir.

Concha de Bochas es una disposición singular de concreciones redondeadas del tamaño de balas de cañón. Nadie las ha hecho y las ha dejado así; la escena es completamente natu-

ABAJO IZQUIERDA: la importancia del Parque Provincial Ischigualasto radica en la extraordinaria riqueza y variedad de fósiles del Triásico. SUPERIOR IZQUIERDA: Concha de Bochas, concreciones esféricas expuestas a la erosión. ARRIBA: réplica de un Tyrannosaurus rex.

ral. Cerca hay más concreciones, éstas sólo medio expuestas a la erosión de muchas estaciones y sólo es cuestión de tiempo que también queden perfectamente redondeadas. Nos detuvimos un momento para ver una gran roca esculpida con forma de submarino, con su torre incluida, llamada precisamente así, el **«Submarino»**. Está permitido «subir a bordo» y contemplar la llanura del parque hasta una distante banda de acantilados rojos de piedra arenisca cuya base es una cinta de mineral verde azulado. Es una visión memorable y si un brontosaurio hubiese asomado la cabeza por encima de una roca, no me habría sorprendido.

Finalmente, en el lugar señalizado como **El Hongo Fósiles**, tocamos el suave fósil de un reptil, incrustado en el terreno polvoriento al que debió de caer hace unos 220 millones de años. Los paleontólogos han dejado ese brillante esqueleto allí donde lo encontraron, de modo que los visitantes puedan imaginar cómo era la vida aquí hace mucho tiempo.

UN MUNDO EN ROJO

Regresamos a nuestro punto de partida, en mi opinión demasiado pronto: el centro de Interpretación. Los dos argentinos estaban impresionados ante lo que habían visto, pero el viaje para ver los fósiles todavía no había terminado para ellos. Tras haber aplacado la sed con cervezas Quilmes heladas (la marca local) en la cafetería del parque, decidieron aventurarse más hacia el norte, por el **Parque Provincial Talampaya**, mientras nosotros regresábamos a San Juan. Me sentí tremendamente envidioso.

Talampaya, que ocupa también una parte de la provincia de La Rioja, se conoce como el Gran Cañón de Argentina. Tiene poco más de 200.000 hectáreas de llanuras y sus espectaculares abismos están amurallados por rocas rojas, algunas de ellas con petroglifos. En este parque conviven águilas, buitres y cóndores. Los guías acompañan al visitante en una ruta de dos horas por el lugar, aunque si se pide con suficiente antelación puede quedarse más tiempo e incluso caminar por la zona. Me despedí con rabia de los dos viajeros argentinos y me dispuse a descubrir más fósiles por mi cuenta, lo que suponía volar de regreso a Buenos Aires para encontrarnos con algunos huesos antiguos.

HUESOS EN LA CAPITAL

El **Museo Argentino de Ciencias Naturales**, en Buenos Aires, alberga la colección más importante de huesos y hallazgos de dinosaurios de Argentina (su sala principal es lo bastante alta como para contener la réplica del alto patagosaurio, que vivió hace 170 millones de años).

El jefe del departamento de Paleontología de los Vertebrados es el doctor Josi Bonaparte, toda una autoridad en el tema, que ha dirigido muchas expediciones paleontológicas (las fotos muestran a su equipo en pleno trabajo, extrayendo huesos del suelo). Tiene su oficina en la planta baja, al final de un largo pasillo lleno de archivadores rematados con aterradores cráneos. Cerca, en un taller brillantemente iluminado, el personal prepara réplicas de los hallazgos; en la pared del fondo se ha montado un *ictiosaurus* original, ya que en la sala principal sólo se muestra una réplica y ello por buenas razones. Desde que los visitantes empezaron a robar huesos de dedos y dientes de los dinosaurios, la mayoría de los originales han sido puestos a buen recaudo y ahora sólo se exhiben las réplicas.

LAS MOMIAS

En 1985, a 5.300 metros de altura, se descubrió el cuerpo momificado de un niño inca de siete años en Cerro Aconcagua (el pico más alto de América del sur). Aunque esta momia no se muestra, sus pertenencias de sacrificio se conservan en el Museo Arqueológico de la Universidad Nacional de Cuyo, en Mendoza. Incluyen dos pares de sandalias de cuerda, un tocado de plumas, una túnica y las mantas en las que lo envolvieron antes de drogarlo para hacerle dormir y dejarlo en la montaña. El museo también alberga una colección de vasijas y otros utensilios incas. Pueden verse asimismo cuerpos momificados en el Museo de Ciencias Naturales de La Plata, cerca de Buenos Aires.

Éstas, sin embargo, son tan impresionantes como los esqueletos reales e incluyen el *Amargasaurus cazaui*, encontrado en la provincia de Neuquén, un carnotauro de cien años de antigüedad y partes del alado *Unenlagia comahuensis*, un fósil importante porque marcó el momento culminante de separación entre dinosaurios y aves. La pieza más valorada es un *Megaraptor namunhuaiqui* completo, el carnívoro más grande encontrado en Argentina o, más exactamente, en Patagonia. Sin lugar a dudas, este lugar es como la cueva del tesoro.

HUESOS EN PATAGONIA

Resulta difícil creer que en la época de los dinosaurios América del Sur estuviera unida a la costa oeste de África formando una enorme masa continental conocida como el supercontinente de Gondwanalandia. Pero los fósiles de plantas que evolucionaron hace 280 millones de años se han descubierto en América del Sur y en África del sur, y bosques de hayas al pie de las estribaciones de los Andes son muy similares a las que se encuentran en otras partes del hemisferio sur, de donde se ha deducido que tuvo que haber una antigua conexión por tierra.

No es por tanto nada sorprendente que los fósiles de los dinosaurios hallados en Patagonia se parezcan a los descubiertos en otras partes del mundo y ese hecho se estudia en profundidad en el nuevo Museo Paleontológico Egidio Feruglio, en **Trelew**, en la provincia de Chubut. Pasar junto al fósil de la araña más grande del mundo, con un abdomen de 38 centímetros de longitud y 20 centímetros de ancho causa en la mente una aterradora impresión de un ser vivo, actual y peludo, una imagen que permanece en la mente hasta mucho tiempo despues. Bastante más atractivo resulta un grupo de huevos de dinosaurio encontrados en un nido. También existe la posibilidad de ver trabajar a los técnicos en los moldes para replicar los dinosaurios, y ver una impresión artística del aspecto que debió de tener Ischigualasto cuando estaba habitado por estos animales.

Trelew es habitualmente la primera parada para quienes visitan la península Valdés, una reserva marina en la costa del Atlántico de la que parten excursiones para observar a las ba-

MÁS ACTIVIDADES

San Juan no es sólo un buen lugar para descubrir fósiles, sino también para el mejor turismo de aventura, desde el vuelo en ala delta en las montañas más bajas, o la pesca de la trucha, hasta el motociclismo de montaña, canoa, windsurf y descenso en balsa por aguas bravas. El «carrovelismo» es windsurf en tierra, utilizando un carricoche de tres ruedas capaz de alcanzar velocidades de 100 kilómetros por hora. También hay excursiones a caballo por las montañas y valles desiertos para ver guanacos y las formaciones esculpidas del paisaje.

llenas y la fauna. Otra interesante salida es la que se emprende para ver fósiles de erizos de mar y conchas de veneras tan grandes como la mano, incrustadas en los acantilados y cuevas. Luego, desde Trelew, puede viajarse a la otra gran ciudad de la Patagonia, **Río Gallegos**. Fue durante mi estancia aquí, mientras observaba unos pocos fósiles en el Museo Provincial Padre Jesús Molina, cuando me enteré por casualidad de la existencia de Hill Station, una estancia a 64 kilómetros de **Río Gallegos**.

EN LA ESTANCIA

Hill Station es una de las pocas granjas ovejeras que quedan, dirigidas por los descendientes directos de los propietarios originales, en este caso Santiago Eduardo Halliday y su esposa, Silvino. En los primeros tiempos, los hijos de los Halliday registraron el terreno para recoger puntas de flecha y utensilios indios que actualmente se muestran en el polvoriento Museo Halliday, que en otro tiempo fue la cocina. Ahora, Eduardo dirige excursiones a caballo para ver fósiles en los cercanos acantilados de la costa, donde puede observarse a una colonia de pingüinos y peinar las playas en busca de hallazgos. Me aseguró que me quedaría asombrado al ver la cantidad de cosas que deja el mar.

Hill Station la fundaron en 1885 los bisabuelos de Eduardo, William Halliday y su esposa, Mary McCall. Esta pareja escocesa se conoció y se casó cuando William estuvo trabajando

ARGENTINA

en las islas Malvinas. En 1883, el gobernador de la provincia de Santa Cruz ofreció tierras en Patagonia para su colonización y como el contrato de William estaba a punto de expirar, decidió aprovechar la oferta y se convirtió así en el primer ovejero que se instaló allí.

Conocida también por su nombre español de Los Pozos, la estancia de Eduardo tiene 24.300 hectáreas y comprende una encantadora casa colonial con suelos de madera pulida, un reloj del abuelo, libros y alfombras inglesas y un jardín de chopos y ciruelos, bayas de espino y riubarbo. Hasta aquí llegan guanacos, mofetas, zorros, armadillos, rheas y, si hay agua en las lagunas, flamencos.

Visité la fuente, justo en el centro de las instalaciones de esquileo. Observé cómo los hombres contratados esquilaban las ovejas (esquilan una media de mil diarias), antes de saborear el delicioso desayuno preparado por la madre de Eduardo, a base de huevos revueltos puestos por sus propias gallinas y café con la leche fresca de sus vacas.

ABAJO: rocas configuradas por la acción erosiva del viento, el agua y el polvo, que dan formaciones extrañas, como «La Esfinge» (INSERCIÓN). DERECHA: acantilados de piedra arenisca y cactus en flor añaden un matiz de color al paisaje.

VIAJAR SOLO

VIAJE POR EL INTERIOR

Aerolíneas Argentinas, British Airways y otras grandes líneas aéreas tienen vuelos regulares a Buenos Aires.

Desde Buenos Aires y otras ciudades del país pueden realizarse vuelos internos a Mendoza, San Juan, Trelew y Río Gallegos.

Alternativamente, hay autobuses eficientes y cómodos, aunque debe recordar que Argentina es el octavo país más grande del mundo y las distancias pueden ser increíblemente grandes.

CUÁNDO IR

La mejor época del año para ir al Parque Provincial Ischigualasto es justo antes de Navidad, cuando el número de visitantes es bajo y su grupo quizá sea el único de visita por el parque. Después de Navidad, los argentinos acuden a pasar aquí el domingo.

Hay momentos magníficos, sobre todo para los fotógrafos, a primeras horas de la mañana y a últimas horas de la tarde, cuando las temperaturas son mucho más frescas y la luz adquiere un vibrante tono rosa-anaranjado. Al mediodía puede hacer un calor sofocante, sobre todo en verano.

PLANIFICACIÓN

No es factible visitar todos los lugares en un solo viaje, a menos que vaya a pasar mucho tiempo en Argentina.

La mayoría de vuelos internacionales llegan a Buenos Aires, así que los dos museos pueden visitarse antes de dirigirse a otros lugares.

Las visitas a los museos y las excursiones para ver fósiles en Chubut se pueden combinar con otras para contemplar la fauna y las ballenas en la península de Valdés, en la costa del Atlántico.

Una visita a Hill Station puede combinarse con un viaje al Parque Nacional Los Glaciares para ver los glaciares de la época glacial. Durante una visita general al norte, puede detenerse en el Parque Provincial Ischigualasto.

CUESTIONES DE SALUD Y SEGURIDAD

Tenga cuidado con el sol en el norte, que puede ser muy fuerte. El calor intenso también causa deshidratación y fatiga, así que procure beber mucha agua.

Los mosquitos pican después de anochecer en el norte, aunque no hay riesgo de malaria. En las zonas rurales más septentrionales de Argentina, por debajo de los 1.200 metros, hay un riesgo medio de malaria entre octubre y mayo, sobre todo en las provincias de Salta y Jujuy.

QUÉ LLEVAR

Para un día en el Parque Provincial Ischigualasto:

❏ Prendas frescas.

❏ Agua embotellada para prevenir la deshidratación y ayudarle a afrontar el calor.

❏ Una cámara (véase página 224).

❏ Protector solar de factor elevado.

Para las actividades al aire libre en el sur:

❏ Prendas cálidas e impermeables.

Para actividades en el norte:

❏ Pantalones cortos.

❏ Un sombrero y gafas para protegerse del sol.

❏ Abundante protector solar.

❏ Mapas. Si visita los diversos yacimientos de fósiles desplazándose en un coche alquilado, será esencial llevar consigo un buen mapa de carreteras, que encontrará en las grandes ciudades.

CONSEJOS PARA EL VIAJERO

A los visitantes no les está permitido coleccionar o incluso recoger ningún tipo de fósil. Generalmente, las expediciones oficiales son patrocinadas por las universidades y dirigidas por uno de los profesores, cuyos estudiantes forman parte del equipo. Parece ser que no aceptan voluntarios.

ARGENTINA

Pescar, ir en bicicleta y montar a caballo en Patagonia

por Lee Karen Stow

Desde las extensas estancias ovejeras del sur, hasta los volcanes y resplandecientes lagos del norte, Patagonia es un tesoro para el viajero animoso. Para cubrir todo este gran territorio se necesita tiempo; yo sólo pude probar sus aspectos más destacados, dedicándome a veces a la pesca de la trucha, otras veces a alimentar a los cóndores, pero metido siempre en alguna aventura.

La región de Patagonia se inicia al sur de Buenos Aires, cruza los ríos Colorado y Negro y termina en Tierra del Fuego, una zona situada frente a la Antártida, conocida por los turistas como «el fin del mundo».

Antes de la llegada de los conquistadores españoles, el territorio estaba ocupado por indios. El explorador portugués Fernando de Magallanes, el primer europeo en llegar a la Patagonia, describió a los indios como altos, con pies grandes y vestidos con pieles de gua-

3 Para escalar el volcán Lanín necesitará un cierto grado de experiencia de escalada. Hallarse en un razonable buen estado físico es condición indispensable para caminar hasta la base del monte Tronador. Ir en bicicleta puede ser duro o fácil, dependiendo de las rutas que siga, mientras que todo el mundo puede disfrutar de ir a caballo o de pescar.

★ Para algunas de las actividades se alojará en hoteles que van desde cómodos hasta lujosos y el operador turístico se ocupará del transporte. Para excursiones a las montañas, quizá decida quedarse una noche en un refugio, que tienen niveles adecuados, con bebidas y comidas calientes, aunque necesitará llevar su saco de dormir. En las excursiones en bicicleta el operador conduce las bicicletas hasta los puntos de partida y para salvar cualquier terreno difícil.

 Para la pesca puede comprar los aparejos en las ciudades, pero puesto que eso es caro, recomendaría que se llevara su propio equipo. Es esencial una cámara, con filtros UV y polarizadores para contrarrestar el resplandor de la luz, si quiere captar los cóndores, que se ven con frecuencia, y otros animales. También le serán útiles los prismáticos.

naco. Mucho más tarde, en 1833, durante sus viajes en la *Beagle*, el naturalista Charles Darwin llegó a Patagonia y quedó fascinado por la fauna y la geología de lo que vio como interminables y monótonas llanuras.

La valoración que hizo Darwin de la zona fue comprensible, pues Patagonia es una extensión colosal que ocupa casi una cuarta parte de Argentina. La llanura escasamente poblada, a veces misteriosamente quieta y otras muy ruidosa por las inclemencias climatológicas, abriga una diversa gama de flora y fauna, que incluye animales en peligro de extinción. Se halla cubierta de matorrales espinosos que sólo crecen hasta la altura de la espinilla, lo bastante bajos como para evitar los vientos del oeste, tan característicos de esta zona semidesértica. La vastedad y la apertura de estas llanuras pueden causar la sensación de que sólo usted se encuentra aquí o incluso que está en medio de un lugar más antiguo que el tiempo mismo.

Al oeste, Patagonia se extiende hasta la frontera entre Chile y Argentina. Aquí, todavía esperan a ser explorados los enormes picos de la Cordillera de los Andes, la cadena montañosa continua más larga del mundo. En la parte sur de Patagonia está el enormemente popular Parque Nacional Torres del Paine, en Chile (véanse páginas 204-213) y el Parque Nacional Los Glaciares, en Argentina, cuyo famoso glaciar Perito Moreno forma la parte central (véanse páginas 248-256). Aquí, dirigí mi atención hacia el norte, en busca de una buena pesca.

UN LUGAR PARA PESCAR

Los lagos y ríos de Patagonia son un paraíso para el pescador aficionado, especialmente los de la provincia de Neuquén, según me asegura Jorge Bisso, un veterano de la guerra de las Malvinas convertido en magnífico guía de pesca, que conoce estas aguas como la palma de su mano. Viven en Junín, en los Andes, considerado por los entusiastas como la capital de pesca de la zona. Cuando lo conocí, vestía pantalones caqui impermeables y un chaleco de pescador con una selección de anzuelos de mosca sobresaliendo por el bolsillo superior. Era una soleada y calurosa mañana de primavera y debía llevarme a pescar al **río Chimehuín**, el famoso desaguadero del lago Huechulafquén.

Las aguas de Neuquén reúnen las condiciones ideales para la proliferación de diferentes clases de peces. Abundan la comida y el cobijo y hay zonas adecuadas para el desove de la trucha arco iris, la trucha parda, la trucha del arroyo, el salmón de río y la perca. La zona es buena para la pesca a la mosca, a la hilada y a la corredera. La pesca a la mosca es la forma más habitual de pescar la trucha y el que se considera como mejor método.

El día antes de mi viaje al lago Huechulafquén, había practicado mi técnica al borde del lago Paimún, al que acude el ganado y los caballos a beber. El truco consiste en soltar una buena longitud de sedal dirigiendo la mosca hacia la superficie del agua, como si se la golpeara con la punta de un látigo, haciendo oscilar la caña por encima de la cabeza de modo que el sedal adquiera en el aire la forma de una «S» y produzca un sonido de azote en el aire. Eso permite que el carrete suelte grandes cantidades de sedal que luego es lanzado hacia fuera, para que llegue hasta las profundidades, donde acecha el grueso pez.

Como la pesca a la mosca es cara, también aprendí a la hilada, modalidad en la que se sujeta un peso a la mosca y se lanza a las profundidades. Inmediatamente se hace girar el carrete para recoger el sedal y, si todo va bien, un pez seguirá el cebo. En esta ocasión, sin embargo, los peces no picaban y ni siquiera pude decir que se me había escapado. Precisamente por eso le pedí ayuda a Jorge.

Los lagos y montañas de Patagonia, en el sur de Argentina.

A LA SOMBRA DE UN VOLCÁN

Jorge dice que los mejores lugares para pescar son las zonas privadas y que éstas se dividen en dos tipos: las que venden derechos de pesca y las que no. Naturalmente, las que no venden esos derechos son las mejores y si se quiere pescar en ellas la única solución real consiste en entablar amistad con uno de los propietarios. Si eso fuera imposible, Jorge le llevará a esta orilla solitaria, cubierta de hierba, donde brotan las lilas y los altramuces silvestres, al borde del serpenteante río Chimehuín. Por detrás de nosotros, en la distancia, podía ver el extinto volcán Lanín, de 3.776 metros de altura, que se elevaba desde el bosque, rematado por un cono de hielo que parecía como un jarabe sobre un helado. Es la característica principal del **Parque Nacional Lanín**, una franja de 170 kilómetros de terrenos lacustres, que se extiende al sur, a través de los Andes. Este es el parque más septentrional de Patagonia y en su extremo meridio-

nal limita con el Parque Nacional Nahuel Huapi, que quería visitar más tarde.

Lanín es visiblemente diferente a los parques del sur. Se trata, fundamentalmente, de un parque de hayas del sur, algunos de cuyos árboles se han visto afectados por plantas musgosas parásitas, pero también hay bosques de

la nativa *Araucaria araucana*, conocida como pino chileno. Este característico árbol, con forma de parasol, produce frutos secos con alto contenido proteínico, llamados *ñulli*, que en otros tiempos fue un elemento esencial en la dieta de los indios mapuches. En la actualidad, únicamente se permite recoger el fruto a los mapuches. En el parque también vive el pudú del norte (*Pudu mephistophiles*), que con sus 40 centímetros de altura es el ciervo más pequeño del mundo, y el ciervo andino. Ambas especies son poco comunes y el pudú se halla en peligro de extinción.

Tras estudiar la corriente del agua, Jorge eligió un lugar para pescar e identificó aquellos puntos más en calma, donde descansan los peces después de nadar enérgicamente. Observó después el color y la clase de mosca de la que se alimentan los peces, y adaptó en consecuencia sus moscas artificiales. Para los niveles actuales, una trucha de dos kilos es una pieza grande; el récord se batió hace 30 años, cuando se pescó una trucha que pesó 11,6 kilos. Pescamos y pescamos y me impresionó la intensidad de

la mirada de Jorge y su extraordinaria habilidad para arrojar el sedal. Pero, una vez más, ganaron los peces porque dos de ellos se escaparon y al menos uno debía de pesar 2,5 kilos, de veras.

CICLISMO POR LOS LAGOS

Son muchos los que establecen su base en **San Martín de los Andes**, fundada en 1883 y la ciudad más antigua de la provincia de Neuquén, o bien en Junín de los Andes. San Martín, una bonita ciudad, con avenidas bordeadas de cerezos, establecimientos que preparan pasta y casas de tipo alpino con cortinas de encaje, se asienta al abrigo del lago Lácar y, a partir del centro de la ciudad, se ramifican caminos muy suaves, perfectos para ir en bicicleta.

Siete Lagos es una fabulosa ruta de 187 kilómetros para recorrer en bicicleta. Pasa por caminos, carreteras y vías secundarias con un tráfico mínimo, y cruza por bosques y numerosos lagos cristalinos (de hecho, más de siete). Es una excursión de dos días, así que se pasa la noche en un albergue dirigido por mapuches, o donde recomiende Jorge Barceló, de Sendero Sur Patagonia (un operador turístico local especializado en excursiones a pie y en bicicleta). Uno de los lugares preferidos para pernoctar es en Villa La Angostura, cuyos estrechos caminos, flanqueados por brillantes flores amarillas, conducen a las orillas del enorme lago Nahuel Huapi.

La ruta termina en la vecina provincia de Río Negro, en San Carlos de Bariloche, un ex-

IZQUIERDA: Jorge demuestra sus habilidades en el río Chimehuín.
ABAJO: espectacular paisaje del parque nacional Nahuel Huapi.
DERECHA: en bicicleta por el paso Córdoba.

ARGENTINA

ASCENSIÓN AL VOLCÁN LANÍN

Una persona en muy buena forma física tarda dos o tres días en escalar el extinto volcán de 3.776 metros, coronado por un cono de hielo de 70 metros. El primer día de caminata, de unas cinco horas, permite llegar a un refugio gratuito con capacidad para 25 montañeros (se puede reservar en la base). La ascensión del segundo día dura siete horas. Existe la opción de pasar la segunda noche en el refugio o bien continuar el descenso. La mejor época del año para subir al volcán es durante los meses de noviembre a febrero, aunque en diciembre y enero suele haber mucha gente. Antes de la escalada, los funcionarios de la base tienen que comprobar el equipo de todo escalador, incluidos los crampones y el piolet. Es aconsejable contratar a un guía, que puede costar unos 250 dólares por dos o tres días.

tenso centro turístico y comercial, lleno de suéteres de lana, sombreros vaqueros baratos, chocolates y perros San Bernardo junto a un fotógrafo que le tomará una foto de recuerdo.

EXTRAÑAS ROCAS Y PUMAS

La mejor de las excursiones fue para mí el regreso en bicicleta a San Martín de los Andes, a través del paso de Córdoba, un camino en muy ligera pendiente que serpentea por entre extrañas formaciones rocosas erosionadas y montañas rojas donde habita el puma patagónico (*Felis concolor patagonica*), la liebre (*lepus capensis*), halcones y el cóndor andino (*vultur gryphus*). Bajo ciertas condiciones de luz, las rocas, salpicadas de cuevas y perforadas por huecos, adquieren el aspecto de caras, narices y bestias.

Desde aquí efectúe un tranquilo y ligero descenso a lo largo de 32 kilómetros hasta la orilla del **lago Meliquina**. Me bajé de la bicicleta y saboreé una botella de vino tinto San Felipe, que Jorge había llevado y enfriado al estilo argentino, utilizando una cuerda atada al gollete para introducir la botella en agua fría.

Mientras tomábamos el vino, a Jorge se le ocurrió otra idea: emprenderíamos una aven-

tura por el **Parque Nacional Nahuel Huapi**, hasta el pie del monte Tronador, de 3.554 metros de altura. Pero antes me introduciría en la cultura del té.

TÉ CON LOS INDIOS

Dorila es una anciana india mapuche que vive sola en una casita de madera, en un altozano desde el que se domina un lago en Quila Quina, una de las dos reservas mapuche del parque. Su caballo pasta frente a la puerta trasera, entre flores. Ella prepara mermelada de fresa en el jardín y hace alfombras y bufandas con la lana hilada de su rebaño de 80 ovejas, que se congregan por la noche en un aprisco de madera, después de que un muchacho contratado para cuidarlas las haya bajado de la montaña.

Dorila solía ocuparse de hilar, pero ya es demasiado vieja y le paga a alguien para que se lo haga. También paga para que le esquilen las ovejas. Tuvo catorce hermanos, pero ahora sólo le queda una hermana. No se casó ni tuvo hijos y está convencida de que fue así como lo quiso Dios. Su en otro tiempo reluciente pelo negro es ahora corto y aparece surcado por cabellos plateados y la piel muestra un suave tono oliváceo y es aceitosa. Su casita es una agradable cabaña de leñador, con un fuego de troncos y una cocina de gas. Ya no habla mapuche y cree

MATE

Una tradición argentina seguida en muchos hogares y lugares de reunión es beber mate. Se trata de un elaborado ritual. El mate se prepara con las hojas secas y troceadas de una planta llamada yerba mate (*Ilex paraguayensis*), similar al acebo. Se introducen varias cucharadas de hojas en una vasija especial hecha de madera, arcilla o incluso plata pulida y se rellenan con agua hirviente. Una vez cocido el mate, la vasija se pasa a cada uno de los que beben, que sorbe el mate a través de un delgado tubo llamado bombilla, que filtra las hojas. Beber mate es un gusto adquirido, aunque su amargura puede reducirse con mucha cantidad de azúcar.

que su sonido es triste, aunque conoce a gente de la reserva que todavía emplea ese idioma.

Se cree que los mapuche (nombre que significa «pueblo de la tierra») existían ya en el 500 a. de C. Tuvieron su origen en el sur de Chile y emigraron más al este, hacia Patagonia, siguiendo al guanaco, en busca de su carne y su lana, y también buscando remedios de hierbas entre las plantas. Se resistieron a la integración con el pueblo inca, y libraron una sangrienta guerra contra los invasores españoles en los siglos XV y XVI. Los mapuches son habilidosos alfareros y talladores de madera y producen joyería de plata y artículos de lana, que actualmente venden como recuerdos.

La mermelada de fresa de Dorila, extendida sobre el pan recién horneado, servida con té en una taza y una tetera de porcelana chinas, es deliciosa. Tras despedirnos subimos a lo alto de una colina cercana llamada Filo, que significa «serpientes», aunque no hay serpientes en Patagonia. Jorge dijo que los halcones trazaban a menudo círculos por encima y que a veces incluso se atreven a acercarse, pero en esta ocasión no vimos ninguno. Si hubiera sabido al menos la sorpresa que me iba a llevar.

AVES DE NAHUEL HUAPI

Mientras permanecía tumbado de espaldas, haciéndome el muerto, nada menos que seis cóndores, los buitres reyes de los Andes, volaron lo bastante bajos como para mostrarme la envergadura de tres metros de sus alas antes de elevarse tan silenciosamente como planeadores, impulsados por las corrientes de aire. Los cóndores no son animales de caza. Prefieren alimentarse de carroña, y habitualmente de la que tiene pelaje, de modo que no sé por qué me tomaron, allí tumbado, con las lentes de los prismáticos dirigidas hacia el cielo para observar sus vientres y cabezas peladas y negras. Los curiosos carroñeros no tardaron en retirarse y Jorge y yo recogimos nuestras cosas y emprendimos la marcha a pie hacia el **monte Tronador**.

El monte Tronador, un volcán extinto de 3.554 metros de altura, es la joya que convierte el Parque Nacional Nahuel Huapi en el más popular de Argentina. También es el más antiguo del país: las tierras fueron donadas a Argentina por el explorador Francisco Pascasio

«Perito» Moreno en 1903, y adquirieron estatus de parque nacional en 1934. Se extienden 155 kilómetros a lo largo de la frontera chilena y alcanzan unos 75 kilómetros en su punto más ancho. El parque incorpora tanto el desierto salpicado de matorrales, tan característico de la Patagonia, como los bosques que se elevan de numerosos lagos, como el Nahuel Huapi, de 45 metros de profundidad, el más grande que existe en la zona.

OBSERVACIÓN DE LA TORMENTA

Planeamos montar a caballo hasta el volcán, de modo que nos detuvimos a pasar la noche en la **Hostería Pampa Linda**, con una vista completa del Tronador, coronado de nieve. A la mañana siguiente alquilamos caballos en el rancho vecino. Elegí una yegua medio creole, de color castaño, llamada «Cristina». Acompañados por nuestro guía, un chileno llamado Carlos, vadeamos un río cuyas aguas bajaban rápidas y ascendimos por las escarpadas orillas de bosque, cruzando la ruta normal de los caminantes y siguiendo atajos por la montaña.

Nuestros caballos sudaban profusamente y se detenían a recuperarse en cada rincón. Tallos verdes similares a bambú nos arañaban las espinillas y teníamos que agacharnos con frecuencia para evitar las ramas bajas. El toldo verde no tardó en desaparecer y nos encontramos bajo un cielo azul, a la vista del **glaciar Castaño Overo**, un castillo de hielo que se extiende a través de lo alto del valle y se funde formando una espectacular cascada de 400 metros decorada con frecuencia por un arco iris. El hielo y el agua se precipitan hacia el lecho del valle, en una sucesión de atronadores sonidos de secos estampidos. Nada extraño que se le diera a la montaña el nombre de Tronador.

Una vez atados los caballos, después de tres horas de camino (se tardan cuatro horas a pie) y habiendo dejado restos para los cóndores, nos abrimos paso sobre rocas de color bronceado hasta el borde de la montaña y luego sobre crujientes campos de hielo, resplandecientes bajo la luz del sol, hacia el Tronador.

En la distancia pude ver el asta de bandera que marca la posición de un refugio llamado **Otto Meiling**, un protegido campamento base para los escaladores y caminantes, llamado así

ARGENTINA

por un escalador alemán que fue el segundo en conquistar la cumbre del Tronador. En el campamento había prendas de ropa a secar sobre una estufa donde ardían trozos de madera y alguien había puesto agua a hervir. Nos sentamos a tomar el mate justo cuando tres jadeantes escaladores argentinos abrieron la puerta, con los labios pintados de protector solar blanco. Habían fallado en su intento por alcanzar la cumbre del Tronador y tuvieron que regresar, obligados por el viento. Aquí abajo, sólo soplaba una brisa, lo que hizo que me diera cuenta de lo lejos que estaba de la montaña. Los escaladores resolvieron intentarlo de nuevo a las 2.00 horas de la madrugada. Tardarían por lo menos siete horas en llegar a la cumbre.

Les deseamos buena suerte, regresamos a un refrescado trío de caballos y volvimos hasta la Hostería Pampa Linda. Pero a Jorge se le ocurrió entonces otra idea: ¿por qué no tomar una corta desviación hasta el fondo del glaciar Castaño Overo para contemplar desde un ángulo diferente sus torretas que se fundían?

Tendríamos que abrirnos paso entre la maleza, las molestas moscas de los caballos y troncos caídos, pero merecería la pena. Luego, a la mañana siguiente, podríamos visitar el Ventisquero Negro, un glaciar tan negro como el chocolate, nada parecido a todo lo visto hasta entonces. Asentí con un gesto de la cabeza. Lo único que podía hacer era dejarme llevar.

VIAJAR SOLO

VIAJE POR EL INTERIOR

Aerolíneas Argentinas tiene vuelos desde Buenos Aires y otras ciudades de Argentina hasta Bariloche. Un autobús, que va desde la estación principal de autobuses de San Carlos de Bariloche hasta San Martín de los Andes, cuesta 17 dólares sólo ida, y tarda unas cuatro horas en realizar el recorrido por una ruta muy pintoresca. Algunos operadores turísticos, sobre todo los que ofrecen excursiones en bicicleta, disponen también de un servicio de equipaje de puerta a puerta. Alternativamente, puede alquilar un coche en una de las ciudades principales.

CUÁNDO IR

De primavera a verano (de noviembre a mediados de febrero) es ideal para visitar el sur de Patagonia: el clima es más cálido que en invierno, aunque los vientos siguen siendo persistentes. En el norte, las temperaturas son más cálidas que en el sur, aunque en los meses de verano hay mucha gente en los parques nacionales,

ya que muchos argentinos pasan sus vacaciones aquí. La primavera puede ser la mejor opción. La época para esquiar es durante los meses de invierno. Bariloche es una buena base desde donde esquiar el Cerro Catedral, de tres picos (abierto de junio a septiembre), a unos 20 kilómetros de distancia, con 30 telesillas y 52 kilómetros de pistas. En Cerro Chapelco, con 29 pistas de 27 kilómetros en total, cerca de San Martín de los Andes, se esquía desde junio a septiembre.

PLANIFICACIÓN

Patagonia es tan enorme que se necesita mucha planificación si quiere aprovechar bien su visita. El mejor modo de decidir adónde desea ir consiste en consultar un mapa y luego pedir consejo a los operadores turísticos. Es fácil encontrar un guía local y mientras disponga de un pase aéreo y suficientes prendas de ropa como para protegerse del frío y la humedad, así como del calor y la sequedad, es factible visitar todos los parques nacionales mencionados en esta guía en un solo viaje. Pero si quiere un viaje más corto y concentrado, le recomendaría visitar el Nahuel Huapi y el Lanm, utilizando como bases las ciudades de Bariloche y de San Martín de los Andes. Eso le permitirá combinar las

caminatas de montaña o incluso la escalada, con tramos agradables y fáciles, montar a caballo y pescar más abajo, en la estepa patagónica.

CUESTIONES DE SALUD Y SEGURIDAD

Al caminar o montar a caballo por el Parque Nacional Nauel Huapi, tenga cuidado con los tallos de bambú, peligrosamente afilados, que han sido cortados para abrir un paso. Las moscas de los caballos pueden ser una molestia, así que utilice repelente contra insectos; si encuentra muchos enjambres, muévase por encima de la línea de árboles.

Puede beber agua del grifo en los pueblos, pero no en Buenos Aires. Utilice pastillas purificadoras para el agua del río.

QUÉ LLEVAR

Aunque en el norte de Patagonia hace a menudo un maravilloso tiempo cálido y soleado, debería ir preparado para cualquier eventualidad. Lleve consigo:

❑ Pantalones cortos, sombrero y protector solar.

❑ Prendas para protegerse del viento, el agua y el frío (cuanto más al sur esté, más frío hará).

❑ Equipo de acampada completo y combustible para cocinar si tiene intención de acampar y sólo un saco de dormir para los refugios.

❑ Cámara y mucha película.

❑ Prismáticos.

IZQUIERDA: ascendimos a caballo el monte Tronador, un interesante volcán, con cóndores (DERECHA) sobre nuestras cabezas y una vista de cerca del glaciar Castaño Overo (ARRIBA IZQUIERDA), que se funde en una cascada de hielo y agua.

EL CÓNDOR ANDINO

El cóndor andino (*Vultur gryphus*), el «rey de los Andes» y el ave más grande de América, alcanza los 95 centímetros de altura y tiene una envergadura de alas de dos a tres metros. Este buitre, de cuerpo negro, cabeza pelada y cuello blanco, vive en las montañas, donde se remonta silenciosamente en el aire, a grandes alturas, con muy poco esfuerzo, y prepara su nido en rocas altas e inaccesibles, antes que en los árboles. Se alimenta sobre todo de carroña, aunque se sabe que ocasionalmente caza pequeños roedores y crías jóvenes y abandonadas.

ARGENTINA

Observación de la fauna

por Lee Karen Stow

En la costa de Patagonia, allí donde el desierto se encuentra con el océano Atlántico, se encuentra una de las reservas de vida marina más importantes del mundo. Aquí, ballenas, focas, leones marinos, pingüinos y aves marinas se aparean y se alimentan en su hábitat natural. Realicé un viaje para ver los acantilados y luego navegué en un catamarán para observar una asombrosa exposición acuática.

A lo largo de casi 4.500 kilómetros, la recortada costa de Patagonia entra y sale del océano Atlántico allí donde la cálida corriente brasileña del norte se encuentra con la corriente más fría de las islas Malvinas en el sur. Sus escarpados acantilados, arenosos como el color de las pirámides, terminan bruscamente como si hubieran sido cortados de los áridos terrenos de matojos, para elevarse sobre plataformas rocosas, creando el abrigo perfecto para las colonias de animales marinos.

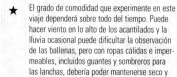

1 Es fácil formar parte de una excursión para observar la fauna. Los autobuses pasan a recogerle al hotel en Puerto Madryn, la base turística, y le llevan a distancia suficiente para ver a los animales. Aparte de descender unos pocos tramos de escalones hasta las playas, no se camina mucho. Para ver las ballenas se sube a bordo de una lancha con una zona interior de visión para casos de lluvia, además de asientos, bebidas calientes y aperitivos.

★ El grado de comodidad que experimente en este viaje dependerá sobre todo del tiempo. Puede hacer viento en lo alto de los acantilados y la lluvia ocasional puede dificultar la observación de las ballenas, pero con ropas cálidas e impermeables, incluidos guantes y sombreros para las lanchas, debería poder mantenerse seco y cómodo.

 Normalmente, los operadores turísticos ofrecen impermeables de brillantes colores para ponerse a bordo del catamarán. Los prismáticos son esenciales para detectar objetivos distantes. Lleve una cámara con mucha película de velocidad 200ASA, que es la mejor pues resulta difícil mantener la cámara estable mientras se navega, y una lenta para tomar primeros planos de los pingüinos, focas, leones marinos y elefantes marinos. El agua salada y la lluvia son perjudiciales para la cámara, así que cúbralo todo con un plástico excepto el extremo de la lente y mire a través de una gorra de ducha como la que se encuentra en las habitaciones de los hoteles. En primavera y verano la luz del sol puede ser fuerte, así que no olvide el protector solar.

Algunos dicen que la **Reserva Provincial Península Valdés**, en el provincia de Chubut, se extiende a partir del continente como un hacha, pero prefiero pensar que se parece más a la cabeza de un elefante marino, uno de los miembros de esta vasta y compleja cadena alimentaria que se inicia con el diminuto plancton y termina con ballenas de hasta 15 metros de longitud. A principios del siglo XIX los mamíferos que visitaban estas costas seguían siendo económicamente explotados por su grasa, aceite y pelaje, una práctica que llevó a muchos de ellos al borde de la extinción. En la actualidad, toda la fauna de la costa está protegida y se han creado varias reservas, incluidas Punta Norte, Caleta Valdés, Punta Delgada, Puerto Pirámide, Punta Loma, Isla de los Pájaros y el Parque Marino del Golfo San José.

UNA FOCA ENTRE LAS FOCAS

Me situé de pie en los acantilados de **Caleta Valdés**, azotados por el viento, mientras el oleaje rompía en espuma allá abajo y contemplé sorprendido el enorme volumen del elefante marino del sur (*Mirounga leonina*), la especie de foca más grande del mundo. El nombre que se le da se deriva de la forma de su hocico, que parece una arrugada trompa de elefante. Observé impresionado cómo uno en particular levantaba su cuerpo cubierto de grasa sobre los guijarros húmedos, dirigiéndose hacia un macho más pequeño, al que arrojó al agua, gruñendo como un perro encolerizado.

Durante la temporada de apareamiento, los machos se vuelven agresivos hacia todos los demás, luchando por establecer la propiedad sobre un harén de hasta 30 hembras. La hembra es más pequeña y sus crías son de un negro

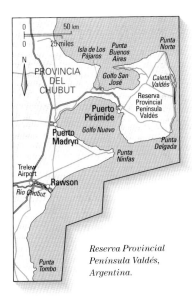

Reserva Provincial Península Valdés, Argentina.

Puerto Madryn, la Avenida Julio A. Roca y el Boulevard Brown abundan las agencias que ofrecen toda clase de excursiones para observar a los animales, y el puerto es el lugar al que acuden los viajeros que llegan por avión al aeropuerto de Trelew. Se trata de un lugar muy concurrido en el que hay hoteles, cafés y restaurantes y calles secundarias llenas de tiendas de recuerdos. Busque prendas de punto, cerámica y joyas de plata realizadas por los indios mapuche, que habitaron en la zona mucho antes de la llegada de los primeros colonos europeos, de origen galés.

El 28 de julio de 1865, 153 inmigrantes galeses desembarcaron cerca de Puerto Madryn. Decepcionados con Inglaterra, donde se les prohibía emplear su propia lengua, a estas gentes se les concedieron tierras en Patagonia, donde nadie se había instalado hasta entonces. Tenían la intención de dedicarse a la agricultura y construir una colonia feliz, pero no tenían experiencia como campesinos y no estaban acostumbrados al trabajo duro del semidesierto. Muchos ya habían muerto en la travesía desde Inglaterra, otros no pudieron

amarronado. Cuida de su descendencia durante un mes, tiempo en el que ayuna; una vez que ha destetado a la cría, tiene libertad para regresar al mar para alimentarse. En abril, la orca (*Orcinus orca*) llega hasta las aguas poco profundas en un frenesí por atrapar a una cría entre sus mandíbulas; luego, la destroza literalmente, dejando carne y restos a su paso. Observé esa cruel escena en el vídeo del hotel y aunque pude apreciarla como una fascinante demostración del principio de que únicamente sobreviven los más aptos, no me habría gustado verlo en la realidad.

El macho se dio cuenta de que lo observaba con atención y me miró a través de la lente de la cámara. Utilizando el zoom, pude ver la belleza de su pelaje, que se secó rápidamente y el aleteo de su nariz. No había, sin embargo, nada que temer pues tendría que haber escalado un par de dunas de arena para llegar hasta donde yo me encontraba, y a mí me estaba prohibido aventurarme en su territorio.

TÉ EN EL VALLE GALÉS

Observar los elefantes marinos es el primero de una serie de encuentros emocionantes durante una excursión de un día a la **península Valdés**, que había reservado a través de un operador turístico a poca distancia del hotel donde me alojaba, en el centro turístico de Puerto Madryn. En las calles principales de

OTRAS COSAS QUE HACER

- ❏ Excursiones en bicicleta de montaña, con o sin guías, y excursiones a pie por la costa.

- ❏ Tomar el sol en las playas de El Doradillo, bordeada de telescopios para observar las ballenas, frente a un océano turquesa salpicado de espuma blanca.

- ❏ Navegar en barcas de pesca a 20-40 minutos de la costa y pasar una hora pescando. La información, los precios y los horarios se encuentran en el servicio de información turística.

- ❏ Bucear: hay dos lugares para ello, ambos en parques submarinos. Uno es artificial, con coches y barcos hundidos; el otro es un arrecife natural que ofrece buenas oportunidades para ver peces, vistosas plantas marinas y focas.

ARGENTINA

encontrar agua dulce a su llegada y la vida fue muy dura para los que quedaron.

Rawson, el ministro argentino que administraba la zona, dio a los colonos semillas para que plantaran. Esperaron y esperaron a que llegaran las lluvias, pero en Patagonia se registra una media de 175 milímetros de lluvia anual, y el agua que cae se evapora con rapidez con los vientos del oeste, así que la sequía echó a perder sus cosechas. Más tarde, guiados por los indios mapuche, los galeses aprendieron a dominar el agua del río Chubut, que fluye desde los Andes hasta el océano Atlántico, creando adecuados sistemas de riego.

La primera cosecha fue trigo y todavía se conservan una serie de molinos de harina de la época; a continuación obtuvieron lana, una gran cantidad de la cual se envía actualmente a Italia. Los mapuches también enseñaron a los galeses a cultivar la tierra y a cazar el guanaco (*Lama guanicoe*), miembro de la familia de la llama, para obtener carne y pieles. A cambio, los galeses preparaban pastas para los indios.

Pronto se establecieron ciudades. **Gaiman** fue una de las primeras, en un lugar elegido por su proximidad al río Chubut. La ciudad de **Rawson** se convirtió en la capital de la provincia y surgió así un valle galés, con casas de piedra y cortinas de encaje. Los galeses eran protestantes, pero al ser de diversas confesiones se construyeron una serie de diferentes capillas. La mayoría todavía celebran el Gwyl Gla-

niad (el día del desembarco), una ceremonia de recuerdo en la que se toma té en el vestíbulo y se cantan himnos.

Otro acontecimiento tradicional es el Eisteddfod, un festival literario y musical galés, en el que compiten bardos, poetas y cantores. Se celebró aquí, por primera vez, en 1875, y ahora se repite cada primavera. Se cree que el nombre del festival se deriva del verbo galés *eistedd* (sentarse) y *fod* (estar), probablemente porque el público contempla el acontecimiento sentado, y el premio al mejor poema es un sillón de madera tallada.

Muchas excursiones combinan la observación de los animales con una travesía al inte-

IZQUIERDA: una colonia de leones marinos. ABAJO: dos ballenas del sur aparecen ante una excursión de turistas para ver ballenas. Estos mamíferos acuden cada invierno a las aguas poco profundas de la península para aparearse. DERECHA: un elefante marino y su cría.

rior, al valle galés, que incluye una parada para tomar el té, habitualmente a últimas horas de la tarde, en una de las numerosas casas de té con que cuenta la ciudad. La excursión cuesta unos 12 dólares por persona y se puede comer lo que se quiera de entre una enorme selección de bocadillos, pastas y bollos, todo ello acompañado de té recién hecho servido en una gran tetera por camareras con delantales almidonados, blancos y con volantes. La **Casa de Té**, en Gaiman, una casa que ya tiene un siglo, con manteles rosados, tazas de té y teteras, relojes de péndulo y armarios donde se muestra la porcelana china, está dirigida por descendientes de los propietarios originales. La entrada está dedicada a Diana, la difunta princesa de Gales, que tomó el té aquí el 25 de noviembre de 1995. La taza, la tetera y la silla que utilizó se exhiben al público.

La introducción a la historia de los primeros colonos, cuya lengua galesa se está revitalizando en la actualidad, constituye una interesante diversión respecto de lo más destacado de la península Valdés, pero por deliciosos que sean los bollos de crema, no le mantendrán alejado por mucho tiempo de las criaturas del mar.

EN LA PENÍNSULA

Es posible alquilar un coche hasta la península, pero, en consonancia con el ambiente, las carreteras son meros caminos de gravilla que parecen continuar interminablemente. Decidí por tanto unirme a otros 15 viajeros en un cómodo autobús que pasó a recogerme a mi hotel a las 8.30 horas en punto. En temporada de verano, los grupos pueden llegar a ser de hasta 40 personas, lo que significa que son muchos más los autobuses y los turistas que acuden a observar a los animales.

El viaje de 60 kilómetros hasta la península nos llevó por carreteras rectas, más allá de

A medida que las laderas se hicieron más escarpadas fuimos avanzando de lado, como los cangrejos, colocando confiadamente todo el crampón y sus picas de seguridad en la crujiente superficie que parecía no haber sido tocada nunca por la mano del hombre. El esfuerzo extra merece la pena, pues una vez que se ha subido lo suficiente por el Moreno, la vista de la montaña es espectacular: un canal de icebergs que se han desprendido del glaciar navega corriente abajo, para fundirse con rapidez. En la distancia escuchamos escopetazos, truenos y explosiones. Pero no, era sólo el Moreno que se desprendía de una pequeña parte de su carga.

PREPARACIÓN PARA EL GLACIAR

Se puede visitar el Perito Moreno en autobús, embarcación o a pie. Yo reservé mi pequeña excursión a pie por el hielo en **Calafate**, un pueblo que se está convirtiendo en ciudad, rodeado de pastos conocidos como la estepa patagónica, en las afueras del parque, frente al lago Argentina. El lugar adquiere su nombre del arbusto calafate (*Berberis buxifolia*), que da una baya utilizada para preparar mermelada. La leyenda dice que si se come el fruto del calafate se regresará al pueblo.

El ganado y los caballos pacen en la estepa. Los ánades silvestres nadan en los humedales y el cóndor andino (*Vultur gryphus*) traza círculos sobre los distantes picos, tan silencioso como un planeador. En la estepa hay terrenos con estancias pertenecientes a los ovejeros, muchos de los cuales se han visto tan afectados por la disminución del precio de la lana que se han dedicado al turismo para comple-

mentar sus ingresos. **Estancia Anita**, la mayor granja ovejera cerca de Los Glaciares, con una extensión de 65.000 hectáreas, se ha transformado ahora en Alta Vista, un establecimiento de cuatro estrellas, que pide más de 500 dólares por noche por una habitación doble con cena incluida. En la menos cara **Estancia Alice** se puede ver el esquileo antes de comer un buen asado de cordero lechal (véase página 253).

En la Avenida del Libertador, la calle principal de Calafate, y en las calles adyacentes, hay tiendas de recuerdos, charcuterías que venden empanadas de carne o de espinacas, supermercados donde puede comprar los alimentos que necesite para una excursión a pie y vino local, así como toda una serie de agencias de excursiones y aventura. Perito Moreno es la excursión a la que todo el mundo se apunta y como sólo está a 85 kilómetros al oeste, es una magnífica salida para un día. La caminata sobre el hielo es igualmente popular, aunque la cifra de participantes está estrictamente limitada.

LAS EXCURSIONES

Para la caminata sobre el hielo, el autobús pasa a recogerlo por su hotel y lo lleva hasta la entrada del parque. Luego hay un recorrido en vehículo de 30-35 kilómetros hasta la bahía Bajo la Sombra, por un tortuoso camino que bordea el lago Argentina. Las vistas son magníficas, bajo un cielo azul cobalto surcado de nubes cabello de ángel y laderas boscosas que se

ABAJO: cerca del lago Onelli y sus glaciares.
DERECHA e INSERCIÓN: el glaciar de Perito Moreno cruje y se agrieta, en continuo movimiento. Nos tomamos un respiro para saborear una copa de whisky, servido con hielo recién cortado.

elevan desde las aguas azules del lago, para culminar en cumbres cubiertas de nieve. Una de las curvas se llama **de los Suspiros**, porque es aquí donde se ve por primera vez el Moreno, como un breve aperitivo de lo que está por llegar.

Llegamos a la **bahía Bajo la Sombra** y subimos a una embarcación para navegar durante veinte minutos por el **brazo Rico**. La ruta nos llevó hasta 100 metros de la cara lateral del Moreno, que se eleva desde las aguas como un fragmento roto de jabón de coco. Sus profundas grietas aparecen matizadas de color azulado, pues cuanto menos aire tiene el hielo, más intensa es su tonalidad.

Desembarcamos en la orilla opuesta. Allí, los guías de montaña nos informaron sobre la ecología del parque y cómo se forman los glaciares, antes de indicar el camino que cruza un bosque y una playa pizarrosa, hasta un anaquel lleno de crampones. Una vez colocados, nos adentramos en una diminuta y segura sección del glaciar y así transcurrieron dos horas sin apenas darnos cuenta. Después, el guía nos ofreció una demostración de escalada sobre hielo y a continuación nos condujo hasta una vista divertida: una solitaria mesa de cocina, bajo la protección de una montaña de hielo. El guía se introdujo en un hueco practicado en la montaña y sacó una botella de whisky, junto con vasos y una chocolatina para cada excursionista. Sirvió un trago para cada uno de nosotros, pero antes de que pudiéramos llevarnos el vaso a los labios nos dijo que esperásemos. Tomó de nuevo el piolet y empezó a golpear fuertemente un bloque de hielo. Luego, con una bandeja de plata, recogió unos pocos trozos y preguntó: «¿Alguien lo quiere con hielo?».

Regresamos en la embarcación por el brazo Rico y subimos al autobús que nos llevaría hasta la **boca del Moreno**. Una vez allí, descendimos unos escalones de madera hasta una pasarela especialmente construida, situada a 300 metros de distancia de donde los fragmentos de hielo se desprendían y caían al fondo del lago, provocando un fuerte oleaje ante nuestros propios ojos. Antes de la construcción de este mirador, los excursionistas se acercaban demasiado y las olas los arrastraban hacia el lago helado, donde muchos morían. En la actualidad hay carteles de advertencia que prohíben salirse de los senderos marcados.

LO MEJOR DESPUÉS

La excursión al **glaciar Upsala**, el más grande del parque, alimentado por varios glaciares más pequeños, se inicia también en autobús. De camino, pasamos por varias estancias y un rancho con pieles de oveja colgadas a secar sobre las cercas de madera, antes de llegar a la embarcación, a 40 kilómetros de Punto Bandena. Nuestro catamarán era ultramoderno, con ventanillas de cristales ahumados, alfombras, tapicería y un almuerzo caliente si se quería (es bastante caro, así que quizá sea mejor que se lleve sus propios bocadillos). Pero no hay comentarios en inglés, sino sólo en español y me alegré de haber aprendido antes lo que veríamos a lo largo de la ruta.

Navegaríamos subiendo por el canal Upsala, a través de un canal de icebergs rotos alargados hasta convertirse en una galería de esculturas de hielo, moldeadas por el deshielo. En la distancia, una serie de pináculos se elevaban como rascacielos neoyorquinos y a través del centro de uno de ellos, el agua había erosionado una arcada perfecta. Otro se había fundido hasta el punto de que parecía una masa de flotantes burbujas de jabón, listas para explotar. Algunos icebergs se habían conjuntado, como húmedos terrones de azúcar, mientras que otros se habían desintegrado en frágiles esqueletos.

La embarcación atracó para que pudiéramos dar un paseo por un bosque de árboles lenga hasta el **lago Onelli** y sus tres glaciares: **Onelli**, **Bolado** y **Agassiz**. Esta caminata fue más una procesión en la que los turistas desembarcaban y se detenían a intervalos para tomar fotografías, interrumpiendo la marcha. En el lago, había espacio suficiente para encontrar una roca aislada sobre la que sentarse y mirar. Los icebergs se congregan en el lago contra un fondo de gigantes cubiertos de nieve y cascadas que descienden por las grietas. ¡Qué paisaje! Seguramente, nada puede superarlo.

A CABALLO POR LAS CUEVAS

Para mi excursión a las cuevas de Punta Walichu, Gustavo Holzmann, de Cabalgata en Patagonia, pasó a recogerme en su destartalado vehículo todoterreno. No había ventanillas que cerrar, de modo que el viento soplaba e impregnaba mi piel de una fina capa de polvo patagónico, de color caramelo. Minutos más tar-

ASADO

Tradicionalmente, para un asado se despelleja un cordero y su cuerpo se corta por la mitad para extraer las tripas. Luego, el cordero se extiende como las alas de un águila, se introduce por un espetón en forma de cruz de hierro y se sitúa sobre los carbones ardientes, formando un ángulo. Algunos restaurantes muestran este método de asado en sus escaparates. En las estancias se preparan regularmente asados para los turistas y hasta en los cafés de la calle principal se asa un cordero al aire libre.

de llegamos a su rancho de caballos, el que tenía las pieles de oveja puestas a secar, con magníficas vistas sobre el lago Argentina. Gustavo llevaba unas zapatillas negras gastadas, vaqueros, zahones, camisa a cuadros, pañuelo al cuello y boina negra. Es oriundo de Buenos Aires, de donde se marchó para trabajar en el Parque Nacional Los Glaciares, donde aprendió cómo los remedios naturales de los indios tehuelche (los habitantes originales de la zona) son el mejor modo de curar su dolor de cabeza después de tomar demasiado whisky. En el verano dirige excursiones a caballo de cinco días de duración por las montañas.

Sus cuarenta caballos son de raza mixta, algunos de ellos creole. El mío se llamaba «Tornalo», un elegante bayo de crines negras y relucientes. «Tornalo» llevaba una típica silla de gaucho, elevada con mantas y una piel de oveja de cinco centímetros de espesor, diseñada para permitir largas horas de cabalgada. Las bridas, trenzadas con cuero de vaca, no eran tan suaves, endurecidas por el sol hasta alcanzar la textura de un cartón rígido.

Acompañados por los perros de Gustavo, emprendimos la marcha hacia los prados a orillas del lago Argentina, cubiertos de dientes de león y flores silvestres, y visitadas por el ánade magallánico (*Chloephaga picta*) y el cisne de cuello negro (*Cygnus melancorypus*). Gustavo buscó huevos de pato para el desayuno. Tras encontrar un grupo de cuatro colocados en un nido de grisácea lana de oveja, tomó dos y los sostuvo a contraluz. «No son buenos; las crías no tienen buen sabor», declaró.

Seguimos viaje, a través de arroyos que descendían de las montañas y por senderos embarrados, luego sobre la blanda arena al borde del lago, hasta llegar a las cuevas Punta Walichu. Desmontamos y desensillamos los caballos y luego nos instalamos sobre una manta para tomar un picnic de queso, pan, carnes y vino, que devoramos con mucho apetito antes de explorar las cuevas.

HUELLAS DE LOS INDIOS

Descubiertas en 1877 por Francisco Pascasio «Perito» Moreno (que también encontró aquí una momia envuelta en una piel de rhea y sosteniendo una pluma de cóndor), las **cuevas Punta Walichu** son rocas de piedra arenisca decoradas con pinturas hechas por los primitivos indios. Éstos utilizaban una mezcla de tierra, óxido de hierro, grasa de guanaco, resina vegetal, clara de huevo y saliva, con la que pintaban las rocas empleando para ello huesos huecos de guanaco o plumas de rhea, produciendo así imágenes del guanaco, el puma, las manos, el hombre, la mujer y su interpretación del viaje al otro mundo.

Originalmente, las pinturas se habrían hecho en un intenso rojo, naranja, amarillo, negro y blanco, pero los colores han perdido intensidad con el tiempo, de modo que una serie de reproducciones dan al visitante una mejor idea de su calidad original.

Con los caballos totalmente descansados, abandonamos las cuevas y regresamos por las dunas de arena y los matorrales, hasta que los perros de Gustavo se vieron sorprendidos por una liebre que saltó sobre un matorral. Tanto los perros como el jinete se lanzaron en su persecución y desaparecieron tras un montículo. El grupo de caza regresó minutos más tarde y observó a la liebre muerta y sangrante, atada por las patas traseras a la silla de Gustavo. Esa era la cena. Pero no la tomaría con él, ya que había hecho planes para visitar el norte y ver el pico Fitz Roy.

El Fitz Roy, de 3.441 metros de altura, sólo ha sido conquistado por unos pocos escaladores. Los indios locales lo llamaban Chaltén («Pico de Fuego») porque estaban convencidos de que era un volcán. Fue una vez más Francisco Pascasio «Perito» Moreno el que le dio su nombre actual, por el capitán Fitzroy, de

ARGENTINA

la *Beagle*, que viajó con el naturalista británico Charles Darwin, en una bien documentada exploración de la zona, en 1834.

Cada vez son menos frecuentes las excursiones a pie por la parte sur del parque, en los alrededores de Moreno, y es al Fitz Roy adonde se dirigen para prepararse en El Chaltén, un lugar construido exprofeso, no lejos de la montaña.

EL CAMINO A EL CHALTÉN

En Calafate, una serie de operadores turísticos de aventura organizan diversas rutas a **El Chaltén**. Me decidí por una excursión de dos días que suponía pernoctar en una de las cómodas posadas del pueblo (donde también hay un albergue local). A primeras horas de la mañana subí a un autobús para el recorrido de cuatro horas y media por el desierto de Patagonia, hasta la posada Fitz Roy.

Encontré el pueblo desierto, pues los caminantes ya habían emprendido la marcha por los senderos de montaña y en el par de ranchos con caballos también se habían quedado sin animales para la jornada. El viento que soplaba por

entre las contraventanas hacía que el lugar pareciese una ciudad fantasma. Gracias a ello tuve tiempo para explorar. Encontré abiertas un par de charcuterías, en una de las cuales había una cabeza de puma colgando del buzón de correos. En ellas se vendía pan, fruta, queso y alimentos básicos, y los pellejos de vaca y de oveja colgaban delante, sobre barras.

Me dirigí a la oficina del parque para ver una exposición sobre la fauna y para recoger un mapa e informarme sobre diversas excursiones. El ranger me advirtió que no molestara

a los pumas. Según me aseguró, no suelen atacar a los humanos, pero si se encuentra con uno, no hay que perseguirlo. Tampoco debe agacharse, sino, al contrario, erguirse todo lo alto que se pueda. Pero, sobre todo, era mejor no caminar a solas. Lamentablemente, estaba solo, aunque tuve la suerte de conocer a Maria, una joven australiana que también viajaba por su cuenta y que deseaba caminar por entre los altos hayedos y el territorio del puma.

Al día siguiente, Maria y yo dimos un tranquilo paseo hasta la impresionante **cascada Chorrillo del Salto**. Luego nos dirigimos al **mirador de Laguna Torre** para contemplar el monte Fitzroy y el cerro Poincenot (3.002 metros), pero ese día estaban cubiertos por una tenue ne-

ARRIBA: el rancho de Gustavo, desde donde cabalgamos a las cuevas de Punta Walichu para ver las primitivas pinturas indias.
IZQUIERDA: cascadas Chorrillo del Salto, cerca de El Chaltén.

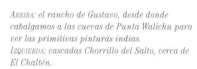

blina. Únicamente el cerro Solo (2.248 metros) brillaba atrevidamente en primer plano.

Desde aquí hay otro par de horas hasta el **mirador Maestri**, que domina la enorme extensión del glaciar Torre. Pero como mi autobús para Calafate salía hacia las 16.30 horas y no me atrevía a perderlo, regresé a través del bosque, deteniéndome para tomar fotografías de los caballos pastando entre las flores silvestres. Maria continuó su camino en compañía de dos japoneses y ya nunca volvimos a vernos. Confío en que pudiera contemplar magníficas vistas.

Deseaba regresar y había comido la baya del calafate así que, ¿quién sabe?

VIAJAR SOLO

VIAJE POR EL INTERIOR

Calafate dispone de aeropuerto propio, pero los vientos dificultan a menudo el aterrizaje, por lo que los vuelos son imprevisibles. Hace poco se ha reconstruido el aeropuerto de Calafate para recibir aviones más grandes, y se puso en funcionamiento durante 1999. La otra forma alternativa y habitual de llegar al parque es volar hasta Río Gallegos, a 320 kilómetros al este, desde donde un autobús tarda de cuatro a cinco horas en llegar a Calafate.

CUÁNDO IR

De octubre a abril es temporada alta en el parque. Actualmente se están ampliando y mejorando los servicios turísticos, con el propósito de recibir visitantes durante todo el año. El lago no se hiela, así que las travesías en embarcación pueden hacerse durante todo el año; la única razón por la que se interrumpe la navegación en junio es por la falta de turistas. La primavera es una época agradable porque hace calor y el número de turistas es bastante bajo. En la zona de Fitz Roy, en el extremo norte del parque, la temporada de senderismo empieza hacia mediados de noviembre y dura hasta finales de abril o principios de mayo. Los vientos pueden ser fuertes en la temporada de senderismo.

PLANIFICACIÓN

Los excursionistas impacientes suelen dirigirse directamente a la cordillera Fitz Roy y dedican por lo menos una semana a recorrer los senderos que ascienden por las montañas y glaciares. Otros prefieren instalarse en Calafate y combinar las excursiones en embarcación y autobús al glaciar Perito Moreno con estancias de dos o tres noches en El Chaltén, antes de seguir viaje hacia su siguiente destino en Argentina, o de cruzar la frontera con Chile para visitar el Parque Nacional Torres del Paine (véanse páginas 204-213). Antes de llegar, procure trazarse un itinerario aproximado que incluya las zonas que desea visitar y utilice eso como estructura básica para todo su viaje. Si su presupuesto es ajustado, quizá prefiera acampar. Los campings son baratos y en las ciudades principales hay numerosas tiendas de alimentación, sobre todo en Calafate, que venden alimentos muy energéticos para excursionistas.

Los guías locales se anuncian en las oficinas de información turística. En la oficina de parques nacionales, a la entrada de El Chaltén, encontrará detalles sobre cómo reservar los servicios de un guía de montaña (hay por lo menos cinco guías, todos ellos miembros de la Asociación Argentina de Guías de Montaña, que le acompañarán por los diversos senderos que cruzan el parque o irán con los montañeros en sus escaladas). El personal del parque también da información sobre este lugar y sus senderos, además de entregarle un mapa fotocopiado que no es lo bastante bueno para emprender excursiones a pie.

CUESTIONES DE SALUD Y SEGURIDAD

Es importante que quienes emprendan excursiones largas posean un buen conocimiento básico de primeros auxilios. También conviene tener la suficiente seguridad en sí mismo como para interrumpir una excursión si cambiara el tiempo. Tenga en cuenta, sobre todo, el consejo de los rangers de no caminar a solas por si acaso se produjeran caídas, emergencias y posibles encuentros con pumas.

QUÉ LLEVAR

- ❑ Mucha agua.
- ❑ Alimentos de alto contenido energético.
- ❑ Un buen mapa.
- ❑ Prendas de ropa cálidas y de buena calidad, incluido un anorak, impermeables, gorra, guantes y botas de excursionista.
- ❑ Una cámara con filtros UV y polarizadores para tomar fotografías de los glaciares.

ANIMALES QUE SE PUEDEN VER

- ❑ Cóndor andino (*Vultur gryphus*).
- ❑ Cisne de cuello negro (*Cygnus melancorypus*).
- ❑ Flamenco chileno (*Phoenicopterus chilensis*).
- ❑ Guanaco (*Lama guanicoe*).
- ❑ Huemul (*Hipocamellus bisulcus*).
- ❑ Rhea menor (*Pterocnemia pennata*), conocido localmente como ñandú.
- ❑ Pico pito magallánico (*Campephilus magellanicus*).
- ❑ Liebre patagónica (*Dilochotis patagonum*).
- ❑ Mofeta (*Conepatus humboldtii*).
- ❑ Gran águila ratonera (*Geranoetus melanoleucus*).
- ❑ Zorro rojo (*Dusicyon culpaeus*).
- ❑ Puma o león de la montaña (*Felis concolor*).
- ❑ Ánade magallánico (*Chloephaga picta*).

INTRODUCCIÓN

E n la primera sección de estas «Páginas azules» encontrará una lista de contactos seleccionados importantes para las 25 aventuras que se relatan en las páginas 18 a 256. Teniendo en cuenta que las aventuras son narraciones personales, la información aquí aportada refleja necesariamente la experiencia del autor y, por lo tanto, los detalles variarán en consecuencia. Recuerde también que algunos de los contactos se encuentran en lugares remotos, así que procure llamar o escribir con antelación antes de emprender el viaje. Ninguno de los lugares incluidos en Contactos o en A-Z han sido vetados en modo alguno por los editores y, aunque algunas de las empresas fueron utilizadas por nuestros autores, ello no garantiza que sigan estando dirigidas por las mismas personas o que atiendan a sus clientes con el mismo nivel de eficiencia.

La sección de Contactos ofrece detalles de empresas utilizadas por nuestros autores y complementa la de Actividades A-Z, en la segunda parte de estas «Páginas azules». A continuación se incluye información general que le ayudará a planificar sus propias aventuras.

CÓDIGOS TELEFÓNICOS INTERNACIONALES

Los números de fax y teléfono de las «Páginas azules» empiezan con el código de la zona. Al marcar desde fuera del país, anteponga el prefijo con el código de acceso de la red internacional del país en el que esté, seguido por el código del país.

Códigos de acceso de la red internacional
Para llamadas desde España: 00
Para llamadas desde América: consultar según el país.

Códigos del país

Argentina	54
Bolivia	591
Brasil	55
Chile	56
Ecuador	593
Perú	51
Venezuela	58

PRECIOS DEL ALOJAMIENTO

Los hoteles indicados en las secciones de Contactos y A-Z se han dividido en tres categorías de precios. Algunas partes del mundo son más baratas que otras, pero una guía aproximada es la siguiente:

Caro = más de 85 $
Moderado = 40-85 $
Económico = menos de 40 $

EMBAJADAS Y CONSULADOS

Perú: Embajadas en Lima
España
☎ (511) 221 77 04
Fax: (511) 441 00 84

Argentina
☎ (511) 433 18 87
Fax: (511) 433 07 69

Chile
☎ (511) 221 22 21
Fax: (511) 221 12 58

México
☎ (511) 221 11 00
Fax: (511) 221 02 54

Uruguay
☎ (511) 440 10 71
Fax: (511) 222 57 25

Ecuador: Embajadas en Quito
España
☎ (5932) 56 43 73
Fax: (5932) 50 08 26

Argentina
☎ (5932) 56 22 92
Fax: (5932) 56 81 77

Chile
☎ (5932) 24 94 03
Fax: (5932) 44 44 70

México
☎ (5932) 45 78 20
Fax: (5932) 44 82 45

Uruguay
☎ (5932) 56 37 62
Fax: (5932) 56 37 63

Venezuela: Embajadas en Caracas:
España
☎ (582) 263 28 55
Fax: (582) 261 08 92

Argentina
☎ (582) 731 30 58
Fax: (582) 731 26 59

Chile
☎ (582) 992 53 64
Fax: (582) 992 0614

México
☎ (582) 952 57 77
Fax: (582) 952 30 03

Uruguay
☎ (582) 261 76 03
Fax: (582) 266 92 33

Brasil: Embajadas en Brasilia
España
☎ (5561) 244 21 21
Fax: (5561) 242 17 81

Argentina
☎ (5561) 365 30 00
Fax: (5561) 365 21 09

Chile
☎ (5561) 226 55 45
Fax: (5561) 225 54 78

México
☎ (5561) 244 10 11
Fax: (5561) 244 17 55

Uruguay
☎ (5561) 322 45 28
Fax: (5561) 322 65 34

Bolivia: Embajadas en La Paz
España
☎ (5912) 43 35 18
Fax: (5912) 43 27 52

Argentina
☎ (5912) 35 44 04
Fax: (5912) 39 10 83

Chile
☎ (5912) 78 30 18
Fax: (5912) 78 50 46

México
☎ (5912) 77 18 24
Fax: (5912) 77 18 55

Uruguay
☎ (591) 254 11 63
Fax: (591) 545 33 42

Chile: Embajadas en Santiago

España
☎ (562) 235 27 54
Fax: (562) 236 15 47

Argentina
☎ (562) 633 10 76
Fax: (562) 639 33 21

México
☎ (562) 206 61 33
Fax: (562) 206 61 47

Uruguay
☎ (562) 204 79 88
Fax: (562) 204 77 72

Argentina: Embajada en Buenos Aires

España
☎ (5411) 4802 60 31
Fax: (5411) 4802 07 19

Chile
☎ (5411) 480 27 020
Fax: (5411) 480 45 927

México
☎ (5411) 4821 71 70
Fax: (5411) 4821 72 51

Uruguay
☎ (5411) 4807 30 40
Fax: (5411) 4807 30 50

INVASORES DEL MUNDO PERDIDO PÁGS. 20–29

OPERADORES

Bernal Tours
Aeropuerto Canaima
Dirección postal:
Aptdo. Postal 593
Estado Bolívar
☎/**Fax:** (086) 620 463
email: imel@telcel.net.ve
página web: www.worldwander.com/bernal
Organiza viajes por la región de Canaima. Ofrece un paquete de tres días y dos noches, con alojamiento en hotel, por 350 $. Esta agencia fue propiedad y estuvo dirigida por Tomás Bernal, el hombre que construyó el túnel por detrás de Salto Sapo. Bernal murió en 1998 y su esposa se ha hecho cargo de la dirección de la empresa.

Campamento Canaima
Reservas a través de Avensa/Servivensa, Caracas
(véase Cómo llegar, pág. 259)
☎ (02) 907 8130 ext. 34 para reservas
en Canaima
Fax: (02) 907 8140
Las ofertas incluyen alojamiento en cómodas habitaciones dobles junto a la laguna, una copa de bienvenida, tres comidas, una travesía en bote por la laguna y un vuelo sobre el Salto Ángel en un avión DC-3. La opción de dos días y una noche cuesta 380 $ por persona (no se incluyen los vuelos a/desde Canaima o la entrada al Parque Nacional).

Geodyssey
29 Harburton Rd.
Londres N19 3JS
Reino Unido
☎ (020) 7281 7788 **Fax:** (020) 7281 7878
email: enquiries@geodyssey.co.uk
página web: www.geodyssey.co.uk
Especialistas en viajes por Venezuela, con sede en el Reino Unido. Ofrecen una amplia variedad de viajes, incluyendo los realizados a Canaima y Salto Ángel.

Línea Turística Aerotuy (LTA)
Blvd. de Sabana Grande
Edificio Gran Sabana
N-174, piso 5
Caracas
☎ (02) 761 6231 o (02) 761 6247
Fax: (02) 762 5254
email: tuysales@etheron.net
página web: www.tuy.com
LTA ofrece vuelos diarios a Canaima desde Ciudad Bolívar y Porlamar. Solamente los vuelos, o paquetes turísticos a partir de los 240 $ para un viaje de un día, incluyen un vuelo sobre Salto del Ángel y una excursión a Salto del Sapo.

Lost World Adventures
112 Church St.
Decatur
GA 30030
Estados Unidos
☎ 404/373-5820 o llamada gratuita 1-800/999-0558
Fax: 404/377-1902
email: info@lostworldadventures.com
página web: www.lostworldadventures.com
Operador con sede en Estados Unidos con una oferta de siete días a Salto Ángel y Canaima desde 1.295 $.

Soana Travel
Calle Bolívar 50, con Calle Dalla Costa
Ciudad Bolívar
Dirección postal:
Aptdo. Postal 454
Ciudad Bolívar
☎/**Fax:** (085) 22030
Una agencia de viajes muy popular y recomendada, dirigida por Martin Haars. Soana ofrece varios viajes por la región, incluyendo Canaima,

Salto Ángel, la Gran Sabana y un singular viaje por el río Caura. Actúa como agente de Bernal Tours (véase pág. 258).

Southwind Adventures

P. O. Box 621057
Littleton
CO 80162
Estados Unidos
☎ 303/972-0701 o llamada gratuita 1-800/377-9463
Fax: 303/972-0708
email: info@southwindadventures.com
página web: www.southwindadventures.com
Operador con sede en Estados Unidos que ofrece un paquete de diez días por la Gran Sabana y Salto del Ángel desde 2.185 $.

Trips Worldwide

9 Byron Place
Clifton
Bristol BS8 1JT
Reino Unido
☎ (0117) 987 2626
Fax: (0117) 987 2627
email: post@tripsworldwide.co.uk
página web: www.tripsworldwide.co.uk
Especialista con sede en el Reino Unido, que prepara viajes a medida por América del Sur. El personal, entusiasta y experto, puede organizar viajes adaptados a todos los presupuestos.

Turi Express

Vestíbulo de entrada, Aeropuerto Ciudad Bolívar
☎ (085) 29764
o móvil ☎ (016) 685 0405
Dirigido por el eficiente y animoso Guillermo Rodríguez, organiza viajes por las regiones de Canaima y el Orinoco, incluyendo recorridos de tres días por el Parque Nacional Canaima y Salto del Ángel. Las ofertas lo incluyen todo y cuestan desde aproximadamente 220 $ en temporada baja. Muy buena relación calidad-precio.

CÓMO LLEGAR

Venezuela es un país tan grande que muchas personas prefieren volar a soportar los prolongados desplazamientos en autobús que serían necesarios como alternativa. Abundan los vuelos internos, que son razonablemente fiables, aunque los precios son bastante elevados y los aviones siempre van llenos; reserve con antelación si puede, especialmente en vuelos para el viernes. Desde el aeropuerto internacional de Maquetía, en Caracas, muchos vuelos salen por la Puerta 5, donde reina el caos: es posible que no funcionen los paneles indicadores, que no se anuncie la salida de los vuelos y casi todos ellos parecen salir de la subpuerta A. Incordie todo lo que sea necesario, permanezca alerta y dirija las preguntas que tenga que plantear a personas que dispongan de comunicación por radio. Las siguientes líneas aéreas tienen oficinas en los principales aeropuertos del país.

Aeropostal

☎ 800 28466 (Aeropuerto de Caracas) para reservas.
Fax: (02) 263 4836
Vuelos regulares a todos los grandes aeropuertos nacionales.

Avensa/Servivensa

Oficina principal: Centro Torre Humboldt Caracas
☎ (02) 907 8000 o para reservas (02) 561 3366, (02) 562 3366, ó (02) 563 3366
Fax: (02) 907 8053
página web: www.avensa.com.ve
Es la línea aérea nacional y ofrece numerosos servicios a la mayoría de lugares del país. También cuenta con un sistema de pase aéreo internacional y nacional, con el que los vuelos nacionales cuestan de 60 a 90 $ cada uno. Los vuelos internacionales cuestan de 55 a 200 $ por sector y llegan hasta México, Miami, Lima, Quito y Bogotá. Habitualmente, la empresa sólo ofrece vuelos cuando también se reserva alojamiento en el Campamento Canaima. Tiene vuelos diarios desde Ciudad Bolívar (unos 100 $ sólo ida). Es posible encontrar plaza.

Línea Turística Aerotuy (LTA)

Véase Operadores, pág. 258.

Algunas líneas aéreas más pequeñas, como Rutaca y pilotos privados tienen mejores ofertas para volar a Canaima. Hable con ellos en el aeropuerto Ciudad Bolívar.

INFORMACIÓN
Corpoturismo

35 Torre Oeste
Parque Central
Caracas
☎ (02) 507 8815, (02) 507 8607
ó (02) 507 8600
Fax: (02) 507 8816
Dispone de útiles y atractivos folletos sobre los diversos viajes y regiones del país, incluyendo Los Roques, Los Llanos, Canaima y Mérida. También hay una oficina más pequeña pero muy útil en el aeropuerto internacional, cuyo personal le ayudará a encontrar habitación en hoteles.

ALOJAMIENTO
Hotel Laja Real $

Avda. Andrés Bello y Jesús Soto
Ciudad Bolívar
☎ (085) 27911 ó (085) 27955
Fax: (085) 28778
Probablemente sea el mejor hotel en Ciudad Bolívar y al estar frente al aeropuerto ocupa una situación ideal para las salidas a primera hora de la mañana hacia Canaima. Las habitaciones tienen aire acondicionado, cuarto de baño y televisor. La piscina está abierta al público.

Hotel Unión $
Calle Urica 11 (frente al Paseo Orinoco)
Ciudad Bolívar
☎ (085) 23374
Es un hotel sencillo y razonablemente limpio, con un personal agradable. Las habitaciones tienen aire acondicionado y cuarto de baño.

RUEDAS DE FORTUNA ANDINA PÁGS. 30–37

OPERADORES
Bum Bum Tours
Final de la Calle 24
No. 8-30 Local «A»
Mérida
☎/**Fax:** (074) 525 879
email: raquele@bolivar.funmrd.gov.ve
o: arassari@telcel.net.ve
página web: www.jvm.com/bumbum
La agencia de viajes de aventuras más popular de Mérida, propiedad de Tom y Raquel Evenou, ofrece una amplia gama de viajes por todo el país. La oferta de dos días en bicicleta de montaña a San José incluye el transporte de regreso, la comida, los servicios de un guía, alquiler de bicicleta, cascos y equipo de mantenimientos (los precios son de unos 50 $ por persona y día). También organiza otros muchos viajes aptos para todos los niveles de capacidad. Pueden preparar viajes para grandes grupos. El alquiler de las bicicletas cuesta 15 $ por día. Se habla inglés, francés, alemán y español.
Si le gusta el parapente póngase en contacto con Raúl, el más experimentado parapentista de la zona, que fue dos veces campeón nacional. Puede contactar con él a través de Bum Bum Tours. Ofrece saltos en tándem desde Tierra Negra sobre el espectacular valle Chama (se trata de un extra opcional al final del viaje a San José en bicicleta). Cuesta unos 50 $ por persona. Muy recomendado.

Lost World Adventures
Véase pág. 258.
Tiene ofertas de cuatro y cinco días en bicicleta de montaña por la región de Mérida, desde 660 $ incluyendo el vuelo desde Caracas a Mérida.

Trips Worldwide
Véase pág. 259.

CÓMO LLEGAR
Aeropostal
Véase pág. anterior.

Avensa/Servivensa
Véase pág. anterior.
Ofrece varios vuelos diarios a Mérida desde Caracas; los billetes cuestan unos 75 $, sólo ida.

Lai
☎ (031) 552 322 (Aeropuerto de Caracas) para reservas.
Vuelos regulares a todos los grandes aeropuertos nacionales. Es bastante y algo menos cara que otras líneas aéreas.

INFORMACIÓN
Corpoturismo
Véase pág. 259.

ALOJAMIENTO
Hospedaje Betania $
Avda. 7 Nos. 20-35 (entre Calles 20 y 21)
Mérida
☎ (074) 523 466
Es un hotel muy agradable, dirigido por una familia, con 10 habitaciones con cuarto de baño y televisor. Todas las habitaciones están muy limpias y son seguras. La señora Ana, la propietaria, es muy servicial y vigilará el equipaje mientras usted emprende sus viajes. En el momento de escribir no había cartel alguno en el exterior, aunque los números del edificio (20-35) eran visibles.

Posada Las Heroínas $
Calle 24
Nos. 8-95 (cerca de Plaza Las Heroínas)
Mérida
☎ (074) 522 665
Este hotel, propiedad de Tom y Raquel, de Bum Bum Tours (véase Operadores, más arriba), es popular entre los viajeros de presupuesto ajustado. Las habitaciones son sencillas pero con una buena relación calidad-precio, los cuartos de baño son compartidos y también se puede utilizar la cocina. Tiene un ambiente muy agradable.

NACIDO PARA SER SALVAJE PÁGS. 38–47

OPERADORES
Bum Bum Tours
Véase columna izquierda.
Los viajes de cuatro o cinco días a Los Llanos utilizan alojamiento exclusivo para que los grupos pequeños no se encuentren con otros grupos. Los precios, con todo incluido (excepto las bebidas alcohólicas) son de unos 50 $ diarios por persona. También proporcionan hamacas y buenas mosquiteras. Tiene una relación calidad-precio excepcionalmente buena, con guías que hablan español, francés, alemán e inglés.

Geodyssey
Véase pág. 258.
Especialista en viajes por Venezuela, con sede en el Reino Unido. La amplia variedad de viajes que

ofrecen incluyen los de observación de la fauna en Los Llanos.

Last Frontiers
Fleet Marston Farm
Aylesbury
Buckinghamshire HP18 0PZ
Reino Unido
☎ (01296) 658650 **Fax:** (01296) 658651
email: travelinfo@lastfrontiers.co.uk
Con sede en el Reino Unido, organiza itinerarios a medida por Venezuela, incluyendo Los Llanos.

Lost World Adventures
Véase pág. 258.
Ofrece un paquete de cuatro días a Los Llanos desde unos 700 $.

Southwind Adventures
Véase pág. 258.
Ofrece un viaje de once días a Los Llanos desde 2.400 $.

Trips Worldwide
Véase pág. 259.

Venezuelan Adventures
P. O. Box 62
Shandaken
NY 12480
Estados Unidos
☎ 914/688-7983 o llamada gratuita 1-800/873-9911
email: venadinc@ulster.net
página web: www.venz-safari.com
Ofrece varios paquetes turísticos a Los Llanos, incluyendo estancias en un *hato* (rancho ganadero).

Cómo llegar
Para conexiones aéreas generales en Venezuela, véase pág. 259.

Información
Corpoturismo
Véase pág. 259.

Alojamiento
Para lugares donde alojarse en Mérida, véase pág. 260

Hato Piñero $$
Cerca del pueblo de El Baúl, entre Barinas y San Fernando de Apure.
Dirección postal:
Edificio General de Seguros, 6.º piso
Oficina 6B
Avda. La Estancia
Chuao, Caracas
☎ (02) 991 8935
Fax: (02) 991 6668
email: pinero@branger.com
página web: www.branger.com

Es una hermosa reserva natural, *hato* (rancho ganadero) y estación de investigación biológica con alojamiento de lujo. Con una extensión de 81.000 ha en Los Llanos, fue el primero de los *hatos* de la región en desarrollar el ecoturismo. Los científicos acuden para estudiar la fauna de la reserva. Los precios por persona, sobre la base de dos personas compartiendo una habitación doble, son de unos 120 $ en temporada baja, y 150 $ en temporada alta. Eso incluye tres comidas, refrescos y bebidas alcohólicas nacionales, dos viajes (uno a caballo y el otro en barca) y un guía bilingüe. Se organizan también los traslados al aeropuerto, a y desde Caracas, en vuelo chárter o en coche.

PARAÍSO DE ROCAS DESDE ARRIBA Y DESDE ABAJO
PÁGS. 48–55

OPERADORES
Geodyssey
Véase pág. 258.
Especialistas con sede en el Reino Unido que organizan viajes de inmersión a Los Roques.

Hernando Arnal
Rasquatekey Bar
Plaza Bolívar
Los Roques
Dirección postal:
Avda. Principal de Santa Fe-sur
Residencia Los Jabillos, piso 9-7F
Caracas
☎ (Caracas): (02) 979 1210 o móvil ☎ (Los Roques) (014) 916 1035
Fax: (02) 979 1805
Hernando es un excelente piloto de ultraligeros y ofrece vuelos de 15 minutos sobre Cayo Francés (por unos 35 $) y espectaculares vuelos de 30 minutos sobre la Gran Barrera (por unos 50 $). Este último, en particular, es muy recomendable.

Last Frontiers
Véase columna izquierda arriba.
Con sede en el Reino Unido, organiza itinerarios a medida por Venezuela, incluyendo Los Roques.

Lost World Adventures
Véase pág. 258.
Travesías exclusivas por Los Roques, con equipo para inmersiones. Viajes de tres días desde 400 $ mas viajes aéreos e inmersiones.

OPERADORES SUBMARINISTAS
Línea Turística Aerotuy (LTA)
Véase pág. 258.

VENEZUELA

Esta gran agencia de viajes tiene sus propias *posadas*, yates y refugios, así como una gran flota de aviones. Ofrece una serie de viajes completos a Los Roques, para bucear o no. Las ofertas con base en tierra, con alojamiento en *posadas* estándar, cuestan un mínimo de 495 $ por persona para estancias de tres días y dos noches, incluyendo el vuelo de regreso, todas las comidas, refrescos, tres inmersiones con guía al día y botellas y cinturones de inmersión. Una estancia de cinco días y cuatro noches cuesta 759 $ por persona. También hay ofertas de estancia en el lujoso yate *Antares III*, sólo para estancias de siete a ocho días. Siete días y seis noches cuestan 1.295 $ por persona, e incluyen lo mismo que las estancias en tierra. Las ofertas para los no buceadores empiezan por viajes de un día por 140 $, aunque apenas vale la pena. Los precios únicamente de los vuelos son de 110 $ ida y vuelta (a veces hay ofertas especiales a mediados de semana). Hay dos vuelos diarios en cada dirección (a principios de la mañana y a principios de la tarde), con dos vuelos extra en cada sentido los viernes.

Sexto Continente
Junto a la oficina y el camping de Inparques, en el extremo de la ciudad desde el aeródromo de Los Roques
Dirección postal:
Avda. Los Jardines Resid. Los Girasoles Local 1
La Florida
Caracas
☎ (02) 749 080 ó (02) 731 1507 (Caracas), ó (014) 924 1853 (Los Roques)
email: losroques@scdr.com
página web: www.scdr.com
Es el único operador submarinista que hay en Gran Roque. Personal muy amigable. Ofrece una amplia gama de opciones y paquetes de inmersión, que incluyen cursos PADI en aguas abiertas y cursos avanzados. Se puede alquilar todo el equipo, pero se aplican descuentos si lleva usted su propio instrumento de flotabilidad y regulador. Los barcos zarpan diariamente a las 9.00 horas y en temporada alta hay que reservar plaza por lo menos el día anterior. Una oferta de un día de inmersión con dos botellas cuesta unos 90 $ con todo el equipo y unos 70 $ si lleva usted su propio equipo. Hay descuentos razonables para reservas de varios días. El curso PADI en aguas abiertas cuesta unos 350 $.

CÓMO LLEGAR
Para servicios aéreos nacionales en Venezuela, véase pág. 258.

Línea Turística Aerotuy (LTA)
Véase pág. 259.

Vipro
Terminal nacional del aeropuerto de Caracas
☎ (031) 551 157 ó (031) 552 693 para reservas e información.

Dispone de un vuelo diario de ida y vuelta a Gran Roque (unos 100 $ ida y vuelta). Los horarios de salida varían, dependiendo del día de la semana. Buenos aviones y servicio fiable.

INFORMACIÓN
Corpoturismo
Véase pág. 259.

ALOJAMIENTO
Posada de Cigala $$$
Cerca del aeródromo de Los Roques
Móvil ☎ (014) 200 4357
Es un establecimiento encantador y agradable, propiedad de Liana y Henrique, que dispone de cuatro habitaciones simples y bien amuebladas. Situada junto a la laguna, disfruta siempre de brisas frescas que penetran en las habitaciones, muy agradables, sobre todo en los meses de verano. Las ofertas incluyen todas las comidas y salidas en embarcación. Los propietarios han comprado el local del lado, que ya debería estar abierto en el momento de la publicación.

Posada La Quigua $$$
Los Roques
☎ (014) 205 1524 ó móvil ☎ (014) 373 0040
Fax: (02) 963 4504
email: lharth@yahoo.com
página web: www.gis.net/~jcharth
Posiblemente sea la posada más agradable de la isla, con un magnífico ambiente. Es propiedad y ha sido diseñada por Alessandra Harth, una mujer llena de energía. Las habitaciones se han decorado con sencillez y son muy cómodas; el comedor y el salón han sido diseñados con buen gusto y son agradables. Las cenas, que se preparan en la cocina al aire libre, son muy recomendables. Hay habitaciones individuales, dobles y triples, con cuarto de baño y ventilador. El precio incluye dos comidas y un almuerzo tipo picnic, bebidas alcohólicas (nacionales) y una salida diaria en embarcación a una isla diferente cada día.

Posada Terramar, Posada Arena Blanca y Posada Arrecife $–$$$
Los Roques
Dirección postal:
Avda. Principal de la Carlotta
Edificio Sta. Eulalia
piso 4
Aptdo. 17
Caracas
☎/Fax: (02) 237 1829 o móvil ☎ (014) 373 0303
email: arrecife@cantv.net
página web: www.los-roques.com
Tres posadas estándar, situadas una al lado de la otra, todas ellas propiedad de Mauricio. Posada Terramar estaba siendo renovada en el momento de escribir esta guía, de modo que los precios muy probablemente aumentarán, quizá sustancialmente.

Antes de la restauración una habitación doble costaba 40 $, las comidas aparte. Sólo hay tres habitaciones, además de un agradable salón, cocina y cuartos de baño compartidos.

Arena Blanca es una posada de tipo medio, decorada con buen gusto. Tiene habitaciones sencillas y cómodas y el precio (85 $ por persona y noche) incluye tres buenas comidas y travesía en barco a las islas cercanas.

Posada Arrecife es la más moderna de las tres y dispone de habitaciones muy cómodas con cuarto de baño. La comida es excelente.

COMIDA Y BEBIDA

Hay muy pocos restaurantes en la isla, ya que la mayoría de la gente come en su *posada*.

Aquarena

En la carretera desde el aeródromo.
Una cafetería que sirve grandes y sandwiches sabrosos, buen café y excelentes tortas para el desayuno. Las mesas se han instalado directamente en la playa. También tiene buenos aperitivos.

Madrugadas

En la playa, frente a la plaza principal.
Esta *posada-bar* también es un local popular. Aquí puede disfrutar de deliciosas cenas, aunque no esté alojado en ella. También cuenta con una decente selección de vinos.

Pizza Bar

En la plaza principal.
Es un gran bar al aire libre, muy frecuentado a últimas horas de la noche. Sirve muy buenas pizzas gigantes por unos 10 $.

ANIMACIÓN CONTINUA PÁGS. 56–65

OPERADORES
Bum Bum Tours

Véase pág. 260.
Este operador con sede en Mérida ofrece una amplia gama de excursiones por los Andes. La caminata de cinco días a Pico Bolívar cuesta unos 200 $ e incluye toda la comida, el transporte, el equipo especializado, guías y el regreso en teleférico. Tiene una buena relación calidad-precio. Otras excursiones más fáciles incluyen un viaje de cuatro días al pico Humboldt y una hermosa excursión de tres días por Sierra Nevada. Hay también varias excursiones sin guía. Se habla español, francés, alemán e inglés.

Southwind Adventures

Véase pág. 258.
Ofrece un viaje de once días con ascensión a la cumbre del pico Bolívar. Los precios, sólo por tierra, cuestan a partir de 2.350 $.

Trips Worldwide
Véase pág. 259.

Venezuelan Adventures
Véase pág. 261.
Ofrece una excursión de seis días a la cumbre del pico Bolívar. Precios desde 1.300 $.

CÓMO LLEGAR
Avensa/Servivensa
Véase pág. 259.
Dispone de varios vuelos diarios a Mérida desde Caracas; los billetes cuestan unos 75 $ sólo ida.

INFORMACIÓN
Corpoturismo
Véase pág. 259.

ALOJAMIENTO
Para lugares donde alojarse en Mérida, véase pág. 260.

SENDERISMO POR EL BOSQUE PLUVIAL PÁGS. 68–75

OPERADORES
Fundación Golondrinas
Gangotena
Quito
☎ (02) 526926
email: manteca@uio.satnet.net
página web: www.ecuadorexplorer.com/golondrinas
La fundación organiza viajes por la selva pluvial del cerro Golondrinas. Es una organización de conservación que trabaja en proyectos de reforestación y cuenta con una serie de programas llevados a cabo por voluntarios. Se han introducido los itinerarios turísticos como una forma de generar ingresos para las comunidades locales y para el trabajo de la fundación.

Tropic Ecological Adventures
Avda. República E7-320 y Almagro
Edificio Taurus, Departamento 1-A
Quito
Ecuador
☎ (593 2) 234 594 / 225 907
Fax: 560 756
email: tropic@uio.satnet.net
página web: www.tropiceco.com
Es una pequeña agencia de viajes especializada en programas de albergues naturales y comunidad indígena, rafting por aguas bravas, observación de aves, senderismo, fotografía, inmersiones y viajes a las Galápagos.

Tribes Travel Ltd.
7 The Business Centre

Earl Soham
Woodbridge
Suffolk IP13 7SA
Reino Unido
☎ (01728) 685971
Fax: (01728) 685973
email: info@tribes.co.uk
página web: www.tribes.co.uk
Esta empresa, adherida al programa Comercio
Justo, ofrece una gama completa de itinerarios
preparados a medida, para pequeños grupos que
incluyen los especializados en aspectos culturales,
de fauna, de senderismo y de simple relajación.
Cruceros a las Galápagos y recorridos por la jungla,
junto con visitas a comunidades indígenas,
estancias en ranchos andinos, pueblos de artesanos,
excursiones a pie y a caballo.

CÓMO LLEGAR
Avianca
No. 15–17 Colonnade Walk
151 Buckingham Palace Rd.
Londres SW1W 9SH
Reservas ☎ (08705) 767747
Fax: (020) 7931 0296
página web: www. avianca.com.co
Avianca Airlines ofrece un regreso abierto de tres y
de seis meses. Dispone de tres vuelos semanales de
Londres a Bogotá. Se permiten dos paradas
intermedias, la primera gratuita, que puede ser en
Bogotá o Cartagena, la segunda cuesta unos 100 $.
Tienen vuelos de conexión con Quito, Lima,
Santiago de Chile, Buenos Aires, Sao Paulo,
Río de Janeiro y Caracas.

INFORMACIÓN
CETUR
CETUR es la agencia nacional de viajes e
información. Sus oficinas abren de 9.00 a 17.00 horas,
de lunes a viernes. Tiene oficinas en Quito
y en la sección nacional del aeropuerto.
Eloy Alfaro 1212
Quito
☎ (02) 225101
Venezuela 914
Quito
☎ (02) 514 044

ALOJAMIENTO
La Casa de Eliza $
Calle Isabel La Católica 1559
Quito
☎ (02) 226602
Esta básica casa de huéspedes es propiedad y está
dirigida por Eliza, presidenta de la Fundación
Golondrinas (véase Operadores, más arriba).

Hostería El Ángel $$
Carretera Panamericana Norte
Avda. Espejo 1302
El Ángel
☎ (06) 977584

Es un hotel cómodo, con buena comida. El Ángel es
la ciudad más cercana a Golondrinas; desde aquí se
puede organizar el transporte privado
a la reserva.

COMIDA Y BEBIDA
Hostería El Ángel
Véase Alojamiento, columna de la izquierda.

APRENDER NUEVAS
HABILIDADES
CON LOS ARTESANOS
OTAVALEÑOS
PÁGS. 76–83

OPERADORES
Zulaytur
Colón y Sucre
2.° piso
Otavalo
☎ (06) 921176
Fax: (06) 922969
Dirigida por el entusiasta y experto Rodrigo Mora,
que le ayudará en todo lo que necesite. Lo mejor
en viajes de un día por los pueblos indígenas,
para conocer todos los aspectos de la artesanía
textil local.

South American Experience
47 Causton St.
Londres SW1P 4AT
☎ (020) 7976 5511
Fax: (020) 7976 6908
página web: www.sax.mcmail.com
Este especialista en vuelos por toda América
del Sur organiza itinerarios a medida para viajeros
individuales incluyendo senderismo, rafting
por aguas bravas, viajes culturales y recorridos
por la jungla.

Tribes Travel Ltd
Véase pág. anterior.

CÓMO LLEGAR
Avianca
Véase columna anterior.

ALOJAMIENTO
Casa Mojanda $$
Casilla 160
Otavalo
☎/Fax: (06) 731 737
Este hotel combina el estilo de la hacienda
tradicional con el diseño moderno. Situada más
arriba de Otavalo, en las estribaciones de Mojanda,
ofrece magníficas vistas de los Andes desde cada

una de sus casitas de adobe. El precio incluye el desayuno y la cena, preparados con ingredientes cultivados en casa.

Hostería Hacienda Pinsaquí $$$
A 5 km al norte de Otavalo en Panamericana Norte
☎/**Fax:** (06) 946 116
página web: www.ecuadorexplorer.com/pinsaqui/index.html
Originalmente construida en 1790 como un taller textil, ofrece 16 suites con chimeneas, un restaurante, snack bar y jardines. Organiza excursiones a caballo, en bicicleta de montaña y también a pie.

Hotel Coraza $$
Calle Sucre
Otavalo
☎ (06) 921 225
Hotel de precio medio situado en el centro de la ciudad, cerca del mercado de artesanía.

COMIDA Y BEBIDA
SISA
Avda. Abdón Calderón 4-09
Otavalo
Buena comida local y música en directo la mayoría de los días, incluido el mediodía.

CRUCERO A LAS ISLAS GALÁPAGOS PÁGS. 84–93

OPERADORES
Angermeyers
Foch 726 y Avda. Amazonas
P. O. Box 17-1200599
Quito
☎ (02) 569 960
Fax: (02) 569 956
Dispone de varias embarcaciones de clases diferentes, todas ellas bien reconocidas; el autor realizó su crucero en el *Sulidae,* de esta empresa. En ciertos cruceros se puede alojar a submarinistas experimentados.

Galápagos Scuba Iguana
Hotel Galápagos
Isla Santa Cruz
Islas Galápagos
☎/**Fax:** (05) 526 330
email: jgallar@ga.pro.ec
página web www.scuba-iguana.com
Ofrece travesías de submarinismo para buceadores experimentados.

Journeys Internacional
107 Aprill Dr., Ste. 3
Ann Arbor

MI 48103
Estados Unidos
☎ llamada gratuita 1-800/255-8735
Fax: 734/665-2945
email: info@journeys-intl.com
página web: www.journeys-intl.com
La Odisea de Fauna Salvaje de las Galápagos, organizada por esta empresa, es un viaje de ocho días con alojamiento a bordo de cómodos yates, con aire acondicionado. Se dispone de un guía experimentado. Desde 2.150 $, sin contar billete aéreo y entrada en el parque.

LARC – Latin America Reservation Centre Inc.
P. O. Box 1435
Dundee
FL33838
Estados Unidos
Reservas ☎ 1-800 327 3537
fax 1-941 439 2128
email: LARCI@world net.att.net
Es el representante en Estados Unidos de Angermeyers Enchanted Expeditions (véase más arriba), y ofrece todos los servicios de Angermeyers.

South American Experience
Véase pág. anterior.

Tribes Travel Ltd.
Véase pág. 263.

Wildlife Worldwide
170 Selsdon Road
South Croydon
Surrey CR2 6PJ
Reino Unido
☎ (020) 8667 9158 **Fax:** (020) 8667 1960
email: sales@fauna-ww.co.uk
página web: www.fauna-ww.co.uk
Especializada en viajes de observación de la fauna por todo el mundo. Ofrece cruceros por las Galápagos en una serie de diferentes embarcaciones de pequeñas dimensiones.

CÓMO LLEGAR
Avianca
Véase pág. anterior.

TAME
Sus oficinas en Quito están en:
Manabí 635 y Venezuela
☎ (02) 512 988
Avenida Colón 1001 y Rábida
☎ (02) 554 905
10 de Agosto 239 y La Alameda del Parque
☎ (02) 583 939 o 510 305
TAME vuela a la isla de Baltra. Hay un servicio de autobuses, que tarda dos horas, desde el aeropuerto, mediante un transbordador a Puerto Ayora, la ciudad principal.

SAN-Seata

Guayaquil 1228 y Olmedo
Quito
☎ (02) 211 431
Santa María y Amazonas
Quito
☎ (02) 502 706 ó 564 969
Tiene vuelos a la isla de San Cristóbal.

INFORMACIÓN
CETUR

Avda. Charles Darwin
Puerto Ayora
Santa Cruz
Galápagos

Fundación Charles Darwin

Oficina de la Secretaría General
Casilla 17-01-3891
Quito
☎ (02) 244 803
Fax: (02) 443 935
email: cdrs@fcdarwin.org.ec
página web: www.galapagos.org

Galapagos Conservation Trust

P. O. Box 50
Shaftesbuty
Dorset SP7 8SB
Reino Unido

ALOJAMIENTO

Si efectúa un crucero por las islas, que es lo
aconsejable, se alojará a bordo de la embarcación.
No obstante, hay varios hoteles en Puerto Ayora.

Hotel Galápagos $$$

Junto a la Estación de Investigación
Charles Darwin
Puerto Ayora
Santa Cruz
Galápagos
☎ (05) 526330
Fax: (05) 526 296
Un hotel agradable, con 14 cabañas con vistas
al mar. El restaurante tiene buena reputación.

EL SENDERO
DEL INCA
PÁGS. 96–105

OPERADORES
Adventure Specialistas

Bear Basin Ranch
Westcliffe
Colorado 81252
Estados Unidos
☎ 719 783 2519 ó 630 7687
Fax: 719 783 2076

email: discovery@ris.net
página web: www.gorp.com/adventur
Este especialista en escalada organiza diversos
programas de aventuras por los Andes con especial
dedicación al senderismo, la exploración
y la escalada.

Amazonas Explorer

P. O. Box 722
Cuzco
☎/**Fax:** (84) 225284
email: info@amazonas-explorer.com
página web: www.amazonas-explorer.com
Este competente operador dirige una serie de
programas de rafting y bicicleta de montaña,
y también puede organizar viajes por el Sendero
del Inca.

Expediciones Manu

Avda. Prado 894
Cuzco
☎ (84) 223896
Miembro del APTE, tiene salidas semanales con
recorridos por el Sendero del Inca. Servicio
completo de primera clase. Esta empresa es
también el mejor operador para viajes por la
jungla y se especializa en el Parque Nacional
Manu, en la cuenca del Amazonas.

South American Experience

Véase pág. 264.

Tribes Travel Ltd.

Véase pág. 263.

CÓMO LLEGAR
Avianca

Véase pág. 264.

Aero Continente

Avda. Francisco Macías 544
8.ᵉʳ piso
San Isidro
☎ (1) 442 6458
Con vuelos entre Lima y Cuzco.

INFORMACIÓN

Las agencias de viajes de Cuzco actúan también
como centros de información turística.
Le informarán sobre los diversos trayectos
que organizan y también sobre vuelos y trenes
para la continuación de su viaje.

Oficina de Información Turística

Mantas 188
Cuzco
Situada junto a la Plaza de Armas y abierta de
a 12.00 horas y de 15.00 a 18.00 horas,
de lunes a sábado.

Oficina de Entradas Turísticas

Casa de Garcilaso

Heladeros

Cuzco

☎ (84) 263176

Es el lugar donde comprar una entrada, que permite la entrada a todos los yacimientos arqueológicos de Cuzco y sus alrededores, con validez para cinco o diez días. Abierto: lunes-viernes, 7.45-18.00 horas, y sábados, 8.30-13.00 horas.

ALOJAMIENTO
El Balcón $$

Calle Tambo de Montero 222

Cuzco

☎ (84) 236738

Fax: (84) 225253

email: balcon@peru.itele.com.pe

Hotel agradable, de precio medio, cerca del centro de la ciudad. Desde el bar tiene vistas sobre los tejados de Cuzco.

Pensión Alemana $$

Tandapata 260

San Blas

Cuzco

☎/**Fax:** (84) 226861

email: avendano@peru.itele.com.pe

Albergue pequeño, agradable y de precio medio, a corta distancia a pie del centro de la ciudad.

COMIDA Y BEBIDA
Bagdad Café

1.ᵉʳ piso

Portal de Carnes 216

Cuzco

Es una cafetería popular entre los viajeros, con un balcón que da a la Plaza de Armas.

Cross Keys Pub

1.ᵉʳ piso

Portal Confiturías 233

Plaza de Armas

Cuzco

Este pub de propiedad inglesa se ha convertido en el bar preferido de los turistas y es un lugar excelente para conocer a gente. Bebidas más baratas de 18.00 a 19.00 horas y de 21.00 a 21.30 horas.

Kusikuy

Calle Plateros 348-B

Cuzco

☎ (84) 262870

Comidas locales y tradicionales, incluyendo lechón.

Pucará

Plateros 309

Cuzco

☎ (84) 222027

Un excelente restaurante que se encuentra situado justo en la esquina de la Plaza de Armas. Ofrece la comida con mejor relación calidad-precio de la ciudad.

LOS SECRETOS DE LAS LÍNEAS DE NAZCA PÁGS. 106–113

OPERADORES
Alegría Tours

Jirón Lima 168

Nazca

☎/**Fax:** (34) 522444

email: alegríaviajes@hotmail.com

Es una pequeña empresa, ni buena ni mala, pero es la única que ofrece un servicio completo aparte de los ofrecidos por los hoteles más caros. Organiza viajes de medio y un día a todos los yacimientos locales, incluyendo vuelos sobre Nazca, la plataforma para divisar las líneas, el Museo María Reiche, las tumbas, los centros de cerámica y artesanía y los acueductos.

CÓMO LLEGAR

Véase también pág. 113.

Avianca

Véase pág. 264.

AeroCóndor

Juan de Arona 781

San Isidro

Lima

☎ (1) 442 5663

Si hay suficientes pasajeros, esta línea aérea tiene vuelos de ida y vuelta desde Lima a Nazca en el mismo día.

INFORMACIÓN
L. Alberto Segura C.

Ceramic Artesan Center Lasc.

Panamericana sur altura Km 445

Nazca

☎ (34) 521418

Charlas sobre cerámica de Nazca. También se venden reproducciones de objetos arqueológicos.

Viktoria Nikitzki

Calle Bastidas 218

Nazca

Conferencias sobre las líneas de Nazca, ilustradas con el uso de reproducciones a escala.

ALOJAMIENTO
Hostal El Sol $

Jirón Tacna 476

Nazca

☎ (34) 522064

Alojamiento básico en la plaza del centro de la ciudad.

Hotel Alegría $

Jirón Lima 166

Nazca
☎ (34) 522702 **Fax:** (34) 522444
Limpio, cómodo y con un precio razonable.

Hotel Nazca Lines $$$
Jirón Bolognesi
Nazca
☎ (34) 522293
Es un hotel de lujo situado en medio de la ciudad.
La investigadora alemana María Reiche vivió aquí
durante sus últimos años.

COMIDA Y BEBIDA
La Cañada
Calle Lima 160
Nazca
Especializada en pescado y marisco.

La Encantada
Jirón Callao 529
Nazca
☎ (34) 522930
Este restaurante no sólo sirve excelente comida,
sino que su decoración incluye algunas de las
mejores muestras de cerámica precolombina
original y de textiles que hay en la ciudad.

La Taberna
Calle Lima 321
Nazca
☎ (34) 521411
Popular entre los turistas, los grupos en particular.
Sirve platos locales a precios razonables.

TRAVESÍA DEL LAGO TITICACA PÁGS. 114–121

OPERADORES
Alina Tours
Pasaje Lima 343
Puno
☎/**Fax:** (54) 357139 ó (54) 353986
Esta útil agencia organiza viajes con guías privados,
además de excursiones estándar en barco
y seguimiento posterior del viaje.

Crillon Tours
Avda. Camacho 1223
P. O. Box 4785
La Paz
Bolivia
☎ (02) 350363
Fax: (02) 364072
email: titicaca@caoba.entelnet.bo
Es una agencia moderna que ofrece toda una gama
de viajes caros, con guía individual, por Bolivia. Se
especializa en paquetes completos al lago Titicaca,
donde dirige el cómodo Hotel Inca Utama

(véase Alojamiento, pág. siguiente) y el pequeño e
intrigante Museo del Altiplano, en Huatajata; ofrece
un servicio de hidrofoil deslizador a Copacabana,
Isla del Sol e Isla de la Luna, y el distinguido
hotel La Posada del Inca en Isla del Sol (véase
Alojamiento, pág. siguiente). El viaje arqueológico a
las ruinas de Tiahuanaco se puede combinar con el
anterior, pero es caro por lo que ofrece; los servicios
de guías en inglés se pueden conseguir a mejor
precio en otras empresas.

Nomad Travel Planners
3200 W. 88th Avda.
Ste. 1 Anchorage
Alaska 99502
☎ (907) 243 0313 / (888) 345 0313
Fax: (907) 243 0333
página web: www.nomad-travel.com
Empresa especializada en organizar viajes de grupos
pequeños.

South American Experience
Véase pág. 264.

Tribes Travel Ltd
Véase pág. 263.

ALOJAMIENTO
Para detalles sobre alojamiento en el lago Titicaca al
otro lado de la frontera, en Bolivia,
véanse págs. 276–277.

La Cúpula $
Calle Michel Pérez 1-3
Copacabana
Bolivia
☎ (0862) 2029
Delicioso hotel, con ambiente mediterráneo creado
por cúpulas y paredes enjalbegadas. Dirigido por
una agradable pareja de alemanes. Las instalaciones
incluyen duchas de agua caliente, una cocina, un
servicio de préstamo de libros y una sala de video.
Desde la terraza del restaurante vegetariano
(abierto 7.30-15.00 horas, y 18.00-21.30 horas)
se contempla una vista encantadora. Se imparten
cursos de pintura, escultura y acrobacia.

Hostal Italia $$
Valcárcel 122
Puno
☎ (54) 352131
Fax: (54) 352521
Precios razonables, con agua limpia y caliente.

Hotel Isla Esteves $$$
Puno
☎ (54) 353870
Alojamiento de cinco estrellas, con una fantástica
situación en la isla y vistas sobre el lago.

Hotel Rosario del Lago $$
Rigoberto Paredes (cerca de Avda. Costanera)

Copacabana
Bolivia
☎ (0862) 2141
Fax: (0862) 2140
Elegante hotel con vistas al lago, similar al de
La Paz, el Residencial Rosario (véase más abajo).
Los precios incluyen el desayuno.

Inca Utama Hotel $$$

Huatajata
Bolivia
(Reservas a través de Crillon Tours, La Paz,
véase Operadores, página anterior).
Es un cómodo y moderno hotel a orillas del lago
Titicaca, aunque las habitaciones son pequeñas.
El restaurante sirve excelente comida y, además
del cercano complejo cultural de raíces andinas,
por las noches hay actuaciones en directo
de música tradicional.

COMIDA Y BEBIDA
Apu Salcantay

Jirón Lima
Puno
Un popular restaurante de turistas con una buena
selección de especialidades locales.

Huanchaco

Jirón Lima 345
Puno
Servicio rápido y sabrosa comida local.

Sujna Wasi

Calle Jauregui 1276
Copacabana
Bolivia
Un café elegante, con restaurante y bar instalados
alrededor de un tranquilo patio. Excelente variedad
de bebida y comida, incluyendo muchos platos
vegetarianos y pescado procedente del lago.
Pase por la contigua minibiblioteca para mapas,
libros y videos sobre la zona de los alrededores
y otras partes de Bolivia.

ALTIBAJOS DEL CAÑÓN DEL COLCA PÁGS. 122-129

OPERADORES
Colca Rafting

Calle Puente Inc.
Chivay
Organiza rafting fluvial por el Chivay.

Eco Tours

Jerusalén 402-A
Arequipa
☎ (54) 200516

Ofrece viajes de tres y cuatro días de duración por el
cañón del Colca, además de una serie de viajes de
rafting que duran desde hora y media (en el río
Chili) hasta dos días (en el río Majes).

Giardino Tours

Jerusalén 604-A
Arequipa
☎ (54) 226414 ó (54) 241206
Fax: (54) 242761
Se encarga de la continuación del viaje y consigue
billetes para autobús, tren y avión. También prepara
viajes de rafting y senderismo por el cañón Colca
(uno, dos y tres días), el valle de los Volcanes
y el cañón Cotahuasi.

Iván Bedregal Alpaca

Prolongación Avda. Ejército No. 629
Cerro Colorado
Arequipa
☎ (54) 255541
Iván es un miembro cualificado de la Asociación
Peruana de Guías de Montaña (véase más abajo).
Es un experto guía de montaña y senderismo,
aunque su fuerte no radica en identificar
ejemplares de flora y fauna.

Asociación Peruana de Guías de Montaña

Casa de los Guías
Desaguadero 126
Barrio San Lázaro
Arequipa
☎ (54) 263167
Fax: (54) 218406
Recomienda a guías y ofrece rutas, mapas y libros.

ALOJAMIENTO
La Casa de Mi Abuela $$

Jerusalén 606
Arequipa
☎ (54) 241206 **Fax:** (54) 242761
Habitaciones bastante sencillas, pero situadas en
un agradable jardín en la montaña que domina la
ciudad. Los propietarios son los mismos que
los de Giardino Tours, que tiene su oficina
en este edificio.

Hostal Valle del Fuego
Rancho del Sol $

Calle Simón Bolívar
Cabanaconde
Es un albergue muy básico situado en un pueblo
diminuto. No se haga demasiadas ilusiones
y no se sentirá decepcionado.

Posada del Inca $

Avda. Salaverry 325
Chivay
☎ (54) 521032
Limpia y cómoda; utilizada por numerosos grupos
de viaje que llegan de Arequipa. Restaurante.

OPERADORES

Amazon Explorers
Rua Nhamundá 21
Manaus
☎ (092) 633 3319
Fax: (092) 234 5753
También en:
Oficina Municipal de Turismo
Praça Adalberto Valle
Manaus
☎ (092) 232 3052
Fax: (092) 234 6767
Además de organizar viajes regulares de un día al punto de encuentro de las aguas y al Parque Ecológico Janauary, esta fiable empresa dispone de su propio refugio (el Acajatuba), organiza cruceros fluviales, alquila embarcaciones y emprende viajes de pesca, además de actuar como agente de una amplia gama de otros refugios situados en la jungla. El director, Iralcy Barros, habla varios idiomas.

Amazon Nut Safaris
Avda. Beira Mar 43
Manaus
☎ (092) 671 3525
Fax: (092) 671 1415.
El propietario, Miguel Rocha, organiza cruceros de calidad en su pequeño albergue flotante, el *Apurissara*, por el río Cueiras, cerca del archipiélago Anavilhanas. Ofrece muchos otros viajes fluviales, y las embarcaciones se pueden alquilar por días.

Amazonas Indian Turismo
Rua dos Andradas 311
Manaus
☎/**Fax:** (092) 633 5578
Es una agencia de viajes económica, con una sólida reputación. No todos sus guías hablan idiomas, pero siempre se puede negociar el precio. El refugio de la empresa, un complejo de cabañas con hamacas en el río Urubu, a unos 180 km de Manaus, es muy sencillo, pero cuenta con acceso a la selva virgen y se organizan travesías en canoa por el estrecho *igapó* e *igarapés*. El transporte hasta el refugio se hace en autobús y en lancha motora.

Fontur
Tropical Hotel
Estrada da Ponta Negra
Manaus
☎ (092) 658 3052
Fax: (092) 658 3512
email: fontur@manaus.br
página web: www.fontur.com.br

Esta agencia organiza viajes diarios en bote al lugar de encuentro de las aguas y al Parque Ecológico Janauary, incluyendo el almuerzo. También se pueden organizar travesías más caras en lanchas rápidas hasta el archipiélago Anavilhanas y el río Negro, así como excursiones de pesca y cruceros nocturnos para ver caimanes.

Jungle Experience
Hotel Ideal
Rua dos Andradas 491
Manaus
☎/**Fax:** (092) 233 9423 ó (092) 645 4101 después de las 19.00 horas
Esta económica agencia, dirigida por Chris Gomes, posee una sana reputación, aunque a veces tiene completamente reservadas las plazas en sus viajes al pequeño refugio en el Parana do Mamori (un canal situado en el río Solimões, al sur de Manaus).

Swallows y Amazons
Rua Quintino Bocaiuva 189
1.ᵉʳ piso
Manaus
☎/**Fax:** (092) 622 1246
email: swallows@internext.com.br
página web: www.overlookin.com
Mark y Tania Aitchison dirigen esta pequeña empresa, especializada en viajes personalizados por los que merece la pena pagar un poco más. A diferencia de con los grandes operadores, su viaje de un día al punto de encuentro de las aguas y al Parque Ecológico Janauary dura realmente un día completo e incluye pesca de pirañas y observación de caimanes, así como almuerzo y cena.
Los viajes de tres y cuatro días por el río Negro hasta el archipiélago Anavilhanas pueden incluir excursiones a pie por la jungla o desplazamientos en kayak, dependiendo de la temporada. Los viajeros se alojan en la embarcación y en su refugio Overlook.

CÓMO LLEGAR
Aeroporto de Eduardo Gomes
Avda. Santos Dumont
Manaus
☎ (092) 621 1210 o (092) 654 2044
Situado a 17 km al norte de la ciudad. Las instalaciones incluyen información permanente sobre viajes, cambio de moneda extranjera (sólo durante el día), tiendas, restaurantes y alquiler de coches.

INFORMACIÓN
EMANTUR
Avda. 7 de Setembro 1546
Manaus
☎ (092) 633 3041
Fax: (092) 233 9973
Es la principal oficina de turismo, situada cerca del Palácio da Cultura. Habitualmente siempre se encuentra a alguien que habla idiomas y el personal proporciona abundante información sobre las

CONTACTOS

diversas opciones turísticas en los alrededores de Manaus, incluida una lista de albergues en la jungla. Abierto: lunes-viernes, 7.30-18.00 horas. El mostrador de EMANTUR en el aeropuerto (véase Operadores, pág. anterior) permanece abierto continuamente.

ALOJAMIENTO
Albergue en la jungla Acajatuba $$
Anaconda Turismo
Rua Dr. Almínio 36
Manaus
☎/Fax: (092) 233 7642
Es un albergue grande (60 camas) y estándar, construido sobre pilotes junto a un tramo ancho del río Negro, a unos 60 km río arriba desde Manaus. Los paquetes turísticos son ofrecidos por Amazon Explorers (véase Operadores, pág. 270) e incluyen observación de caimanes y pesca de pirañas.

Amazon Ecoparque $$$
Praça Auxiliadora 4
Manaus
☎/Fax: (092) 234 0027
Este buen hotel y reserva natural, a sólo 20 km de Manaus, en Igarapé do Tarumã-Açu, tiene habitaciones con aire acondicionado y cuarto de baño en bungalows de ladrillo. Hay un programa de excursiones por la jungla, observación de caimanes y excursiones en canoa. Podrá observar la fauna del cercano Parque del Mono de la Jungla y hay también un invernadero de orquídeas, un jardín de plantas medicinales y una plantación de frutos amazónicos. También se emprenden excursiones de un día y se puede organizar un viaje con acampada.

Torres Ariaü Amazon $$$
Rio Amazonas Turismo (frente al Hotel Monaco)
Rua Silva Ramos 41
Manaus
☎ (092) 234 7308 Fax: (092) 233 5615
email: treetop@internext.com.br o ariau@uol.com.br
página web: www.ariautowers.com.br
Este elegante hotel turístico es el más grande y profesionalizado de los albergues y ofrece habitaciones con ventilador o con aire acondicionado, con un elevado nivel de calidad, en unas torres de varios pisos construidas sobre un pantano. Los paquetes turísticos (que empiezan a partir de unos 330 $ por tres días y dos noches) incluyen todas las comidas y actividades, como excursiones por la jungla, travesías en bote, pesca de pirañas y observación de caimanes. El complejo, que cuenta con varios kilómetros de pasarelas que atraviesan la jungla, ofrece numerosas oportunidades para explorar.

Boa Vida Jungle Resort $$$
Rua Rio Ituxi 68
Manaus
☎ (092) 633 2501 Fax: (092) 232 2482

email: boavida@internext.com.br
página web: www.internext.com.br/boavida
A unos 50 km al este de Manaus, en el corazón de la jungla, a este gran refugio de lujo se llega por carretera; cuenta con una biblioteca, salón de video y sala de juegos para niños. Excursiones de pesca, observación de caimanes y travesías en canoa.

Hospedaria Turistica $
Rua 10 de Julho
Manaus
☎/Fax: (092) 232 6280
Albergue dirigido por una agradable mujer. Falta luz en las habitaciones, pero están limpias y tienen aire acondicionado y televisor. Los precios incluyen el desayuno. Se guarda el equipaje y también dispone de servicio de lavandería.

Hotel Ecológico Terra Verde $$$
Avda. Getulio Vargas 657
Manaus
☎ (092) 234 0148 Fax: (092) 238 1742
En el río Tiririca, a 50 km río arriba desde Manaus. El albergue en la jungla está formada por una serie de cómodas cabañas de madera, con una piscina flotante junto al río. Se ofrecen todas las actividades habituales en la jungla, además de paseos a caballo.

Hotel Ideal $
Rua dos Andradas 491
Manaus
☎/Fax: (092) 233 9423
Es un hotel estándar para viajeros de bajo presupuesto, con vistas al río desde las habitaciones del piso superior. Es popular en los grupos organizados. Chris Gómez, propietario de Jungle Experience (véase pág. 270), organiza viajes a refugios en la jungla. Los precios incluyen un desayuno sencillo.

Taj Mahal $$$
Avda. Getúlio Vargas 741
Manaus
☎ (092) 633 1010 Fax: (092) 233 0068
email: tajmahal@internext.com.br
Las habitaciones de este hotel son grandes, están amuebladas sencillas, con aire acondicionado y televisor. Hay una pequeña piscina en el tejado y un restaurante giratorio con excelentes vistas.

Tropical Hotel $$$
Estrada da Ponta Negra
Manaus
☎ (092) 658 5000 Fax: (092) 658 5026
email: dcrsao@tropicalhotel.com.br
página web: www.tropicalhotel.com.br
Este enorme y lujoso hotel tiene grandes candelabros de hierro y pesadas barandillas de madera, habitaciones cómodas, dos buenas piscinas, pistas de tenis y varios restaurantes. Situado a 15 km de Manaus junto a la playa más popular del río Negro.

COMIDA Y BEBIDA
Chez Charofe Grill
Estrada de Ponta Negra
Manaus
Situado en el grupo de restaurantes junto a la playa,
cerca de la parada de autobús del Tropical Hotel.
Un buen servicio complementa la comida (basada
sobre todo en menús de ternera y pollo asados)
de este restaurante al aire libre. Ideal para observar
lo que sucede más abajo, en la playa.

Churrascaria Búfalo
Avda. Joaquim Nabuco 628a
Manaus
La mejor barbacoa de la ciudad donde puede comer
todo lo que quiera, con enormes raciones de
broquetas de carne.

Mercado Municipal
Rua dos Bares
Manaus
Tras admirar la remodelación en hierro forjado del
mercado de Les Halles de París, dése una vuelta por
la parte trasera de la hilera de animados cafés que
sirven una apetitosa variedad de platos para
almorzar. La sabrosa *caldeirada de tambaqui*
o calderada de pescado le proporcionará energías
para el resto del día.

CATARATAS DEL IGUAZÚ
PÁGS. 142–153

OPERADORES
Iguazú Jungle Explorer
Sheraton International Iguazú, Argentina
(véase Alojamiento, más abajo)
Los dos principales programas a los que puede optar
(ninguno de los cuales dura un día completo, como
anuncian), incluyen una travesía en barco hacia el
puente, en el borde de las cataratas de la Garganta
del Diablo, así como una agradable travesía en balsa
por la orilla del río Iguazú Superior. La «aventura
náutica» incluye una húmeda travesía en barco
hasta el corazón de las cascadas desde la isla de San
Martín, situada enfrente, mientras que la «gran
aventura» envía a los participantes hacia los
rápidos, en una embarcación alargada. Las
embarcaciones son más estables que las utilizadas
en el lado brasileño. No hay guías que hablen
idiomas, aunque sí existen planes para crear un
centro de interpretación en el Sendero Yacaratia.

Macuco Safari de Barco
Dirección postal:
Caixa Postal 509
85851-000 Foz do Iguaçu
☎ (045) 574 4244
Fax: (045) 574 4717

La oficina se halla situada a 25 km de la ciudad en la
carretera a las cataratas, a 3 km de las cataratas de
Iguazú. Organiza un safari de hora y media en barco,
que incluye viajar en vagones abiertos por el
Sendero Macuco, de la Jungla. La empresa cuenta
con guías bilingües, y realiza una corta excursión
por el Sendero del Cañón del Iguazú, más allá de las
pequeñas cascadas Macuco y luego una travesía en
embarcación, frente a los rápidos, hasta situarse
frente a las cataratas del Iguazú. La salidas son
diarias, aproximadamente cada 15 minutos entre
las 8.00 y las 17.30 horas. También se organizan
expediciones especiales para observadores de aves,
botánicos y fotógrafos.

CÓMO LLEGAR
Aeropuerto Internacional de Iguazú
Foz do Iguaçu
☎ (045) 523 4244
Situado a 18 km al sur de la ciudad.
Los servicios incluyen información sobre viajes
(véase Información, más abajo), cambio de divisas,
tiendas y una cafetería.

Aeropuerto de Puerto de Iguazú
Puerto Iguazú
Argentina
Situado a 25 km al sureste de la ciudad y a 50 km
de Foz do Iguaçu, al otro lado de la frontera.
Los servicios incluyen información sobre viajes,
tiendas y una cafetería.

INFORMACIÓN
Oficina de Información Turística
Rua Almirante Barroso 1300
Foz do Iguaçu
☎/**Fax:** (045) 574 2196
email: foztur@pr.gov.br
página web: www.foztur.pr.gov.br o
www.iguassufalls.com.br
Abierta: lunes-viernes, 9.00-17.00 horas. Tiene un
mostrador en el aeropuerto (véase Cómo llegar, más
arriba), abierto diariamente, 9.00-23.00 horas.

ALOJAMIENTO
Hotel Pousada Evelina Navarrete $
Rua Irlan Kalicheski
171 Vila Yolanda
Foz do Iguaçu
☎/**Fax:** (045) 574 3817
El establecimiento ideal para presupuestos
ajustados, dirigido por una mujer polaca. Hay aire
acondicionado, un salón con televisión por cable
y una hamaca, zona de lavandería e instalaciones de
cocina. En el precio se incluye un buen desayuno y
los Navarretes le proporcionarán toda la información
que necesite a ambos lados de las cataratas.

Internacional Youth Hostel $
Romasa Grande Km 12
Foz do Iguaçu
☎ (045) 574 5503 **Fax:** (045) 572 2430.

Este moderno albergue dispone de dormitorios y de habitaciones privadas. Las instalaciones incluyen una piscina. Situado entre el aeropuerto y la ciudad de Foz do Iguaçu (si toma el autobús, bájese ante el hotel San Juan y camine hacia el cartel del albergue de juventud). Los precios incluyen el desayuno, y el director habla idiomas.

Sheraton Internacional Iguazú $$$
Parque Nacional Iguazú
3370 Iguazú
Argentina
☎/**Fax:** (0757) 21600 ó (0757) 21605
Fax: (0757) 20311
Es el único hotel dentro del Parque Nacional por el lado argentino de las cataratas y recientemente ha quedado a cargo del grupo Sheraton. El edificio blanco, con forma de cuña, no respeta el frondoso parque que lo rodea, pero el interior es de estilo contemporáneo y las habitaciones, muchas de las cuales tienen excelentes vistas sobre las cataratas, son estudios de elegancia minimalista de la década de 1970. El restaurante sirve una comida sabrosa y bien presentada. La piscina es demasiado pequeña para nadar, pero resulta adecuada para refrescarse. Hay bicicletas de alquiler.

Tropical das Cataratas $$$
Parque Nacional do Iguaçu
☎ (045) 523 2266
Fax: (045) 574 1688
email: resctr@tropicalhotel.com.br
Este hotel tiene una fachada colonial rosada y un interior elegante con vistas sobre las cascadas, una relajante zona de piscina, jardines y una agencia de viajes donde se pueden organizar recorridos por Argentina y a otras interesantes zonas de la región. Se ofrecen descuentos de hasta el 40 por ciento sobre el precio de las habitaciones (que incluye un desayuno buffet) si tiene usted un billete aéreo de una línea aérea brasileña, y de hasta el 30 por ciento si no lo tiene.

COMIDA Y BEBIDA
Por el lado argentino, el Sheraton (véase Alojamiento, pág. anterior) tiene una cafetería y un restaurante a la carta, Fortin Cataratas (cerca del antiguo centro de visitantes), que ofrece servicio de *tenedor libre*; el centro de visitantes ofrece una amplia variedad de aperitivos.

Cantina Santino Pezzi
Rua Almirante Barroso 1717
Foz do Iguaçu
Conocido por un buen plato hecho de pescado surubí, de agua dulce, y por su comida italiana.

Churrascaria Tropicana
Avda. Juscelino Kubitschek
Foz do Iguaçu
Un local recomendable, barato, con buffet de carnes a la barbacoa, y todavía opciones más baratas de

pizza y ensalada. Abierto diariamente, de 6.00-22.00 horas.

Tropical das Cataratas
Véase Alojamiento, más arriba.
El buffet del Tropical incluye una amplia gama de carnes a la barbacoa, ensaladas y dulces, por lo que vale la pena pagar un poco más. Cerca hay un café más barato (a medio camino de la Garganta del Diablo) que sirve sandwiches y comidas sencillas; también se contemplan buenas vistas de las cascadas argentinas.

RANCHO EN LA GRAN SABANA DE BRASIL PÁGS. 154–165

OPERADORES
BR Online Travel
1110 Brickell Avda., Suite 404
Miami
FL 33131
Estados Unidos
☎ (305) 379-0005 o llamada gratuita (888) 527-2745
Fax: (305) 379-9397
email: brol@brol.com
página web: www.brol.com
Este operador con sede en Estados Unidos se especializa en viajes a Brasil.

Impacto Tourism
Rua Padre João Crippa 686
Campo Grande
☎/**Fax:** (067) 725 1333
email: impactoviaje@alanet.com.br
Es el agente de muchos de los refugios de mayor calidad del Pantanal (véase Alojamiento, pág. siguiente). Adenesio Jr. habla idiomas y es muy amable. Abierto: lunes-viernes, 8.00-18.00 horas, y sábados 8.00-12.00 horas.

Perola do Pantanal
Rua Manoel Cavassa 255
Corumbá
☎ (067) 231 1460
Fax: (067) 231 6585
email: perola@pantanalnet.com.br
página web: www.misinternet.com.br/perola
Es el agente de varios cruceros fluviales de calidad por el Pantanal que zarpan de Corumbá, incluyendo los del *Kalypso*, un pequeño hotel flotante con aire acondicionado, habitaciones con literas, restaurante y piscina.

CÓMO LLEGAR
Aeropuerto Internacional Antonio Joao
Campo Grande
☎ (067) 763 2444

Situado a 7 km al oeste de la ciudad.
Los servicios incluyen información sobre viajes
(véase Información, más abajo), alquiler de coches,
tiendas y una cafetería.

INFORMACIÓN
Oficina de Información Turística

Morada dos Bais, esquina de Avda. Noroeste y Avda.
Afonso Pena
Campo Grande
☎/Fax: (067) 724 5830
email: pensao@ms.sebrae.com.br
Es la oficina principal y tiene un personal muy
atento que habla idiomas y puede proporcionarle
mucha información sobre refugios y hoteles
en el Pantanal y sobre ecuturismo en Bonito.
Abierto martes-sábado, 9.00-20.00 horas y domingo,
9.00-12.00 horas; cerrado el lunes. Tiene un
mostrador en el aeropuerto (abierto diariamente
de 10.00-18.00 horas) y también dispone de
mapas de la ciudad y hace reservas de hotel.

ALOJAMIENTO
Baia Bonita $$$

Nhecolandia
☎/Fax: (067) 231 9600
email: apollo@pantanalnet.com.br
página web: www.members.xoom.com/
baiabonita
Es un refugio aislado, a 200 km al este de Corumbá,
que ofrece paquetes de tres y cuatro días, incluidas
todas las comidas. Los transportes a los refugios se
hacen en jeep o monoplano. Dispone de recorridos
guiados en jeep o a caballo por los alrededores del
Pantanal.

Fazenda Rio Negro $$$

Dirección postal:
Rua Antonio Correa 1161
Barrio Monte Libano
Campo Grande
☎/Fax: (067) 724 9345 o en Campo Grande
☎ (067) 725 7853
Uno de los ranchos más antiguos del Pantanal, con
alojamiento en una tradicional hacienda que se
construyó al lado del río Negro en 1920. Hay
excursiones diarias a pie, a caballo, en barca
y en jeep, además de vuelos desde el aeropuerto
de Campo Grande, o transportes en barco desde
Aquidauana. Los precios incluyen las comidas
y todas las actividades.

Hotel Internacional $$

Rua Allan Kardek 223
Campo Grande
☎ (067) 784 4677
Fax: (067) 721 2729
Las habitaciones más baratas son una verdadera
ganga en este buen hotel, situado cerca de la
estación principal de autobuses (el desayuno
buffet está incluido en el precio). Hay una pequeña
piscina al aire libre.

Hotel Recanto Barra Mansa $$$

Agente: Impacto Tourism (véase Operadores,
pág. anterior)
☎ (067) 725 6807
Fax: (067) 383 5088
email: bmansa@gold.alanet.com.br
página web: www.hotelbarramansa.com.br
A este íntimo refugio de lujo, situado en medio del
Pantanal, se accede por avión desde Campo Grande
o desde Aquidauana. El refugio se halla rodeado de
agua y es, por tanto, un lugar ideal para excursiones
de pesca por el río Negro. Las habitaciones tienen
ventiladores en el techo y mosquiteras. Hay un
restaurante y teléfono.

Refugio Ecológico Caiman $$$

Rio Aquidauana
Contacto para reservas en São Paulo:
☎ (011) 246 5016
Fax: (011) 521 9082
Contacto para reservas en Estados Unidos:
B. R. Online Travel
☎ (305) 379-0005
Fax: (305) 379-9397
email: brol@brol.com
página web: www.brol.com
También se puede reservar a través de operadores
en Campo Grande y Corumbá. El Refugio Ecológico
Caiman, a 36 km al norte de Miranda, es una
auténtica experiencia de ecoturismo. Un equipo de
entusiastas naturalistas dirigen excursiones,
safaris en jeep, excursiones a caballo y en barca
por el Pantanal en programas de cuatro días. Hay
cuatro refugios, todos con piscinas y la comida es
excelente. También tiene la oportunidad de
observar un rancho en funcionamiento y de
acompañar a los vaqueros durante la temporada
en que se reúnen las manadas.

Réfugio da Ilha $$

Rua Uberlandia 111
79004-500 Campo Grande
☎ (067) 988 2085 o en Campo Grande
☎/Fax (067) 784 3270
Es un refugio pequeño y acogedor, en un lugar
pintoresco junto al río Salobra, a una media hora
de Miranda. Las habitaciones son cómodas y la
cocina excelente. Los viajes de un día incluyen
traslados en lancha motora por los meandros del
río hasta lagunas llenas de peces. También es
posible emprender excursiones en bicicleta de
montaña, senderismo, pesca y practicar la
natación. El propietario habla varios idiomas.

COMIDA Y BEBIDA
Feira Central

Rua Abrao Julio Rahe (frente a Avda. Mato Grosso)
Campo Grande
Este pintoresco mercado que se celebra dos veces a
la semana (miércoles y sábado) también merece ser
visitado por la noche para observar el animado
ambiente de sus puestos de venta, donde se sirven

tallarines al estilo japonés, carne a la barbacoa y cerveza.

Parks

Rua Itacuru 140
Campo Grande
☎ (067) 382 6829
Un refrescante bar- restaurante al aire libre, con animado ambiente y música de bossa nova en directo la mayoría de las noches. Pídale al taxista que le lleve a Parque Itanhanga.

Viva a Vida

Rua Dom Aquino 1354
1.ᵉʳ piso
Campo Grande
El más céntrico de los dos locales que tiene este excelente restaurante- tienda vegetariana. La comida se paga por kilo, incluidas las bebidas. Abierto: domingo-viernes, 10.30 a 14.00 horas.

LA CORDILLERA
PÁGS. 168–175

OPERADORES
America Tours
Avda. 16 de Julio 1490
Edificio Avenida
Planta baja, Oficina 9
La Paz
☎ (02) 374204 **Fax:** (02) 328584
email: americaviaje@usa.net
Senderismo y montañismo, aventuras en bicicleta de montaña (vía Gravity Assisted Mountain Biking, véase pág. 277) y viajes en vehículo todoterreno por el remoto Parque Nacional Sajama (a un día de conducción al oeste de Oruro) y por los lagos de sal de Uyuni. Es también el agente para Chalalan, una admirable aventura de ecoturismo mantenida por la Conservation Internacional, en el Parque Nacional Madidi, cerca de Rurrenabaque. Hay guías que hablan español, alemán, francés e inglés.

Club Andino Boliviano
Calle México 1638
La Paz
☎/**Fax:** (02) 324682
La principal función del club nacional de montañismo (inaugurado en 1939) es dirigir las instalaciones de esquí de Chacaltaya. Obtener aquí información sobre escaladas. La oficina dispone de un tablón de anuncios donde los escaladores anuncian el material usado que ponen a la venta.

Club Sorata
Copacabana Hotel, Sorata (véase Alojamiento, pág. anterior)
Es el mejor lugar de Sorata para obtener información sobre senderismo y montañismo en la Cordillera Real. Los viajes totalmente organizados,

de tres y cuatro días, incluyen todo el equipo, guías y mulas. Su Sendero Cln. Fawcet amplía el desafiante Sendero Mapairi hasta la ciudad de Rurrenabaque, en la jungla. También se puede alquilar equipo para emprender viajes independientes.

Colibri
Calle Sagárnaga 309
P. O. Box 7456
La Paz
☎ (02) 371936 **Fax:** (02) 355043
email: acrolibri@ceibo.entelnet.bo
Una agencia servicial y de buena fama que alquila equipo para excursiones y ascensiones independientes. También encuentra a guías para todas las grandes excursiones a pie por la Cordillera Real y hasta Yunbgas, incluyendo los Senderos Takesi y Choro y los alrededores del Titicaca y la Isla del Sol. Escaladas con guía a las montañas principales, incluyendo Huayan Potosí, Illimani e Illampu. Las excursiones a pie y las aventuras de rafting de la empresa por la Amazonia utilizan el proyecto Chalalan como base (véase America Tours, véase al lado).

Condoriri
Oficina 8
Galería Sagárnaga
Calle Sagárnaga 339
La Paz
☎/**Fax:** (02) 319369
El mejor lugar para comprar o alquilar equipo de escalada o de senderismo. También cuenta con un servicio de reparaciones.

Fremen
Pedro Salazar 537 (cerca de Plaza Avaroa)
La Paz
☎ (02) 416336 **Fax:** (02) 417327
email: vtfremen@caoba.entelnet.bo
página web: www.andes-amazonia.com
Una respetable agencia especializada en viajes por el altiplano y los alrededores del lago Titicaca hacia Perú y la región amazónica de Bolivia, en los alrededores de Trinidad, donde funciona el *Flotel Reina de Enin*, un crucero de lujo. También puede organizar viajes al refugio de la jungla El Puente, cerca del Parque Nacional Carrasco, uno de los mejores lugares de Bolivia para la observación de aves. Se organizan viajes a otras partes del país, incluyendo el Salar de Uyuni. El canadiense Michel Livet, en la oficina de La Paz, habla idiomas

Ozono
Calle Pedro Salazar 2485
La Paz
☎ (02) 322101
Fax: (02) 433202
email: bolivia@ozono.bo o yossibrain@hotmail.com
Una de las mejores agencias para montañismo y senderismo. Yossi Brain, el joven autor británico de *Trekking en Bolivia* y de *Bolivia: A Climbing Guide*

(ambos publicados por Cordee), es el guía de la empresa. También puede organizar opciones de turismo de aventura como viajes en vehículo todo terreno y expediciones de esquí.

Asociación de Guías de Sorata
c/o Residencial Sorata, Sorata (véase Alojamiento, más abajo)

Aquí se encuentran guías y porteadores para toda una serie de excursiones de un día y para expediciones más largas, incluyendo el recorrido de tres días hasta Laguna Glacial y el del Sendero Mapairi, de siete días. Pocos guías hablan idiomas, pero si necesita ayuda pregunte por Eduardo o hable con Luis, en la Residencial Sorata. Dispone de todo el equipo de camping en alquiler, pero tendrá que ocuparse usted mismo de la comida para usted y su guía.

CÓMO LLEGAR
Aeropuerto John F. Kennedy
El Alto
La Paz
☎ (02) 810122

Habitualmente conocido como Aeropuerto El Alto y situado a 10 km del centro de la ciudad. Los servicios incluyen una pequeña agencia de viajes (no siempre atendida), bancos, un café y tiendas duty-free.

INFORMACIÓN
Senatur
Calle Mercado No. 1328
Edificio Mariscal Ballivan
piso 18
La Paz
☎ (02) 367441
Fax: (02) 374630

La principal oficina de información turística del país, situada al pie del Prado, abre de lunes a viernes, 8.30-18.00 horas, y sábado, 8.30-13.00 horas. Dispone de folletos y mapas y debería poder obtener información en varios idiomas. También hay una pequeña sucursal en el aeropuerto (véase Cómo llegar, más arriba).

ALOJAMIENTO
Para detalles del alojamiento en el lago Titicaca, al otro lado de la frontera, en Perú, véase pág. 268.

Copacabana $
Avda. 9 de Abril
Sorata
☎/**Fax:** (0811) 8115042
email: agsorata@bo.net

Hotel moderno, luminoso y alegremente decorado, dirigido por un expatriado alemán. Dispone de jardines agradables y en el televisor del restaurante se pasan constantemente películas. Se dispone de información sobre senderismo y escalada en la agencia del Club Sorata, con sede en el hotel (véase Operadores, pág. anterior).

El Rey Palace Hotel $$
Avda. 20 de Octubre 1947
La Paz
☎ (02) 393016 ó (02) 393018
Fax: (02) 367759
email: hotelrey@wara.bolnet.bo

Boutique del hotel, con buena relación calidad-precio, que la hace muy recomendable. Las habitaciones tienen televisión por cable, se ofrecen periódicos diarios y hay un centro de negocios. Puede prepararse su propia comida en su cocina o ser ayudado allí por el chef. Los precios incluyen el desayuno.

Ex-Prefectural Sorata $$$
Avda. Samuel Tejerina
Sorata
☎/**Fax:** (0811) 5201
email: meetingpoint@mpoint.com.bo
página web: www.mpoint.com.bo

Antiguo hotel gubernamental, grande e impresionantemente renovado, con adornos de madera y ventanas de cristal pintado. Tiene jardines, una piscina y buenas vistas del valle, aunque le falta gente y ambiente.

Hostal República $
Calle Comercio 1455
La Paz
☎ (02) 357966

Un hotel recomendado de la época colonial. Tiene dos patios encantadores, con terrazas cubiertas de enredaderas, donde puede tomar el desayuno servido desde el café adjunto. Servicio de lavandería y cuidado del equipaje.

Hotel Panchito $
Esquina de Calle Fernando Guachalla, frente a Plaza Enrique Peñaranda
Sorata
☎ (0811) 8700

Este hotel sencillo y pequeño, pero limpio, domina la plaza central. Dispone de un cómodo salón con televisor. Tenga en cuenta que las puertas se cierran a las 23.00 horas.

Residencial Rosario $$
Illampu 704
La Paz
☎ (02) 369542 ó (02) 316156
Fax: (02) 375532

Un muy popular hotel de estilo colonial, que ocupa una buena situación, cerca del mercado de las Brujas y la calle comercial de Sagárnaga. Los servicios incluyen un buen restaurante y una agencia de viajes.

Residencial Sorata $$
Calle Sucre y Villa Vicencio
Sorata
☎ (0811) 5044 **Fax:** (0811) 5218
email: resorata@ceibo.entelnet.bo

El edificio principal, una decadente mansión colonial, en la esquina de Plaza Enrique Peñaranda, tiene mucho ambiente, con desordenados jardines en un patio. Algunas habitaciones son húmedas y el servicio es a menudo deficiente, aunque la comida que se sirve en el restaurante es buena y se pasan películas. El director canadiense habla español, francés e inglés y ayuda a organizar excursiones a pie, en colaboración con la Asociación de Guías de Sorata (véase Operadores, más arriba).

COMIDA Y BEBIDA
Altai
Plaza Enrique Penaranda 221
Sorata
El mejor restaurante de la ciudad, dirigido por una pareja inglesa. El almuerzo y la cena del menú ofrecen una buena relación calidad-precio y siempre incluyen una opción vegetariana. Tiene también una aceptable carta de vinos. Los horarios de apertura son un tanto flexibles, pero en general abren cada día, excepto el lunes.

Andrómeda
Avda. Arce 2116
La Paz
Pequeño restaurante vegetariano, que es mejor visitar por su excelente almuerzo. Cierra el domingo.

Cafetería Colonial Ángelo
Linares 922
La Paz
Divertido café internet, con un diseño interior de sobras y antigüedades. Situado alrededor de un pequeño patio, junto a la calle comercial de Sagárnaga. Gran diversidad de bebidas, bocadillos y comidas ligeras.

Mongo's Rock Bottom Café
Hermanos Machengo 2444
La Paz
☎ (02) 353914
El local principal al que acude la comunidad de ex patriados de La Paz y también las gentes locales más elegantes. Tiene un animado bar/restaurante que sirve comida al estilo estadounidense y pasa programas deportivos en televisores de pantalla grande. Abierto hasta tarde.

Restaurante Pizzeria Italiana
Calle Villamil de Rada
Sorata
Desde esta auténtica pizzeria y restaurante de pasta se observan magníficas vistas sobre el valle del río San Cristobal, aunque para llegar hasta él hay que emprender toda una excursión montaña arriba. Servicio lento.

La Araña
Sorata
Junto al Hotel El Mirador, al sur de la plaza Enrique Peñaranda. Es un café-bar dirigido por un

ex patriado, abierto sólo durante la temporada de escaladas.

Vienna
Federico Zuazo 1905
La Paz
☎ (02) 391660
Excelente cocina europea, con énfasis puesto en la carne y el pescado. Frecuentemente citado por los lugareños como el mejor restaurante de la ciudad, a pesar de lo cual aplica unos precios muy razonables, especialmente para el almuerzo.

ALTIBAJOS BOLIVIANOS PÁGS. 176–185

OPERADORES
Para operadores generales con base en La Paz, véase pág. 275.

Explore Bolivia
Galería Sagárnaga
1.ᵉʳ piso, Oficina 3
La Paz
☎/Fax: (02) 391810
email: explobol@ceibo.entelnet.bo
Dirigido por el entusiasta Luis Fernando Jordán, que habla idiomas, esta agencia de viajes de aventuras de todo tipo se especializa en aventuras de rafting y kayak por los Yungas y a lo largo del Tuichi, el principal río de aguas bravas de Bolivia. Organiza algunas excursiones únicas, a pie y en bicicleta de montaña, así como las rutas habituales a lo largo de los antiguos senderos incas. (Los lectores deben tener en cuenta que la agencia con sede en Estados Unidos, llamada también Explore Bolivia, que se puede visitar en internet en www.explorebolivia.com, fue en otro tiempo socia de esta empresa, aunque ahora ambas actúan por separado.)

Gravity Assisted Mountain Biking
c/o America Tours (véase pág. 275) o contactar con Alistaair:
☎ (02) 415530
email: Alistaairm@hotmail.com
Esta empresa de bicicleta de montaña organiza viajes por la carretera más peligrosa de Bolivia, desde La Cumbre a Coroico, que desciende 3.500 m. Se incluyen las transferencias a La Cumbre y pleno apoyo para el viaje de siete horas, con la opción de quedarse al final en Coroico. Generalmente, los viajes se emprenden dos veces a la semana (miércoles y domingo). Otras opciones incluyen el valle del Zongo y Chacaltaya a La Paz, pero antes se tiene que aclimatar.

CÓMO LLEGAR
Aeropuerto John F. Kennedy
Véase pág. anterior.

INFORMACIÓN
Senatur
Véase pág. anterior.

ALOJAMIENTO
Para alojamiento en La Paz, véase pág. anterior.
Para otras ciudades véase a continuación:

La Casa Colonial $
Calle Pando
Coroico
Cerca de la plaza central de la ciudad se encuentra este hotel barato y limpio, situado alrededor de un bonito patio enjalbegado. Dispone de habitaciones amuebladas con sencillez y cuarto de baño común.

El Cafetal $
Coroico
Situado a 1 km al este de Plaza 27 de Mayo, junto al hospital. Se observan buenas vistas desde esta pequeña casa de huéspedes, dirigida por una pareja francesa. También tiene fama por su buena cocina francesa.

El Viejo Molino $$$
Coroico
☎/Fax: (0811) 6004, o reservar a través de Valmar Tour en La Paz:
☎ (02) 361076
Fax: (02) 352279
Es un hotel elegante, a 1 km del centro de Coroico, en la carretera a Caranavi. Habitaciones cómodas, con cuarto de baño y televisor. Los servicios incluyen una piscina, sauna, jacuzzi y gimnasio.

Hostal Sol y Luna $–$$
Coroico
☎ móvil (015) 61626
Reservar a través de Chuquiago Turismo:
Avda. Mariscal Santa Cruz 1364
La Paz
☎ (02) 362099
Fax: (02) 359227
Es un delicioso complejo en la montaña dirigido por un genial expatriado alemán, con dormitorios, un restaurante, tres cabañas en régimen de autoservicio y un lugar para acampar. Deliciosos jardines. También dispone de información sobre excursiones (incluyendo el pasar la noche en pueblos cercanos), masajes shiatzu y talleres de masaje y meditación.

Hotel Esmeralda $$
Coroico
Dirección postal:
P. O. Box-Casilla 9225
La Paz
☎ (0811) 6017
email: esmeralda@latinwide.com
Este establecimiento merecidamente popular entre los viajeros domina Coroico desde las montañas que se elevan sobre la ciudad; reserve con antelación para estar seguro de encontrar una habitación con vistas. Las habitaciones son grandes y tienen potentes duchas de agua caliente; hay una piscina de buen tamaño situada en un agradable jardín, el restaurante es bueno y puede elegir entre numerosa películas de vídeo. El propietario habla español, alemán e inglés y puede organizar el recogerle en el centro de la ciudad.

COMIDA Y BEBIDA
Para comer en La Paz, véase pág. anterior.

Back-Stube
Calle Kennedy (al oeste de Plaza 27 de Mayo)
Coroico
Agradable café, junto al Hotel Kory, dirigido por una parena germano-chilena. Hay un delicioso pan hecho en casa para el desayuno y un buen conjunto de comidas con buena relación calidad-precio a base de dos platos vegetarianos, además de pan y café durante todo el día.

La Casa
La Casa Hotel
Coroico
☎ (0811) 6024
Otro establecimiento de dirección alemana, donde la especialidad son sus sabrosas fondues para un mínimo de dos personas. Servidos con cuatro ensaladas y numerosos platos para picar.

MÁS ALLÁ DEL VALLE DE LA LUNA PÁGS. 186–195

OPERADORES
Para operadores en La Paz, Bolivia, que ofrecen viajes a Uyuni, véanse págs. 275–276.

Corvatsch Expediciones Florida
Calle Tocopilla
San Pedro de Atacama
☎ (055) 851087
Los viajes estándar de un día al géiser del Tatio, valle de la Luna, salar de Atacama y las lagunas del altiplano se complementan con un interesante recorrido a caballo, pasando la noche en el valle de Catarpe para ver los restos de una fortaleza inca. La propietaria, Brigitte, habla español, alemán, francés e inglés; los guías no hablan idiomas.

Cosmo Andino
Calle Caracoles
San Pedro de Atacama
☎ (055) 851069 Fax: (055) 319834
Es una agencia fiable dirigida por un experto ex patriado holandés. Aparte de organizar viajes regulares, también ofrece viajes de un día completo

a una zona de arte rupestre en el desierto, además de excursiones de tres días o más de duración por el altiplano o al volcán Lascar. Álvaro, el guía de la empresa, que habla idiomas, es muy experto y dirige la mayoría de viajes.

Desert Adventure
Calle Caracoles
San Pedro de Atacama
☎/**Fax:** (055) 851067
email: desertadventure@hotmail.com
Es otra agencia fiable, establecida desde hace tiempo. El viaje a Tatio llega antes que la mayoría de los organizados por la competencia, gracias a que dispone de mejores vehículos. También se ofrecen expediciones arqueológicas y excursiones de ascenso a los cercanos volcanes Lascar y Sairecabur.

Pangea Expediciones
Calle Tocopilla
San Pedro de Atacama
☎/**Fax:** (055) 851111
Tienda de alquiler de bicicletas de montaña profesionales. Dispone de una amplia variedad de estructuras de bicicletas, todas las cuales se entregan con paneles y luces. Se proporcionan mapas claros para recorrer por su propia cuenta los atractivos alrededores, incluyendo el valle de la Luna y la ciudad oasis de Toconao.

Turismo Colque
Esquina de Calle Caracoles y Calle Calama
San Pedro de Atacama
☎ (055) 851109
También tiene una sucursal en Uyuni, Bolivia:
Avda. Potosí 56 ☎ (0693) 2199
Esta agencia de viajes es la única fiable para el recorrido transfronterizo de tres días en vehículo todoterreno entre San Pedro de Atacama y Uyuni, puesto que tiene oficinas en ambas ciudades.

Cómo llegar
Aeropuerto El Loa
Calama
☎ (055) 312348
Situado a 2 km al sur de la ciudad. No dispone de servicios.

Información
Sernatur
Avda. Providencia 1550, entre las estaciones Manuel Montt y Pedro de Valdivia
Santiago
☎ (02) 236 1420
La principal oficina de información turística, con mapas e información general sobre Santiago y el resto del país (abierto: lunes-viernes, 9.00-18.00 horas, sábado, 9.30-13.30 horas). La sucursal del aeropuerto (☎ [02] 601 9320) tiene un mostrador atendido por personal que habla idiomas (abierta diariamente, de 9.00-21.00 horas).

Alojamiento
Café Sonchek $
Calle Calama
San Pedro de Atacama
No hay teléfono en este sencillo albergue pero delicioso, que cuenta con cocina y servicio de lavandería, así como un excelente café (véase Comida y bebida, pág. siguiente). El agradable propietario habla varios idiomas.

Casa Corvatsch $
Calle Antofagasta
San Pedro de Atacama
☎ (055) 851101
página web: www.casa-corvatsch.cl
Es un hotel popular y barato, dirigido por una pareja chileno-suiza, que también ofrece expediciones al desierto vía Corvatsch Expediciones Florida (véase Operadores, pág. anterior). Las habitaciones más baratas no tienen aire acondicionado y comparten un cuarto de baño común, pero están limpias y sencillamente amuebladas. No se ofrecen comidas.

Explora en Atacama $$$
San Pedro de Atacama
Dirección postal:
Avda. Américo Vespucia Sur 80, piso 5
Santiago
☎ (02) 206 6060 o (02) 208 0664
Fax: (02) 228 4555
email: explora@entelchile.net
página web: www.interknowledge.com/chile/explora
Es un refugio hermano del Aventuras en Patagonia (véase pág. 287). Este moderno complejo bajo y pintado de blanco se encuentra en las afueras de San Pedro de Atacama. Todo está incluido en el precio, desde traslados a todas las comidas, bebidas y actividades. Las habitaciones, cómodas y con aire acondicionado, tienen excelentes cuartos de baño con jacuzzi. Hay disponibles 25 paquetes diferentes de cuatro días, incluyendo excursiones a pie, a caballo, y en vehículos todoterreno.

Hotel de Sal y Hotel Playa Blanca $$
Salar de Uyuni
Bolivia
Reservas a través de las principales agencias de La Paz o do Hidalgo Tours:
Junín y Bolívar 19
Potosí
Bolivia
☎ (062) 28293
Fax: (062) 22985
Estos dos hoteles, pequeños y nuevos, situados uno frente al otro en el Salar de Uyuni, a unos 34 km de la ciudad de Uyuni, están hechos completamentea excepción de los tejados de sal, incluyendo los muebles y las estatuas.

Hotel Terrantai $$
P. O. Box 10

Calle Tocopilla 19
San Pedro de Atacama
☎ (055) 851140
Fax: (055) 851037
email: atacamadesert@adex.cl
página web: www.atacamadesert.cl
Es un hotel de calidad discreta, con artesanía local
utilizada en la decoración. Los precios incluyen un
desayuno tipo buffet. También dirige Atacama
Desert Expeditions, que ofrece viajes individuales
con guía por la zona.

COMIDA Y BEBIDA
Prácticamente, todos los restaurantes y bares de
San Pedro están situados en la calle principal, la
Calle Caracoles, que se recorre a pie en unos diez
minutos, de extremo a extremo.

Adobe Café
Calle Caracoles
San Pedro de Atacama
Son muy recomendables los zumos de frutas para el
desayuno, junto con el pisco y la excelente selección
de platos para la cena. Es algo caro, pero tiene una
hoguera al aire libre y unos extraños petroglifos.
Permanece abierto hasta bastante tarde.

Café Sonchek
Calle Calama
San Pedro de Atacama
Opciones vegetarianas, con una buena relación
calidad-precio en este agradable café, a un minuto a
pie hacia el norte de la Calle Caracoles y en el
albergue del mismo nombre (véase Alojamiento,
más arriba). Tiene un patio cubierto .

La Estanka
Calle Caracoles
San Pedro de Atacama
Es un bar y restaurante popular, lleno de ambiente,
con música en directo la mayoría de las noches. El
menú es un tanto caro, pero las raciones son
enormes y siempre hay una opción vegetariana.
Abierto hasta tarde.

A LA SOMBRA DEL VOLCÁN PÁGS. 196–203

OPERADORES
Cascada Expediciones
Orrego Luco 054, piso 2
Providencia
Santiago
☎ (02) 234 2274 ó (02) 232 7214
Fax: (02) 233 9768
email: cascada@ibm.net
página web: www.cascada-expediciones.com
Una empresa destacada que organiza viajes por

Chile, poniendo el énfasis en la aventura, el
descubrimiento de la naturaleza y la cultural local.
Se especializa en kayaks, rafting, montar a caballo,
montañismo y senderismo, con visitas a lugares que
van desde el desierto de Atacama en el norte
(cruzando incluso a Bolivia por el altiplano) hasta
la Patagonia en el sur y la isla de Pascua. Se ofrece
toda una gama de viajes de un día desde Santiago
hasta la reserva natural privada de Cascada de las
Ánimas, en el Cajón del Maipó (que incluye
excursiones a pie, rafting, kayak y montar a
caballo). Desde diciembre a abril, la empresa
también dispone de una oficina en Pucón para
excursiones a Villarrica, bicicleta de montaña,
senderismo por la reserva forestal de Cani, rafting
por el río Trancura y un curso de kayak de dos días
de duración.

Centro de Turismo Ecuestre Huepil
Casilla 16
Pucón
☎ (09) 453 4212
Rodolfo Coombs, un jinete profesional argentino de
saltos y su compañera, Carolina Pumpin, dirigen
este centro ecuestre en el hermoso valle del
Liucura, a unos 30 km de Pucón. Se organizan
excursiones de medio día y de un día a través de la
Hostería ¡Ecole! (véase Alojamiento, más abajo).
En el verano también ofrecen una excursión a
caballo de tres días a través de las montañas, hacia
Argentina y regreso.

Fundación Lahuen
General Urrutia 477
Pucón
☎/**Fax:** (045) 441660
email: lahuen@interaccess.cl
Contacto en Estados Unidos:
Ancient Forest Internacional
P. O. Box 1850
Redway
CA 95560
Estados Unidos
☎ 707/923-3015
email: afi@igc.org
Es una organización no gubernamental creada para
gestionar el Santuario Forestal de Cani. Ponerse en
contacto con ellos para más información o si desea
ayudar.

Politur
O'Higgins 635
Pucón
☎/**Fax:** (045) 441373
email: agencia@politur.com
Una de las agencias más acreditadas de Pucón, que
ofrece la habitual gama de viajes de aventuras,
incluyendo la ascensión del Villarrica, rafting en el
Trancura y senderismo por el Parque Nacional
Huerquehue, además de bicicleta de montaña, pesca
y montar a caballo.

Sol y Nieve
O'Higgins/Esquina Lincoyán
Pucón
☎/Fax: (045) 441070
email: solnieve@entelchile.net
Es la agencia de viajes de aventuras más antigua y
acreditada de Pucón, dirigida por el colombiano-
estadounidense Willie Hatcher. Guías profesionales
escalan el Villarrica, dirigen viajes de rafting por el
río Trancura y por el desafiante río Futaleufú en
Patagonia. También se ofrecen excursiones de
pesca por el río Liucura, montar a caballo en el
Rancho de Caballos dirigido por un alemán
y emprender excursiones por el Parque
Nacional Huerquehue.

CÓMO LLEGAR
Aeropuerto Internacional Arturo Merino Benítez
Pudahuel
Santiago
☎ (02) 601 9001
Situado a 26 km al oeste de la capital. Hay
terminales separadas para vuelos internacionales y
nacionales y los servicios incluyen información
turística (véase Información, más abajo), cambio
de divisas, restaurantes, tiendas y alquiler de
coches.

Aeropuerto Maquehue
Temuco
Situado a 2 km al sur de la ciudad. No tiene servicios.

INFORMACIÓN
Sernatur
Véase pág. 279.

ALOJAMIENTO
Gran Hotel Pucón $$$
Clemente Holzapfel 190
Pucón
☎/Fax: (045) 441001
email: ghp_ski@entelchile.net
A algunas de las habitaciones de este tosco hotel,
situado a orillas del lago Villarrica, les faltan
acabado, pero el personal es servicial
y las vistas agradables.

Hostería ¡Ecole! $
General Urrutia 592
Pucón
☎/Fax: (045) 441675
email: trek@ecole.mic.cl
Dirigido por estadounidenses y gentes locales
hospitalarias y medioambientalmente respetuosas,
el ¡Ecole! es uno de los hoteles más deliciosos de
Chile. El peculiar edificio de madera también
alberga un excelente restaurante vegetariano.
Es el mejor lugar donde organizar excursiones y
acampadas al tranquilo Santuario Forestal de Cani,
cerca de Pucón o a El Arco Alercal, un antiguo
bosque cerca de Puerto Montt, al sur.

Hotel Antumalal $$$
Pucón
☎ (045) 441012
Fax: (045) 441013
email: antumalal@entelchile.net
Situado en las afueras de Pucón, dominando el
lago Villarrica. Es un íntimo hotel de lujo que
rinde homenaje a la década de 1950 a través de
una arquitectura estilo Frank Lloyd Wright,
extraordinarios interiores y espléndidos jardines.
Las habitaciones son minicabañas de troncos, con
chimeneas y vistas al lago.

Hotel Orly $$$
Pedro de Valdivia 027
Providencia
Santiago
☎ (02) 231 8947
Fax: (02) 252 0051
Hotel pequeño y elegante, en la zona más de moda
de la ciudad de Providencia. Todas las habitaciones
tienen aire acondicionado y cuarto de baño
incluido, televisión por cable y mini-bar.
Los precios incluyen un desayuno estilo buffet.

Hotel París $
Calle París 809-813
Santiago
☎ (02) 639 4037
Es un hotel barato popular entre viajeros
independientes y agencias de viajes. Las pequeñas
habitaciones están limpias, y hay cuarto
de baño incluido.

Hotel y Spa Araucarias $$
Caupolican 243
Casilla 103
Pucón
☎/Fax: (045) 441286 ó (045) 441963
email: araucari@cepri.cl
Es un buen hotel estándar, cerca del lago Villarrica
y el centro de Pucón. Las habitaciones tienen
televisor y otros servicios y hay unos baños
y una sauna. Los precios incluyen también
el desayuno.

Sheraton Santiago $$$
Avda. Santa María 1742
Santiago
☎ (02) 233 5000
Fax: (02) 234 1729 ó (02)234 1732
email: guest@stgo.sheraton.cl
Un impresionante hotel de lujo con buenas vistas
de la ciudad y las montañas de los alrededores,
en un lugar tranquilo pero céntrico.

Termas de Panqui $$
Dirección postal:
O'Higgins 615
Pucón
☎ (45) 442039
Fax: (045) 442040

Es un remoto balneario de aguas termales, a 58 km al noreste de Pucón, con el estilo de una reserva de los indios de América del Norte, incluidas las tiendas estilo sioux. También hay un pequeño hotel. Ofrece igualmente una variedad de terapias y cursos New Age. Se puede organizar el transporte desde Pucón.

La Tetera $

General Urrutia 580
Pucón
☎/Fax: (045) 441462
Dirigido por una pareja suizo-chilena, esta excelente casa de huéspedes ofrece una excelente relación calidad-precio y cuenta con un popular café en el que se sirve una gran variedad de infusiones de hierbas. Hay un servicio de intercambio de libros y los propietarios pueden organizar excursiones a caballo y reservas para pasajes en barco a Puerto Natales y Laguna San Rafael, al sur.

COMIDA Y BEBIDA

O'Higgins, la calle principal de Pucón, cuenta con una gran variedad de restaurantes y bares, aunque muchos de ellos sólo abren de diciembre a abril, durante la temporada de verano. Hay un bien surtido supermercado, donde también se pueden cambiar divisas.

Holzapfel Bäckerei

Clemente Holzapfel
Pucón
Situada en un edificio de madera enjalbegado construido cerca del casino, esta cafetería, panadería y chocolatería sirve buenos bocadillos y otros platos más sustanciales. Dispone de un patio para cenar al aire libre.

Mercado Central

San Pablo y Puente
Santiago
Este elegante y antiguo mercado de verduras dispone de numerosos puestos de venta. Muchos turistas acuden a Donde Augusto, donde se puede observar lo que ocurre alrededor, y se sirve una magnífica sopa de marisco. Los cafés más baratos, en los puestos de venta exteriores, sirven también buena comida.

La Terraza

O'Higgins 323
Pucón
☎ (045) 441361
Sirve una surtida variedad de platos italianos, de marisco y de carne, así como platos muy apreciados entre los locales, como el cocido pastel de choclo. Puede elegir entre comer dentro o al aire libre.

La Tetera

Véase Alojamiento, en la pág. anterior.

LAS TORRES DE CHILE PÁGS. 204–213

OPERADORES

Amerindia Concept

Ladrilleros 105
Puerto Natales
☎ (061) 410678
Fax: (061) 410169
email: amerindi@entelchile.net
página web: www.chilnet.cl/amerindia
Esta empresa de expediciones independientes organiza senderismo por el parque, siguiendo las rutas tradicionales o cruce del glaciar y excursiones técnicas fuera de los caminos principales, con guías cualificados y bilingües. En las excursiones sobre hielo (que cuestan unos 85 $) el refugio proporciona tiendas, equipo para escalada en hielo y en roca, estufas y alimento. Ofrece cursos de escalada que empiezan con una pared práctica (un día cuesta alrededor de 90 $ y dos días 165 $), clases de kayak marino por los canales que serpentean entre las montañas y un curso de fotografía de un día de duración que abarca los paisajes y la fauna del parque (y que cuesta unos 120 $ por persona). El alojamiento es en el refugio de la empresa, y hay un restaurante vegetariano (véase Alojamiento y Comida y bebida, más adelante).

G. A. P. Adventures

266 Dupont St.
Toronto
Ontario M5R 1V7
Canadá
☎ 416/922-8899 o llamada gratuita 1-800/465-5600
Fax: 416/922-0822
Contacto en el Reino Unido:
Guerba Expeditions
Wessex House
40 Station Rd.
Westbury, Wiltshire BA13 3JN
Reino Unido
☎ (01373) 826611
Fax: (01373) 858351
Viaje de aventuras con guía a Patagonia, con alojamiento en cabañas de montaña, incluyendo viajes en barco, observación de la fauna marina y una excursión de cinco días por el Parque Nacional Torres del Paine.

Hostería Las Torres

Parque Nacional Torres del Paine
Dirección postal:
Magallanes 960
Punta Arenas
☎ (061) 226054 **Fax:** (061) 222641
email: lastorres@chileaustral.com
página web: www.chileaustral.com/lastorres
Desde la Hostería Las Torres se organizan tres excursiones a caballo, con guía, de seis a ocho horas

de duración : la de Torres, Los Cuernos y Valle Encantado. (Todas cuestan de 30 a 70 $, incluyendo un almuerzo tipo picnic.) También se organiza una excursión a caballo de dos a tres horas al lago Nordenskjold.

Journey Latin America

12–13 Heathfield Terrace
Chiswick
Londres W4 4JE
Reino Unido
☎ (0181) 747 8315 **Fax:** (0181) 742 131
email: viajes@journeyatinamerica.co.uk
Organiza itinerarios personalizados y viajes en grupo, con guía, a Torres del Paine y a la península Valdés, además de esquí en Bariloche.

Patagonian Brothers Expeditions

Damian y Willie Benegas
P. O. Box 400018
Berkeley
CA 94704 Estados Unidos
☎/**Fax:** 510/843-6805
email: thetwins@slip.net
Los hermanos Benegas son guías de montaña especializados en excursiones y escaladas en los Andes, incluyendo Torres del Paine.

Travelbag Adventures

15 Turk St.
Alton
Hampshire GU34 1AG
Reino Unido
☎ (01420) 541007
Fax: (01420) 541022
email: info@travelbag-adventures.co.uk
página web: www.travelbag-adventures.co.uk
Organiza viajes de pequeños grupos, incluyendo el Patagonian Explorer, que abarca caminatas de montaña por Torres del Paine, Los Glaciares, la sierra Fitzroy y Tierra del Fuego. También se organizan viajes a la península de Valdés.

CÓMO LLEGAR
Aeropuerto Internacional Arturo Merino Benítez
Véase pág. 281.

Aeropuerto Maquehue
Véase pág. 281.

INFORMACIÓN
Servicio Nacional de Turismo (Sernatur)
Pedro Montt 19 esquina Phillip
Puerto Natales
☎/**Fax:** (061) 412125
Es la oficina de información turística. Dispone de mapas que detallan las rutas, los refugios y campings en la entrada de los parques o en las tiendas de Puerto Natales. También puede pedir un ejemplar a:

Publicaciones Zaiger y Urruty
P. O. Box 94
Suc. 19
1419 Buenos Aires
Argentina
☎ (011) 4 572 1050
Fax: (011) 4 572 5766

ALOJAMIENTO

En Puerto Natales hay numerosos albergues limpios y cómodos, dirigidos por familias, que cuestan menos de 10 $ la noche, incluido el desayuno, y en algunos de los cuales incluso se organizan excursiones por el parque. En el mismo parque, las opciones incluyen campings, refugios y hosterías.

Amerindian Concept $
Véase Operadores, más arriba.
Dispone de un refugio alegremente pintado y artísticamente decorado frente al mar, con habitaciones privadas y cuarto de baño compartido, con vistas al mar y a las montañas, desde 15 $, incluido el desayuno. Los servicios incluyen una lavandería, un restaurante vegetariano (véase Comida y bebida, más abajo) y email. Hay un buffet de bienvenida y un pase de diapositivas cada noche, de 20.00-23.00 horas. También actúa como operador independiente de expediciones (véase Operadores, pág. anterior).

Andescape $
Dirección postal:
Pedro Montt 308
Puerto Natales
☎/**Fax:** (061) 412592
Andescape dispone de más de 20 campings, además de cuatro refugios en los lagos Grey, Pehoé, Dickson y en Los Perros. Los refugios tienen camas en literas y duchas y ofrecen desayuno, almuerzo y cena, vituallas básicas, y servicios de primeros auxilios y de radio. En verano es mejor reservar con antelación.

Explora en Patagonia $$$
Parque Nacional Torres del Paine
Dirección postal:
Avda. Américo Vespucio Sur 80
piso 5
Santiago
☎ (02) 206 6060 ó (02) 208 0664
Fax: (02) 228 4555
email: explora@ontelchile.net
página web: www.interknowledge.com/chile/explora
Es un hotel hermano del Explora de Atacama (véase pág. 280), y se encuentra en el lago Pehoé. Los precios son altos, pero lo incluyen todo: alojamiento de lujo en una de las 30 habitaciones de que dispone, todos los transportes, cuatro comidas al día y excursiones diarias por el parque con guías y equipo. Tiene gimnasio, restaurante y bar, una sala de juegos y una lavandería.

ltrolioivllerh

Fantástico Sur $
Cerca de la Hostería Las Torres
Parque Nacional Torres del Paine
☎ (061) 226054
Fax: (061) 222641
email: lastorres@chileaustral.com
Es un refugio bien dirigido con camas en literas, duchas y un comedor común. Es mejor reservar con antelación para asegurarse una litera. También hay un bonito camping con vistas sobre las cumbres de Torres. Se pueden alquilar sacos de dormir, tiendas, colchones y una estufa.

Casa de familia «María» $
Chorrillos 771
Puerto Natales
☎ (061) 413033
Alojamiento con cama y desayuno, con duchas de agua caliente, vigilancia de equipaje, una cocina y un comedor. Se organizan excursiones a Torres del Paine y al glaciar Perito Moreno.

COMIDA Y BEBIDA
Amerindian Concept
Véase Operadores en pág. anterior.
Un extraordinario restaurante bohemio, con vistas sobre el agua, las distantes montañas y las embarcaciones. La comida es vegetariana y se sirven tés de hierbas, cafés, cerveza y vino. Tras el popular buffet de la cena se proyectan diapositivas sobre el parque.

La Tranquera
Bulnes 579
Puerto Natales
☎ (061) 411039
La posición de Puerto Natales junto al mar ha propiciado el establecimiento de una serie de restaurantes de pescado, entre los que se incluye éste. El salmón es su especialidad y los mejillones rellenos un aperitivo muy apetitoso.

AVENTURAS EN MENDOZA PÁGS. 216–223

OPERADORES
Adrián (Roger Rabbit) Cangiani
c/o Cafayate 3033
Bo Judicial
Godoy Cruz
Mendoza
☎ (0261) 4 272181
Guía para senderismo y escalada por el Cerro Aconcagua, Cristo Redentor, volcán Tupungato y otros picos. También se puede contactar con él a través de la Hostería Internacional Campo Base (véase Alojamiento, pág. siguiente).

Ascensiones y Trekking
S. Castellani 370
Godoy Cruz
Mendoza
☎ (0261) 4 245865
email: ascensionesytrekking@arnet.com.ar
Trekking, lanzamiento en paracaídas, safaris fotográficos y excursiones de pesca por el distrito de Malargüe, al sur de Mendoza. El precio de las excursiones de pesca depende de la cantidad de días y personas (cuesta, por ejemplo, unos 140 $ diarios para cinco personas).

Aymará Turismo y Aventura
9 de Julio 983
Ciudad
Mendoza
☎/**Fax:** (0261) 4 200607, (0261) 4 205304, ó (0261) 4 202064
email: aymara@satlink.com
Organiza actividades de aventura, como rafting (desde 30 $), senderismo de montaña (desde 70 $), excursionismo, bicicleta de montaña (desde 35 $), montar a caballo (desde 70 $), lanzamiento en paracaídas (desde 70 $), visitas a bodegas y excursiones en autobús a Alta Montaña y por los alrededores de Mendoza.

Betancourt Rafting
Ruta Panamericana y Río Cuevas
Bo Trapiche
Godoy Cruz
Mendoza
☎ (0261) 4 390229 ó (0261) 4 391949
Rafting por el río Mendoza. Para principiantes se desciende un tramo de 15 km, que incluye rápidos de clase I–III (desde 30 $). Para los experimentados hay un descenso intermedio de 20 km con rápidos de clase III–IV (desde 40 $), además de un día de rafting de acción y técnico en un tramo de 35 km con rápidos de clase III–IV (desde 70 $). Se incluyen el equipo y el transporte. También hay excursiones de dos y tres días. Betancourt también organiza recorridos en bicicleta de montaña, a pie, en senderismo y a caballo.

EcoAventuras
Inti Wayra Camping
Ruta Prov. Núm. 173, a unos 25 km de San Rafael
☎/**Fax:** (02627) 4 20216 o bien
teléfono celular (0666) 81470
email: salinasp@formared.com.ar
Espeleología, rafting, descensos de montaña en rappel, excursionismo, safaris fotográficos, bicicleta de montaña, lanzamiento en paracaídas y recorridos en vehículo todoterreno.

Escuela Are-Auca
Mendoza
☎ (0261) 4 440996 o teléfono celular (0660) 63884
Fax: (0261) 4 227976
email: areauca@lanet.losandes.com.ar

Ofrece cursos cortos y de varios días en lanzamiento en paracaídas y en parapente en la región de los Andes (desde 70 $ por sesión). Máximo de ocho personas por grupo. Se proporciona todo el equipo necesario.

Maxim Tours
50 Cutler St.
Morristown
NJ 07960
Estados Unidos
☎ 973/984-9068 o llamada gratuita 1-800/655-0222
Fax: 973/984-5383
email: maximviajes@earthlink.net
página web: www.maximviajes.com
Organiza viajes de esquí en Mendoza, estancia y travesías en barco a través de los Andes. También viajes a Tierra del Fuego, Patagonia, Torres del Paine y península Valdés.

OPERADORES DE ESQUÍ
Ineltur
9 de Julio 936
Mendoza
☎ (0261) 4 297256 ó (0261) 4 297257
Oficina de Buenos Aires:
Paraguay 93
Buenos Aires
☎ (011) 4 326 1351
Fax: (011) 4 393 2568
email: ventas@badino.com

Los Penitentes
Paso de Los Andes 1615
2.º piso «C» Godoy Cruz
Mendoza
☎ (0261) 4 271641 ó (0261) 4 285922
Los billetes para telesillas cuestan unos 10 $ al día.

Scandinavian
Avda. San Martín 69
Mendoza
☎ (0261) 4 241920
Alquila equipo de esquí.

INFORMACIÓN
Centro de Información y Asistencia al Turismo
Garibaldi, junto a Avda. San Martín
Mendoza
☎ (0261) 4 245353
Abierto de 9.00 a 21.00 horas.

Subsecretaría de Turismo
San Martín 1143
Mendoza
☎ (0261) 4 202800
Fax: (0261) 4 202243
Pida el folleto «Mendoza Aventura», que contiene una relación de las agencias de viajes de aventuras de Mendoza.

ALOJAMIENTO
Hostería Internacional Aconcagua $
Las Cuevas; se reserva a través de la Hostería Campo Base (véase más abajo). Está situada en un viejo edificio, aunque su posición junto a la carretera principal de Mendoza a Santiago, Chile, es buena para los excursionistas que se dirigen a Cristo Redentor y para visitar el Parque Provincial Aconcagua.

Hostería Internacional Campo Base $
Mitre 946
Ciudad
Mendoza
☎ teléfono celular (0666) 96036
A pocos segundos de distancia de la Plaza Independencia, con su fuente nocturna encendida y sus puestos de venta de artesanía. También está cerca de las cafeterías y restaurantes instalados en las aceras de la calle Sarmiento (véase Comida y bebida, más abajo). Ofrece 35 camas, una cocina, duchas de agua caliente, email, lavandería y ocasionalmente barbacoa en la zona del jardín exterior. Ambiente joven, con excelente cocina a cargo de la anfitriona, Silvia, que también tiene buenos conocimientos de Mendoza. Desde aquí es posible organizar muchas actividades.

Hostería Internacional Puesta del Sol $
Dean Funes 998
San Rafael
Mendoza
☎ (02627) 4 34881 **Fax:** (02627) 4 30187
email: puestaso@albergues.org.ar
Dispone de comidas y transporte. También puede organizar actividades. Las habitaciones son sencillas pero cómodas.

Hotel Laerte $
Leónidas Aguirre 198
Mendoza
☎ (0261) 4 230875
A la vuelta de la esquina desde la animada avenida Las Heras, donde puede reservar excursiones, comprar recuerdos y comer. Las habitaciones tienen cuarto de baño, televisor y ventilador en el techo.

COMIDA Y BEBIDA
En los bares situados a lo largo de la calle Sarmiento, una animada vía peatonal en el centro de Mendoza, encontrará pizza, pasta y *parrilladas* (carne a la barbacoa), junto con desayunos a primera hora de la mañana. Las cafeterías y bares con mesas en la calle se llenan después de las 21.00 horas.

La Marchigiana
Patricias Mendocinas 1550
Mendoza
☎ (0261) 4 200212 ó (0261) 4 230751
Es un espacioso restaurante que se llena después de las 21.30 horas. Sirve una amplia variedad de pastas, con diferentes acompañamientos y salsas.

Perín Heladerias

Sarmiento y Belgrano
Mendoza
Para helados totalmente deliciosos, servidos en cubitos o conos, que se pueden llevar a casa o comer en la calle.

SIGUIENDO LOS PASOS DE LOS DINOSAURIOS PÁGS. 224-231

OPERADORES
Aquatours-Aventur

Muelle Piedra Buena
Puerto Madryn
☎ (02965) 4 51954
Organiza la excursión de dos horas Safari Paleontológico a Punta Loma, cerca de la península Valdés, en la provincia de Chubut, para observar formaciones sedimentarias y fósiles marinos (desde 20 $ por persona).

G.A.P. Adventures

Véase pág. 282.

Hill Station/Los Pozos

Río Gallegos
☎/Fax: (02966) 4 23897 ó (02966) 4 23970, o móvil
☎ (068) 221783 (es mejor comunicarse por fax, ya que se trata de una estancia en continuo funcionamiento)
Los Hallidays dan la bienvenida a los visitantes para el almuerzo, la cena, para echar un vistazo al museo o para estancias y excursiones a caballo por los senderos de los fósiles. Para jinetes experimentados hay senderos que se recorren en tres días (desde 140 $ por día, incluidas cuatro comidas, más alojamiento en la granja o en tiendas).

Journeys Internacional

Véase pág. 265.
Viajes por la Patagonia y otros destinos.

Latin America Travel

Guardian House
Borough Rd.
Godalming
Surrey GU7 2AE
Reino Unido
☎ (01483) 860088 Fax: (01483) 860180
El viaje Argentina Explorer, de 15 días de duración, cubre todo el país desde el norte (cataratas de Iguazú), pasando por el corazón de la Patagonia y sus glaciares, hasta el sur, en Tierra del Fuego. También se organizan itinerarios personalizados.

Parque Provincial Ischigualasto

☎ (02324) 4 20511
Abierto todo el año, de 8.30 a 17.00 horas, aunque durante el invierno la fuerte lluvia llena los ríos y hace intransitables algunas rutas, por lo que no se organizan viajes. A nadie se le permite recorrer el parque a solas; se tiene que ir acompañado por el guía residente.

Turismo Vittorio

Sarmiento 189 Sur
San Juan
☎ (0264) 4 212823 ó (0264) 4 221732, o preguntar por Rodrigo Rodríguez en (0264) 4 228770
Organiza excursiones de un día al Parque Provincial Ischigualasto. Un día completo (6.00-20.00 horas) cuesta unos 55 $ por persona, más 5 $ de entrada al parque. El grupo mínimo es de tres personas; si son menos, es posible que tenga que compensar la diferencia. Las excursiones para pasar la noche se alojan en la Hostería Valle Fértil (véase Alojamiento, más abajo), que se tiene que reservar con antelación.

MUSEOS
Museo Argentino de Ciencias Naturales «Bernardino Rivadavia»

Avda. Ángel Gallardo 470
Capital Federal
Buenos Aires
☎ (011) 4 982 0306 ó (011) 4 982 5243
Una magnífica colección de fósiles y huesos; exposiciones de reptiles gigantes. Cerrado los días de fiesta nacional.

Museo de Ciencias Naturales

Paseo del Bosque
La Plata
Buenos Aires
☎ (0221) 4 257744
página web: www.museosargentinos.org.ar
Cuerpos momificados, dinosaurios, mamíferos, minerales, fósiles notables y una excelente selección de libros sobre paleontología y descubrimientos en Argentina y alrededores. Recorridos guiados a las 12.00 y a las 14.00 horas.

Museo de Ciencias Naturales de la Universidad Nacional del Comahue

Buenos Aires 1400
Biblioteca Ciudad de Neuquén
Neuquén
☎ (0299) 4 490393
Una colección de paleontología, además de minerales y exposiciones arqueológicas.

Museo Paleontológico Egidio Feruglio

Avda. 9 de Julio 655
Trelew
☎ (02965) 4 35464 ó (02965) 4 20012
página web: www.webs.satlink.com/usuarios/m/muspal
Dinosaurios, fauna marina, visitas del lugar y una oportunidad para ver a los artesanos que realizan réplicas de huesos de dinosaurio.

INFORMACIÓN
Centros de Información Turística
Güemes y San Martín
Caleta Olivia
☎ (0297) 4 851101 ó (0297) 4 851071
Ofrece información sobre El Bosque Petrificado.

Dirección Municipal de Turismo
Avda. Perón 715
La Rioja
☎ (03822) 4 28834 ó (03822) 4 28839
Ofrece información sobre Talampaya.

Ente Provincial de Turismo
Sarmiento 24 Sur
San Juan
☎ (0264) 4 210004 ó (0264) 4 222431
Fax: (0264) 4 225778
email: enprotur@ischigualasto.com
página web: www.ischigualasto.com
Ofrece información sobre el Parque Provincial Ischigualasto.

ALOJAMIENTO
Hoteles a precios razonables se pueden encontrar a lo largo de la Avenida de Mayo, en una zona muy concurrida del centro de Buenos Aires. Calcule pagar de 20 a 40 $ por persona y noche, lo que a veces incluye el desayuno.

Hostería Valle Fértil $–$$
Rivadavia s/n
San Augustín del Valle Fértil
San Juan
☎ (0264) 4 620015, (0264) 4 620016, ó (0264) 4 620017
Habitaciones bien decoradas con cuarto de baño, televisor y vistas al valle de los alrededores. Comida gustosa.

Residencial Hispano Argentina $
Estados Unidos 381
San Juan
☎ (0264) 4 225520
Algunas habitaciones tienen ducha privada, y otras tienen cuarto de baño compartido. No se sirve el desayuno. Cerca de la estación principal de autobuses.

COMIDA Y BEBIDA
Hostería Valle Fértil
Véase Operadores, más arriba.
Un lugar ideal para tomar el desayuno camino del Parque Provincial Ischigualasto.

La Nonna María
Avda. San Martín y Perito Moreno
San Juan
☎ (0264) 4 262277
Está un poco lejos de la ciudad, pero es muy recomendable la pasta que prepara.

AVENTURAS EN PATAGONIA
PÁGS. 232–239

OPERADORES
Airwaves World de Discovery
10 Bective Place
Londres SW15 2PZ
Reino Unido
☎ (020) 8875 1199
Fax: (020) 8871 4668
página web: www.vjv.co.uk/airwaves
Ofrece un viaje de 13 días por el sur de Argentina, incluyendo la península Valdés, para observar las ballenas y otro tipo de fauna, antes de volar a Tierra del Fuego para realizar travesías en catamarán por el canal Beagle. También organiza viajes a Patagonia y al glaciar Moreno.

In the Saddle
Laurel Cottage
Ramsdell
Tadley
Hampshire RG26 5SH
Reino Unido
☎ (01256) 851665 **Fax:** (01256) 851667
email: rides@inthesaddle.cix.co.uk
página web: www.cix.co.uk~inthesaddle
Vacaciones a caballo que tienen una duración de 13 días con sus noches, a partir de una estancia en pleno funcionamiento, o bien viajes en grupo por la zona silvestre del Parque Nacional Lanín y el distrito de los Lagos.

Jorge A. Bisso
C. C.10 (8370)
San Martín de Los Andes
☎ (02972) 4 21453
Jorge es un guía de pesca a la mosca al que se puede contratar por días o para viajes más largos. Los honorarios dependen del número de personas que participen, con un máximo de tres. Lleve su propio equipo. También practica la pesca a la corredera. Los permisos de pesca se pueden obtener en las tiendas de pesca de Junín de los Andes y de San Martín de los Andes, o bien en las oficinas del Parque Nacional (la temporada se extiende desde el segundo sábado de noviembre hasta la Pascua).

Latin America Travel
Véase pág. 286.

Lihui Expediciones Paraguay
880 piso 7
Room 52
Buenos Aires
☎ (011) 4 315 0906 **Fax:** (011) 4 311 0238
Organiza viajes a la península Valdés, Patagonia y a otros destinos.

Patagonia Travel Adventures

P. O. Box 22
Ben Lomond
CA 95005
Estados Unidos
☎/Fax: (831) 336-0167
email: patadur@aol.com
Organiza viajes a península Valdés, los Glaciares, Parque Nacional Nahuel Huapi y Tierra del Fuego. Los propietarios de la empresa nacieron en Patagonia.

Sendero Sur Patagonia Adventures

Perú 359
Oficina 608
Buenos Aires
☎/Fax: (011) 4 244 0473
email: sderosur@ssdnet.com.ar
Organiza viajes en bicicleta, con alojamiento según las disponibilidades económicas y de tiempo de los viajeros, por los parques Lanín y Nahuel Huapi, incluyendo excursiones al volcán Lanín, monte Tronador y ventisquero Negro. Las excursiones en bicicleta, utilizando bicicletas de montaña de la más alta calidad, se pueden combinar con senderismo y rafting, acompañadas por un servicio de recogida. Dirigidas por el agradable Jorge Barceló, que habla idiomas, y siente un verdadero entusiasmo por la zona. En las excursiones se puede integrar la pesca y el montar a caballo, además de visitas a Chile.

INFORMACIÓN
Dirección Municipal de Turismo

Padre Milanesio 590
Junín de Los Andes
☎/Fax: (02972) 4 91160
Ofrece información sobre escalada al volcán Lanín, pesca, senderismo y montar a caballo por el Parque Nacional Lanín.

Secretaría Municipal de Turismo

Centro Cívico
San Carlos de Bariloche
☎ (02944) 4 23022 ó (02944) 4 23122
Fax: (02944) 4 26784
Ofrece información sobre actividades por el Parque Nacional Nahuel Huapi.

Secretaría Municipal de Turismo

Juan M. de Rosas y San Martín
San Martín de Los Andes
☎ (02972) 4 25500, (02972) 4 27347, ó (02972) 4 27695
email: munitur@smandes.datacop8.com.ar
página web: www.smandes.gov.ar

ALQUILER DE COCHES
ICI Rent a Car

Villegas 590
San Martín de Los Andes
☎/Fax: (02972) 4 27800
Desde 90 $ al día.

ALOJAMIENTO
La Casa de Eugenia $$

Coronel Díaz 1186
San Martín de Los Andes
☎ (02972) 4 27206
Es una de las más típicas hosterías de alta calidad de la ciudad y también es un salón de té que sirve pastas y tés por la tarde. Desde aquí se pueden organizar excursiones a caballo, actividades de rafting, kayak, bicicleta de montaña, senderismo y pesca.

Hostería y Cabañas del Chapelco $$

Alte. Brown y Costanera
8370 San Martín de Los Andes
☎ (02972) 4 27610
Fax: (02972) 4 27097
Esta hostería, situada frente al lago Lacar, es el primer hotel que se ve al llegar a San Martín desde una de las carreteras de Bariloche. Los propietarios pueden organizar actividades de montar a caballo, senderismo, rafting, safaris en vehículos de cuatro ruedas, safaris fotográficos, pesca y esquí.

Hostería «Los Lagos» $

Ruta de Los lagos
Villa La Angostura
☎ teléfono celular (0683) 06274
Situada a orillas del lago Correntoso, este establecimiento dirigido por una familia mapuche está en la carretera de los Siete Lagos, a 32 km de Villa La Angostura. Si logra pescar una trucha, los propietarios se la cocinarán para la cena. Los precios incluyen el desayuno.

Hostería Pampa Linda $

Parque Nacional Nahuel Huapi, cerca de San Carlos de Bariloche
☎ Radio Llamada (02944) 4 23757 ó (02944) 4 2218, ó ☎/Fax (02944) 4 27049
Es un hotel de madera estilo *chateau*, a la vista del monte Tronador, en una excelente situación que le dará la sensación de estar en pleno territorio salvaje. Las habitaciones, algunas de las cuales dan a la montaña, y desde las que se contempla una espectacular salida del sol, están bien decoradas, son cálidas y tienen cuarto de baño incluido. Se organizan excursiones a caballo hasta el glaciar Castaño Overo, hacia la base del monte Tronador.

Hostería Posta del Caminante $

Salta 514
San Carlos de Bariloche
☎ (02944) 4 23626
Una pareja excepcionalmente amable y agradable dirige este acogedor establecimiento que cuenta con un comedor con vistas maravillosas sobre el lago. Las habitaciones tienen cuarto de baño incluido.

COMIDA Y BEBIDA
Bianchi

Villa La Angostura (en la carretera de los Siete Lagos)

Recomendado por sus deliciosas tortillas (tortitas fritas con huevos, cebollas, cuadraditos de patata y carne si así lo desea), todo ello servido con ensalada y vino local.

Café Peumayen y Delicatessen
San Martín de Los Andes
Aquí se pueden comprar pastas rellenas de crema de limón, chocolate, jarabe o fruta, junto con deliciosas *mediaslunas* (mini-croissants rellenos o recubiertos con azúcar transparente), todo ello recién salido del horno.

Deli
Dominando el lago Lácar, San Martín de Los Andes
Excelente para un pollo a la barbacoa, bocadillos y botellas de Quilmes, la cerveza local o la todavía mejor Isenbeck, hecha en Alemania.

Mi Viejo Pepe
San Martín de Los Andes
Aquí se sirve una gran variedad de pasta, acompañada por una salsa a escoger en otra larga lista. Se recomiendan las especialidades regionales de trucha, carne de ciervo y de jabalí y jamón.

S. M. A. Charlotte Ice Cream Parlour
San Martín de Los Andes
Pruebe el sabor del chocolate blanco, que contiene trozos sólidos de chocolate cremoso.

OBSERVACIÓN DE LA FAUNA
PÁGS. 240-247

OPERADORES
Buceo
Blvd. Brown 893
Local 1 y 2
Puerto Madryn
☎ (02965) 4 52699
Organiza travesías de submarinismo (únicamente para submarinistas con certificado) que incluyen una excursión de dos días en barco e inmersión con el equipo que se proporciona. Las salidas suelen hacerse por la mañana para evitar el viento y se viaja a uno de dos parques submarinos: uno es artificial, formado a base de coches y barcos hundidos; el otro es un arrecife natural, con muy buenas oportunidades para contemplar peces, focas y vistosas plantas marinas. Es mejor reservar plaza con un día de antelación.

City Service Travel Agency
Florida 890, 4.º piso
1005 Buenos Aires
☎ (011) 4 312 8416
Fax: (011) 4 313 9407
email: estravel@starnet.net.ar

Organiza viajes interiores a la península Valdés, el Parque Nacional de Los Glaciares y a otros destinos argentinos.

Hydro Sport
Balneario Rayentray
Blvd. Brown 6ta Rotonda
Puerto Madryn
☎ (02965) 4 95065 ó (02965) 4 95055
Fax: (02965) 4 95016
Observación de ballenas y otras excursiones; disponen de un guía que habla idiomas. Los viajes también se pueden reservar en el Bar El Salmón, en Puerto Pirámide.

South American Experience
47 Causton St.
Pimlico
Londres SW1P 4AT
Reino Unido
☎ (020) 7976 5511
Fax: (020) 7976 6908
email: sax@mcmail.com
Los viajes recorren la península Valdés y se pueden incluir actividades de senderismo, esquí en Bariloche, viajes al glaciar Moreno y montar a caballo por los Andes desde una estancia.

Sur Turismo
Avda. Roca 109
Puerto Madryn
☎ (02965) 4 50966
Fax: (02965) 4 55714
Viajes de un día completo a península Valdés, además de observación de ballenas, Punta Tombo, Trelew y la ciudad galesa de Gaiman. Ofrece un excelente servicio, un comentario al visitar todos los lugares y guías o traductores que hablan idiomas.

Union-Castle Travel
86–7 Campden St.
Kensington
Londres W8 7EN
Reino Unido
☎ (020) 7229 1411
Fax: (020) 7229 1511
email: u-ct@u-ct.co.uk
Itinerarios realizados a medida y viajes de interés especial, incluyendo cría de ganado y caballos, pesca en agua dulce y de altura. Viajes a la península Valdés y a los glaciares, esquí por el distrito de los Lagos, montar a caballo desde una estancia.

Wildland Adventures
3516 N.E. 115 St.
Seattle
WA 98155
Estados Unidos
☎ (206) 365-0686
Fax: (206) 363-6615
email: kurt@wildland.com
página web: www.wildland.com

Viajes a península Valdés, Patagonia, Los Glaciares y Torres del Paine.

ALQUILER DE COCHES

Alquilar un coche es económico si se forma un grupo de cuatro o cinco personas y es más conveniente si se permanece más tiempo en lugares salvajes, para evitar las multitudes o para hacer fotografías a la puesta o a la salida del sol. En la Avda. Julio A. Roca y en el Blvd. Brown, en Puerto Madryn encontrará numerosas empresas de alquiler de coches. Los precios son por día y por un mínimo de 250 km.

Puerto Madryn Turismo
Avda. Julio A. Roca 624
Puerto Madryn
☎ (02965) 4 52355 **Fax:** (02965) 4 52371
email: pmyturis@satlink.com
Kilómetros gratuitos y un 10 por ciento de descuento si paga en efectivo.

INFORMACIÓN
Sectur
Avda. Julio A. Roca 223
Puerto Madryn
☎/**Fax:** (02965) 4 73029
email: sectur@madryn.gov.ar
página web: www.madryn.gov.ar
Oficina de Buenos Aires:
Casa de la Provincia del Chubut
Sarmiento 1172
Buenos Aires
☎ (011) 4 312 2340
La oficina de Puerto Madryn abre de 7.00 a 21.00 horas en verano y tiene un horario más corto el resto del año.

En las tiendas de Puerto Madryn y Trelew se consigue un mapa de península Valdés, con refugios, alojamiento, camping y lugares para observar la fauna; también se puede comprar directamente al editor:

Publicaciones Zaiger y Urraty
Véase pág. 283.

ALOJAMIENTO
Camping $
Hay dos campings en el Blvd. Brown: el Municipal Atlántico Sur, ☎ (02965) 4 55640; y el Automóvil Club Argentino, ☎ (02965) 4 52952. Ambos cobran tres dólares por persona. También hay camping en Puerto Pirámide y en Punta Loma.

Hostelling Internacional $
25 de Mayo 1136
Puerto Madryn
☎/**Fax:** (02965) 4 74426
email: madrynhi@albergues.org.ar
Es un típico albergue argentino, con 25 camas, limpio y atractivo. Los servicios incluyen viajes, senderismo, barbacoas, bicicletas, transporte al aeropuerto y lavandería.

Hotel Bahía Nueva $$–$$$
Avda. Julio A. Roca 67
Puerto Madryn
☎/**Fax:** (02965) 4 51677, (02965) 4 50045, ó (02965) 4 50145
Es un hotel de medio a alto, cuyos precios incluyen un espléndido desayuno. El salón da al mar y tiene una magnífica colección de libros de consulta marina, así como vídeos de fauna de la *National Geographic*.

Paradise Pub Hostería $
Avda. J. A. Roca s/n
Puerto Pirámide
☎ (02965) 4 95030
Fax: (02965) 4 95003
Está a mano para emprender excursiones para observar a las ballenas y dar paseos por las playas de Puerto Pirámide. Acogedora, cálida y tradicional, con un restaurante que sirve excelente comida (véase Comida y bebida, más abajo).

Residencial Santa Rita $
G. Maíz 370
Puerto Madryn
☎/**Fax:** (02965) 4 71050
email: augustoc@cpsarg.com
A un paseo de diez minutos desde el mar. Dispone de alojamiento limpio, aseado y servicial con el viajero, con cocina, televisor, información local y desayuno.

COMIDA Y BEBIDA
Puerto Madryn cuenta con varios restaurantes a la parrilla, donde se preparan a la barbacoa carne de ternera, pollo y cordero, servidas con toda clase de salsas, verduras y ensaladas. También tiene varios cafés alineados frente al mar, donde puede sentarse en terrazas frente a las olas y pedir jugosas ensaladas mixtas, servidas con un cesto de pan, aceite y vinagre.

Estela
R. S. Peqa 27
Puerto Madryn
Restaurante de parrilladas.

Halloween
Avda. Roca 385
Puerto Madryn
Recomendado por sus pizzas.

Hotel Bahía Nueva Bar
Avda. Julio A. Roca 67
Puerto Madryn
Pruebe un *submarino*, un tazón de leche humeante, servido con barras de chocolate y una gran cuchara, que le calentará el cuerpo, sobre todo después de un viaje para observar a las ballenas.

Paradise Pub Restaurant

Paradise Pub Hostería, Puerto Pirámide (véase
Alojamiento, pág. anterior)
Sirve comidas de tres platos o bocadillos. Se
especializa en pescado local, que incluye el salmón
blanco. También sirve pastas, ternera, sopas y
ensaladas, así como la popular cerveza Quilmes.

Patio de Asado

Mitre 868, Puerto Madryn
Restaurante de parrilladas.

AVENTURAS SOBRE HIELO

PÁGS. 248-256

OPERADORES

La mayoría de operadores de El Calafate se
encuentran en la calle principal, la Avenida del
Libertador General San Martín y sus calles
secundarias y ofrecen excursiones a los glaciares,
montar a caballo, senderismo y viajes a El Chaltén y
a la sierra Fitzroy.

Cabalgata en Patagonia

Julia A. Roca 2063
El Calafate
☎ (02902) 4 91203
email: cabalgataenpatagonia@
cotecal.com.ar
Gustavo Holzmann organiza excursiones a caballo
de dos horas; las de todo el día incluyen el almuerzo
y las de cinco días por las montañas incluyen todas
las comidas y tiendas de campaña (reserve plaza
con bastante antelación). Se acepta a los
principiantes.

Cal-Tur

Terminal de Omnibus
El Calafate
☎/**Fax:** (02902) 4 91842
email: caltur@cotecal.com.ar
página web: www.cotecal.com.ar/caltur
Dirige un servicio regular de autobuses desde la
estación de autobuses de El Calafate hasta la
posada Fitz Roy, en El Chaltén, a una distancia de
220 km, saliendo a las 7.00 horas para regresar a las
16.30 horas. Es mejor reservar con antelación ya
que el viaje está solicitado. Cal-Tur Promotion es
una empresa servicial que incluye un billete de ida
y vuelta además de cena y desayuno para períodos
que van de una a tres noches.

Ecology & Adventure Argentina

9 de Julio 41
El Calafate
☎ (02902) 4 91587 **Fax:** (02902) 4 91796
Ofrece viajes a los glaciares Perito Moreno y Upsala.
También organiza actividades de senderismo, fauna

y viajes de interés especial, montar a caballo y
visitas a una estancia.

El Galpón/Alice Estancia Tours

Para reservas: Avda. del Libertador 1015
El Calafate
☎/**Fax:** (02902) 4 91793
email: info@elgalpon.com.ar
página web: www.elgalpon.com.ar
Las visitas nocturnas incluyen un té de bienvenida,
una demostración de recogida de un rebaño de
ovejas, esquilmado de las ovejas, un paseo por la
laguna de las aves y una tradicional cena opcional a
base de cordero. Se organizan excursiones a caballo
durante todo el día a Cerro Frías para vistas de las
Torres del Paine en Chile y de la sierra Fitzroy.

Fitzroy Expeditions

El Chaltén 9301
☎/**Fax:** (02962) 493017
Cada día, desde el campamento base de Cerro Torre
organiza la «Caminata glaciar» por la sierra Fitzroy,
una excursión de ocho horas, cinco de las cuales se
pasan en el glaciar. Sólo para mayores de 15 años
y que se encuentren en buenas condiciones físicas.
El guía enseña las técnicas básicas de escalada
en hielo antes de emprender la marcha.

Interlagos Turismo

Avda. del Libertador 1175
El Calafate
☎ (02902) 4 91179 **Fax:** (02902) 4 91241
email: interlagos@cotecal.com.ar
Organiza mini-excursiones por el glaciar Perito
Moreno y viajes a Perito Moreno con un guía de
habla inglesa, además de viajes al glaciar Upsala.
Además, dispone de excursiones a caballo de dos
horas a las cuevas Walichu. Las visitas a El
Galpón/Estancia Alice (véase más arriba), iniciadas
por la tarde, suponen viajar a una granja ovejera,
para observar tareas de esquilmado en directo y
comer un asado a la parrilla.

Lost World Adventures

Véase pág. 258.
Operador con sede en Estados Unidos que organiza
viajes a Los glaciares, así como a Patagonia, Tierra
del Fuego, Torres del Paine y otros destinos en
América del Sur.

INFORMACIÓN
Oficinas de Parques Nacionales

Avda. del Libertador 1302
El Calafate
También en:
Entrada a El Chaltén
Aquí encontrará mapas, además de información
local y detalles sobre camping y alojamiento.

Subsecretaría de Turismo

Julio A. Roca 1551
Río Gallegos

☎/Fax: (02966) 4 22702
Dispone de información sobre la provincia de Santa Cruz.

Terminal de Omnibus

Julio A. Roca 1004
El Calafate
☎/Fax: (02902) 4 91090
email: secturelcalafate@cotecal.com.ar
Ofrece información sobre rutas de autobús.

ALOJAMIENTO

Además de hoteles y albergues, hay varios campings (la oficina de información turística dispone de una lista de 18) tanto en el Parque Nacional Los Glaciares como en sus alrededores. Algunos se encuentran en situaciones excelentes, como por ejemplo, el camping Bahía Escondida, a sólo 7 km del glaciar Perito Moreno y el camping Río Mitre, en un hermoso paraje en medio del bosque, a orillas del lago.

Albergue y Hostal del Glaciar $

Calle Los Pioneros s/n
El Calafate
☎/Fax: (02902) 4 91243
email: alberguedelglaciar@cotecal.com.ar
página web: www.glaciar.com
Oficialmente es un albergue de juventud, con servicios de cocina, un restaurante aparte, lavandería y vigilancia de equipaje. Sólo está a cinco minutos a pie de la Avda. Libertador. Dispone de un servicio gratuito de transporte desde la estación de autobuses. Puede organizar excursiones a los glaciares y El Chaltén/Fitzroy.

Bahía Redonda Hotel $$–$$$

Calle 15 No. 148
El Calafate
☎ (02902) 4 91743 **Fax:** (02902) 4 91314
email: hotelbahiaredonda@cotecal.com.ar
Hotel de gama alta, aunque el precio incluye el desayuno. Está a cinco minutos a pie de la calle principal de los bancos, tiendas, restaurantes y operadores turísticos. El comedor y algunas de las habitaciones dan al lago Argentina. Los servicios incluyen: habitaciones, lavandería, fax y televisor.

Camping lago Roca $

C. C. 49
El Calafate
☎ (02902) 4 99500
Las instalaciones incluyen duchas, radio-teléfono, restaurante, provisiones, senderismo, información y alquiler de bicicleta de montaña.

El Galpón/Alice Estancia $$$

Véase Operadores, más arriba.
Hotel de gama alta, desde donde se pueden organizar actividades de senderismo, montar a caballo y excursiones por el glaciar. También se ofrecen cenas tradicionales a base de cordero.

Fitz Roy Inn $–$$

Avda. San Martín
El Chaltén
☎ (02962) 4 93062
Situado al pie de los más tradicionales senderos. Pertenece a la gama alta de precios para una habitación privada con desayuno, y a la gama económica por lo que se refiere a una habitación compartida. El comedor permanece abierto durante todo el día para tomar bocadillos y bebidas (véase Comida y bebida, más abajo).

COMIDA Y BEBIDA

Albergue y restaurante del Hostal del Glaciar

Véase Alojamiento, columna izquierda.
Sirve diariamente comidas de tres platos, además de un menú a la carta a base de carne, pescado y platos vegetarianos, que incluyen un delicioso sofrito de verduras servido con algas.
También se sirven vinos, cafés y desayunos completos.

La Cocina

Avda. del Libertador 1245
El Calafate
☎ (02902) 4 91758
Es un restaurante dirigido por una familia que se especializa en pastas, pizzas y ensaladas, servido en un ambiente muy acogedor, a la luz de las velas. Buen vino de la casa.

Fitz Roy Inn

Véase Alojamiento, más arriba.
El comedor de esta posada permanece abierto durante todo el día para servir bocadillos y bebidas, incluido el denso *submarino* (chocolate caliente) y bocadillos de queso tostado, jamón y tomate. También sirve una cena de tres platos acompañada con vino.

Restaurante del Club Británico

Avda. Roca 935
Río Gallegos
☎ (02966) 4 27320
Un antiguo club de caballeros (se fundó en 1911 y cuenta con un impresionante libro de visitas), formado en la actualidad por unos 300 socios angloargentinos y españoles. Abre a los turistas que reservan plaza con antelación. Las paredes están revestidas de madera de roble, hay mullidos sofás y un techo de tartán sobre la zona del bar que recuerda su hogar a los expatriados británicos. El almuerzo y la cena son excelentes comidas de tres platos, elegidos de entre un menú que incluye *purille à la Gran Britain* (solomillo de ternera) y *roballa grille* (un suculento pescado local blanco). El bar tiene varias bebidas que son una especialidad de la casa, como Vaina Chilena (vino de Oporto mezclado con clara de huevo), además de los mejores vinos producidos en la gran provincia productora de vinos argentinos: Mendoza.

ACTIVIDADES A–Z

C

CANOAS Y KAYAKS

INTRODUCCIÓN

Esperamos que este libro haya despertado su interés por la aventura. La sección Actividades A-Z tiene la intención de aportarle una lista útil, aunque incompleta, de muchas de las actividades de aventura que los autores pudieron descubrir en la zona.

Las actividades varían desde trabajo voluntario, cultural y oportunidades lingüísticas, hasta la práctica de deportes realmente intrépidos. La mayoría de las experiencias exigen interacción con las gentes locales y muchas se hallan directamente relacionadas con el ecoturismo, donde se aplican controles estrictos para garantizar el respeto al medio ambiente y para reducir al mínimo el daño causado por el impacto del creciente número de visitantes a zonas en peligro.

Hemos incluido los nombres y direcciones de aquellas organizaciones que pueden ayudar al viajero a practicar estos entretenimientos desafiantes, pero no han sido inspeccionadas o revisadas por nosotros en modo alguno. Incluso en aquellos casos en que los autores han utilizado una empresa concreta para organizar su propio viaje, ello no quiere decir que esa empresa o cualquier otra esté dirigida por las mismas personas y tengan el mismo grado de eficiencia.

Tenga en cuenta que muchas de las regiones abarcadas aquí pueden ser muy cambiantes tanto climática como políticamente. Sopese primero todos los factores, obtenga una percepción del destino elegido y permítanos que le guiemos hacia las empresas que pueden ayudarle.

CANOAS Y KAYAKS

Tanto si se desliza con suavidad por entre la jungla desierta como si desciende burbujeantes aguas bravas, la canoa le permite disfrutar de paisajes aislados, posibles encuentros cercanos con animales salvajes, sabiendo que causará un impacto mínimo sobre el medio ambiente. Si tiene la intención de realizar el viaje de modo independiente, necesitará tener experiencia previa y tiene que llevar al menos a dos personas consigo. Tendrá que llevar un dispositivo de flotabilidad y ropa cálida e impermeable para la travesía en canoa por aguas bravas (sólo durante la temporada de las lluvias), así como un casco. La clasificación fluvial internacional es global y califica la dificultad del río desde la clase I (para el río que fluye con suavidad), hasta la VI (las aguas bravas más rápidas).

International Canoe Federation
Dózsa György út 1-3
1143 Budapest
Hungría
☎ (01) 363 4832
Fax: (01) 221 4130
email: icf_hq_budapest@mail.datanet.hu
página web: www.datanet.hu/icf_hq
Es una organización paraguas que ofrece información sobre las instituciones nacionales a nivel mundial, y asesoramiento sobre cuestiones de seguridad y destino.

RÍO MARONI, GUAYANA FRANCESA
Terre Rouge, a 7 km al sur de St.-Laurent du Maroni, es un asentamiento amerindio en el que se pueden alquilar canoas para emprender viajes de un día por el río Maroni. A Apatou se puede llegar en un viaje de un día y una noche.

Youkaliba Expeditions
3 Rue Simon
Terre Rouge
Guayana
☎ (34) 1645 ó (31) 2398
Esta empresa especializada cuenta con una variada oferta de travesías en canoa entre uno y diez días.

RÍO FUTALEUFÚ, CHILE
Chile tiene algunos de los tramos más largos de aguas bravas del mundo; el río Futaleufú, en el distrito de los Lagos, posee una muy elevada concentración de rápidos de clase V. Los paletistas deben poder recorrer 2 km sin detenerse.

Adrift
P. O. Box 310
Queenstown
Nueva Zelanda
☎ (03) 442 1615
Fax: (03) 442 1613
email: raft@adrift.co.nz
página web: www.adrift.co.nz
Contactar en el Reino Unido:
Collingbourne House
140–2 Wandsworth High St.
Londres SW18 4JJ
Reino Unido
☎ (020) 8874 4969
Fax: (020) 8875 9236
email: raft@adrift.co.uk
Este operador está especializado en travesías en canoa y rafting ofrece un viaje de ocho días desde Santiago al río Futaleufú, con actividades adicionales, como senderismo y pesca. También puede organizar salidas de Chile hacia otros destinos en todas las partes del mundo.

CHILOÉ, CHILE

La hermosa isla rural de Chiloé ofrece oportunidades de desplazarse en kayak por el mar entre las numerosas y diminutas islas que hay hacia el este, como las de Butachauques y Mechuque. Darwin recorrió en canoa esta isla a lo ancho, desde Chonchi a Cucao, hace unos 150 años, y describió el pintoresco viaje con todo detalle.

Paralelo 42

Latorre 558
Ancud
Chiloé, Chile
☎ (65) 622 458
Esta agencia local ofrece una travesía de dos días en kayak a la zona del río Chepu, en la costa norte de Chiloé, cerca de Ancud. En este río y sus afluentes abundan las aves.

RÍO CAÑETE, ARGENTINA

Río Cañete, en Lunahuaná, a 180 km al sur de Lima, tiene aguas bravas de clase IV–V desde noviembre hasta abril para la práctica del kayak y el rafting; en febrero se celebran aquí los campeonatos profesionales. En otras épocas del año sólo son posibles las travesías en bote.

Expediciones Apumayo

Emilio Cavencia 160
Oficina 201
San Isidro
Lima
Perú
☎/Fax: (01) 442 3886
Organiza una serie de actividades en canoa y rafting por la región, que duran desde varias horas a algunos días.

PATAGONIA, CHILE

Una excursión a pie a través del Parque Nacional Torres del Paine y en kayak marino entre los fiordos, las cascadas y las fuentes de aguas termales del distrito de los Lagos, disponible desde noviembre a marzo.

Outer Edge Expeditions

45500 Pontiac Trail
Walled Lake
MI 48390-4036
Estados Unidos
☎ 248/624-5140 ó 1-800/322-5235
Fax: 248/624-6744
email: adventure@outer-edge.com
Organiza un viaje de 17 días por la región. También ofrece viajes de múltiples actividades, incluido rafting, montar a caballo y senderismo por Chile, Patagonia, y Perú. La empresa (que funciona desde 1988) atiende a pequeños grupos y entrega una proporción de sus beneficios para proyectos de conservación e investigación.

CICLISMO

Recorrer un país en bicicleta permite una gran independencia y plena interacción con todo lo que nos rodea. Un ciclista puede recorrer hasta 80 km al día, y son muchos los ciclistas de América del Sur que informan que raras veces tienen que pagar por el alojamiento. El principal peligro es el fuerte viento, pero si se cansa siempre puede enviar la bicicleta en un tren, autobús o barco. En los viajes organizados, tendrá reservado el alojamiento y habitualmente dispondrá de un vehículo de apoyo para llevar el equipaje. Las tiendas de alquiler suelen encontrarse únicamente en los lugares más turísticos y se alquilan para ser devueltas en el mismo centro. Para recorridos más largos lleve su propia bicicleta consigo (pocas compañías aéreas le cobrarán un precio extra si no se excede de peso en su equipaje). Lleve un juego completo de piezas de repuesto, como tubulares, ruedas y radios. Ecuador, Chile y Colombia son los únicos países de América del Sur que cuentan con tiendas decentes de bicicletas.

Cycling Touring Club

Cotterell House
69 Meadrow
Godalming
Surrey GU7 3HS
Reino Unido
☎ (01483) 417217 Fax: (01483) 426994
email: cycling@ctc.org.uk
página web: www.ctc.org.uk
Ofrece a sus miembros hojas informativas para viajar de forma independiente por países específicos, así como informes de viaje con información práctica detallada. También dispone de información sobre operadores turísticos de viajes en bicicleta por todo el mundo.

Touring y Automobile Club del Perú

Avda. César Vallejo Núm. 699
Lince
Lima
Perú
Dirección postal:
P. O. Box 2219 , Lima, Perú
☎ (01) 403270
Se trata esencialmente de una organización para conducotres que prepara rutas, ofrece información sobre el estado de las carreteras y vende mapas.

MÉRIDA, VENEZUELA

Mérida, en la cadena Sierra Nevada de Mérida, cubierta de nieve, es la base turística para explorar los Andes de los alrededores, y se ha convertido en un lugar cada vez más popular para actividades de bicicleta de montaña. Desde aquí es posible alquilar una bicicleta y visitar pueblos aislados como Pueblos del Sur. Para detalles sobre los operadores que ofrecen viajes de ciclismo por Venezuela, véase pág. 260.

Guamanchi Tours

Calle 24
Núm. 8-39
Mérida
Venezuela
☎/**Fax:** (074) 522080
email: geca@bolivar.funmrd.gov.ve
página web: www.ftech.net/~geca
Un especialista que puede recomendar viajes independientes y lugares donde alquilar bicicletas. También ofrece actividades de montar a caballo, montañismo, excursionismo e información.

QUITO-PARQUE NACIONAL MANCHILILLA, ECUADOR

Es un viaje que sigue las carreteras rurales y caminos más tranquilos del país, desde Quito, en el *altiplano andino*, pasando por el Parque Nacional Cotopaxi hasta Baños y el Parque Nacional Manchililla, lo que permite contemplar una gran variedad de paisajes, pueblos indios y la costa.

High Places

Globe Works
Penistone Rd.
Sheffield S6 3AE
Reino Unido
☎ (0114) 275 7500 **Fax:** (0114) 275 3870
email: highpl@globalnet.co.uk
Un viaje de veinte días, generalmente cuesta abajo, con desviaciones para ver lugares interesantes y un vehículo de apoyo. También es posible desarrollar actividades de senderismo y escalada.

Pedal Andes

P. O. Box 17-12-602
Quito
Ecuador
☎ (02) 228 465 **Fax:** (02) 566 076
email: pedal@explorer.ecx.ed
Esta empresa especializada organiza viajes en bicicleta por los alrededores de Quito y más allá, aportando todo el equipo. También ofrece un servicio de información general a los ciclistas.

LA PAZ-LAGO TITICACA, BOLIVIA

Un viaje desde La Paz al lago Titicaca y los yacimientos arqueológicos preincas, pasando por los picos de la Cordillera Real y el macizo Condoriri, hasta los valles subtropicales del Yungas y la selva del Amazonas. Sigue buenos senderos y abarca una enorme gama de alturas, paisajes y culturas.

KE Adventure Travel

32 Lake Rd.
Keswick
Cumbria CA12 5DQ
Reino Unido
☎ (01768) 773966 **Fax:** (01768) 774693
email: keadventure@enterprise.net
página web: www.keadventure.com
El viaje dura 22 días. También organiza un viaje de 21 días por el Sendero del Inca, en Perú, con un vehículo de apoyo, además de senderismo y viajes generales de aventuras.

LOS YUNGAS/COROICO, BOLIVIA

Este recorrido en bicicleta, capaz de poner los pelos de punta, se extiende desde La Paz a los Yungas y va desde una elevada altura hasta la jungla húmeda y pegajosa, incluyendo el paso por una carretera que tiene fama de ser la más peligrosa de Bolivia. Para los ciclistas pusilánimes, hay otras rutas más fáciles. Para detalles sobre los operadores que ofrecen recorridos en bicicleta por Bolivia, véanse págs. 275-278.

DESIERTO DE ATACAMA, CHILE

El desierto de Atacama, en el norte de Chile, contiene llanuras saladas, dunas de arena, volcanes y algunos de los descensos en carretera más grandes del mundo. Los viejos senderos mineros ascienden hasta los 6.000 m por las montañas de Aucanquilcha y Ollague, lo que permite un fácil acceso para emprender una ascensión de los picos a pie; luego se lleva a cabo un espectacular descenso de más de 3.000 m de desnivel en un mismo día.

Andes

93 Queen St.
Castle Douglas
Kirkcudbrightshire DG7 1EH
Reino Unido
☎/**Fax:** (01556) 503929
email: john@andes.com
Un pionero en los viajes de bicicleta de montaña por los Andes. También organiza actividades de montañismo, senderismo y excursiones, así como vacaciones de esquí por la región.

OSORNO, CHILE

Los campos de nieve de Osorno (2.669 m), las cascadas Petrohue, el Parque Nacional Puyehue y las cercanas fuentes termales se pueden explorar a pie y en bicicleta. El volcán Casablanca (2.240 m), con sus impresionantes vistas de la zona, el hermoso Pucón en el distrito de los Lagos y el Parque Nacional Huerquehue son algunos otros lugares destacados de la región.

Southwind Adventures

Véase pág. 259.

Un viaje de diez días con una camioneta de apoyo se organiza desde octubre a febrero, iniciándose en Santiago. La empresa también ofrece desde cruceros, senderismo, viajes culturales y montañismo hasta viajes de lujo, y duras y difíciles expediciones.

PATAGONIA, ARGENTINA

Diversos viajes en bicicleta, cruzando por carreteras con muy poco tráfico y carreteras secundarias, que pueden clasificarse desde lo fácil a lo desafiante, le permiten explorar los bosques y los deslumbrantes lagos del fascinante paisaje de Patagonia. Para detalles sobre los operadores que organizan viajes en bicicleta por Patagonia véanse págs. 287-289.

ESQUÍ

América del Sur ofrece las oportunidades para esquiar propias de la mayoría de destinos europeos y estadounidenses, a pesar de lo cual sus laderas montañosas suelen estar vacías. Cuando la nieve se ha fundido en los Alpes y en las Rocosas, los Andes se preparan para el inicio de la temporada. Chile y Argentina cuentan con estaciones de esquí capaces de rivalizar con las establecidas en occidente, mientras que Perú, Ecuador, Colombia y Venezuela ofrecen experiencias de esquí que le permitirán ver más de la fauna y el paisaje. El esquí por zonas a las que se accede en helicóptero le permitirá percibir las sensaciones de las montañas vírgenes, aunque para ello se exige un equipo especial y la experiencia dura por lo menos tres días. El snowboard se puede practicar en la mayoría de lugares que cuentan con instalaciones de esquí. La temporada de esquí varía de un país a otro, dependiendo de la meteorología. La estructura de precios para pases de esquí suele ser bastante compleja, y existen muchas variaciones en los niveles de calidad de las instalaciones y del equipo, aunque en todas las estaciones se encuentran esquíes y botas para alquilar.

CHACALTAYA, BOLIVIA

Las instalaciones básicas de Chacaltaya, a 35 km de La Paz y a una altura de 5.200 m, la convierten en la estación de esquí «desarrollada» más alta del mundo, adecuada sólo para esquiadores experimentados. Una cabaña de madera actúa como refugio de esquí y la ascensiones dependen de un sistema de tiraje de un cable. Sólo dispone de un equipo limitado, así que es mucho mejor que lleve su propio equipo. La temporada se extiende desde febrero a abril y la elevada altura hace que la aclimatación sea un aspecto esencial.

Club Andino Boliviano
Calle México 1638
Casilla 5879
La Paz
Bolivia
☎ (02) 324682 **Fax:** (02) 329119
Dirige excursiones de fin de semana y puede organizar esquí a media semana, permitiéndose este último sólo si se reserva plaza con antelación.

PORTILLO, CHILE

De Chile se dice que cuenta con las mejores instalaciones de esquí del hemisferio sur. Portillo, a 3.350 m y a 145 km al norte de Santiago, es su estación de esquí más tradicional. La temporada se extiende desde finales de junio a principios de octubre. Es un lugar pintoresco, con buenas pistas de descenso hasta un lago, instalaciones junto a las pistas y un sistema de producción de nieve artificial. Hay 12 telesillas, 23 pistas, y una escuela de esquí y la estación es adecuada para las familias.

Hotel Portillo
Roger de Flor 2911
Santiago
Chile
☎ (02) 231 3411 **Fax:** (02) 231 7164
La mayoría de visitantes a Portillo se alojan aquí, y a veces se presentan ofertas. Es caro, pero es el alojamiento más conveniente para la estación.

LAS LEÑAS, ARGENTINA

Las Leñas, a 445 km al sur de Mendoza, atrae a los esquiadores acomodados desde todo el mundo, aunque se encuentra dentro de la gama de presupuestos de la mayoría de viajeros. La estación abarca una zona enorme situada a una altura de 2.250 m, y cuenta con 41 pistas, 11 telesillas y alojamiento (caro). La temporada se extiende desde principios de junio a principios de octubre.

Badino Turismo
Perón 725, 6.º Piso
Buenos Aires
Argentina
☎ (011) 4 326 1351 **Fax:** (011) 4 393 2568
Organiza viajes a la medida a la estación de esquí y también puede organizar opciones sólo de esquí, sin el alojamiento.

MONTAÑISMO

Los Andes forman una de las más largas cadenas montañosas del mundo y contiene algunos de sus picos más altos fuera del Himalaya, ofreciendo impresionantes perspectivas para la escalada, desde volcanes hasta la cordillera cubierta de nieve. Los operadores que ofrecen viajes organizados proporcionarán todo el equipo necesario, pero si emprendiera un viaje de forma independiente, sería prudente asesorarse bien. Se pueden alquilar mulas en algunos lugares para llevar el equipo. Debe considerar la temporada de escalada a la hora de planificar su viaje, y también las condiciones meteorológicas que, como el mal de altura, pueden resultar mortales. Asegúrese de estar preparado para cambios repentinos de tiempo y disponga de tiempo para la aclimatación.

International Mountaineering and Climbing Federation (UIAA)

Monbigoustrasse 61
Postfach
3000 Berne 23
Suiza
☎ (31) 370 1828 **Fax:** (31) 370 1838
email: uiaa@compuserve.com
página web: www.mountaineering.org
En su página web, bajo el encabezamiento «Federaciones Nacionales», dispone de una lista de direcciones de todas las asociaciones de montañismo y escalada miembros de la UIAA; para información, póngase en contacto con ellas.

South American Explorers' Club

República de Portugal 146
Lima
Perú
☎ (01) 425 0142
email: explorer@samexplor.org
Es una organización miembro de la UIAA que dispone de mapas, información para viajeros y sobre escaladas.

CORDILLERA REAL, BOLIVIA

En la Cordillera Real, el escalador intrépido encontrará las cumbres desafiantes de Huayni Potosí e Illampu, así como el terrible Sendero Mapiri, un fascinante legado del Imperio inca. Para detalles sobre los operadores que organizan excursiones y montañismo por la región, véanse págs. 275–278.

TUNGURAHUA, CHILE

Tungurahua, en el Parque Nacional Sangay (entrada gratuita), es un volcán de 5.016 m, que se escala mejor entre diciembre y marzo. No se necesita experiencia para realizar la ascensión con crampones, pero es aconsejable contratar un guía. Compruebe meticulosamente todo el equipo y consulte con otros viajeros. Son esenciales los guías y el equipo (cuerda, crampones y piolet), además de mulas, que encontrará en las numerosas agencias de viajes que hay en Baños, aunque no todas ellas son fiables.

Expediciones Amazónicas

Oriente en Halflants
Baños
Ecuador
☎ 740506

Dispone de buen equipo de alquiler y guías, experimentados en escalada.

HUAYNA POTOSÍ E ILLIMANI, PERÚ

Escale las montañas de Huayna Potosí e Illimani en los altos Andes en un viaje que incluye un tramo cultural hasta el lugar de nacimiento del Imperio inca. A partir de La Paz, la capital más alta del mundo, se exploran campos de hielo a elevada altura y riscos a pico.

Colorado Mountain School

Estes Park
P. O. Box 2062
CO 80517
Estados Unidos
☎ 970/586-5758 **Fax:** 970/586-5798
email: cms-climb@sni.net
Aquí podrá recibir enseñanza individual y escaladas guiadas, con una programación flexible y en pequeños grupos. También se efectúan ascensos al Cotopaxi, en Ecuador y al Aconcagua, en Argentina.

HUASCARÁN, PERÚ

Huascarán (6.768 m), en el espectacular Parque Nacional Huascarán (entrada gratuita), forma parte de la Cordillera Blanca, el centro de escalada de Perú. La temporada se extiende desde mayo a septiembre. Encontrará toda la gama de equipo, mapas y guías en la Avda. Luzuriaga, en Huaraz. Todos los operadores y guías acreditados deben tener una tarjeta de identificación con su foto.

Augusto Ortega

Jr. San Martín 1004
Huaraz
Perú
☎ (044) 724888
A este guía de toda confianza, el único peruano que ha escalado el Everest, se le puede contratar por días.

Casa de Guías

Plaza Ginebra
Huaraz
Perú
☎ (044) 721811
Es un buen lugar para conocer a compañeros de escalada y conseguir asesoramiento. También disponen de mapas e información.

RÍO DE JANEIRO, BRASIL

Río de Janeiro es una meca para los entusiastas de la escalada en roca, con cientos de escaladas posibles a corta distancia de la capital. Las ascensiones son mejores en la temporada más fría, desde abril a octubre. El famoso Pan de Azúcar tiene 400 m de altura, y su cumbre se puede alcanzar en unas dos horas.

ECA
Avda. Erasmo Braga 217
Room 305
Río de Janeiro
Brasil
☎ (021) 242 6857 ó (021) 571 0484
El propietario y los guías de esta empresa
hablan inglés.

Cerro Aconcagua, Argentina

El cerro Aconcagua, de 6.962 m es el pico más alto
del hemisferio occidental y se halla rodeado por la
zona selvática del Parque Provincial Aconcagua.
La ascensión no es técnicamente difícil, pero el
mal tiempo y el mal de altura pueden afectar a
muchos escaladores, así que procure emprenderla
sólo si tiene experiencia. El mejor momento para
emprenderla es entre diciembre y febrero; debe
calcular unas dos semanas para alcanzar la
cumbre (lo que incluye la aclimatación).
Por debajo de la línea de nieve están los
campamentos base para quienes no tengan
experiencia para escalar más.

Exodus
9 Weir Rd.
Londres SW12 0LT
Reino Unido
☎ (0181) 675 5550 **Fax:** (0181) 673 0779
email: sales@exodustravels.co.uk
página web: www.exodustravels.co.uk
Contacto en Irlanda:
Silk Road Travel
64 South William St.
Dublín 2
Irlanda
☎ (01) 677 1029 **Fax:** (01) 677 1390
Organiza viajes de descubrimiento por Patagonia,
una ascensión con guía al Aconcagua, el pico más
alto de América, además de senderismo por
las regiones montañosas de Fitzroy y Paine,
y aventuras en bicicleta de montaña y
expediciones al interior.

Parque Provincial Aconcagua
Se llega en autobús desde Mendoza a Puente del
Inca y Las Cuevas. Un permiso de excursión a pie
de tres días cuesta unos 15 $, mientras que una
ascensión de 21 días cuesta alrededor de 80 $
(también debe tener un permiso). La estación de
ranger se abre desde el 15 de noviembre al 15 de
marzo, de 7.30 a 21.30 horas, pero no ofrece
servicios de búsqueda y rescate. No ofrece
ningún servicio fuera de la temporada de escalada.

Servicios Especiales Mendoza
Annette Schenker
c/o Hotel Cervantes
Amigorena 65
Mendoza
Argentina

Fax: (0261) 4 244721 ó (0261) 4 240131
Tiene disponibles guías que hablan varios idiomas
para escalar el Aconcagua y otros picos andinos.
También organiza senderismo.

Subsecretaría de Turismo
Avda. San Martín 1143
Mendoza
Argentina
☎ (0261) 4 202800
Esta oficina es el único lugar donde conseguir el
necesario permiso para el Aconcagua.

MONTAR A CABALLO

Tanto si desea seguir los pasos de los gauchos
(o más bien las huellas de los cascos de sus
caballos), como si sólo quiere explorar parte de la
vasta región abierta del país, montar a caballo le
permitirá apreciar el paisaje al tiempo que realiza
jornadas de hasta 30 km diarios. Las excursiones
pueden partir y regresar para dormir a un mismo
centro, aunque con mayor frecuencia se aloja a
los jinetes en ranchos de lujo o en campings
situados a lo largo del camino. Muchos operadores
aceptan a novatos y a niños. Tenga en cuenta que
muy probablemente no se utilicen las sillas al
estilo occidental y que los caballos puede que no
sean tan mansos como en su país. El «paso
gaucho» es un trote típico de América del Sur,
más rápido que el estilo occidental y que exige
una silla muy concreta. Necesitará calzado con un
tacón de cinco centímetros para evitar que
el pie se le deslice fuera del estribo.

Baños, Ecuador
El popular centro de Baños, en la Sierra Central,
es un buen punto de partida para emprender
excursiones a las montañas de Tungurahua,
en el Parque Nacional Sangay.

Hotel Isla de Baños
Halflants 1-31 y Montalvo
Baños
Ecuador
☎/Fax: 740609
Buenos caballos en alquiler para la jornada, junto
con un guía que posee un excelente conocimiento
de la zona de los alrededores.

San Alfonso, Chile
San Alfonso, cerca de Santiago, es el punto de
partida para excursiones a caballo por la zona
central de los Andes. Jinetes locales conocidos
como *arrieros* dirigen los grupos a través de un
terreno accidentado, en el que no hay senderos
marcados.

Cascada Expediciones
Orrego Luco 054

Santiago
Chile
☎ (02) 232 7214 **Fax:** (02) 233 9768
email: cascada@ibm.net
página web: www.cascada-expediciones.com
Organiza diversas excursiones a caballo por Chile
y Argentina. Organiza actividades de buceo,
montañismo y senderismo por América del Sur.

Centro de Turismo Ecuestre Huepil
Casilla 16
Pucón
Chile
☎ (09) 453 4212
Rodolfo Coombs, un jinete profesional de saltos
de Argentina, y su compañera Carolina Pumpin,
dirigen este acogedor centro ecuestre en el
hermoso valle de Liucura, a unos 30 km de Pucón.
En el verano hay una opción de tres días para
cabalgar por entre las montañas hasta entrar en
Argentina y regresar.

TORRES DEL PAINE, CHILE
El Parque Nacional Torres del Paine es
probablemente el más hermoso del mundo, y las
excursiones a caballo por este fascinante paisaje
constituyen una experiencia memorable. Aunque
el terreno dificulta la marcha, los caballos están
acostumbrados al mismo y para el jinete animoso
será una emocionante alternativa a la marcha a
pie. Para detalles sobre los operadores que
ofrecen excursiones a caballo, véanse
págs. 280-282.

NORTE DE PATAGONIA, ARGENTINA
La gran extensión de las pampas del norte de
Patagonia se encuentra con los Andes para formar
un variado paisaje de montañas cubiertas de
nieve, lagos de aguas claras y densos bosques. Es
posible realizar excursiones de un día y recorridos
de varios días. Para detalles sobre los operadores
que ofrecen excursiones a caballo en Patagonia,
véase pág. 287.

Blue Green Adventures
2 Priory Cottages
Parsonage Lane
Lamberhurst
Kent TN3 8DS
Reino Unido
☎/**Fax:** (0181) 947 2756
Se especializa en recorridos a caballo por el sur
de Chile. También tiene ofertas de actividades de
excursionismo y kayakismo por el país.

Ride World Wide
58 Fentiman Rd.
Londres SW8 1LF
Reino Unido
☎ (020) 7735 1144 **Fax:** (020) 7735 3179
email: rideww@aol.com

Excursiones a caballo (a partir de una estancia en
pleno funcionamiento en el norte de Patagonia),
para explorar el distrito de los Lagos y el Parque
Nacional Lanín. También se organizan viajes con
acampada y la oportunidad de unirse a los
gauchos que trabajan arreando ganado.

Travel South America
Trinity House
Market Place
Easingwold
North Yorkshire YO61 3AD
Reino Unido
☎ (01347) 822235 **Fax:** (01347) 823336
email: tvisa@aol.com
Organiza viajes a caballo de seis días en los Andes
argentinos, con rafting por aguas bravas, pesca
de la trucha, y opciones de visita de ranchos de
ganado.

OBSERVACIÓN DE AVES

América del Sur es un paraíso para los
observadores de aves y contiene una de las
mayores concentraciones de aves de la tierra. La
variedad de ecosistemas de la región, que incluye
la selva húmeda y la selva tropical, aumenta la
probabilidad de poder ver a un gran número de
aves. Si contrata a un guía, procure que sea un
ornitólogo; los guías generales pueden tener una
frustrante falta de conocimientos adecuados.
Tenga también en cuenta que las instalaciones
varían mucho y que los puestos de observación
camuflados son raros. Es aconsejable llevar
consigo unos prismáticos (un aumento
de 7x es adecuado), así como una cámara
con lente de teleobjetivo.

BirdLife International
Wellbrook Court
Girton Rd.
Cambridge CB3 0NA
Reino Unido
☎ (01223) 277318 **Fax:** (01223) 277200
email: birdlife@birdlife.org.uk
Birdlife International es un socio global de
organizaciones de conservación y la más
destacada autoridad sobre el estatus de las aves
en el mundo. Puede proporcionar detalles sobre
asociaciones de observación de aves del mundo.

PARQUE NACIONAL HENRI PITTIER, VENEZUELA
En Venezuela se han registrado más de 1.200
especies de aves, más que en toda Europa y
América del Norte combinadas. La rara selva
húmeda de 107.800 hectáreas del Parque
Nacional Henri Pittier, en la costa norte,
mantiene por sí sola aproximadamente la mitad
de esa cifra. Incluye Paso Portachuelo, uno de los

lugares preferidos para observar aves durante todo el año.

Escuela de Agronomía

Universidad Central de Venezuela
El Limón
Maracay
Venezuela
☎ (043) 450153
La Escuela de Agronomía dirige la estación biológica de la reserva. El profesor Alberto Fernández Badillo puede conseguir permisos y alojamiento básico.

RESERVA BIOLÓGICA DE MAQUIPUCUNA, ECUADOR

Ecuador es un país reconocido mundialmente por su biodiversidad, en el que los ornitólogos han clasificado 1.500 especies de aves. Las 5.700 ha de la Reserva Biológica de Maquipucuna, cerca de Quito, contienen más de 300 especies. En la reserva, de entrada gratuita, hay varios senderos; dispone de guías y es posible quedarse a pasar la noche aquí.

Fundación Maquipucuna

Baquerizo 238 y Tamayo
Quito, Casilla 17-12-167
Ecuador
☎ (02) 507 200
Fax: (02) 507 201
email: root@maqui.ecx.ec
Esta fundación local puede obtener permisos, guías y alojamiento en la reserva, así como proporcionar consejo.

RESERVA BIOSFÉRICA DE MANU, PERÚ

Las 2.233.694 ha de la Reserva Biosférica de Manu constituyen una de las más grandes zonas de conservación del mundo. Sus 850 especies de aves se encuentran en la zona de drenaje del río Manu, donde también se pueden ver nutrias gigantes, monos y ocelotes. Una parte de la reserva es accesible sólo a los biólogos y otra sólo en compañía de un guía y mediante la obtención de un permiso previo; una tercera está abierta a todos los visitantes y contiene refugios para alojamiento.

Manu Expeditions

Avda. Pardo 895
Cuzco
Perú
☎ (01) 226671
Fax: (01) 236706
email: adventure@manuexpeditions.com
página web: www.manuexpeditions.com
Esta empresa turística es propiedad de un ornitólogo y se especializa en viajes de observación de aves por la zona. Dispone de guías que hablan idiomas.

CHACO, PARAGUAY

La gran zona pantanosa y agrícola conocida como el Chaco (con una extensión de 24 millones de ha) es donde vive una enorme cantidad de aves y muy pocas personas. Una sola carretera asfaltada cruza la región, habitada por aisladas poblaciones mennonitas e indias. Se encuentra muy poco alojamiento, aunque está permitido acampar.

Intertours/Natur

Avda. Perú 436 y España
Asunción
Paraguay
☎ (21) 27804 **Fax:** (21) 211870
Es una agencia pequeña y eficiente, que organiza viajes a la medida por el Chaco. Es una de las pocas empresas que ofrecen viajes a esta región.

PESCA

En América del Sur hay algunos lugares de clase mundial para la pesca, ya que sus costas, lagos y ríos ofrecen una gran abundancia de capturas. Chile y Argentina cuentan con algunos de los mejores lugares del mundo para la pesca de la trucha, en los que la temporada de pesca se inicia justo cuando termina la de Estados Unidos. Compruebe las diferencias estacionales y las limitaciones legales que puedan existir, como por ejemplo una política de «captura y liberación», que se aplica en todos los ríos de Argentina. A menudo se pueden tomar disposiciones que le permitan llevarse a casa los ejemplares capturados. Si viaja de forma independiente, sin quedar incluido en ningún grupo organizado, procure disponer de una licencia válida y en regla. Generalmente, las oficinas turísticas le proporcionarán información sobre licencias y los mejores lugares para pescar.

LOS ROQUES, VENEZUELA

El archipiélago de Los Roques, a 150 km al norte de Caracas, constituye un parque nacional lleno de peces, que contiene numerosos kilómetros de llanuras remotas y blancas.

Cutting Loose Expeditions

Conexión de pesca
P. O. Box 447
Winter Park
FL 32790-0447
Estados Unidos
☎ 407/629-4700 **Fax:** 407/740-7816
Se especializa en viajes de pesca por todo el mundo. También ofrece recorridos organizados por el río Orinoco.

RÍO NEGRO, BRASIL

En las aguas oscuras del río Negro, a 320 km de Manaus, en la confluencia con el Amazonas, vive el róbalo pavo real, que alcanza grandes tamaños. Muchos pescadores consiguen pescar piezas que alcanzan los 6,8 kg de peso.

Trek International Safaris
1503 The Greens Way
Jacksonville
FL 32250
Estados Unidos
☎ 904/273-7800
Fax: 904/273-0096
email: trek@treksafaris.com
Ofrece viajes de ocho días a bordo del lujoso *Amazon Queen*, así como viajes con base en tierra, con alojamiento en refugios o en tiendas.

MALDONADO, URUGUAY
Maldonado, en la desembocadura del río de la Plata, es un buen lugar para pescar desde embarcaciones en el mar, a lo largo de la costa, o en las cercanas islas. La oficina de turismo proporciona un mapa de los mejores lugares (☎ [042] 21920).

Tuttie
Local 1 del Servicio de Tráfico de Lanchas
Punta del Este
Maldonado
Uruguay
☎ (042) 44352
Ofrece una variedad de viajes de pesca en barco, que duran un día o más.

DISTRITO DE LOS LAGOS, CHILE
Puerto Montt, en el distrito de los Lagos de Chile, se halla rodeado de mar, lagos y ríos. En el río Maullin, al oeste, se pesca muy bien el salmón, mientras que en el río Petrohué se pesca la trucha arco iris (de noviembre a marzo).

Turismo Cocha
Avda. El Bosque Norte 0430
Santiago
Chile
☎ (02) 230 1000
Fax: (02) 203 5110
email: cocha@cocha.com
Esta agencia local ofrece viajes de tres días de pesca a lugares seleccionados, desde Puerto Montt a Puerto Varas.

PARQUE NACIONAL NAHUEL, ARGENTINA
El Parque Nacional Nahuel Huapi contiene un lago glacial de 500 km² con peces tanto típicamente locales como introducidos, incluida la trucha (arco iris, parda y brook). La temporada se extiende desde noviembre a mediados de abril, aunque la mejor época para pescar es noviembre y diciembre. Se necesita obtener un permiso para pescar en cualquier parte del país.

Club de Caza y Pesca
Costanera 12 de Octubre y Onelli
Bariloche
Argentina
☎ (02944) 4 22403
Ofrece información sobre licencias y alquiler de equipo de pesca.

Last Frontiers Ltd.
Fleet Marston Farm
Aylesbury
Buckinghamshire HP18 0PZ
Reino Unido
☎ (01296) 658650
Fax: (01296) 658651
email: travelinfo@lastfrontiers.co.uk
Viajes en los que se desarrollan actividades de pesca, fotografía, montar a caballo y observación de la fauna. También organiza ocasionales viajes de pequeños grupos especializados para pintores y fotógrafos.

Villa La Angostura
Parque Nacional Nahuel Huapi
Neuquén
Argentina
☎/**Fax:** (02994) 4 494308
email: balsas@sutlink.com
Ofrece pesca a la mosca desde mediados de noviembre hasta mediados de abril. También organiza excursiones de medio día o de un día entero y programas preparados a la medida, así como actividades de navegación a vela, senderismo y esquí.

PROYECTOS DE CONSERVACIÓN

Los programas de conservación le ofrecen la oportunidad de interactuar estrechamente con su ambiente y llevar a cabo lo que con frecuencia es un trabajo pionero de investigación con propósitos científicos y educativos. Las tareas pueden suponer cualquier cosa, desde trabajar con artesanos peruanos hasta controlar a los monos en la selva. Habitualmente, no se necesitan habilidades especiales, aunque debe estar dispuesto y ser capaz de trabajar duro como parte de un equipo. La comida y el alojamiento son tan variados como los propios programas. Aunque actuará usted como «voluntario», el pago destinado a cubrir los costes suele ser más caro de lo que le saldrían unas vacaciones normales.

CHIRIJE, ECUADOR
Chirije, en la costa central de Ecuador, es un importante yacimiento arqueológico. En otro tiempo fue el puerto del pueblo de la bahía y en este lugar se han descubierto restos de arquitectura y cerámica precolombinas. La zona

se halla rodeada por una enorme playa privada y más de 160 ha de bosque tropical.

Bahía Dolphin Tours

Calle Salinas
Edif. Dos Hemisferios
P. O. Box 25
Chirije
Ecuador
☎ 692 097 ó 692 086 **Fax:** 692 088
email: archtour@srv1.telconet.et
página web: qni.com/~mj/bahia/bahia
Dirige una excavación arqueológica de 21 días de duración en Chirije . Se ofrece observación de aves, de ballenas y otras excursiones para observar la fauna.

BOSQUES PLUVIALES DEL NORTE, ARGENTINA

Este proyecto aspira a conservar el mono negro aullador (*Alouatta palliata*) y su hábitat. El trabajo supone observar a grupos de estos monos en el bosque pluvial del norte de Argentina. Se controla el comportamiento sexual y agresivo de estos animales, y se selecciona a los destinados a etiquetado, pesado, etc. El alojamiento es en dormitorios, con cocina y servicios de lavandería compartidos.

Earthwatch Institute

Sede central:
680 Mt. Auburn St.
Box 9104
Watertown
MA 02272-9104
Estados Unidos
☎ 617/926-8200 **Fax:** 617/926-8532
email: info@earthwatch.org
Earthwatch Europe:
57 Woodstock Rd.
Oxford OX2 6HJ
Reino Unido
☎ (01865) 311600 **Fax:** (01865) 311383
email: info@uk.earthwatch.org
página web: www.uk.earthwatch.org
Earthwatch cuenta con una amplia variedad de proyectos repartidos por todo el mundo. También tiene oficinas en California, Japón y Australia.

COLONIA DEL SACRAMENTO, URUGUAY

Colonia del Sacramento, al sur de Montevideo, ha estado continuamente habitada desde la época romana. Sólo quedan pruebas fragmentarias de períodos anteriores, de modo que los voluntarios están analizando las colecciones arqueológicas.

Earthwatch

Véase arriba.
Organiza un viaje de 20 días. El trabajo es sobre todo de laboratorio, pero también se realiza

alguno de excavación y de preparación de exposiciones de museo, para lo que se aporta formación. Alojamiento en hotel y comidas.

RAFTING POR AGUAS BRAVAS

Las aguas claras de los ríos de América del Sur que se mueven con mayor rapidez, son ideales para la práctica de este deporte capaz de poner a menudo los pelos de punta, y que sólo se practica durante la temporada de las lluvias. No es necesario tener experiencia previa, aunque es posible que se planteen exigencias de buena forma física. Hay dos estilo de practicar el rafting: uno con pala, formando un equipo con un guía, en el que todos utilizan su pala para dirigir la embarcación, y otro estilo de «remo en bote», en el que un guía dirige la balsa, sin ninguna ayuda. Existe un sistema de clasificación internacionalmente reconocido que va desde la escala de clase I (una corriente que se mueve con lentitud), hasta una de clase VI (no es segura para los descensos organizados comercialmente). El operador debe proporcionar el equipo de seguridad y el casco. Es recomendable llevar prendas impermeables ya que se mojará por completo.

CAÑÓN DEL COLCA, PERÚ

El recorrido por la variable altura del cañón del Colca es un desafío, pero se encontrará con magníficas vistas, cóndores que se deslizan en lo alto y la cálida bienvenida con que se le recibirá en los pueblos remotos, todo lo cual hace que merezca la pena realizar el esfuerzo. Para detalles de los operadores que ofrecen viajes de rafting por aguas bravas, véase pág. 270.

RÍO ALLO NAPO, ECUADOR

El Allo Napo es un río no contaminado (los ríos Chambo, Patate y Pastaza están contaminados) al borde de la cuenca del Amazonas, al sur de Quito. La mayoría de recorridos empiezan en Baños.

Explorandes

Wilson 537 y Diego de Almagro
Quito
Ecuador
☎ (02) 222 699, (02) 556 936,
o (02) 556 937
Fax: (02) 556 938
email: explora@hoy.net
Es la empresa de rafting establecida desde hace más tiempo y lleva más de una década en funcionamiento. Ofrece diversos viajes de rafting que se inician en Baños.

Julio Verne

Oriente 11-69 y Alfaro

Baños - Tungurahua
Ecuador
☎/Fax: (03) 740249 ó (03) 740253
Esta empresa, de propiedad parcialmente
holandesa, ofrece viajes de rafting, escalada
y excursionismo en la zona situada en los
alrededores de Baños.

Río Urubamba, Perú

El hermoso río Urubamba, en el valle Sagrado,
al noroeste de Cuzco, ofrece el mejor rafting por
aguas bravas de Perú. Los descensos de
clases IV-V sólo se dan entre noviembre y abril.
Es posible realizar excursiones de un solo día
(recomendables las de Ollantaytambo y Huarán),
pero a los mejores rápidos se llega en un
viaje de tres días.

Worldwide Journeys and Expeditions

Véase pág. 310.
Organiza un viaje de 17 días, que incluye un
descenso de cuatro días por el río. Ofrece viajes
en pequeños grupos por toda América del Sur.

Río Trancuro, Chile

Chile cuenta con algunos de los mejores tramos
del mundo para la práctica del rafting por aguas
bravas. El río Trancuro, en el distrito de los Lagos,
es bastante popular desde diciembre a febrero,
cuando se encuentran las mejores aguas bravas.
La mayoría de agencias de Pucón ofrecen viajes
de medio día o de un día entero, con rápidos de
clases IV-V y una cascada, o aguas de grados
inferiores.

O'Higgins

No. 211 Calle
Pucón
Chile
☎ (045) 441189 ó (045) 441959
Fax: (045) 441959
Esta empresa pionera de los viajes de rafting por
la zona de Pucón también organiza viajes
similares por los ríos Bío Bío y Futaleufú.

Río Manso, Argentina

El río Manso, en el Parque Nacional Nahuel
Huapi, en la frontera con Chile, tiene rápidos de
clase III, en un paisaje de pintorescos lagos y
glaciares. La mayoría de los viajes se inician en
Bariloche, en el centro del parque.

Expediciones Náuticas

Rolando 268
Local 4
Bariloche
Argentina
☎ (02944) 4 27502
Guías locales expertos, que se pueden contratar
para viajes de un día o más.

Río Mendoza, Argentina

Para verdaderas descargas de adrenalina, pocas
cosas superan al descenso de los rápidos del río
Mendoza, cuyas burbujeantes aguas se precipitan
por entre cañones pelados que se suceden
con pasmosa rapidez.

Betancourt Rafting

Véase pág. 284.

SAFARIS PARA OBSERVAR LA FAUNA

En la región que inspiró *El origen de las especies*,
de Darwin, vive una gran cantidad de animales
exóticos, como osos anteojos, iguanas, tapires,
armadillos y hasta pumas (véase también
Observación de aves, págs. 299–300). Para
apreciar plenamente la fauna y el medio
ambiente, se recomienda por lo menos efectuar
un viaje de tres días. En general, es mejor viajar
en la temporada seca, cuando los animales
acuden a buscar agua y hay menos insectos. En
las zonas de la jungla vive una densa población
faunística (véanse Viajes por la jungla,
págs. 311-312), aunque la espesa vegetación no
siempre ofrece las mejores oportunidades para
verla. Los paisajes llanos y abiertos, como las
pampas de Argentina y Los Llanos de Venezuela,
donde abunda la fauna, se extienden hasta donde
alcanza el horizonte. Procure reducir al mínimo
el impacto, no perturbando a la fauna, llevándose
consigo la basura que produzca y comprobando que
en los viajes organizados no se practique la caza.

Los Llanos, Venezuela

Los Llanos es una vasta zona de llanuras habitada
por los vaqueros, el ganado y un gran número de
animales y aves exóticas (véase Observación
de aves, págs. 299–300). Las llanuras se inundan
en octubre y noviembre y puede verse un gran
número de animales y aves, sobre todo delfines,
capibaras y caimanes. Es aconsejable realizar la
visita como parte de un grupo y alojarse en un
rancho, ya que la zona es muy remota. Para
detalles sobre los operadores que ofrecen safaris
para observar la fauna en Los Llanos,
véanse págs. 260–261.

Turismo Aventura

Caracas
Venezuela
☎ (02) 951 1143
Organiza viajes que duran tres días al Hato
Cedral, un rancho donde está prohibida la caza
y donde también hay una piscina.

Reserva Faunística de Cuyabeno, Ecuador

Situada el este de los Andes ecuatorianos, está la

Reserva Faunística de Cuyabeno, de 600.000 ha de extensión, que forma una hermosa zona de remota selva pluvial. Abundan las anacondas, los delfines rosados y otros mamíferos en las numerosas lagunas del parque nacional; la mayoría de los recorridos, que durante entre tres y seis días, se efectúan en bote o en canoa motorizada. También es aconsejable contratar un guía. Hay alojamiento en hotel y se puede acampañar en la reserva.

Jungletur
Amazonas 854 y Veintimilla
Quito
Ecuador
☎ (02) 571098
Ofrece viajes de seis días a Cuyabeno, además de otros safaris para observar la fauna en el país.

ISLAS GALÁPAGOS, ECUADOR
Para el amante de la naturaleza, el archipiélago de las Galápagos es uno de los destinos más gratificantes del mundo. Aquí, en este laboratorio vivo, una ecología que inspira respeto y el encuentro directo con una fauna exótica le garantizan la experiencia de toda una vida. Para detalles sobre los operadores que ofrecen safaris para la observación de la fauna de las Galápagos, véanse págs. 265–266.

ARCHIPIÉLAGO ABROLHOS, BRASIL
El archipiélago Abrolhos, en Bahía, fue el primer parque nacional marino que se creó en Brasil. Se halla situado frente a la costa de Caravelas y está compuesto por cinco islas; sus aguas claras mantienen una enorme variedad de peces y corales. Desde julio hasta noviembre también es posible observar a las ballenas.

Gigaturismo
Véase pág. 307.
Tiene una oferta de dos noches navegando por entre las islas, con opciones para observación de aves y para la práctica del submarinismo. Gigaturismo es una organización de conservación, parte de cuyos beneficios se destinan a obras de caridad.

RURRENABAQUE, BOLIVIA
En Rurrenabaque es donde se inician los recorridos por las pampas (para viajes por la jungla, véase pág. 305). Como quiera que los animales cuentan con menos lugares donde esconderse, los viajes por las pampas son los que ofrecen las mejores posibilidades de ver a animales como serpientes, delfines, capibaras y numerosas especies de aves. Normalmente, los viajes suponen tomar una canoa motorizada para viajar por la red de ríos y acampar a lo largo del camino.

Agencia Fluvial
Véase pág. 306.
Ofrece viajes de cuatro días por la jungla y recorridos de tres días por la pampa, dirigidos por guías expertos.

PATAGONIA, ARGENTINA
En la vasta llanura semidesierta y escasamente poblada de Patagonia vive una gran diversidad de fauna y flora, parte de la cual se halla en peligro de extinción, a la espera de ser descubierta por el aventurero observador de la fauna.

Wildlife Worldwide
Véase pág. 265.

PENÍNSULA VALDÉS, ARGENTINA
En la reserva de fauna marina de península Valdés, puede realizar travesías en una embarcación para observar a las ballenas que juegan, mezclarse con las colonias de pingüinos y disfrutar con las cabriolas de las focas y leones marinos. Para detalles sobre los operadores que ofrecen safaris para observar la fauna en la península Valdés, véase pág. 289.

TIERRA DEL FUEGO-PENÍNSULA ANTÁRTICA, ARGENTINA
Se organizan viajes a la península Antártica, una zona remota y pintoresca que cuenta con una fauna extraordinaria. Hay zonas rocosas con pingüinos, colonias de focas, ballenas y albatros, entre los numerosos glaciares y fiordos que salpican el terreno helado. Los viajes de ida y vuelta, que sólo pueden efectuarse entre octubre y marzo, se emprenden desde Ushuaia, Tierra del Fuego, y duran por lo menos cuatro días, incluyendo el tiempo que se pasa en tierra y las visitas a las estaciones científicas. No se garantiza, sin embargo, que se pueda ver a los animales.

World Expeditions
4 Northfields Prospect
Putney Bridge Rd.
Londres SW18 1PE
Reino Unido
☎ (020) 8870 2600
Fax: (020) 8870 2615
email: worldex@dircon.co.uk
Organiza un viaje de 11 días desde Ushuaia, con la posibilidad de acampar en tierra.

SUBMARINISMO

La costa caribeña y los parques nacionales marinos de América del Sur han alcanzado una gran popularidad entre los submarinistas de todo el mundo. Los clubes subacuáticos de otros países ofrecen cursos que se pueden seguir cómodamente antes de emprender el viaje, pero lleve entonces consigo los certificados que haya conseguido. Es posible que algunos operadores exijan experiencia, pero normalmente es posible obtener la certificación como submarinista una vez que haya llegado a su destino. Este deporte es particularmente peligroso para las personas inexpertas, de modo que no elija al operador más barato por ahorrar dinero, ya que el instructor puede tener grupos con un número excesivo de alumnos y el equipo puede ser poco satisfactorio. Pida ver el libro de inmersiones del instructor para comprobar su experiencia y compruebe que tiene una tarjeta válida de instructor. Compruebe cuidadosamente todo el equipo antes de sumergirse. El buceo con tubo es una buena introducción si no ha practicado el submarinismo hasta ahora, y es especialmente adecuado para los niños.

British Sub-Aqua Club
Telford Quay
Ellesmere Port
South Wirral
Cheshire L65 4FY
Reino Unido
☎ (0151) 350 6200 **Fax:** (0151) 350 6215
página web: www.bsac.com
Ofrece información sobre submarinismo en ultramar y organiza cursos de submarinismo en el Reino Unido.

National Association of Underwater Instructors (NAUI)
NAUI Worldwide
9942 Currie Davis Dr., Suite H
Tampa
FL 33619-2667
Estados Unidos
☎ 813/628-6284
   o llamada gratuita 1-800/553-6284
Fax: 813/628-8253
página web: www.naui.org
Ofrece entrenamiento y certificación de alto nivel.

Professional Association of Diving Instructors (PADI)
PADI International Ltd.
Unit 7
St. Philips Central
Albert Rd.
St. Philips
Bristol BS2 0PD
Reino Unido
☎ (0117) 300 7234 **Fax:** (0117) 971 0400
página web: www.padi.com
La PADI certifica al 55 por ciento de todos los submarinistas del mundo y se la reconoce por su promoción de la seguridad y la supervisión del entrenamiento.

SAN ANDRÉS, COLOMBIA
San Andrés, forma parte de un grupo de islas situadas en la costa noroeste del país. Cuenta con amplios arrecifes de coral, una variada vida marina y una infraestructura turística bien establecida. También se puede alquilar equipo de buceo. Se paga un impuesto de entrada a la isla.

Buzos del Caribe
Centro Comercial Dann
San Andrés
Colombia
☎ (9811) 23712
Esta agencia local dispone de equipo para su alquiler y ofrece recorridos por los arrecifes.

LOS ROQUES, VENEZUELA
El archipiélago de Los Roques, al norte de Caracas, es un espectacular parque nacional (se paga entrada) que ofrece buenas oportunidades para el submarinismo y el buceo con tubo. La arena es blanca y las aguas claras, aunque la zona puede estar llena de venezolanoslos fines de semana y las vacaciones. Para detalles sobre los operadores que organizan viajes de submarinismo y buceo en Los Roques, véase pág. 261.

ISLAS GALÁPAGOS, ECUADOR
En las cristalinas aguas del archipiélago de las Galápagos, el submarinista experimentado puede embarcarse en una interesante aventura por un mundo de colorido espectacular y vida marina que sólo pueden explorar algunos privilegiados.

Galápagos Scuba Iguana
Véase pág. 265.

FERNANDO DE NORONHA, BRASIL
El Parque Nacional Marino Fernando de Noronha es un archipiélago situado frente a la costa noreste de Brasil, que sólo cuenta con una isla habitada. Es muy popular entre los submarinistas brasileños, que acuden a visitar los pecios y la gran variedad de vida marina, que incluye delfines, tortugas, rayas águila y barracudas. El número de turistas ha sido limitado y se aplican reglas muy estrictas para proteger el frágil ambiente del parque. También se paga un impuesto de visitante de unos 15 $ diarios.

Gigaturismo
Rua México 21/402
Centro - Río de Janeiro - RJ
CEP 20.031-144
Brasil
☎ (021) 524 1028 **Fax:** (021) 240 3183
página web: www.gigaturismo.com.br
Tiene ofertas de submarinismo y navegación a vela, y parte de los beneficios obtenidos se destinan a programas de conservación. También organiza otros viajes de submarinismo y aventura por Brasil.

PENÍNSULA VALDÉS, ARGENTINA

Los dos parques submarinos existentes en la
península Valdés, uno artificial y el otro formado
por un arrecife natural, ofrecen al submarinista
cualificado la oportunidad de explorar una de las
reservas marinas más importantes del mundo.

Buceo
Véase pág. 289.

SURFING

Los numerosos kilómetros de costa de América
del Sur cuentan con una serie de rompientes
internacionalmente afamadas, aunque Brasil sea
probablemente su meca del surfing. Tenga en
cuenta que algunas playas están contaminadas,
sobre todo en Perú. Es aconsejable ponerse un
traje impermeable, ya que el agua puede estar
fría, incluso cuando el tiempo meteorológico sea
cálido y no podrá encontrarlos en alquiler en
todos los lugares. Procure evitar aquellas playas
que estén abarrotadas de nadadores, ya que en
ellas correrá un mayor riesgo de causar daños.
Observe las condiciones locales: puede haber
peligrosas corrientes subterráneas y resaca. Es
posible que en las reservas ecológicas se apliquen
normas reguladoras concretas, rutas náuticas
obligadas y lugares donde haya embarcaciones
recreativas.

Surfer Publications
P. O. Box 1028
Dana Point
CA 92629
Estados Unidos
☎ 714/496-5922
Fax: 714/496-7849
Publica el *Journal of International Surfing
Destinations*. Se puede solicitar una lista de pago,
así como informes de viajes de interés.

ILHA DE SANTA CATARINA, BRASIL

Ilha de Santa Catarina cuenta, entre sus
42 playas, con algunos de los mejores lugares del
continente para la práctica del surfing. En
Joaquina, en la isla, se celebran cada mes de
enero los campeonatos brasileños de surfing
profesional. Entre el 30 de abril y el 30 de julio
está prohibida la práctica del surfing para
proteger la migración del pez tainha, y las playas
pueden estar muy abarrotadas en los meses de
enero y febrero.

Oficina de turismo
Portal Turístico
de Florianópolis
Avda. Engenheiro
Max de Souza 236
Coqueiros
Florianópolis
Brasil
☎ (0482) 244 5822 ó (0482) 244 5960
Puede proporcionar una información actualizada
sobre los mejores lugares adonde ir, así como
detalles sobre el equipo de alquiler que
encontrará.

MAR DEL PLATA, ARGENTINA

Mar del Plata, en la costa atlántica de Argentina,
es un popular centro turístico, a 8 km de las
playas y de un buen oleaje. Entre diciembre y
marzo es necesario reservar el alojamiento con
antelación.

Oficina de turismo
Ente Municipal de Turismo
Blvd. Marítimo 2267
Emtur
Mar del Plata
Argentina
☎ (02293) 4 21777
Ofrece información sobre lugares para la práctica
del surfing y donde hay equipo de alquiler.

HUANCHACHO Y PUERTO MALABRIGOL CHICAMA, PERÚ

Huanchacho es un pueblo pesquero y de surfing al
noroeste de Trujillo, donde los pescadores se
enfrentan al fuerte oleaje en sus estrechas
embarcaciones de juncos, llamadas *caballitos*,
como si se montaran sobre tablas de surf. Éstas se
pueden alquilar en la playa. La cercana playa de
Puerto Malabrigol Chicama, a 70 km al norte de
Trujillo, es posible que cuente con la rompiente
izquierda más grande del mundo. Las tablas se
pueden alquilar en Lima. El agua está fría en Perú
y, en ocasiones, estas playas están contaminadas.

O'Neills
Avda. Santa Cruz 851
Miraflores
Lima
Perú
☎ (01) 445 0406
Alquila tablas y equipo y cuenta con un personal
experto. En los quioscos de Lima se puede
comprar *Tablista*, una revista de surfing.

TREKKING

Los vastos tramos salvajes de la región ofrecen
excelentes oportunidades para la práctica del
senderismo y el excursionismo. Los caminos de
los incas en los Andes, y los senderos de los indios
locales en Ecuador y Bolivia cruzan por paisajes
espectaculares mientras que, en el sur, muchos
parques nacionales cuentan con un elevado nivel
de instalaciones para el visitante. Las elevadas
alturas de los Andes hacen que la aclimatación

sea esencial. El extremado tiempo meteorológico reinante en las zonas montañosas hace que sea muy importante prepararse, tanto para las quemaduras solares como para las producidas por el frío. En las zonas más remotas no es insólito que se produzcan robos y ataques, sobre todo alrededor de los volcanes; es por ello aconsejable viajar en compañía de un guía o de un grupo más grande. Los mapas fiables es mejor obtenerlos en su país de origen, aunque también se encuentran buenos en los Institutos Geográficos de las capitales. El Club de Exploradores de América del Sur (véase Montañismo, págs. 296–298) puede proporcionar mapas, guías e información de viaje.

SIERRA DE LA CULATA, VENEZUELA

La Sierra de la Culata, cerca de Mérida, ofrece buenas oportunidades de trekking en un paisaje similar al de un desierto, con lagos de montaña y fuentes de aguas termales. Hay varias excursiones de un día para las que no se necesita guía y es posible acampar para pasar la noche.

Bum Bum Tours
Véase pág. 260.

Guamanchi Tours
Véase pág. 302.
Ofrece información y mapas para excursiones independientes. También organiza viajes en bicicleta, a caballo y de escalada.

RORAIMA, VENEZUELA

Roraima, en la zona fronteriza entre Venezuela, Guayana y Brasil, con una altura de 810 m es uno de los más altos tepuis (mesetas) de la región, y se cree que fue el lugar que inspiró a sir Arthur Conan Doyle a escribir *El mundo perdido*. Se tardan dos días en efectuar la ascensión (es recomendable ir con un guía), pero calcule por lo menos otros dos días para estar en lo alto de la meseta (acampando para pasar la noche) y para explorar la insólita selva húmeda, su fauna y especies vegetales. La mejor época para la visita es entre diciembre y abril.

Roraima Tours
San Francisco de Yuraní
Roraima
Venezuela
☎ (088) 951283
Fax: (088) 951339
Esta agencia se especializa en viajes a los *tepui*, y ofrece viajes con todo incluido así como contrato durante un día de guías (recomendado) y equipo.

BOSQUE HÚMEDO DE CERRO GOLONDRINAS, ECUADOR

Senderos que cruzan por entre ecosistemas tan fascinantes como vírgenes y que le permiten recorrer la zona selvática de altura del páramo,

hasta el místico bosque húmedo de Cerro Golondrinas, para descender después hacia la selva tropical de las tierras bajas.

Fundación Golondrinas
Véase pág. 263.

CORDILLERA BLANCA, PERÚ

La cordillera Blanca es la zona más popular para realizar excursiones a pie en Perú, y ofrece circuitos de variada extensión, además de un paisaje montañoso que puede rivalizar con el del Himalaya. Puede estar todo muy húmedo incluso durante la temporada seca, así que vaya preparado para toda clase de tiempo meteorológico. Los senderos están bien marcados, pero debido a la altura se tiene que aclimatar adecuadamente. Se tardan 12 duros días en recorrer el circuito de la cordillera Huayhuash, empezando bien en Chiquián, Cajatambo, o en Oyun; para recorrer una parte del circuito, hasta laguna Jahuarcocha, se tardan cinco días.

Safaricentre
3201 N. Sepulveda Blvd.
Manhattan Beach
CA 90266
Estados Unidos
☎ llamada gratuita 1-800/223-6046
o 1-800/546-4411
email: info@safaricentre.com
Cuenta con guías expertos con experiencia de la zona. También se pueden organizar safaris en jeep en Bolivia.

PARQUE NACIONAL DA CHAPADA DIAMANTINA, BRASIL

El Parque Nacional Chapada Diamantina, de 1.599 km², ofrece buenas posibilidades para caminar entre cascadas, montañas y grandes cuevas. Se pueden emprender toda una serie de excursiones cortas desde Lençóis, el cuartel general del parque, para las que no es necesario ir acompañado por un guía.

Agencia Saturno
Olivia Taylor
Pousada dos Duendes
Rua do Pires
Lençóis
Brasil
☎/**Fax:** (075) 334 1229
Esta agencia está dirigida por una inglesa, que organiza excursiones por la zona, con una duración de uno a once días.

TORRES DEL PAINE, CHILE

En los senderos que cruzan el parque, por debajo de las altas torres graníticas del Torres del Paine, el excursionista encontrará las lagunas azules, los resplandecientes glaciares y los valles cubiertos de hierba de un paisaje espectacular y siempre cambiante.

Amerindia Concept
Véase pág. 282.

Véase también Patagonia, Argentina, a continuación.

PATAGONIA, ARGENTINA

El paisaje salvaje de Patagonia incluye una serie de parques nacionales remotos donde viven guanacos, águilas, zorros plateados y elefantes marinos. Los picos de las montañas, los icebergs y las aves exóticas se descubren en las excursiones que se pueden emprender por esta región, que se visita mejor entre noviembre y marzo. Para detalles sobre los operadores que ofrecen viajes a Patagonia, véase pág. 282.

Butterfield y Robinson
70 Bond St.
Suite 300
Toronto
Ontario M5B 1X3
Canadá
☎ 416/864-1354
Fax: 416/864-0541
email: info@butterfield.com
página web: www.butterfield.com
Organiza un viaje de nueve días con alojamiento en refugios de lujo, incluida una travesía en barco al glaciar Moreno y una opción de pesca a la mosca. Este operador especializado ofrece viajes de excursionismo por todo el mundo.

Explore Worldwide
1 Frederick St.
Aldershot
Hampshire GU11 1LQ
Reino Unido
☎ (01252) 319448
Fax: (01252) 343170
email: info@explore.co.uk
Organiza un viaje de 22 días desde Buenos Aires o Reino Unido, con opciones de travesía en barco y observación de ballenas. También se organizan viajes de excursionismo por otros países de América del Sur, junto con observación de la fauna, de tipo cultural y por la selva húmeda.

PARQUE NACIONAL LOS GLACIARES, ARGENTINA

En el Parque Nacional Los Glaciares se puede caminar sobre la crujiente superficie de los glaciares. Necesitará colocarse crampones en las botas para poder subir por las laderas y sortear las profundas grietas.

Fitzroy Expeditions
Véase pág. 291.

VIAJES CULTURALES

La región cuenta con una rica historia y una cultura tan variada como su paisaje. La cultura es evidente en los restos arqueológicos de famosas civilizaciones como la de los incas, en los numerosos grupos indígenas y en las vidas de sus habitantes contemporáneos. Muchos de los yacimientos arqueológicos se encuentran en lugares remotos, a los que sólo se llega después de caminar durante varios días, aunque el viaje puede ser tan gratificante como la llegada al destino. No viaje solo a zonas remotas y permanezca alerta a los ladrones y bandidos, que no son infrecuentes. Si entra en contacto con los pueblos indígenas, respételos, así como su estilo de vida tradicional.

SAN AGUSTÍN, COLOMBIA

San Agustín es uno de los más importantes yacimientos arqueológicos de América del Sur. Sus aproximadamente 500 estatuas antiguas de piedra que representan animales y figuras se hallan diseminadas por el aislado valle del Magdalena. Es posible recorrer la zona donde están las estatuas más accesibles, pero también se puede realizar un recorrido en jeep. Para los que tienen más interés por profundizar en el conocimiento de un paisaje espectacular, es aconsejable contratar un caballo y un guía. La temporada «seca» se extiende desde noviembre a marzo, aunque llueve casi cada día.

World Heritage Travel Office
Calle 3
No. 10-84
San Agustín
Colombia
☎ (988) 373940
El propietario es multilingüe y es el antiguo jefe de la oficina de turismo. Dispone de mapas y puede organizar viajes.

OTAVALO, ECUADOR

Un recorrido por los pueblos de Otavalo ofrecerá al viajero una genuina percepción del estilo de vida sin complicaciones y de las bien conservadas tradiciones de un pueblo famoso por su excepcional capacidad artesanal.

LUGARES HISTÓRICOS, PERÚ

Desde los antiguos edificios de Lima y los interesantes museos hasta los yacimientos incas situados alrededor de Cuzco y los cercanos y pintorescos mercados indios, Perú ofrece una variada experiencia cultural.

Mila
100 S. Greenleaf Avda.
Gurnee

Il 60031
Estados Unidos
☎ Llamada gratuita 1-800/367-7378
email: milalatin@aol.com
página web: www.a2z.com/mila
Un viaje de nueve días que recorre los lugares principales, además de una visita al señor de Sipan y a las líneas de Nazca. Un viaje de 14 días que también incluye visitas a los estudios artesanos de la región, las ruinas de Sacsahuamán, los talleres de cerámica de Urubamba y un recorrido opcional por la jungla desde Iquitos.

KUELAP, PERÚ

Kuelap, a una altura de 3.000 m, en el norte de Perú, es el equivalente inca de la Gran Muralla de China. Es mucho más antiguo que el Machu Picchu, a pesar de lo cual son relativamente pocos los turistas que visitan el lugar. Se pueden contratar caballos y guías para el día en Tingo, desde donde hay un escarpado sendero que se recorre en cuatro horas. No descienda por el mismo camino (se puede acampar en lo alto).

Oscar Acre Cáceres

«El Chillo»
Cerca del río Utcubamba, a 4 km en las afueras de Tingo, Perú
Oscar es experto y servicial, y desde su granja puede organizar tanto guías como alojamiento.

LUGARES INCAS, BOLIVIA

La cultura andina se experimenta mejor visitando los antiguos yacimientos arqueológicos incas, al pueblo aymará, que todavía vive a orillas del lago sagrado de Titicaca y peregrinando a centros como Copacabana.

Fremen

Véase pág. 275.
Es un viaje de 12 días con recorridos por los lugares donde se gestó la cultura andina. También se organizan otros viajes a la medida, así como de negocios, excursiones para la observación de aves y viajes por el Amazonas boliviano.

BUENOS AIRES, ARGENTINA

La animada y sofisticada ciudad de Buenos Aires tiene una rica herencia cultural, que incluye numerosos museos, iglesias, acontecimientos culturales y bares de tangos.

Centro Cultural de Buenos Aires

Junín 1930
Recoleta
Buenos Aires
Argentina
☎ (011) 4 803 1041
En el Centro Cultural encontrará información sobre actos culturales, habitualmente gratuitos.

Maxim Tours Ltd.

Véase pág. 284.
Se ofrecen talleres de aprendizaje del tango y recorridos por la ciudad, así como los recorridos Las Caras de Buenos Aires, la Herencia Judía y El Buenos Aires de Eva Perón.

ISLA DE PASCUA

La isla de Pascua, a 4.000 km al oeste de Chile, es famosa por sus 600 figuras gigantescas de piedra, llamadas *maoi*, construidas en terrenos funerarios familiares. Hay vuelos diarios desde Santiago, Chile. Es posible caminar hasta todos los lugares principales de la isla en unos dos días, pero escasean las provisiones y la sombra, por lo que es mejor alquilar un jeep, una motocicleta o un caballo.

Maxim Tours Ltd.

Véase pág. 284.
Viajes personalizados a la isla de Pascua desde Santiago. También ofrece viajes para observación de la fauna, del paisaje o de lugares culturales en todos los países de América del Sur, incluidos los recorridos vitivinícolas y los viajes para esquiar en Chile. Se utiliza a guías locales y se aporta información de fondo y lecturas relativas a cada destino.

Passage to South America

Véase pág. 295.
Ofrece viajes de cuatro días a la isla de Pascua desde Santiago, Chile, que se pueden combinar con cualquier otro viaje de la empresa, como el de Aventura por Patagonia.

VIAJES EN BARCO

Los grandes ríos de la región y la presencia de una costa accesible permiten elegir entre una serie de inspiradores viajes por mar o fluviales, y disfrutar de un paisaje espectacular, fotografiar la vida marina y observar a los campesinos indios locales. Puede emprender una travesía de descenso por el Amazonas, o navegar entre impresionantes glaciares. Los viajes en barco por ríos más pequeños le permiten ver más fauna y paisajes, pero debe estar preparado para soportar condiciones básicas, con poco espacio disponible y si el viaje va a durar varios días, será mejor que lleve consigo comida suplementaria y reserva de agua potable. Es probable que los insectos sean voraces, por lo que el repelente contra insectos es esencial y, posiblemente, también una mosquitera.

PUERTO CALLAO, PERÚ

Las canoas motorizadas conocidas como *peki-pekis* se pueden alquilar por horas en Puerto Callao, en la cuenca del Amazonas, o para viajes de dos días que le permitan visitar el hermoso lago Yarinachocha y los pueblos indios (donde se puede comprar artesanía local), es muy probable que pueda ver delfines de río.

Laser Viajes y Turismo
Jr. 7 de Junio 1043
Pucallpa
Perú
☎ (064) 571120 o ☎/**Fax:** (064) 573776
Esta empresa ofrece buenas travesías en barco y asesoramiento, con guías experimentados.

Lago Titicaca, Perú

En el lago Titicaca, el lago navegable más alto del mundo, se puede visitar el pueblo uros, que vive en sus famosas islas flotantes hechas de junco de tortora, e incluso emprender una travesía en una barca de juncos.

Río Amazonas, Brasil

El poderoso Amazonas se puede explorar en una travesía que le lleva desde la ciudad de Manaus, en plena jungla, hasta el delta del Amazonas, para luego descender por la costa hasta Salvador y la animada ciudad de Río de Janeiro. Hay muchas oportunidades para observar la fauna y para explorar lugares más inaccesibles. Para detalles sobre los operadores que ofrecen travesías en barco por el Amazonas, véanse págs. 269–270.

Worldwide Journeys and Expeditions
8 Comeragh Rd.
Londres W14 9HP
Reino Unido
☎ (020) 7381 8638 **Fax:** (020) 7381 0836
email: wwj@wjournex.demon.co.uk
Organiza travesías de dos semanas en barcos con un número limitado de pasajeros y ofrece alojamiento en camarote. Dispone de otros viajes para grupos pequeños por América del Sur.

Cataratas del Iguazú, Brasil/Argentina

La extensión y belleza de las cataratas del Iguazú se puede apreciar desde cerca, emprendiendo una de las emocionantes travesías en barco hasta muy corta distancia de los atronadores muros de agua, lo que puede ser enervante para el espectador. Para más detalles sobre operadores que ofrecen viajes en barco a las cataratas del Iguazú, véase pág. 272.

El Pantanal, Brasil

El vasto y acuoso paisaje del Pantanal es una de las reservas naturales más ricas del mundo, y sus ríos y *baias* son excelentes para travesías en bote. Para el observador de la fauna, la zona ofrece las mejores travesías en bote que se pueden hacer en cualquier parte. Para detalles sobre los operadores que ofrecen travesías en bote por el Pantanal, véase pág. 273.

Patagonia, Argentina/Chile

Esta remota región tiene una geología fascinante, además de enormes glaciares y altos picos montañosos. También tiene una variada fauna y muchas islas. Hay cruceros disponibles desde octubre a marzo.

Abercrombie and Kent
1520 Kensington Rd.
Oak Brook
IL 60523-2141
Estados Unidos
☎ 630 854 2944
 o llamada gratuita 1-800/323-7308
email: pr@abercrombiekent.com
página web: www.abercrombiekent.com
Organiza un viaje de doce días, incluidos tres de crucero, a través de estrecho de Magallanes, desde Buenos Aires. Hay excursiones a Torres del Paine y Bariloche, en el distrito de los Lagos. Otros viajes lujosos incluyen el de las islas Galápagos y el del Machu Picchu.

Puerto Montt, Chile

El viaje de cuatro días desde Puerto Montt a Puerto Natales, en el sur, le permite cruzar por un paisaje lleno de glaciares habitados por ballenas, leones marinos y una gran variedad de aves. El viaje puede ser espectacular, pero puede ser duro, con condiciones básicas. Reserve con antelación.

Navimag (Naviera Magallanes SA)
Terminal de Transbordadores
Angelmó 2187
Puerto Montt
Chile
☎ (65) 253318 **Fax:** (65) 258540
Una de las más grandes empresas de cruceros del país, con varias travesías al mes. Ofrece pasajes en clase económica o en camarote individual superior.

Passage to South America
Fovant Mews
12 Noyna Rd.
Londres SW17 7PH
Reino Unido
☎ (020) 8767 8989 **Fax:** (020) 8767 2026
email: psa@scottdunn.com
Es un especialista en vacaciones en América del Sur desde 1989. Ofrece un crucero de seis días desde Puerto Montt a lo largo de la costa hasta remotas comunidades pesqueras, numerosas islas y la laguna de San Rafael. Otros viajes en oferta incluyen actividades de pesca, esquí, montar a caballo y senderismo en América del Sur.

Tierra del Fuego: Península Antártica, Argentina

La mayoría de cruceros zarpan de la península Antártica desde el puerto de Ushuaia, en

Tierra del Fuego, entre octubre y marzo. Durante el resto del año, el hielo imposibilita el viaje. Habitualmente hay programados varios atraques diarios, aunque el tiempo y las condiciones del mar pueden afectar a los itinerarios. Algunas de las cosas que se ven son enormes icebergs, ballenas, focas, petreles gigantes y pingüinos reyes.

Journey Latin America

Véase pág. 283.
Ofrece viajes de once días a la península Antártica. También organiza viajes más largos hasta las islas Malvinas, los fiordos chilenos y Georgia del Sur.

VIAJES POR LA JUNGLA

La selva tropical, en el centro y el norte de América del Sur, suele rebosar de una fauna insólita y unas especies vegetales exóticas. Se organizan recorridos durante todo el año, aunque la mejor época es entre julio y octubre, cuando el tiempo más seco significa una menor presencia de insectos con los que enfrentarse. Para disponer de tiempo suficiente para llegar hasta el refugio, es recomendable un viaje de por lo menos tres días. Los viajes por la jungla son presa de operadores sin escrúpulos, quizá en mayor medida que otros tipos de viajes, así que no busque al guía más barato y procure elegir con cuidado, ya que una vez que lo haya iniciado no hay forma de volverse atrás. La humeda puede ser un problema porque, aparte de la incomodidad personal que causa, puede afectar a la película y al nivel de energía personal. El alojamiento es en tiendas improvisadas o en refugios que pueden proporcionar diversos grados de comodidad.

LETICIA, COLOMBIA

La ciudad de Leticia es una buena puerta de entrada al Amazonas. Es aconsejable emprender un viaje de por lo menos tres días para llegar hasta donde se encuentra la verdadera selva y los más remotos asentamientos indios.

Amazon Jungle Trips

Avda. Internacional No. 6-25
Leticia
Colombia
☎ (9819) 27377
Esta popular y acreditada agencia organiza viajes por las más remotas regiones del país. Si puede, procure reservar plaza con antelación.

REGIÓN DE COCA, ECUADOR

La región de Coca está compuesta principalmente por el Parque Nacional Yasuní y la Reserva Huaorani, para lo que se tiene que emprender un viaje de por lo menos cinco días si se quiere apreciarla plenamente. Para visitar el territorio huaorani tiene que obtener antes un permiso especial del Ministerio de Defensa (Avda. Maldonado, Quito). La fauna de esta zona se encuentra bajo amenaza de extinción, por lo que será de utilidad insistir en que no pretende cazar nada durante su recorrido y asegúrese de recoger y llevarse consigo todas las basuras que produzca.

Pankitour Alternativo

6 de Diciembre y Garcia Moreno
Coca
Ecuador
☎ 880405
Esta empresa local posee amplios conocimientos de la zona y mantiene muy buenas relaciones con el pueblo huaorani.

PUERTO MALDONADO, PERÚ

Cerca de Puerto Maldonado hay varios refugios en la jungla, dominando los ríos Tambopata y Madre de Dios, en una de las regiones menos desarrolladas del Amazonas, a la que se puede llegar en unas pocas horas en canoa motorizada. El número y especies de animales detectadas varía, así como los niveles de comodidad del alojamiento. El refugio Colpa es el mejor para observar la fauna, aunque se halla situado en un lugar demasiado remoto y es caro.

Safaris Peruanos

Avda. Garcilaso de la Vega 1334
Lima
Perú
☎ (01) 313047
Acepta reservas para el refugio en la selva Explorers Inn, que emplea a naturalistas como guías y se halla situado en un magnífico lugar para observar la fauna. El alojamiento es en cabañas tradicionales.

MANAUS, BRASIL

Manaus, en el norte del país, es un buen punto de partida para viajes por el Amazonas y para recorrer una región tranquila y hermosa, y permite numerosas oportunidades para actividades como el senderismo.

Swallows and Amazons

Véase pág. 270.

RURRENABAQUE, BOLIVIA

Rurrenabaque, en el río Beni, ofrece viajes por la jungla que le permitirán tener una experiencia completa de las gentes locales, la fauna y el paisaje. Los viajes (que habitualmente duran cuatro días) se pueden organizar a la medida para incluir desplazamientos en canoa motorizada, caminatas por la jungla, actividades de natación en el río, e incluso jugar un partido de fútbol con los indios locales.

Agencia Fluvial

Hotel Tuichi
Calles Avaroa y Santa Cruz
Rurrenabaque
Bolivia
☎ c/o oficina de ENTEL,
Rurrenabaque (0832) 2205
Viajes completos y preparados a la medida por
esta empresa local, que también ofrece viajes
por la pampa en la región (véase Safaris para
observar la fauna, págs. 303-304).

WINDSURF

Hay una serie de lugares aptos para la práctica del
windsurf, tanto en la costa como en los numerosos
lagos de interior de América del Sur, donde a
menudo se encuentran las condiciones ideales
de vientos fuertes y constantes y aguas
razonablemente en calma. Es aconsejable haber
recibido antes algo de enseñanza para la práctica
de este deporte (conocido a veces como
navegación sobre tabla), ya que resulta
engañosamente difícil de dominar. Compruebe
siempre la previsión meteorológica antes de
iniciar la navegación, y aunque haga calor
considere la posibilidad de ponerse un traje
impermeable si el agua estuviera fría e hiciera
viento fuerte. Aunque tenga usted experiencia,
póngase un chaleco salvavidas ya que existe el
riesgo de ser derribado por el mástil. Idealmente,
procure navegar en pareja e informe siempre a
alguien del lugar al que se dirija. Allí donde hay
instalaciones para la práctica de este deporte,
también se encontrarán servicios para otros
deportes acuáticos y para los no surfistas.

International Board Sailing Association

The Race Office
P. O. Box 1439
Kings Norton
Birmingham B38 9AU
Reino Unido
☎/Fax: (0121) 628 5137
email: jim@bsa.demon.co.uk
Es una organización paraguas que aconseja
sobre cursos de windsurf y organizaciones
en todo el mundo.

ISLA MARGARITA, VENEZUELA

Isla Margarita, frente a la costa norte de
Venezuela, es posiblemente el lugar más visitado
de América del Sur y una verdadera meca para
los deportes acuáticos. Los vientos son fuertes y
constantes, y son ideales en los meses de junio
y julio, que coinciden con los más cálidos en
términos de temperatura del agua. El Yaque es
una playa particularmente popular
para el windsurf.

Sailboard Vacations

193 Rockland St.
Hanover
MA 02339
Estados Unidos
☎ 617/829-8915 **Fax:** 617/829-8809
email: sby@sailboardvacations.com
Este operador se especializa en vacaciones de
windsurf, con todo incluido, aunque también
ofrece actividades de buceo con tubo, kayak
marino y otros deportes acuáticos.

SAN ANDRÉS, COLOMBIA

San Andrés es una isla coralina de 11 km de
longitud, frente a la costa noroeste de Colombia.
Aquí podrá disfrutar de la mayoría de los deportes
acuáticos, desde el submarinismo hasta los viajes
en barco sobre los arrecifes.

Windsurf Spot

Hotel Isleño
San Andrés
Colombia
☎ (9811) 23990
Aquí se alquila equipo y se dan lecciones
de windsurf.

JERICOACOARA, BRASIL

Jericoacoara, en el noreste de Brasil, es una de las
playas más conocidas del país. Ofrece varias
opciones de windsurf, y cuenta con vientos
fuertes durante todo el año. Para los principiantes
y para quienes prefieran una navegación más
calmada, está el cercano lago de Jijoca.

Pousada Casa do Turismo

Jericoacoara
CE Brasil 62.598-000
Brasil
☎/Fax: (088) 621 0211
email: email@jericoacoara.com
Alquila equipo de windsurf y ofrece por email un
informe diario sobre los vientos reinantes.

LAGO NAHUEL HUAPI, ARGENTINA

El lago Nahuel Huapi, a 100 km de Bariloche en
el distrito argentino de los Lagos, se encuentra
situado dentro de un parque nacional donde hay
volcanes de cumbres cubiertas de nieve,
tranquilos lagos y densos bosques. Ofrece
oportunidades para la práctica del windsurf, así
como de la navegación a vela, el esquí acuático y
otras actividades no acuáticas como
montar a caballo y caminar.

Last Frontiers

Véase pág. 261.
Este especialista en viajes por América del Sur
organiza recorridos preparados a la medida por
toda la región.

ÍNDICE GENERAL

ÍNDICE GEOGRÁFICO

AGRADECIMIENTOS

Guy Marks quisiera expresar su agradecimiento a las siguientes personas e instituciones por su ayuda en el transcurso de la investigación para este libro: Avianca por proporcionar los vuelos a América del Sur; a los Angermeyer por su amable hospitalidad a bordo de su yate *Sulidae* en las islas Galápagos; a Piet Sabbe y a la Funcación Golondrinas por haberme aceptado en una excelente excursión a pie por la selva pluvial en Ecuador; a Manu Expeditions por su continuo apoyo para organizar localmente los detalles del viaje por Perú.

Lee Karen Stow quisiera dar las gracias a: Jorge Barcelo de Sendero Sur Patagonia; al guía de montaña Adrián Cangiani; Silvia del Hostel International Campo Base, Mendoza; Aerolíneas Argentinas; Betancourt Rafting, Mendoza; Airwaves World of Discovery; Latin America Travel; Pauline Young of G&O Associates en representación de LATA (Latin America Travel Association); Museo Argentio de Ciencias Naturales «Bernardino Rivadavia», Buenos Aires; Museo de Ciencias Naturales, La Plata; y a los Halliday de Hill Station.

Steve Watkins quisiera dar las gracias por su apoyo y consejo durante su trabajo para este libro a: British Airways, Tom y Raquel Evenou de Bum Bum Tours (Mérida) y el trabajo de Sehis para este libro.

Abreviaturas para los términos que aparecen a continuación: (s) superior; (a) abajo; (i) izquierda; (d) derecha; (c) centro.

Reconocimientos de la portada y contraportada
Portada (s): Bruce Coleman Collection
Foto principal de la portada: Guy Marks
Portada (a): Colin Monteath/Mountain Camera
Lomo: Bruce Coleman Collection
Contraportada (s): Image Bank
Contraportada (cs): Steve Watkins
Contraportada (ca): Tony Stone Images
Contraportada (ad): Guy Marks
Solapas interiores: (s): AA Photo Library/Guy Marks; (cs): AA Photo Library/Steve Watkins; (ca): AA Photo Library/Steve Watkins; (a) AA Photo Library/Steve Watkins

The Automobile Association desea dar las gracias a los siguientes fotógrafos y fototecas por su contribución en la preparación de este libro:

Bruce Coleman Collection 46(c), 150/151, 151, 163(s); **Cascada Expeditions** 198; Sue Cunningham/SCP 46(a); **Gravity Assisted Mountain Biking** 182(s); **Simon Richmond** 130/131, 134/135, 134, 138, 139, 143, 146/147, 146, 150, 154/155, 154, 155, 158/159, 158, 162/163, 163(a), 166/167, 170/171, 174(s), 174(a), 178, 182, 183, 186/187, 190(c), 190(a), 191, 194, 194(a), 199, 199(s), 202(s), 202(c); **South American Pictures** 107, 138/139, 142/143, 178/179, 179 (Tony Morrison); 174 (Kimball Morrison); 242/243 (Frank Nowikowski)

Las restantes fotografías pertenecen a la propia fototeca de la Automobile Association (AA PHOTO LIBRARY) y fueron tomadas por los siguientes fotógrafos:

Guy Marks 2/3, 3, 7, 14/15, 66/67, 67, 70/71, 70, 71, 74(c), 74(a), 75, 78, 78/79, 82, 83, 86/87, 86, 87, 90/91, 90(si), 90(sd), 94/95, 98/99, 98, 102/103, 102, 103, 106(ci), 110/111, 111, 114/115, 115, 118/119, 118, 119, 122, 123, 126/127, 126, 127;
Lee Karen Stow 6/7, 206, 206 (a), 207(s), 207(c), 210, 211(s), 211(a), 214/215, 218/219, 219, 222(s), 222(a), 223, 226(s), 226(a), 227, 230, 230(s), 231, 234/235, 234, 235, 238(s), 238(a), 239, 242(c), 243, 246(s), 246(a), 250, 251, 251(a), 254/255, 255;
Steve Watkins 18/19, 22/23, 22, 23, 26, 27(s), 27(c), 27(a), 30, 31, 31(s), 34/35, 34, 35, 38/39, 38, 39, 42/43, 42, 43, 47, 50, 50/51, 54, 55, 58/59, 59, 62, 63(s), 63(a).

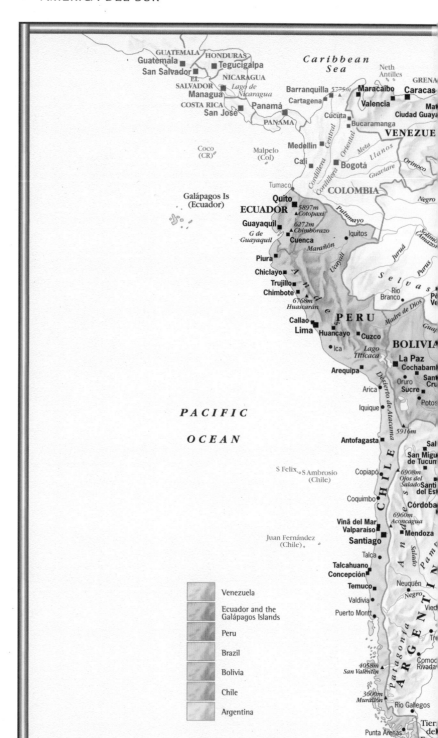

GUATEMALA HONDURAS
Guatemala Tegucigalpa
San Salvador
EL   NICARAGUA
SALVADOR Lago de
Managua   Nicaragua
COSTA RICA Panamá
San José
PANAMA

Caribbean
Sea

Neth
Antilles

Barranquilla 5775m Maracaibo Caracas
Cartagena   Valencia
Cúcuta   Ciudad Guaya
Bucaramanga
VENEZUE

Coco
(CR)
Malpelo
(Col)
Medellín
Cali   Bogotá
Tumaco   COLOMBIA
Negro

GRENA
Mat

Llanos
Cordillera Central
Cordillera Oriental
Meta
Orinoco
Guaviare

Galápagos Is
(Ecuador)
Quito
ECUADOR   5897m
            Cotopaxi
Guayaquil   6272m
G de   Chimborazo   Iquitos
Guayaquil   Cuenca
            Marañón
Piura
Chiclayo
Trujillo
Chimbote
        6768m
        Huascarán
Callao
Lima   Huancayo Cuzco
        Ica   Lago
            Titicaca
    Arequipa
        Arica
    Iquique

Putumayo
Jurúá
Purús
Ucayali
Selvas
Río
Branco
Madre de Dios
PERU
BOLIVIA
La Paz
Cochabam
San
Sucre Cruz
Oruro Potos
Desierto de Atacama
Solim
(Amazo
Pu
Ve
Guap

PACIFIC

OCEAN

S Félix S Ambrosio
            (Chile)

Antofagasta
5916m
Sal
San Migu
de Tucum
Copiapó   6908m
        Ojos del
        Salado Santi
Coquimbo   del Est
            Córdoba
        6960m
Viña del Mar Aconcagua
Valparaíso   Mendoza
Santiago
CHILE

Juan Fernández
(Chile)

Talca
Talcahuano
Concepción
Temuco   Neuquén
Valdivia   Negro
Puerto Montt
Andes
Salado
Pam

Vied
Tre

Patagonia
4058m
San Valentín
3600m
Murallón
Río Gallegos

ARGENTIN
Comoc
Rivada

Tier
del
Fueg
Punta Arenas
Cabo de
Hornos

Venezuela

Ecuador and the
Galápagos Islands

Peru

Brazil

Bolivia

Chile

Argentina